AF186141

David Fuchs / Dieter Heimböckel / Koku G. Nonoa (Hg.)

Kafkas Theater

Critical Theatre Studies

Herausgegeben von
Nikolaus Müller-Schöll, Dorota Sajewska und Gerald Siegmund

Band 2

Wissenschaftlicher Beirat

Khalid Amine (AEU, Tetouane und University of New England Tangier)
Daphna Ben-Shaul (Tel Aviv University)
Omar Fertat (Université Bordeaux-Montaigne)
Eiichro Hirata (Keio University Tokyo)
Rebecca Schneider (Brown University Providence)
Samuel Weber (Northwestern University Evanston/Paris)
Markus Wessendorf (University of Hawai'i at Mānoa)

David Fuchs / Dieter Heimböckel / Koku G. Nonoa (Hg.)

Kafkas Theater

wbg Academic ist ein Imprint der Verlag Herder GmbH
© Verlag Herder GmbH, Freiburg im Breisgau 2024
Alle Rechte vorbehalten
www.herder.de

Satz und E-Book: Arnold & Domnick GbR, Leipzig
Umschlaggestaltung: Eike Dingler

Printed in Germany

ISBN Print: 978-3-534-64061-4
ISBN E-Book (PDF): 978-3-534-64062-1

Dieses Werk ist mit Ausnahme der Abbildungen (Buchinhalt und Umschlag) als Open-Access-Publikation im Sinne der Creative-Commons-Lizenz CC BY-NC-ND International 4.0 (»Attribution-NonCommercial-NoDerivatives International«) veröffentlicht. Um eine Kopie dieser Lizenz zu sehen, besuchen Sie http://creativecommons.org/licenses/by-nc-nd/4.0/. Jede Verwertung in anderen als den durch diese Lizenz zugelassenen Fällen bedarf der vorherigen schriftlichen Einwilligung des Verlages.

Inhalt

Kafkas Theater

Zur Einführung

David Fuchs / Dieter Heimböckel / Koku G. Nonoa

Als wir uns an die Planung des Workshops „Kafkas Theater" machten, der mit seinen
Vorträgen den Ausgangspunkt und die Grundlage für den vorliegenden Sammelband
bildet, war manches noch nicht absehbar. Nicht absehbar war, welche Folgen die 2021
immer noch grassierende Covid-Pandemie auf den Verlauf des Vorhabens nehmen, ob
es online oder in Präsenz stattfinden, wer unter welchen Bedingungen an ihm teilnehmen und ob es über die Zusammenkunft hinaus noch weitere Interessenbekundungen
zur Mitwirkung an der in Aussicht gestellten Publikation geben würde.[1] Absehbar war
ebenso wenig, welcher Art die Beitragsvorschläge selbst sein würden. Zwar wurden Rahmen und Ausrichtung der Veranstaltung durch einen Ausschreibungstext ungefähr ab-
gesteckt; aber eine der ihm zugrunde liegenden Prämisse, dass ihr Thema bislang wenig
Beachtung gefunden habe und in der Kafka-Forschung insofern mit einem Seltenheits-
vermerk versehen sei, hielt einer genaueren Prüfung nicht stand. Zugegeben: Gemessen
am Aufkommen der Kafka-Forschung insgesamt, mag man sich der Frage, wie und in
welcher Form sich Kafka und das Theater zueinander verhalten, bislang in einem bescheidenen Ausmaß gewidmet haben. Die Beschäftigung mit ihr weist aber bei genauerer Betrachtung eine beachtliche Kontinuität und vor allem eine bemerkenswerte Dif-
ferenziertheit auf. Ihrer wird man so ohne Weiteres allerdings deshalb nicht gewahr, weil
in der Regel jeweils spezifische Aspekte des Verhältnisses untersucht wurden, während
unberücksichtigt blieb, wie es sich insgesamt ausprägt oder in welcher Beziehung diese Aspekte möglicherweise zueinander stehen. Auch der vorliegende Sammelband wird
seiner Ausrichtung nach nicht in der Lage sein, dazu eine Gesamt(über)sicht zu vermitteln; sein Anliegen ist aber unter anderem, auf die Vielfalt der in dem Verhältnis liegen-

---

[1]   Der Workshop sollte ursprünglich in Präsenz stattfinden, und zwar am 2. und 3. Dezember 2021 an
      unserem Institut für deutsche Sprache, Literatur und für Interkulturalität der Universität Luxem-
      burg; er wurde dann aber wegen der sich in dieser Zeit noch einmal verschärfenden Pandemie-
      Situation kurzfristig online durchgeführt.

den Richtungen und Phänomene aufmerksam zu machen und so für evtl. Wechselwirkungen und Interdependenz in „Kafkas Theater" zu sensibilisieren.

Was aber – in dem hier verstandenen Sinne – ist alles „Kafkas Theater" und wodurch drückt sich die angesprochene Vielfalt aus? Bei der Annäherung an diese Frage kann es nicht darum gehen, das dafür relevante Spektrum typologisch zu entfalten oder eine Art Register dafür aufzustellen, wenn es fallweise auch darüber Klarheit verschaffen würde, wovon die Rede ist, wenn über Kafka und das Theater gesprochen wird. Schon Martin Puchner hat eingangs eines gleichnamigen Themenheftes berechtigterweise auf die Feststellung Wert gelegt, dass „this conjunction does not refer to an easy alliance, let alone a kinship or similarity in purpose", selbst aber dann eine bezeichnende Einengung vorgenommen, indem er das Verhältnis als „a history of contest" bezeichnete, „most visibly registered in the seemingly unending failures of theatrical Kafka adaptations and also perhaps in their few successes."[2] Ganz sicher sind die zahllosen Theateradaptionen, die 1947 mit Jean-Louis Barraults *Prozess*-Inszenierung auf der Grundlage der Textbearbeitung von André Gide ihren Ausgangspunkt nahmen, aus „Kafkas Theater" nicht hinwegzudenken, insofern sie postum dessen Geschichte und Auslegung fortschreiben; aber sie bilden eben nur einen, wenn auch einen ausgesprochen wirkmächtigen Bestandteil dieser Theaterkonstellation (vgl. DIETER HEIMBÖCKEL).[3] Die Reichweite zu ihrer differenzierten Erfassung muss jedenfalls (und geradezu unweigerlich) beschränkt bleiben, sobald man in ihr einen dominanten Gesichtspunkt fixieren und, um ein zweites Beispiel zu nennen, in Kafkas „schon vielfältig" erörtertem „Bezug zum Theater" seine „tiefe Prägung durch die Erfahrung des jiddischen Theaters" als selbstverständlich hervorheben zu können meint.[4] Mit der prinzipiellen Unterscheidung zwischen „Kafka als Theatergänger" und „Kafka als Theatermaterial" habe man zwar, wie einem ebenfalls sich mit ‚Kafka und dem Theater' befassenden Themenschwerpunkt zu entnehmen ist, einen geläufigen und fraglos auch weiterführenden Zugriff auf dieses Sujet. „Wie aber steht es mit Kafka und dem Theater", heißt es dort, um die Zweifel an einer solchen Einteilung in eine produktive Neuvermessung dieses Themas zu überführen, „wenn man

---

2   Martin Puchner: „Kafka and the Theater. Introduction", in: *The Germanic review* 78, 3 (2003), S. 163–165, 163.

3   Auf Beiträge aus der vorliegenden Publikation wird hier und nachfolgend mit dem jeweiligen Verfassernamen (in Kapitälchen) verwiesen.

4   Bernhard Greiner: „Aqedah (‚Fesselung') des Theaters. Die Theater-Moderne als Feld der Begegnung griechischer und jüdischer Theatralität (am Beispiel Arthur Schnitzlers und Franz Kafkas)", in: Christine Magerski (Hg.): *Moderne begreifen. Zur Paradoxie eines sozio-ästhetischen Deutungsmusters.* Wiesbaden 2007, S. 337–350, 346. Für Kafkas Auseinandersetzung mit dem jiddischen Theater immer noch grundlegend ist: Evelyn Torton Beck: *Kafka and the Yiddish Theater. Its Impact on his Work.* Madison / Milwaukee / London 1971.

sich jenseits von Biographie und zeitgenössischen Theateradaptionen seiner Erzählungen begibt?"[5] Und wohin, ließe sich im Anschluss daran fragen, würde man sich überhaupt begeben?

Es tut der Beschäftigung mit „Kafkas Theater" zunächst einmal gut, wenn sie sich, wie in unserem Sammelband, im Dialog zwischen Theaterwissenschaft und Philologie vollzieht. Dass dies angesichts der konstellierenden Benennung als eigentlich naheliegend erscheint, in der Praxis aber höchst selten oder in der Regel nur unter Vorbehalt geschieht, hängt prinzipiell zum einen mit der Entschiedenheit zusammen, mit der speziell die Theaterwissenschaften auf Distanz zu den Philologien gingen und damit einen konstruktiven Dialog erschwerten.[6] Zum anderen arbeiten die Philologien, ungeachtet ihrer kulturwissenschaftlichen Ausweitung, immer noch textzentriert und leisten so dem agonalen Verhältnis von Theater(-Wissenschaft) und Text(-Philologie) ihrerseits Vorschub. Mit Blick auf „Kafkas Theater" führt(e) es dazu, dass bestimmte Fragen und / oder Ansätze aufgrund der disziplinären Einschränkung – man könnte auch von interdisziplinärer Verweigerung sprechen – erst gar nicht erwogen bzw. verfolgt und umgekehrt, im Falle ihrer Behandlung, von der jeweils anderen Seite nicht oder nur selten zur Kenntnis genommen wurden. So ist die philologisch orientierte Kafka-Forschung im Grunde ebenso wenig darauf gefasst, ihren Autor als „radikalste[n] Theatertheoretiker der Moderne"[7] gedeutet, wie darauf, seine Erzählwelt mit Walter Benjamin und Heiner Müller als ‚unsichtbares Theater' und damit als ein Theaterdispositiv vorgeführt zu sehen, dem die Unverfügbarkeit von Wissen und Gewissheit inhärent ist (vgl. NIKOLAUS MÜLLER-SCHÖLL). Dabei wird auf diese Weise nachvollziehbar, warum nicht nur mit Blick auf die literarische Weltsicht, wie Martin Esslin meint, sondern sicherlich auch in theaterpraktischer Hinsicht die „gesamte moderne Dramatik, von Slavomir Mrozek bis Istvän Örkeny, von Peter Weiss bis Botho Strauß, von Arrabal bis Dino Buzzati, von Edward Albee bis Sam Shepard"[8] Züge der Beschäftigung mit Kafkas Werk trägt. Es zeigt sich

---

5   Ramona Mosse: „Vor und hinter den Kulissen in Kafkas Theaterräumen. Ein Spaziergang", in: *Thewis. Onlinezeitschrift der Gesellschaft für Theaterwissenschaft. Ausgabe 2017: Kafka und Theater;* online unter: http://www.theater-wissenschaft.de/artikel-vor-und-hinter-den-kulissen-in-kafkas-theaterraeumen/ [Stand: 15. 3. 2023].

6   Vgl. Peter W. Marx: „Dramentheorie", in: Peter W. Marx (Hg.): *Handbuch Drama. Theorie, Analyse, Geschichte.* Stuttgart / Weimar 2012, S. 1–11, 7.

7   Nikolaus Müller-Schöll: „Theatralische Epik. Theater als Darstellung der Modernitätserfahrung in einer Straßenszene Franz Kafkas", in: Christopher Balme / Erika Fischer-Lichte / Stephan Grätzel (Hg.): *Theater als Paradigma der Moderne? Positionen zwischen historischer Avantgarde und Medienzeitalter.* Tübingen 2003, S. 189–201, 196.

8   Martin Esslin: „Kafka und das Theater", in: Wolfgang Kraus / Norbert Winkler (Hg.): *Das Phänomen Franz Kafka.* Vorträge des Symposions der Österreichischen Franz-Kafka-Gesellschaft in Klosterneuburg im Jahr 1995. Prag 1997, S. 85–93, 90.

jedenfalls, dass es sich lohnt, der Frage nachzugehen, wie sich ein so umrissenes ‚Theater des Unsichtbaren' mit Praktiken des Theaters und der Performance nach Kafka zusammendenken lässt (vgl. KRASSIMIRA KRUSCHKOVA) und welche Rückschlüsse sich darüber andererseits für die Auslegung seiner Texte ergeben (vgl. VIVIAN LISKA und MARTEN WEISE).

Wenn man sich aus theaterwissenschaftlicher Sicht wiederum der Aufgabe verschreibt, „Kafkas Theater" jenseits „von Biographie und zeitgenössischen Theateradaptionen seiner Erzählungen" zu erkunden, weil sich hier ein vermeintlich noch unerforschtes Feld auftue, so deutet sich darin allerdings eine eher geringe Vertrautheit mit derjenigen Forschung an, die sich in der Vergangenheit philologisch zum Teil intensiv und ausgiebig mit Kafkas Erzähltheater,[9] seinen gestischen Narrationen[10] oder der „Bühnenhaftigkeit"[11] seiner Erzählwelt beschäftigt hat. Das Absurde, die komische Tragik der Figuren, die Doppelbödigkeit der erzählten Welten, die spielerisch-dramatische Verhandlung von Illusion und Realität und nicht zuletzt die Omnipräsenz des Gestischen lieferten in der langen und vielgestaltigen Rezeptionsgeschichte der Texte Franz Kafkas, an prominenter Stelle bereits in Walter Benjamins Essay *Franz Kafka. Zur zehnten Wiederkehr seines Todestages*,[12] immer wieder Ansatzpunkte dafür, diese auch als eine Auseinandersetzung mit der Kunstform des Theaters zu lesen. Auch an diese Forschungsperspektive schließen die hier versammelten Beiträge zum Teil an, indem sie der Theaterthematik und den theatralen Aufführungen in Kafkas Texten wie in *Der Proceß* und *Der Verschollene* (vgl. CLAUDIA LIEBRAND und OLIVER SIMONS), in *Vor dem Gesetz* (vgl. ULRICH STADLER) oder in *Das Stadtwappen* (vgl. IULIA-KARIN PATRUT) nachgehen und diese unter anderem hinsichtlich machtstruktureller Konfigurationen sowie subversiver Erzähl- und Inszenierungsstrategien befragen. Dabei stellen sich immer dort, wo Theater, Aufführungen, darstellendes Spiel, Artistik und körperliche Performanz eine Rolle spielen, naturgemäß auch produktionsästhetische Fragen – sowohl im Hinblick auf das Theater als auch in Bezug auf Literatur. Theatralität wird innerhalb der Diegese

---

9   Vgl. hierzu u. a. folgende Arbeiten: James Rolleston: *Kafka's Narrative Theatre*. University Park / London 1974; Oliver Simons: „Schuld und Scham. Kafkas episches Theater", in: Arne Höcker / Oliver Simons (Hg.): *Kafkas Institutionen*. Bielefeld 2007, S. 269–293; Richard T. Gray: „The fourth wall. Illusion and the theater of narrative in Franz Kafka's ‚Ein Bericht für eine Akademie'", in: Hamid Tafazoli (Hg.): *Außenraum – Mitraum – Innenraum. Heterotopien in Kultur und Gesellschaft*. Bielefeld 2012, S. 103–130.

10   Vgl. Isolde Schiffermüller: *Franz Kafkas Gesten. Studien zur Erstellung der menschlichen Sprache*. Tübingen 2011.

11   Vgl. Joseph Vogl: *Ort der Gewalt. Kafkas literarische Ethik*. Neuausgabe. Zürich 2010, S. 21.

12   Walter Benjamin: „Franz Kafka. Zur zehnten Wiederkehr seines Todestags", in: Walter Benjamin: *Gesammelte Schriften*. Bd. II.2. Hg. v. Rolf Tiedemann u. Hermann Schweppenhäuser. Frankfurt a. M. 1977, S. 409–438.

als ästhetisches Phänomen reflektiert, tritt jedoch zugleich in mediale Relation zur literarischen Darstellungsweise. In diesem wechselseitigen, im Text performativ hervorgebrachten Spiel bedingen Literatur und Theater einander gewissermaßen, und beide Kunstformen erhellen sich auch im Lichte der jeweils anderen (vgl. DAVID FUCHS).

Analog dazu gibt es insofern genug Gründe, Theater- und Literaturwissenschaft, was „Kafkas Theater" betrifft, aus ihrem disziplinären Kokon zu lösen und für die Ansätze und Blickwinkel der anderen Seite zu interessieren oder diese ggf. zu problematisieren. Unser Sammelband versteht sich als ein Beitrag dazu, indem er Fragen nach der Beziehung zwischen poetischen Verfahren des Autors und theatralen Kunstformen aufwirft, nach der medialen Verhandlung von Textualität und Performativität, nach Kafkas eigener Theaterrezeption im Zusammenhang mit seiner Literatur- und Kunstreflexion, aber auch nach der Rezeption Kafkas durch das Theater ebenso wie nach der Aktualität seiner literarischen Ästhetik für das Theater. Warum sich erst jüngst eine Hamburger Theaterproduktion Kafkas Oktavheften angenommen hat[13] und zahllose Theateradaptionen mit Tagebucheinträgen durchsetzt sind, lässt sich (unabhängig von den biografischen Erwägungen, die dafür eine nicht unwesentliche Rolle spielen) auch damit in Verbindung bringen, dass Kafkas Aufzeichnungen eine unverkennbare Faszination für ausdrucksstarke schauspielerische Interpretationen dokumentieren. Diese bekundet sich in und geht einher mit einem genuinen Rezeptions- und Darstellungsmodus, der körperliche Details, Gestik sowie Mimik fokussiert und in dem sich analytische Klarheit und emotiv-körperliche Affiziertheit überblenden. Schon in der diarisch vermittelten Theaterrezeption zeichnen sich also eine charakteristische Wahrnehmung und Gestaltung der Kunstform Theater ab, welche die Bedeutung von Zuschauer und Zuschauen, die komplexe Relation zwischen Bühne und Zuschauerraum sowie das Spiel von Illusion und Realität umfassen (vgl. SARAH STOLL). Konkret gibt ein solch erweiterter Blick beispielsweise dazu Anlass, dass nicht nur Kafkas Tagebuchnotizen, die dem jiddischen Theater gewidmet sind, sondern vor allem seine bisher weniger diskutierten Traumaufzeichnungen zum Theater, die in diesem Umkreis entstanden sind, in Bezug auf „Kafkas Theater" diskutiert und mit der Frage konfrontiert werden, inwieweit Kafkas Inszenierung der Gesten im Medium der Literatur die Möglichkeiten und Grenzen der theatralischen Kunst befragt und dabei auch durchbricht (vgl. ISOLDE SCHIFFERMÜLLER).

Führt schließlich die durch die Beiträge angeregte Öffnung der literatur- und theaterwissenschaftlichen Forschung für Methoden und Theorien des jeweils anderen zu originären Blickweisen auf die kanonischen Texte, so gehen mit ihr auch die Infragestel-

---

13 Die Premiere des Stücks *Die acht Oktavhefte* in einer Fassung und unter der Regie von Thom Luz fand am 24. Februar 2023 am Deutschen Schauspielhaus Hamburg statt; vgl. online unter: https://schauspielhaus.de/stuecke/die-acht-oktavhefte [Stand: 15.3.2023].

lung kanonisierter Zugriffsformen und Vorstellungen in Bezug auf Kafkas Leben und Werk, seine ästhetische Praxis und ihre Rezeption einher. Beispielhaft hierfür ist das in der Forschung lange Zeit übersehene Interesse Kafkas für theatrale Unterhaltungsformen wie Chantants, Kabaretts, Tingeltangel und Varietés. Mit dieser Akzentuierung wird angeregt, das einseitige Kafka-Bild eines melancholisch-depressiven Autors zu überdenken und die Rezeption vermeintlich seichter Varietéunterhaltung als vexierbildhaftes Neben- und Ineinander von Komik und existenzieller Schwere zu verstehen (vgl. MANFRED WEINBERG). Dass dieser Ansatz auch die dichotomisierende Gegenüberstellung von hochkulturellem Kunstwerk und anspruchsloser Unterhaltungskunst fraglich werden lässt, wird bestätigt durch Kafkas Operetten-Rezeption, in der seine Sicht auf das Genre zum einen von der Lust am Spektakel, dem Ausbruch aus alltagsweltlichen Schemen und dem immersiven, sozial integrativen Kunsterlebnis geprägt ist, zum anderen von einem thematischen Interesse. Die Operette erweist sich dabei in ihrem Formen- und Themensynkretismus offen für kontemporäre Diskurse und Themen, die sich auch in Texten Kafkas wiederfinden: so etwa die ökonomisch affizierten Machtstrukturen Amerikas, die sich in Leo Falls *Die Dollarprinzessin* zu erkennen geben und sich in dem Roman *Der Verschollene* widergespiegelt finden (vgl. STEFFEN HÖHNE).

Man sieht: „Kafkas Theater" ist in dem hier begriffenen Sinne ein weites Feld, doch es ist mit dem bislang ausgebreiteten, zwischen Produktion, Reflexion und Rezeption changierenden Spektrum weder genau vermessen noch in seinen möglichen Ausprägungen und Verästelungen zur Gänze abschließend erfasst. Was jenseits der Untersuchungen und Analysen dieses Bandes liegt und gleichwohl zur thematischen Ausstrahlung von „Kafkas Theater" gehört, findet sich unter anderem in jenen Dramen und Theaterstücken, die sich intertextuell auf seine Werke beziehen oder sie als Vorlage für eine eigene dramatische Umsetzung nutzen. Gemeint sind damit keine Prosadramatisierungen, mit denen ein epischer Stoff für das Theater bearbeitet wird, sondern eigenständige Stücke, die wie Heiner Müllers *Germania 3 Gespenster am Toten Mann* auf Kafkas *Stadtwappen* rekurrieren oder wie Yoko Tawadas *Kafka Kaikoku* mit Versatzstücken aus *Die Verwandlung* arbeiten.[14] Nicht die Transformation des epischen Texts in eine spielbare Version für das Theater, also der Medienwechsel, ist in diesem Fall das primäre Anliegen. Hier dient der Prätext entweder zur Stärkung oder Stützung der his-

---

14 Vgl. hierzu: Karl Heinz Götze: „Der Turm zu Babel oder: Heiner Müller läßt Kafka erzählen, wie die DDR untergegangen ist", in: *Cahiers d'Études Germaniques* 51, 1 (2006), S. 217–236; Iris Hermann: „Hybride Relektüren in Yoko Tawadas Theaterstück *Kafka Kaikoku*", in: Iris Hermann et al. (Hg.): *Deutschsprachige Literatur und Theater seit 1945 in den Metropolen Seoul, Tokio und Berlin. Studien zur urbanen Kulturentwicklung unter komparatistischen und rezeptionsgeschichtlichen Perspektiven*. Bamberg 2015, S. 279–293.

torischen Reflexion oder er liefert das Material für eine auf einen Hybridtext zielende ästhetische Strategie. Zu „Kafkas Theater" gehören darüber hinaus alle Umsetzungen und Adaptionen seiner Werke im Bereich des Tanz- und Musiktheaters.[15] Zwar haben wir es bei den jeweiligen Librettos im Musiktheater mit Varianten der Prosadramatisierung zu tun, aber diese bilden erstens eine Einheit mit der jeweiligen Musikkomposition und sind von ihr nicht zu trennen, wobei die Komposition zweitens in ihrer medialen Ausprägung und Durchführung wiederum einer Analyse eigenen Rechts unterliegt und daher den herkömmlichen Rahmen theaterwissenschaftlicher Betrachtung übersteigt. Entsprechendes gilt, bis auf das Textkriterium natürlich, für das Tanztheater und seine Auslegung in Hinsicht auf die tänzerische Umsetzung und die Beziehung zwischen Musik und Choreografie. Und schließlich – man neigt fast dazu, es auszublenden oder zu vergessen – hatte Kafka selbst sich an der dramatischen Form versucht. Das nur in Fragmenten überlieferte und aus epischen und szenischen Entwürfen bestehende Dramolett *Der Gruftwächter* fristet in der Forschung jedoch nach wie vor ein Schattendasein und gewinnt, wie zu Recht hervorgehoben wurde, „eigentlich erst an Interesse im Rahmen der Erforschung von Kafkas Verhältnis zum Theater".[16] Vielleicht wirft es ja ein bezeichnendes Licht auf den hier in Rede stehenden Zusammenhang, dass die zwischen November 1916 und Anfang 1917 entstandenen Entwürfe zu den ersten Schreibversuchen Kafkas nach einer fast zweijährigen Schaffenskrise gehören. Denn es macht beinahe den Eindruck, „als wollte er nach der Zeit des Schweigens durch die Anknüpfung an das Theatralische wiederum eine Phase literarischer Produktivität wie 1911 / 12 auslösen."[17] Wie dem auch sei: Ein Nachdenken darüber, was sich alles mit „Kafkas Theater" assoziieren lässt, kann selbstverständlich nicht darauf verzichten, den *Gruftwächter* in seine Überlegungen einzubeziehen. Dass sie in unserem Fall am Ende unvollständig sind, ja vielleicht sogar unvollständig bleiben müssen, liegt unter anderem an dem notwendig kursorisch bleibenden Charakter unserer Einführung. Darüber hinaus dürfte sich aber auch gezeigt haben, dass diejenige Forschung, die sich für „Kafkas Theater" interessiert,

---

15 Unter den zahlreichen Adaptionen im Musiktheater seien hier v. a. die Opern *Der Prozess* von Gottfried von Einem (1953), *Ein Landarzt* von Hans Werner Henze (1964), *Das Schloss* von Aribert Reimann (1992) und *In the Penal Colony* von Philip Glass (2000) genannt. Für das Tanztheater sind Choreografien nach Kafka in den letzten Dezennien in Hülle und Fülle nachweisbar, darunter das vielbesprochene *Prozess*-Ballett von Mauro Bigonzetti (2015). Vgl. zu diesem Komplex übergreifend: Steffen Höhne / Alice Stašková (Hg.): *Franz Kafka und die Musik*. Köln / Weimar / Wien 2018.

16 Bernhard Dieterle: „<Der Gruftwächter>", in: Manfred Engel / Bernd Auerochs (Hg.): *Kafka-Handbuch. Leben – Werk – Wirkung*. Stuttgart / Weimar 2010, S. 240–246, 242. Auf das Stück wird in dem vorliegenden Band zwar eingegangen, aber nur beiläufig bzw. am Rande (vgl. SARAH STOLL und ULRICH STADLER).

17 Katharina Meinel: „*Der Gruftwächter* oder Probleme des Dramatischen im Werk Franz Kafkas", in: *Poetica* 27, 3 / 4 (1995), S. 339–373, 355.

beider Expertisen bedarf: der philologischen ebenso wie der theaterwissenschaftlichen. Ihre Zusammenführung im Rahmen dieses Sammelbandes war eines unserer Ziele, verbunden mit dem Wunsch, dadurch weitere Forschung anzuregen. Denn in dieser speziellen Form der Zusammenarbeit steht – auch das soll es (noch) geben – die Kafka-Forschung im Grunde erst am Anfang.

Literatur

Walter Benjamin: „Franz Kafka. Zur zehnten Wiederkehr seines Todestags", in: Walter Benjamin: *Gesammelte Schriften*. Bd. II.2. Hg. v. Rolf Tiedemann u. Hermann Schweppenhäuser. Frankfurt a. M. 1977, S. 409–438.

Bernhard Dieterle: „<Der Gruftwächter>", in: Manfred Engel / Bernd Auerochs (Hg.): *Kafka-Handbuch. Leben – Werk – Wirkung.* Stuttgart / Weimar 2010, S. 240–246.

Martin Esslin: „Kafka und das Theater", in: Wolfgang Kraus / Norbert Winkler (Hg.): *Das Phänomen Franz Kafka.* Vorträge des Symposions der Österreichischen Franz-Kafka-Gesellschaft in Klosterneuburg im Jahr 1995. Prag 1997, S. 85–93

Richard T. Gray: „The fourth wall. Illusion and the theater of narrative in Franz Kafka's ‚Ein Bericht für eine Akademie'", in: Hamid Tafazoli (Hg.): *Außenraum – Mitraum – Innenraum. Heterotopien in Kultur und Gesellschaft.* Bielefeld 2012, S. 103–130.

Bernhard Greiner: „Aqedah (‚Fesselung') des Theaters. Die Theater-Moderne als Feld der Begegnung griechischer und jüdischer Theatralität (am Beispiel Arthur Schnitzlers und Franz Kafkas)", in: Christine Magerski (Hg.): *Moderne begreifen. Zur Paradoxie eines sozio-ästhetischen Deutungsmusters.* Wiesbaden 2007, S. 337–350.

Karl Heinz Götze: „Der Turm zu Babel oder: Heiner Müller läßt Kafka erzählen, wie die DDR untergegangen ist", in: *Cahiers d'Études Germaniques* 51, 1 (2006), S. 217–236.

Iris Hermann: „Hybride Relektüren in Yoko Tawadas Theaterstück Kafka Kaikoku", in: Iris Hermann et al. (Hg.): *Deutschsprachige Literatur und Theater seit 1945 in den Metropolen Seoul, Tokio und Berlin. Studien zur urbanen Kulturentwicklung unter komparatistischen und rezeptionsgeschichtlichen Perspektiven.* Bamberg 2015, S. 279–293.

Steffen Höhne / Alice Stašková (Hg.): *Franz Kafka und die Musik.* Köln / Weimar / Wien 2018.

Peter W. Marx: „Dramentheorie", in: Peter W. Marx (Hg.): *Handbuch Drama. Theorie, Analyse, Geschichte.* Stuttgart / Weimar 2012, S. 1–11.

Katharina Meinel: „*Der Gruftwächter* oder Probleme des Dramatischen im Werk Franz Kafkas", in: *Poetica* 27, 3 / 4 (1995), S. 339–373.

Ramona Mosse: „Vor und hinter den Kulissen in Kafkas Theaterräumen. Ein Spaziergang", in: *Thewis. Onlinezeitschrift der Gesellschaft für Theaterwissenschaft.* Ausgabe 2017: *Kafka und Theater;* online unter: http://www.theater-wissenschaft.de/artikel-vor-und-hinter-den-kulissen-in-kafkas-theaterraeumen/ [Stand: 15. 3. 2023].

Nikolaus Müller-Schöll: „Theatralische Epik. Theater als Darstellung der Modernitätserfahrung in einer Straßenszene Franz Kafkas", in: Christopher Balme / Erika Fischer-Lichte / Stephan Grätzel (Hg.): *Theater als Paradigma der Moderne? Positionen zwischen historischer Avantgarde und Medienzeitalter.* Tübingen 2003, S. 189–201.

Martin Puchner: „Kafka and the Theater. Introduction", in: *The Germanic review* 78, 3 (2003), S. 163–165.

James Rolleston: *Kafka's Narrative Theatre*. University Park / London 1974.

Isolde Schiffermüller: *Franz Kafkas Gesten. Studien zur Erstellung der menschlichen Sprache*. Tübingen 2011.

Oliver Simons: „Schuld und Scham. Kafkas episches Theater", in: Arne Höcker / Oliver Simons (Hg.): *Kafkas Institutionen*. Bielefeld 2007, S. 269–293.

Evelyn Torton Beck: *Kafka and the Yiddish Theater. Its Impact on his Work*. Madison / Milwaukee / London 1971.

Joseph Vogl: *Ort der Gewalt. Kafkas literarische Ethik*. Neuausgabe. Zürich 2010.

Kafkas Traum vom Theater

Isolde Schiffermüller

1

Kafkas Prosa wurde aufgrund ihrer szenischen Qualität immer wieder mit der Kunstform des Theaters in Verbindung gebracht. Schon Walter Benjamin weist in seinem Essay *Franz Kafka. Zur zehnten Wiederkehr seines Todestages* auf die Affinität zwischen Brechts epischem Theater und Kafkas Erzählkunst hin und vergleicht diese mit dem chinesischen Theater, in dem sich die Handlung ganz ins Gestische auflöse.[1] Deutlich macht der Vergleich allerdings auch, wie verschieden und einzigartig die Bühne ist, auf der sich das mimisch-gestische Geschehen bei Kafka abspielt, und dies nicht allein aufgrund der offensichtlichen Differenz zwischen der dramatischen Gattung und dem erzählerischen Werk. Die Theatermetapher, die sich zunächst für Kafkas szenisches Erzählen anzubieten scheint, weitet sich daher schon in Benjamins Essay zur Vorstellung eines Welttheaters oder Naturtheaters aus, das keinen Raum außerhalb des Spiels kennt. Viele Geschichten Kafkas lesen sich in dieser Sicht als Akte auf jenem Naturtheater von Oklahoma, von dem im Romanfragment *Der Verschollene* erzählt wird, ein Theater, von dem es heißt, es sei das größte der Welt, ja „fast grenzenlos", sodass hier jeder auftreten und gleichsam als Figurant seiner selbst eine Rolle spielen könne: „Kafkas Welt ist ein Welttheater. Ihm steht der Mensch von Haus aus auf der Bühne".[2] Kafkas Werk durchbricht mit anderen Worten – worauf auch neuere Arbeiten hingewiesen haben[3] – den konkreten Bezugsrahmen des Theaters, mit dessen Kunst- und Darstellungsform sich der Autor jedoch in mehrfacher Hinsicht immer wieder auseinandergesetzt hat. Wie etwa

---

1 Walter Benjamin: „Franz Kafka. Zur zehnten Wiederkehr seines Todestages", in: Walter Benjamin: *Benjamin über Kafka. Texte, Briefzeugnisse, Aufzeichnungen.* Hg. v. Hermann Schweppenhäuser. Frankfurt a. M. 1981, S. 9–38.
2 Ebd., S. 22.
3 Vgl. Joseph Vogl: *Ort der Gewalt. Kafkas literarische Ethik.* München 1990, S. 13–31; Isolde Schiffermüller: *Franz Kafkas Gesten. Studien zur Entstellung der menschlichen Sprache.* Tübingen 2011, das Kapitel: „Gestus und Theater", S. 25–29.

die *Beschreibung eines Kampfes* zeigen kann, führt schon das poetische Laboratorium des jungen Kafka dem Leser das Phantomtheater einer kulissenartigen Welt vor Augen und inszeniert dabei die Sprachkrise der Epoche als gestische Dramaturgie einer halt- und bodenlosen Menschheit, die nur noch eine peinliche und schlechte Vorstellung von sich gibt. In den bekannten Erzählungen wie *Das Urteil* oder *Die Verwandlung* wird der Raum der Familie zur Bühne eines melodramatischen Geschehens. Besonders deutlich wird die dramaturgische Evidenz von Kafkas Erzählen im Roman *Der Proceß*, was auch an mehreren Stellen des Werks unterstrichen wird, so etwa in der berühmten Frage von Josef K. an seine Wächter, die ihn am Ende wie „alte untergeordnete Schauspieler" zur Exekution führen: „An welchem Teater spielen Sie."[4] Am Leitfaden der Theatermotive, die Kafkas gesamtes Werk durchziehen, zeigt sich die erzählte Welt immer wieder als Gegenstand bewusster choreografischer Inszenierung, wobei die Gesten und Haltungen der Figuren als Mittel der Verfremdung dienen können und dabei die Unterscheidung von Leben und Fiktion immer neu auf dem Spiel steht.

Ein bekanntes Zeugnis für Kafkas intensive Auseinandersetzung mit dem Theater sind die zahlreichen Tagebuchaufzeichnungen, die der jiddischen Schauspieltruppe aus Lemberg gewidmet sind, die zwischen Oktober 1911 und Februar 1912 in Prag gastierte und deren Vorstellungen Kafka regelmäßig besuchte. Aus den Tagebuchnotizen dieses Zeitraums spricht eine Begeisterung für das jiddische Theater, die ganz die kühle Distanz vermissen lässt, die Kafkas Beobachtungen im Allgemeinen kennzeichnet. Immer wieder vermerkt Kafka die faszinierende Authentizität eines Schauspiels, dessen umfassende Wirkung ganz auf der Überzeugungskraft der kollektiven Gesten und rituellen Gebärden beruht, die sich unmittelbar auf den Zuschauer übertragen, immer wieder spricht er von einer Erregung und Hingabe, die die Grenzen von Schauspiel und Zuschauer tendenziell zum Verschwinden bringt.[5] Die Vorstellungen des jiddischen Theaters stellen für Kafka sicherlich einen schöpferischen Impuls für das eigene Schreiben dar, das die kollektive Energie der Gebärdensprache ins Medium der Literatur übertragen will. Die umfassende Wirkung dieses Schauspiels wird dabei jedoch auch zum Gegenstand einer analytischen Reflexion, die sich auf die spezifischen Voraussetzungen der eigenen Kreativität bezieht. In einigen Tagebuchnotizen, die dem jiddischen Theater gewidmet sind, verzeichnet der Schriftsteller Kafka nicht nur seine Faszination für die kol-

---

4   Franz Kafka: *Der Proceß*. Hg. v. Malcolm Pasley. Frankfurt a. M. 2002, S. 306. Vgl. Claudia Liebrand: „Theater im ‚Proceß'. Dramaturgisches zu Kafkas Romanfragment", in: *Germanisch-Romanische Monatsschrift* 48 (1998), S. 201–217.
5   Vgl. Evelyn Torton Beck: *Kafka and the Yiddish Theater. Its Impact on his Work.* Madison / Milwaukee / London 1971; Guido Massino: *Kafka, Löwy und das Jiddische Theater.* Frankfurt a. M. / Basel 2007.

lektive Melodie des Schauspiels, er analysiert auch die literarischen Aspekte des Stücks, die Elemente der Handlung oder den Sprechtext und äußert bisweilen auch ein kritisches Urteil. Diese Aufzeichnungen, die die produktionsästhetische Bedeutung des Theaters für Kafkas Werk deutlich machen, sind – wie Guido Massino bemerkt hat – „durch eine doppelte Bewegung der begeisterten Anteilnahme und der Reflexion, der Hingabe und der aufmerksamen Analyse gekennzeichnet."[6] Diese reflexiv gebrochene Teilnahme am Schauspiel, die sich zwischen Begeisterung und analytischer Distanz bewegt, prägt – so soll auch im Folgenden deutlich werden – Kafkas einzigartige Rezeption des Theaters.

In einer längeren Tagebuch-Eintragung vom 30. Dezember 1911 weist Kafka selbst auf die Eigenart des eigenen Nachahmungstriebs hin, der sich signifikant von dem des Schauspielers unterscheide:

> „Mein Nachahmungstrieb hat nichts Schauspielerisches, es fehlt ihm vor Allem die Einheitlichkeit. Das Grobe, auffallend Charakteristische in seinem ganzen Umfange kann ich gar nicht nachahmen, ähnliche Versuche sind mir immer mißlungen sie sind gegen meine Natur. Zur Nachahmung von Details des Groben habe ich dagegen einen entschiedenen Trieb, die Manipulation gewisser Menschen mit Spazierstöcken, ihre Haltung der Hände, ihre Bewegung der Finger nachzuahmen drängt es mich und ich kann es ohne Mühe. Aber gerade dieses Mühelose, dieser Durst nach Nachahmung entfernt mich vom Schauspieler, weil diese Mühelosigkeit ihr Gegenspiel darin hat, daß niemand merkt, daß ich nachahme."[7]

Kafka bestimmt hier seinen Nachahmungstrieb, ja seinen „Durst nach Nachahmung", in einer deutlichen Differenz zur theatralischen Mimesis. Im Unterschied zum traditionellen Schauspieler, der einen Charakter auf die Bühne bringt, bezieht er die eigene Nachahmung auf die Imitation einzelner Details, auf eine Reihe von präzisen Ausdrucksbewegungen, Haltungen und Gesten, deren Inszenierung den anthropomorphen Charakter der Mimesis zersetzt. Gerade die mühelose Mimikry macht in seiner Sicht das Schauspiel zu einer *performance*, die ohne feste Bühne und ohne Zuschauer ausagiert wird. Kafka versucht in der Folge auch, die Eigenart dieses mimetischen Impulses genauer zu charakterisieren, wenn er die „äußerliche Nachahmung" von einer „innerlichen" unterscheidet, die – wie er feststellt – „oft so schlagend und stark ist, daß in meinem Innern gar kein Platz bleibt diese Nachahmung zu beobachten und zu konstatieren,

---

6   Massino: *Kafka, Löwy*, S. 13.
7   Franz Kafka: *Tagebücher*. Hg. v. Hans-Gerd Koch, Michael Müller, Malcolm Pasley. Frankfurt a. M. 2002, S. 329.

sondern daß ich sie erst in der Erinnerung vorfinde."[8] Die so definierte ‚verinnerlich-te' Nachahmung verweigert sich nicht nur der psychischen Reflexion, sie durchschlägt nach Kafka auch den Raum des Theaters, um die beobachtende Distanz des Zuschauers und die Differenz von Spiel und Ernst, von Wirklichkeit und Fiktion zum Verschwinden zu bringen. Vom Standpunkt der Bühne aus aber muss – wie Kafka bemerkt – diese buchstäbliche Verwirklichung des Spiels „unerträglich" wirken, sie könne nur schlechtes Theater sein, da sie „die Grenze des Spiels nicht wahrt und zu stark nachahmt":

> „Mehr als äußerstes Spiel kann dem Zuschauer nicht zugemuthet werden. Wenn ein Schauspieler, der nach Vorschrift einen anderen zu prügeln hat, in der Erregung, im übergroßen Anlauf der Sinne, wirklich prügelt und der andere vor Schmerzen schreit, dann muß der Zuschauer Mensch werden und sich ins Mittel legen."[9]

Wenn sich mit anderen Worten die Affekte von Furcht und Mitleid in realen Schmerz konvertieren, stehen die Voraussetzungen und Grenzen der aristotelischen Mimesis und Katharsis in Frage. Kafka spricht in diesem Sinn von einem zu mächtigen Nachahmungstrieb, der die Differenz von Leben und Kunst aufs Spiel setzt. Nicht das Schauspiel auf der Theaterbühne, nur das Medium der Schrift kann in seiner Sicht diesen Exzess einer „innerlichen" Nachahmung aufnehmen und nachträglich aus der epischen Distanz in Erinnerung rufen.

Kafka bestimmt in der zitierten Tagebuchaufzeichnung des Jahres 1911 die Prämissen seines Werks in ihrer Differenz zum theatralischen Schauspiel. Seine Literatur befragt dann mit den Möglichkeiten und Grenzen der theatralischen Kunst auch immer wieder die spezifischen Voraussetzungen der eigenen artistischen Vernunft. Kafkas doppelbödige und ambivalente Erfahrung des Theaters ließe sich an vielen seiner Texte ablesen. Ein Licht auf seine ästhetische Anthropologie wirft beispielsweise der *Bericht für eine Akademie*, der dem Versprechen der Nachahmung nachgeht und dabei das anthropomorphe Ideal der aristotelischen Mimesis einer äffischen Karikatur unterzieht. Im Folgenden soll jedoch die Frage nach Kafkas Auseinandersetzung mit der Schauspielkunst nicht am Beispiel seines Werks, sondern anhand seiner Träume vom Theater erörtert werden, die der Autor in den Tagebüchern aufzeichnete und die bisher kaum kommentiert wurden.

---

8   Ebd.
9   Ebd., S. 330.

2

Wie die Tagebucheintragungen vom November 1911 zeigen, ist Kafkas Begeisterung für das jiddische Theater so stark, dass sie auch in die Träume des Schriftstellers einbrechen kann. Diese Träume, die vor allem in werkgenetischer Perspektive von Interesse sind, sprechen von einem umfassenden und mitreißenden Theatererlebnis, das reflexiv gebrochen dann auch ins Werk Kafkas eingeht und dessen Erzählhaltung prägt. In diesem nächtlichen Theater, das die Prosa inspiriert, ist der Träumer in ein selbstgeschaffenes Drama verwickelt und agiert auf einer Bühne, die keine Position außerhalb kennt und die daher, in Analogie zu den oben erwähnten Konzepten des Naturtheaters oder Welttheaters, auch als ein ‚Theater des Selbst‘ bezeichnet werden kann. Auf dem sogenannten ‚anderen Schauplatz‘ der Träume wird nicht nur das Rollenspiel des Ich inszeniert, auch die Bühne der Gesellschaft und das Schauspiel kollektiver Energien finden dort ihre bildhafte Darstellung. Interessant sind diese Träume im gegebenen Kontext aber auch deshalb, weil hier Kafkas tiefgehende Erfahrung mit konkreten Inszenierungen und mit dem Bühnenbetrieb selbst zum Thema wird. Insbesondere zwei lange Traumaufzeichnungen Kafkas vom 9. November und vom 19. November 1911 handeln explizit vom Theater und von seiner mächtigen Wirkung auf den Schriftsteller. Im Zentrum der folgenden Analyse dieser Traumprotokolle steht die Frage, ob und wie die doppelte Bewegung von begeisterter Hingabe und reflexiver Distanz, die Kafkas Rezeption des Theaters im Allgemeinen kennzeichnet, auch in die Traumsprache eingeht.

Die erste Aufzeichnung beginnt mit folgenden Worten: „9. XI II vorgestern geträumt: lauter Teater, ich einmal oben auf der Gallerie, einmal auf der Bühne“.[10] Die Stellung und die Rolle des Ich verorten sich in diesem Traum abwechselnd im Zuschauerraum oder im Spiel auf der Bühne, zwei Räume, die in der Bilderschrift des Traums ineinander übergehen und schließlich nicht mehr zu unterscheiden sind, denn das Spiel hat sich hier ganz auf den Zuschauerraum ausgedehnt: „In einem Akt war die Dekoration so groß, daß nichts anderes zu sehn war, keine Bühne, kein Zuschauerraum, kein Dunkel, kein Rampenlicht; vielmehr waren alle Zuschauer in großen Mengen auf der Scene, die den Altstädter Ring darstellte“.[11] Die Szenerie des Theaters weitet sich so in Kafkas Traum von Beginn an zu einer riesigen Weltbühne aus, auf der zahlreiche Lokalitäten der Prager Altstadt versammelt sind; sie alle kommen in „natürlicher Größe“ in Sicht und können durch „kurze Drehungen und langsame Schwankungen des Bühnen-

---

10   Kafka: *Tagebücher*, S. 239.
11   Ebd.

bodens"[12] überblickt werden: der Altstädter Ring, in dessen Nähe sich Kafkas Geburts-
haus befindet, die Niklasstraße, wo die Familie wohnte, das Kinsky-Palais, wo Kafka das
Gymnasium besucht hatte, die Teynkirche, die Mariensäule und die Baustelle um das
Hus-Denkmal, das in den folgenden Jahren errichtet werden sollte. Auf diesem traum-
haften Bühnenboden erscheint Kafkas Prag in all seinem Reichtum, mit all seinen Mo-
numenten, seinen charakteristischen Topoi und Namen. Die konkrete historische Wirklichkeit repräsentiert sich hier wie ein grenzenloser Theaterraum, in dem sich eine große
kollektive Szene abspielt. Mit ungewohnter Emphase hält Kafka den „ergreifenden Eindruck" dieser natürlichen Kulisse fest und nennt sie die „schönste Dekoration der ganzen Erde und aller Zeiten": „Die Beleuchtung war von dunklen, herbstlichen Wolken
bestimmt. Das Licht der gedrückten Sonne erglänzte zerstreut in dieser oder jener gemalten Fensterscheibe der Südostseite des Platzes."[13]

Im wunderlichen Prager *theatrum mundi* von Kafkas Traum gewinnt ein Ort besondere Bedeutung, nämlich das „Kaiserschloß". Dieses Schloss wird zum eigentlichen
Schauplatz des Traumgeschehens, auf dem ein großes festliches Ereignis inszeniert wird,
das die Kraft hat, die bühnenhafte Fiktion des Dargestellten zum Vergessen zu bringen, wie Kafkas Traumnotat explizit anmerkt: „Dargestellt wurde – oft vergißt man im
Zuschauerraum, daß nur dargestellt wird, wie erst auf der Bühne und in diesen Kulissen – ein kaiserliches Fest und eine Revolution."[14] Der Traum „vergißt" in diesem
Sinn den Raum des Theaters und inszeniert die Bewegung einer riesigen revolutionären
Volksmenge, wobei er die Chronotopoi der großen Revolution von Paris nach Prag verschiebt und dabei auch die historische Vergangenheit in die Gegenwart versetzt: „[D]er
Hof war jedenfalls zu einem Feste ausgefahren, inzwischen war die Revolution losgebro-
chen, das Volk war ins Schloß eingedrungen, ich selbst lief gerade über die Vorsprünge
der Brunnen im Vorhof ins Freie".[15] Das Traum-Ich, das der revolutionären Menge entgegen und „ins Freie" läuft, begegnet den Hofwägen, die in „rasender Fahrt" ankommen
und abrupt vor der „Schloßeinfahrt bremsen mußten":

> „Es waren Wägen, wie man sie bei Volksfesten und Umzügen sieht, auf denen lebende
> Bilder gestellt werden, sie waren also flach, mit einem Blumengewinde umgeben und
> von der Wagenplatte hieng ringsherum ein farbiges Tuch herab das die Räder verdeckte.

---

12 Ebd.
13 Ebd., S. 239–240. Vgl. die Anmerkungen zu diesem Traum in der Ausgabe: Franz Kafka: *Träu-
    me. „Ringkämpfe jede Nacht"*. Hg. v. Gaspare Giudice u. Michael Müller. Mit einem Nachwort von
    Hans-Gerd Koch. Frankfurt a. M. 1993, S. 76–77.
14 Kafka: *Tagebücher*, S. 240.
15 Ebd.

Desto mehr wurde man sich des Schreckens bewußt, den ihre Eile bedeutete. Sie wurden von den Pferden, die sich vor der Einfahrt bäumten, wie ohne Bewußtsein im Bogen von der Eisengasse zum Schloß geschleppt. Gerade strömten viele Menschen an mir vorüber auf den Platz hinaus, meist Zuschauer".[16]

Kafkas Theatertraum erzählt von einem erregenden kollektiven Fest, das die Akteure wie auch die Zuschauer erfasst und sich zur Revolution entfesselt, die die Grenzen zwischen der Volksmenge und dem Schloss durchbricht. Die Traumsprache verknüpft und verdichtet in ihrer kulissenhaften Ikonografie die Schrecken der Revolution mit den Bildern dionysischer Umzüge, sie erinnert an die *Tableaux vivants* des 18. und 19. Jahrhunderts, die Bestandteile von höfischen Festen, von Passionsspielen und öffentlichen Theaterbühnen waren. Wenn das Traum-Ich von der kollektiven Begeisterung und Energie der revolutionären Menge erfasst wird, so lässt sich dieser ekstatischen Partizipation wohl kaum eine politische Bedeutung zuschreiben, sei sie anarchisch-utopisch oder sozialpolitisch konnotiert. Schönheit und Schrecken der festlichen Revolution, die hier eng verbunden sind, beziehen sich vielmehr auf die dionysische Wirkung des Schauspiels, die der Traum vom Theater entfesselt und dem Träumenden in machtvollen Bildern vor Augen führt. In diesem Traum wird Prag als der Ort des Geschehens zum theatralischen Schauplatz, die Landschaft zur Kulisse und schließlich die ganze Welt zum Bühnenraum.

3

In Kafkas nächtlichem Theater ist der Träumer gleichzeitig Dramaturg, Schauspieler und Zuschauer, wobei der Bühnenboden immer wieder wechseln kann und sich dabei auch die Rolle des Ichs immer wieder verschiebt. Trotz aller Komplexität und Genauigkeit der Details weist der besprochene Traum vom revolutionären Theaterfest und von der mächtigen Wirkung des Schauspiels eine beeindruckende narrative Kohärenz auf, die viele Traumaufzeichnungen Kafkas kennzeichnet und die sich dem Leser unmittelbar vermittelt. Auch die Aufzeichnung des zweiten Theater-Traums vom 19. November 1911 besticht durch ihre mimische Präzision; in diesem Traumnotat allerdings erzeugt die aufmerksame und genaue Registrierung des manifesten Trauminhalts eine verwirrende Komplexität, wobei sich einzelne Merkwürdigkeiten und sinnlich-gestische Details wie rätselhafte semiotische Indizien lesen, die für den Leser nur schwer zu ent-

---

16   Ebd., S. 241.

ziffern sind. Diese zweite Traumaufzeichnung inszeniert nicht die Revolution, sondern zeigt zunächst die gute Prager „Gesellschaft auf der Bühne"[17], deren Akteure aus dem Bekanntenkreis Franz Kafkas kommen. Ehemalige Mitschüler Kafkas haben hier ihren Auftritt wie etwa Emil Utitz, der später Dozent für Philosophie wurde, oder Paul Kisch, der deutschnational gesinnte Bruder des berühmten „rasenden Reporters", oder die Schauspielerin Gertrud Hackelberg, die damals am Deutschen Landestheater beschäftigt war.[18] In Kafkas ungewöhnlich langem und vielschichtigem Traumprotokoll tritt eine ganze Reihe weiterer Figuren auf, die zunächst den Zuschauerraum des Theaters füllen und im Laufe der Traumerzählung schließlich von den Rängen der Galerie auf die tiefer liegende Bühne hinuntersteigen, um so selbst im Stück aufzutreten.

Aufgeführt wird auf der Bühne Arthur Schnitzlers *Das weite Land*, wie schon der erste Satz der Traumaufzeichnung festhält: „19.XI II So. / Traum: Im Teater. Vorstellung ‚das weite Land‘ von Schnitzler bearbeitet von Utitz."[19] Die Tragikomödie *Das weite Land*, die zu den erfolgreichsten Stücken Schnitzlers zählt, in denen das Gesellschaftsspiel der Wiener Moderne inszeniert wird, stand damals wirklich auf dem Spielplan des Neuen Deutschen Theaters in Prag. Eine Aufführung gab es auch am 18. November, allerdings ist nicht bekannt, ob Kafka diese besucht hat.[20] Bekannt ist dagegen Kafkas vernichtendes Urteil über Arthur Schnitzler, den er für einen schlechten und dekadenten Schriftsteller hielt, wie aus einem Brief an Felice Bauer klar und unmissverständlich hervorgeht: „Ich liebe den Schnitzler gar nicht und achte ihn kaum; gewiß kann er manches, aber seine großen Stücke und seine große Prosa sind für mich angefüllt mit einer geradezu schwankenden Masse widerlichster Schreiberei. Man kann ihn gar nicht tief genug hinunterstoßen."[21] Auch in der Traumaufzeichnung Kafkas äußert das Ich schon zu Beginn mit aller Klarheit sein negatives Urteil über Schnitzlers Theater, hält sich dabei aber im Unterschied zum Brief an Felice an die Regeln gesellschaftlicher Konvention:

„Der Verfasser ist irgendwo in der Nähe, ich kann mit meinem schlechten Urteil über das Stück, das ich offenbar schon kenne nicht zurückhalten, füge aber dafür hinzu, daß der dritte Akt witzig sein soll. Mit diesem ‚soll‘ will ich wieder sagen, daß ich, wenn von

---

17 Ebd., S. 256.
18 Vgl. zu den Figuren die Anmerkungen in der Ausgabe: Kafka: *Träume*, S. 77 f.
19 Kafka: *Tagebücher*, S. 253.
20 Vgl. Anmerkungen in der Ausgabe: Kafka: *Träume*, S. 77 f. Die Uraufführung fand am 14.10.1911 gleichzeitig an mehreren Theatern statt, Schnitzler selbst war bei einer Prager Aufführung am 30.10.1911 anwesend.
21 Franz Kafka: *Briefe 1913–1914*. Hg. v. Hans-Gerd Koch. Frankfurt a. M. 1999, S. 91 f. Brief an Felice Bauer vom 14. / 15. 2. 1913.

den guten Stellen gesprochen wird, das Stück nicht kenne und mich auf das Hörensagen verlassen muß".[22]

Im gesellschaftlichen Theaterbetrieb, den der Traum in Szene setzt, hat Kafkas Traum-Ich seinen Ort im Zuschauerraum, es befindet sich dabei allerdings in einer ziemlich unbequemen und grotesk verkehrten Haltung: „Ich sitze ganz vorn in einer Bank, glaube in der ersten zu sitzen, bis sich schließlich zeigt, daß es die zweite ist. Die Rückenlehne der Bank ist der Bühne zugekehrt, so daß man den Zuschauerraum bequem, die Bühne erst nach einer Drehung sehen kann."[23] Die eigentliche Rezitation scheint sich in diesem Traum also im Zuschauerraum abzuspielen, in dem sich ein großes Publikum drängt: „Rings um mich herum ist ein großes Gedränge, alles scheint in seinen Winterkleidern gekommen zu sein und füllt daher die Plätze übermäßig aus. Leute neben mir, hinter mir die ich nicht sehe, sprechen auf mich ein, zeigen mir Neuankommende, nennen die Namen".[24] Unter den vielen Anwesenden erkennt das Traum-Ich auch den befreundeten jiddischen Schauspieler Jizchak Löwy: „[N]eben mir steht merkwürdig frei der Schauspieler Löwy, dem wirklichen aber sehr unähnlich und hält aufgeregte Reden, in denen das Wort ‚principium' sich wiederholt, ich erwarte immerfort das Wort ‚tertium comparationis', es kommt nicht."[25] In dieser eigenartigen Reminiszenz an das jiddische Theater geht es nicht um die kollektive Melodie der Gebärden, die Kafka so begeisterte, an deren Stelle tritt eine exaltierte Rezitation, die den einzelnen Schauspieler isoliert und seiner merkwürdigen Nachahmung das Siegel der Unähnlichkeit aufdrückt. Die aufgeregte Gestikulation des Schauspielers Löwy verbindet hier nicht Spiel und Wirklichkeit, sie zeugt vielmehr von einer unauflöslichen Ambivalenz und Diskrepanz, die keine dialektische Vermittlung findet und so auch keinen verborgenen Sinn freigibt.

Nach diesem langen und verwirrenden Vorspiel im Zuschauerraum beginnt in Kafkas Traum dann endlich die eigentliche, ebenso doppelbödige Vorstellung, der Vorhang geht auf und es wird dunkel im Zuschauerraum: „Die Bühne liegt etwas tiefer als der Zuschauerraum, man schaut hinunter, das Kinn auf der Rückenlehne. Die Dekoration besteht hauptsächlich in zwei niedrigen dicken Säulen in der Mitte der Bühne. Ein Gastmahl wird dargestellt, an dem sich Mädchen und junge Männer beteiligen."[26] Trotz der

---

22 Kafka: *Tagebücher*, S. 254.
23 Ebd., S. 253.
24 Ebd., S. 254.
25 Ebd., S. 254. Zu Jizchak Löwy vgl. das Kap. „Der russische Freund" in Massino: *Kafka, Löwy*, S. 45–73.
26 Kafka: *Tagebücher*, S. 255.

dionysischen Requisiten, eine Obstschale mit Weintrauben, scheint die festliche Wirkung des Schauspiels auszubleiben, wohl auch deshalb, weil die gesellschaftlichen Konventionen und Kleider des weiblichen Publikums den Blick auf die Bühne verstellen:

> „Ich sehe wenig, denn obgleich mit Beginn des Spiels viele Leute gerade aus den ersten Bänken weggegangen sind offenbar hinter die Bühne, verdecken die zurückbleibenden Mädchen mit großen flachen, meist blauen über die ganze Länge der Bank hin- und herrückenden Hüten die Aussicht. Einen kleinen 10–15 jährigen Jungen sehe ich jedoch auf der Bühne besonders klar. Er hat trockenes, gescheiteltes, gerade geschnittenes Haar. Er weiß nicht einmal richtig die Serviette auf seine Oberschenkel zu legen, muß zu diesem Zweck aufmerksam hinunterschauen und soll in diesem Stück einen Lebemann spielen. Infolge dieser Beobachtung habe ich kein großes Vertrauen zu diesem Teater mehr. Die Gesellschaft auf der Bühne erwartet nun verschiedene Ankömmlinge die aus den ersten Zuschauerreihen auf die Bühne hinunter steigen. Das Stück ist aber auch nicht gut einstudiert."[27]

Die Gesellschaft repräsentiert sich offensichtlich sehr schlecht auf dieser Bühne, auf der ein braver und ungeschickter Junge den Lebemann spielt, dessen Haltungen und Gebärden in lächerlichem Kontrast zur zugeteilten Rolle stehen. Die peinliche Inszenierung, die dem Traum-Ich sein ganzes Vertrauen zum Theater nimmt, kann einerseits sicherlich als Kritik an Schnitzlers Tragikomödie *Das weite Land* gelesen werden und wendet sich wahrscheinlich auch allgemeiner gegen das Theater als gesellschaftliche Einrichtung. Dies sind allerdings kritische Vorbehalte, die Kafka vermutlich durchaus bewusst waren. Wenn sie dennoch in die Bilder seines Traums eingehen, so stehen diese Bilder wohl auch umfassender für eine tiefergehende Erfahrung des Träumers, die sich auf die Ambivalenz und die Grenzen der theatralischen Mimesis bezieht. Der weitere Verlauf der Traumerzählung jedenfalls macht diese Ambivalenz in einem Spiel von Illusion und Desillusionierung immer deutlicher. In einer merkwürdigen Bilderschrift führt der Traum zunächst die intendierte Wirkung des Schauspiels vor Augen, den dionysischen Gesang, der die Zuschauer ergreifen und mitreißen soll, dessen Klänge sich aber schon in den Rängen der Galerie erschöpfen, noch bevor sie die Bühne erreichen:

> „Nun soll ein singender Reiter aus der Ferne im Galopp sich nähern, ein Klavier täuscht das Hufeklappern vor man hört den sich nähernden stürmischen Gesang, endlich sehe ich auch den Sänger der um dem Gesang das natürliche Anschwellen des eilend heran-

---

27 Ebd., S. 255 f.

nahenden zu geben, die Gallerie oben entlang läuft zur Bühne. Noch ist er nicht bei der Bühne auch mit dem Lied noch nicht zuende und doch hat er das Äußerste an Eile und schreiendem Gesang hergegeben, auch das Klavier kann nicht mehr deutlicher die auf Steine schlagenden Hufe nachahmen."[28]

In den Bildern der Traumsprache sucht der anschwellende Gesang seine Vorstellung, doch die mitreißende Wirkung will sich nicht einstellen. Der Fokus verschiebt sich so von der mimetischen Repräsentation und Evidenz des Schauspiels auf die Mittel der Inszenierung, die Gegenstände werden zu bloßen Requisiten, der Theaterraum wird zur Kulisse, anstelle der dionysischen Musik ertönt nur ein hämmerndes Klavier. Mit den klappernden Requisiten des Theaters erscheinen dann auch die Kritiker auf der Bühne, die ihre Rezension schreiben, und schließlich tritt auch der Regisseur selbst auf, der seine Anordnungen zum Arrangement der Szene trifft: „Auf der Bühne sitzen 2 Kritiker auf dem Boden und schreiben mit dem Rücken an einer Dekoration lehnend. Ein Dramaturg oder Regisseur mit blondem Spitzbart kommt auf die Bühne gesprungen, im Flug noch streckt er eine Hand zu einer Anordnung aus".[29] In bizarren Details hält das Traumprotokoll schließlich auch das Scheitern der Erwartungshaltung des Zuschauers fest, denn die Funken, die hier auf das Publikum übergehen sollten, sind nichts als falsche Zündungen von schadhaften Petroleumlaternen, die den Zuschauerraum im Dunkeln lassen: „Plötzlich, unreines Petroleum oder eine schadhafte Stelle im Docht wird die Ursache sein, spritzt das Licht aus einer solchen Laterne und Funken gehn in breitem Stoße auf die Zuschauer nieder die für den Blick nicht zu entwirren sind und eine Masse schwarz wie Erde bilden."[30] Kafkas Traum stellt zuletzt auch noch die Verdunkelung und das Ende der theatralischen Vorstellung dar, wenn sich das Traum-Ich mit einem Herrn aus dem Publikum identifiziert, der vergeblich versucht, die Sache in Ordnung zu bringen, um dann ruhig zu seinem Platz zurückzukehren: „(Ich verwechsle mich mit ihm und neige das Gesicht ins Schwarze.)"[31]

---

28 Ebd., S. 256 f.
29 Ebd., S. 257.
30 Ebd.
31 Ebd., S. 258.

4

Kafkas Traumprotokolle – so sollte deutlich werden – inszenieren die Faszination des Schriftstellers für das Theater wie auch die Desillusion des Zuschauers in einer doppelten Bewegung von begeisterter Hingabe und kritischer Distanzierung. Den äußerst artikulierten und komplexen Traumerzählungen entspricht bei Kafka keine eigentliche Traumdeutung, charakteristisch für diese Aufzeichnungen ist vielmehr die Aufmerksamkeit auf dem sogenannten „manifesten Trauminhalt"[32], die Fokussierung auf dessen sinnliche Details und seltsame Einzelheiten. Während die erste Traumerzählung vom 9. November 1911 die mitreißende Wirkung eines revolutionären Theaterfestes inszeniert, in der das Weltgeschehen zur Bühne wird und sich in diesem Schauspiel Schönheit und Schrecken verbinden, tritt in der zweiten Traumaufzeichnung vom 19. November 1911 anstelle der dionysischen Wirkung des Schauspiels eine kritische Distanznahme von der gesellschaftlichen Institution des Theaters und damit auch eine Desillusion, die sich symptomatisch in präzisen und merkwürdigen Indizien ausdrückt, so etwa in den exaltierten und aufgeregten Reden des Schauspielers Löwy, der dem wirklichen „sehr unähnlich" ist, im Hämmern des Klaviers, das das Hufeklappern der Pferde vortäuschen sollte, oder in den Funken der schadhaften Petroleumlampen, die auf die Zuschauer im Theaterraum niedergehen. Dieser zweite Traum vom Theater hält das Scheitern der Mimesis und die Enttäuschung der festlichen Erwartungshaltung fest, er exponiert damit auch die Grenzen der Nachahmung, die Mechanik der theatralischen Suggestion und die unfreiwillige Komik des schlechten Spiels. Kafkas Begeisterung bezieht sich – so macht dieser Traum klar – keineswegs auf die öffentliche Einrichtung des bürgerlichen Theaters, der er skeptisch gegenübersteht, seine Liebe gilt vielmehr, wie bekannt, dem jiddischen Volks- und Schmierentheater, dem zwiespältigen Varieté und dem Zirkusspektakel mit seinen Tieren, seinen Trapez- und Hungerkünstlern.

Kafkas Faszination für das Schauspiel lässt sich exemplarisch an der Parabel *Auf der Galerie* ablesen, in der die doppelbödige Erfahrung des Schriftstellers mit dem Theater auch poetologisch reflektiert wird. Anders als in den Traumerzählungen ist hier der Schauplatz des Geschehens weder das revolutionäre Welttheater noch die gesellschaftliche Schaubühne, eröffnet wird vielmehr der dritte Raum einer Zirkusarena, in der die Artisten mit dem Einsatz ihres Körpers auch ihr Leben aufs Spiel setzen. Gegenstand der Vorstellung ist in diesem Fall das Glanzstück einer Kunstreiterin, das bei Kafka ein wiederkehrendes Gleichnis für den Balanceakt der schöpferischen Kräfte darstellt, die

---

32 Sigmund Freud: *Die Traumdeutung.* Studienausgabe. Bd. 2. Frankfurt a. M. 1989, S. 280.

im Schreiben am Werk sind und die der Schriftsteller wie ein Zirkusdirektor inszeniert. Der Kunstritt wird in der Parabel Kafkas bekanntlich gleich zweimal in Szene gesetzt, in zwei komplexen Satzgefügen, die scheinbar antithetisch aufeinander bezogen sind. Der erste Teil führt dem Leser ein erbarmungsloses Theater der Grausamkeit vor Augen, nämlich den Dressurakt unter der Peitsche eines unerbittlichen Zirkusdirektors, der eine atemlose und „lungensüchtige Kunstreitern" unermüdlich und ohne Unterbrechung im Kreis herumtreibt, begleitet vom Lärm des Orchesters und vom mechanischen Beifallklatschen eines unersättlichen Publikums. Dieses qualvolle Spiel ist in Kafkas Parabel jedoch nichts als eine unwahrscheinliche gedankliche Hypothese, die im Aussagemodus eines irrealen Konditionalsatzes vorgebracht wird: „Wenn irgendeine hinfällige, lungensüchtige Kunstreiterin in der Manege (…) ohne Unterbrechung im Kreise rundum getrieben würde".[33] Das Gedankenspiel endet mit der möglichen Reaktion eines jungen Galeriebesuchers, der schließlich von oben herab in die Arena stürzen könnte und mit seinem „Halt!" dem unmenschlichen Spektakel Einhalt gebieten würde, da hier das Leiden über das ästhetische Mitleid zu siegen droht. Ganz ähnlich bemerkte Kafka in seiner Tagebuchaufzeichnung vom 30. 12. 1911 über die Stärke und Durchschlagskraft des eigenen Nachahmungstriebs, dass der Zuschauer angesichts des wahren Schmerzes auf der Bühne „Mensch werden und sich ins Mittel legen"[34] muss. Was die Zirkusnummer in der Parabel betrifft, so wird diese Hypothese jedoch explizit negiert: „Da es aber nicht so ist"[35]. Vom irrealen Negativbild einer grausamen Dressur hebt sich dann auch im zweiten Teil der Parabel die überzeugende Evidenz des glanzvollen Schauspiels ab, die den erbarmungslosen Dressurakt ganz ins Irreale zurückdrängt. Der Triumph der Kunstreiterin, die sich über den Staub der Arena erhebt und „mit ausgebreiteten Armen, zurückgelegtem Köpfchen ihr Glück mit dem ganzen Zirkus teilen will"[36], steht für die potenzierte Wirklichkeit und wahre Wirkung der Kunst, die Kafkas Prosa schließlich in einem demonstrativen Gestus bestätigt: „– da dies so ist, legt der Galeriebesucher das Gesicht auf die Brüstung und, im Schlußmarsch wie in einem schweren Traum versinkend, weint er, ohne es zu wissen".[37]

Kafkas Parabel *Auf der Galerie*, die sich als tiefgründige Reflexion über den doppelbödigen Charakter der Mimesis liest, kann zeigen, wie einzelne Traumsplitter und Traumfiguren in die Bildwelt der Prosa assimiliert werden: Ähnlich wie in den Träumen

---

33 Franz Kafka: *Drucke zu Lebzeiten*. Hg. v. Wolf Kittler, Hans-Gerd Koch u. Gerhard Neumann. Frankfurt a. M. 2002, S. 262.
34 Kafka: *Tagebücher*, S. 330.
35 Kafka: *Drucke zu Lebzeiten*, S. 262.
36 Ebd., S. 263.
37 Ebd.

vom Theater kann die Macht, ja die Übermacht des Schauspiels die ästhetische Distanz von Bühne und Zuschauerraum durchbrechen und dabei die Grenzen des Spiels sprengen, die bei Kafka prekär und labil sind. Wie in den Träumen wird das Schauspiel zur unauflösbar ambivalenten Erfahrung, die sich zwischen begeisterter Hingabe und Desillusion bewegt. Ähnlich dem Träumer überblickt Kafkas Erzähler auch in der Parabel den gesamten Raum des Theaters, wobei der innere Fokus wie im zweiten Traum auf der Perspektive des Galeriebesuchers liegt, der von oben auf den Bühnenraum hinuntersieht: „[M]an schaut hinunter, das Kinn auf der Rückenlehne"[38] – so heißt es in der Traumerzählung, in der das Ich schließlich „das Gesicht ins Schwarze" neigt, sodass sich die Vorstellung verdunkelt. Vergleichbar ist in Kafkas Parabel die Gebärde des jungen Galeriebesuchers, der sein „Gesicht auf die Brüstung" legt, um den Blick vom glanzvollen Schein des Schauspiels abzuwenden und „im Schlußmarsch wie in einem schweren Traum"[39] zu versinken. Im Unterschied zum theatralischen Ausdruck der Affekte und zur tragischen Katharsis zeigt die Parabel dem Leser die mächtige Wirkung des Schauspiels im Medium einer traumversunkenen Gebärde, die das dionysische Pathos in sich verschließt und verdunkelt. Auf der Bühne von Kafkas Erzählkunst wird die Ergriffenheit des Zuschauers damit auch zum Gegenstand poetologischer Reflexion.

Kafkas Prosa – so kann abschließend festgehalten werden – befragt die Möglichkeiten und Grenzen der theatralischen Kunst, sie setzt in ihren Figuren und Gesten den anthropomorphen Charakter der Mimesis aufs Spiel und verunsichert dabei die Trennung zwischen Bühne und Zuschauerraum, zwischen Welt und Theater. Dokumente von Kafkas intensivem Theatererlebnis sind nicht nur die Tagebuchnotizen, die dem jiddischen Theater gewidmet sind, sondern auch seine bisher weniger diskutierten Traumaufzeichnungen zum Theater, die in diesem Umkreis entstanden sind. Diese Aufzeichnungen inszenieren Kafkas tiefgehende, ebenso doppelbödige wie ambivalente Erfahrung des Theaters, seine Begeisterung ebenso wie seine reflexive Distanz. Sie sind vor allem auch Zeugnisse eines großen Traums vom Theater, der den konkreten Bühnenraum sprengt und als schöpferischer Impuls ins Schreiben eingeht.

---

38 Kafka: *Tagebücher*, S. 255.
39 Kafka: *Drucke zu Lebzeiten*, S. 263.

Literatur

Walter Benjamin: „Franz Kafka. Zur zehnten Wiederkehr seines Todestages", in: Walter Benjamin: *Benjamin über Kafka. Texte, Briefzeugnisse, Aufzeichnungen.* Hg. v. Hermann Schweppenhäuser. Frankfurt a. M. 1981, S. 9–38.

Sigmund Freud: *Die Traumdeutung.* Studienausgabe. Bd. 2. Frankfurt a. M. 1989.

Franz Kafka: *Träume. „Ringkämpfe jede Nacht".* Hg. v. Gaspare Giudice u. Michael Müller. Mit einem Nachwort von Hans-Gerd Koch. Frankfurt a. M. 1993.

Franz Kafka: *Briefe 1913–1914.* Hg. v. Hans-Gerd Koch. Frankfurt a. M. 1999.

Franz Kafka: *Drucke zu Lebzeiten.* Hg. v. Wolf Kittler, Hans-Gerd Koch u. Gerhard Neumann. Frankfurt a. M. 2002.

Franz Kafka: *Der Proceß.* Hg. v. Malcolm Pasley. Frankfurt a. M. 2002.

Franz Kafka: *Tagebücher.* Hg. v. Hans-Gerd Koch, Michael Müller u. Malcolm Pasley. Frankfurt a. M. 2002.

Claudia Liebrand: „Theater im ‚Proceß'. Dramaturgisches zu Kafkas Romanfragment", in: *Germanisch-Romanische Monatsschrift* 48 (1998), S. 201–217.

Guido Massino: *Kafka, Löwy und das Jiddische Theater.* Frankfurt a. M. / Basel 2007.

Isolde Schiffermüller: *Franz Kafkas Gesten. Studien zur Entstellung der menschlichen Sprache.* Tübingen 2011.

Evelyn Torton Beck: *Kafka and the Yiddish Theater. Its Impact on his Work.* Madison / Milwaukee / London 1971.

Joseph Vogl: *Ort der Gewalt. Kafkas literarische Ethik.* München 1990.

„Theater des Unsichtbaren"

Kafka, Hugo von St. Viktor, Walter Benjamin, Ali Eyal

Nikolaus Müller-Schöll

„Theater des Unsichtbaren" – dieser Titel mag zunächst einmal wie ein Oxymoron an-
muten. Denn Theater, so die gängige Lehre, leitet sich etymologisch aus dem griechischen *theasthai* her, das mit „schauen, betrachten, zuschauen" übersetzt wird, vom *thea-
tron*, dem Schauplatz, dem Aufführungsort von Schauspielen, auch den Zuschauern.
Und es kommt aus dem Griechischen, vermittelt über das römische „*theatrum*" und das
französische „*théâtre*", ab dem 16. Jahrhundert ins Deutsche.[1] Was aber gibt es zu schau-
en, wenn wir das „Unsichtbare" betrachten? Oder, begreift man den Genitiv anders, welches Theater führt uns das Unsichtbare vor Augen?

In seinem Text *Préjugés*, dessen Untertitel *Vor dem Gesetz* schon auf Kafkas gleichnamige Parabel verweist, entwickelt Jacques Derrida die These, dass in deren Zentrum
das Rätsel eines Gesetzes stehe, zu dem man keine Beziehung des Wissens hat. Er formuliert, dass es das Spezifikum von Literatur sei, dass sie konstitutiv ihr „Gesetz", ein sich
dem Wissen entziehendes Objekt, nicht kenne. Umgekehrt sei jedoch auch kein „Gesetz"
denkbar, das nicht an Literatur in diesem Sinne gebunden ist. Deutlich wird in dieser
wechselseitigen Verschränkung von Gesetz und Literatur, dass beide gleichermaßen auf
eine „Leerstelle" verweisen, eine Abwesenheit oder einen Entzug. Und der Wächter in
Kafkas Parabel, so Derrida, „wacht über dieses Theater des Unsichtbaren".[2] Er wacht
also, so könnte man dies vielleicht reformulieren, über die Darstellung des Undarstellbaren oder die Grenze der Darstellbarkeit.

Heiner Müller berichtete im Jahr 1991 in einem Interview, dass er in den 80er-Jahren
mit Robert Wilson Kafkas *Beschreibung eines Kampfes* auf die Bühne bringen wollte, und
kommentierte das Scheitern dieses Projekts mit den Worten:

---

1   Friedrich Kluge: *Etymologisches Wörterbuch der deutschen Sprache*. 23. Aufl. Berlin / New York
    1999, S. 823.
2   Jacques Derrida: *Préjugés. Vor dem Gesetz*. Aus dem Franz. v. Detlef Otto u. Axel Witte. Wien 1992,
    S. 72.

„Ich habe noch nie einen gelungenen Versuch gesehen, Kafka aufs Theater zu bringen. Da gibt es ein grundsätzliches Problem, und das hängt mit dem jüdischen Bildverbot zusammen. Benjamin hat das ganz gut erklärt: Kafka beschreibt ganz präzis Gesten ohne Bezugssystem. Das Bezugssystem ist einfach ausgespart, bleibt im Dunkeln. Aber die Geste ist präzis. Man weiß nur nicht, worauf sie sich bezieht – oder, woran sie laboriert. Und das ist so, als ob du in einem Theater bist, wo das Wesentliche im Unsichtbaren passiert. Es ist sogar so: Das eigentliche Bild bleibt immer zugedeckt. Es wird *um*schrieben, *be*schrieben, aber es wird nie gezeigt."[3]

Auch hier ist also die Rede von einem „Theater des Unsichtbaren". Es ist ein Theater der präzisen Gesten, die *Gesten* wohl insofern sind, als sie sich beziehen, die aber im reinen Bezug verbleiben, sich also paradoxerweise nicht auf *etwas* beziehen.

Wie ließe sich das so umrissene „Theater des Unsichtbaren" genauer fassen? Ich möchte dem im Folgenden auf der Spur nachgehen, die Heiner Müller gelegt hat – in diesem Interview, aber auch in anderen Texten und Gesprächen. Dabei geht es mir mit Blick auf Kafkas „Theater" nicht um Theater in seinem geläufigen, heutigen Sinne. Es geht mir also nicht etwa um die mit dem Apparat der Stadt- und Staatstheater verbundene Vorstellung des Literaturtheaters, wie es sich im 19. Jahrhundert herausgebildet hat und bis heute, vermittelt über die Architektur der Häuser und die Organisationsformen des Ensemble- und Repertoiretheaters, erhält. Es geht mir auch nicht um Theater im landläufig historischen Sinne, also etwa um das Theater, das Kafka bei Theaterbesuchen, in einer konkreten Ausgestaltung oder Aufführung, gleich welcher Art, gesehen haben mag, ein mehr oder weniger naturalistisches Theater.[4] Und noch weniger geht es mir um die kaum noch überschaubare Zahl von Adaptionen der Romane, Erzählungen und

---

3   Jörg Waehner / Heiner Müller: „Kafka ist Fortinbras. Gespräch mit Heiner Müller", in: Heiner Müller: *Werke 12. Gespräche 3*. Frankfurt a. M. 2008, S. 125–141, 127 (Hervorh. i. O.). Das Gespräch wurde 1991 geführt.

4   Vgl. dazu und allgemeiner zu Kafka und Theater: Evelyn Torton Beck: *Kafka and the Yiddish Theatre. Its Impact on his Work*. Madison / Milwaukee / London 1971, S. 12–31; Jörg W. Gronius: *Kafka im Theater. Über Adaptionen des „Prozeß" und Menschen im Hotel*. Diss. Berlin 1983; „Kafka et le théâtre", in: *Théâtre publique* 128 (mars–avril 1996); „Kafka and the Theater", in: *The Germanic Review* 78, 3 (2003); Nikolaus Müller-Schöll: „Theatralische Epik. Theater als Darstellung der Modernitätserfahrung in einer Straßenszene Franz Kafkas", in: Christopher Balme / Erika Fischer-Lichte / Stephan Grätzel (Hg.): *Theater als Paradigma der Moderne? Positionen zwischen historischer Avantgarde und Medienzeitalter*. Tübingen 2003, S. 189–201; vgl. auch die daran anknüpfende Zeitschriftpublikation: „Kafka und Theater", in: *Thewis. Onlinezeitschrift der Gesellschaft für Theaterwissenschaft. Ausgabe 2017: Kafka und Theater*; online unter: http://www.theater-wissenschaft.de/category/thewis/ [Stand: 15. 3. 2023].

Briefe Kafkas, die in den vergangenen Jahrzehnten auf die Bühne gebracht wurden.[5] Für viele von ihnen gilt das Verdikt Heiner Müllers sicherlich weiter: Sie bebildern, was bei Kafka dem Bildverbot unterliegt.

Worum es mir geht, ist vielmehr das Theater im Text Kafkas. Und konkreter noch dasjenige in dem von Heiner Müller erwähnten frühen, *in toto* erst *posthum* veröffent-lichten Text *Beschreibung eines Kampfes*.[6] Dessen Modernität, so meine Hypothese, liegt im Gestischen und Szenischen, genauer: exakt in den von Müller wie Benjamin erwähn-ten Gesten ohne Bezugssystem. (1) Erhärten möchte ich diese Hypothese durch einen Vergleich mit dem Bezugssystem der Gesten, das Hugo von St. Viktor zu Beginn des 12. Jahrhunderts in einer Erziehungsschrift für Novizen zu Papier bringt. (2) Auf dieser Folie gelesen wird nachvollziehbarer, was Benjamin dazu bewogen haben mag, Kafkas Gesten in Bezug zu jenen der Heiligen auf El Grecos Gemälden zu setzen: Wie der Ma-ler verweist Kafka in seinen Gesten auf eine leere Mitte, einen Riss, der durch die Bilder geht. (3) In einem Ausblick werde ich schließlich knapp skizzieren, in welcher Form die so beschriebenen Gesten im 20. Jahrhundert fortlebten und –leben – in der Theorie (4), aber nicht zuletzt auch im Theater, wenngleich nicht in jenem mit Kafkas Texten. (5)

1 Fallendes Standbild, Naturtheater –
Gesten und Szenen in Kafkas *Beschreibung eines Kampfes*

„Gegen zwölf Uhr standen schon einige Leute auf, verbeugten sich, reichten einander die Hände, sagten, es wäre sehr schön gewesen und giengen dann durch den großen Thür-rahmen ins Vorzimmer, sich anzukleiden. Die Hausfrau stand mitten in dem Zimmer und machte bewegliche Verbeugungen, während ihr Kleid gezierte Falten warf.

Ich saß an einem kleinen Tischchen – es hatte drei gespannte dünne Beine – nippte gerade an dem dritten Gläschen Benediktiner und übersah im Trinken zugleich meinen

---

5 Vgl. dazu etwa die in den Registern von *Theater heute* oder dem *Bühnenjahrbuch des deutschen Bühnenvereins* aufgeführten Arbeiten, insbesondere Adaptionen von *Der Verschollene* (*Amerika*), *Der Proceß* und *Die Verwandlung*.

6 Franz Kafka: „Beschreibung eines Kampfes", in: Franz Kafka: *Beschreibung eines Kampfes und an-dere Schriften aus dem Nachlaß*. Hg. v. Hans-Gerd Koch. Frankfurt a. M. 1994, S. 47–135. Vgl. dazu Barbara Neymeyr: *Konstruktion des Phantastischen. Die Krise der Identität in Kafkas Beschreibung eines Kampfes*. Heidelberg 2004; dies.: „Beschreibung eines Kampfes", in: Manfred Engel / Bernd Auerochs (Hg.): *Kafka-Handbuch. Leben – Werk – Wirkung*. Stuttgart / Weimar 2010, S. 91–102. Dort findet sich auch eine Darstellung der Textvarianten, des Entstehungskontexts und der For-schungsliteratur. Darauf kann in diesem Aufsatz nicht weiter eingegangen werden. Vielmehr wird nachfolgend ausschließlich die Textvariante A berücksichtigt.

kleinen Vorrath von Backwerk, das ich selbst ausgesucht und aufgeschichtet hatte, denn es hatte einen feinen Geschmack.

Da kam mein neuer Bekannter zu mir und ein wenig zerstreut über meine Beschäftigung lächelnd sagte er mit zitternder Stimme: ‚Verzeihen Sie, daß ich zu ihnen komme.'"[7]

Mit dieser Szene beginnt *Beschreibung eines Kampfes*, ein Text, der sich nicht zuletzt seiner eigenen Beschreibung, einer Nacherzählung oder Paraphrasierung, widersetzt. Denn es ist, als betrachtete man den Ich-Erzähler und das von ihm Berichtete mit einer Kamera, die ihm mal zu nah, mal zu fern stünde, so oder so kein klares Bild erlaubte, keinen *Establishing Shot*. Es fehlen dafür Antworten auf die elementaren W-Fragen: Was wer wie wo tut. Erst ganz allmählich – und immer lückenhaft – erfährt der Leser, wo man ist, wer uns in Ich-Form erzählt, was ihm widerfahren ist und widerfährt, während doch gleichzeitig kleine, nebensächliche, ja überflüssig wirkende Details von Anfang an in den Vordergrund gerückt werden: Das Verbeugen und Händereichen der „Leute" – wer immer das sein mag – wie der uns nicht minder unbekannten „Hausfrau", die „gezierte[n] Falten" ihrer Kleidung, die „drei gespannte[n] dünne[n] Beine" des „Tischchen[s]", das „Backwerk" und sein Geschmack. Alles scheint, von Beginn an, mit allem in einem Bezug zu stehen, was auch heißt, nichts lässt sich irgendwie isolieren. Das Schreiben scheint sich so als Schreibprozess, der beständig neue Wendungen nimmt, dem Geschriebenen mitzuteilen. Das dergestalt in Szene gesetzte Sprachverständnis, dem das Wie, die Artikulation in ihrem Fluss, wichtiger als das Was, der Sinn und die Bedeutung, zu sein scheint, könnte uns an die ungefähr zur gleichen Zeit, Mitte des ersten Jahrzehnts des 20. Jahrhunderts, entwickelte Theorie Ferdinand de Saussures erinnern, in der die Sprache synchron als sich beständig verändernde, durch Neuerungen in jeder Wiederholung zugleich anders werdende entdeckt wird,[8] gekennzeichnet, mit Lacan formuliert, durch das Gleiten des Signifikates unter der Signifikantenkette.[9] Auffällig im Text sind die zahlreichen Gesten, die uns hier und später mitgeteilt werden, Finger-, Hand- und Körperbewegungen, Arten des Gangs, Haltungen, aber auch unterschiedliche Nuancen der Stimme. Ihre Verselbstständigung hat unterschiedliche Erscheinungsformen:

---

7   Kafka: „Beschreibung", S. 47.

8   Vgl. Ferdinand de Saussure: *Cours de linguistique générale*. Paris 1962. Der Text wurde 1916 posthum von de Saussures Schülern erstveröffentlicht. Kafkas *Beschreibung eines Kampfes* wurde zwischen 1904 und mindestens 1911 verfasst. Vgl. Neymeyr: *Beschreibung*, S. 91.

9   Vgl. Jacques Lacan: „L'instance de la lettre dans l'inconscient ou la raison depuis *Freud*", in: Jacques Lacan: *Écrits I*. Paris 1966, S. 249–289. Samuel Weber: „Aufstieg und Fall des Signifikanten", in: Samuel Weber: *Rückkehr zu Freud. Jacques Lacans Ent-stellung der Psychoanalyse*. Wien 1990, S. 61–82.

So heißt es vom Bekannten des Erzählers mitten in einer Unterhaltung, dass er „beide Hände (…) in den Mund" steckte und „am Unterkiefer"[10] riss. An anderer Stelle verselbständigen sich urplötzlich Gesichter der Auftretenden fratzenhaft. Man liest etwa: „Da riß der Betrunkene seine Augenbrauen hoch, so daß zwischen ihnen und den Augen ein Glanz entstand",[11] oder es heißt von der Geliebten des Bekannten: „Aber wenn sie lacht, zeigt sie ihre Zähne nicht, wie man doch erwarten sollte, sondern man kann bloß die dunkle schmale gebogene Mundöffnung sehn".[12] Den sich verselbständigenden Gesten korrelieren Szenen, die den Text in ihrer Plastizität beständig unterbrechen: Was erzählt und worüber im Dialog gesprochen wird, ist niemals eine abstrakte Handlung, vielmehr immer eine, die im Rahmen einer Vielzahl von Umständen stattfindet, die umso *präziser* wirken, je weniger sie sich mit einer über die Konkretion hinausweisenden Bedeutung versehen lassen. Nichts wird also erzählt, ohne dass es zugleich schon situiert würde, in einer Umwelt erschiene, die dem Erzählten mehr und anderes als nur einen Sinn verleiht – nichts, ohne dass nicht schon dieser eine Sinn fraglich wird.

Besser als im Allgemeinen lässt sich dies vielleicht schildern, indem man den Ich-Erzähler eine Zeit lang verfolgt, also durch einige Textpassagen mit ihm geht, die uns Kafkas „gestisches" und „szenisches" Theater plastisch vor Augen führen: Er schildert sich bei einem Spaziergang, der ihn und den neuen Bekannten – der ihm noch fremd, ja unangenehm ist, wenngleich ihn später eine seltsame Anziehung mit ihm verbinden wird – in die Nacht hinausgeführt hat. Hat er uns zunächst geschildert, dass er den Bekannten zum Gang eingeladen hat, so suggeriert er später, dass es eigentlich umgekehrt war, der Bekannte ihn mitgezogen hat, was ihm eher unrecht zu sein scheint. Und nun zeichnet der Text sein beständiges Schwanken zwischen Heimkehren und Hierbleiben nach. Er ist „entschlossen auf jeden Fall nachhause zu gehen",[13] weiß aber nicht, ob er grüßen soll oder nicht: „Aber ich war zu furchtsam, um ohne Grund wegzugehn und zu schwach, um laut rufend zu grüßen, daher blieb ich wieder stehn, stützte mich an eine mondbeschienene Häusermauer und wartete."[14] Hin- und hergerissen zwischen der Furcht, wegzugehen, und der Schwäche, die ihn am lauten Grüßen hindert, bleibt er „stehn", mittendrin innehaltend, wartend, wie man liest. Dieses Innehalten zwischen Weggehen und Adressieren, nicht abgehen, doch auch nicht auf den anderen zugehen können, wird selbst wiederum als eine Art von Theater inszeniert: Er stützte sich „an eine mondbeschienene Häusermauer". Die Szene des Auftretens liegt im Zwischen – noch nicht

---

10 Kafka: „Beschreibung", S. 86.
11 Ebd., S. 87.
12 Ebd., S. 86.
13 Ebd., S. 51.
14 Ebd.

weg, nicht mehr ganz hier –, sie wird durch den Mondschein erleuchtet, ihre Kulisse ist eine Mauer, und ihre Gegenstände sind Furcht und Unentschlossenheit. Theater ist dabei nicht etwa ein Voluntaristisches, sondern vielmehr das, was sich gerade dann einstellt, wenn der Wille aussetzt. Es ist eine Szene des Wartens, das kein solches *auf etwas* ist, vielmehr eher als zwischen zwei Polen gespanntes Zögern oder Zaudern zu beschreiben wäre, „ohne Grund", wie es heißt, ohne *Causa*, dann einsetzend, wenn die Kausalkette der Handlung unterbrochen wird, aber zugleich, wie sich im Weiteren zeigen wird, auch ohne Fundament. Der die Szene bescheinende Mond, von dem es später einmal heißen wird, dass der Erzähler „vergaß", ihn „aufgehn zu lassen",[15] dürfte dabei nicht, wie in einer heliozentrischen Tradition die Sonne, metaphysische Voraussetzung des Erscheinens sein,[16] sondern viel eher der Inbegriff von dessen beständig drohender Aussetzung.

Etwas vorher kündigt sich das komplexe Verhältnis des erzählenden Ichs zur Natur in einer für diesen Text charakteristischen Weise an:

> „Ich war in Gesellschaft gewesen, hatte einen undankbaren jungen Menschen vor Beschämung gerettet und gieng jetzt im Mondlicht spazieren. Eine in ihrer Natürlichkeit grenzenlose Lebensweise. Den Tag über im Amt, Abends in Gesellschaft, in der Nacht auf den Gassen und nichts übers Maß."[17]

Was hier als „Natürlichkeit" bezeichnet wird, erscheint im Satz zuvor wie im kommenden als deren gerades Gegenteil: Amt, Gesellschaft und Gassen widerlegen als Verweise auf Staat, Zivilisation und Stadt die Behauptung von Natürlichkeit wie diejenige der Grenzenlosigkeit, sie lassen vor unseren Augen eher ein durch und durch begrenztes Leben erscheinen, das ja zudem in jeder Hinsicht der Norm unterworfen ist: „[N]ichts übers Maß" sei darin, wie es heißt. „Natürlichkeit" erscheint als Gegenbegriff dieses begrenzten Lebens, der beständig – und in der Tat vielleicht ohne Grenzen – neu besetzt werden kann: „Doch mein Bekannter gieng noch hinter mir, ja er beschleunigte sogar seinen Gang, als er merkte, daß er zurückgeblieben war und that, als wäre das etwas Na-

---

15   Ebd., S. 63.
16   Vgl. dazu Jacques Derrida: „Die weiße Mythologie. Die Metapher im philosophischen Text", in: Jacques Derrida: *Randgänge der Philosophie*. Hg. v. Peter Engelmann. Aus dem Franz. v. Gerhard Ahrens et al. Wien 1988, S. 205–258, insb. S. 223–248, wo Derrida die unauflösliche Polysemie der Sonnenmetapher entlang verschiedener Beispiele analysiert.
17   Kafka: „Beschreibung", S. 50.

türliches."[18] Das Natürliche, so legt die Formulierung des *Tuns, als ob* nahe, ist Resultat einer Inszenierung und als solche maßlos.[19]

Im Fortgang des Textes bleibt auffällig, dass wir, wie schon eingangs in der Szene des Abschieds und später in der Szene des Wartens an der Hauswand, immer von Neuem die Art und Weise geschildert bekommen, *wie* etwas getan wird, Gesten, Haltungen, begleitende Bemerkungen. Doch dieser Orientierung im Detail steht eine merkwürdige Verzögerung der Orientierung im Ganzen gegenüber: Während wir erfahren, dass der Bekannte zwinkert, die Augen in die Luft streckt, den Kopf heftig reckt, dass gelächelt wird oder auch, dass der Erzähler wie ein Posthorn bläst, stellt sich erst ganz allmählich heraus, wie der Erzähler und sein Begleiter aussehen. Der Erzähler beschreibt sich auch nur auf einem Umweg. Er stellt sich vor, wie der Bekannte wohl seiner Geliebten von ihm erzählen wird. Die daraus resultierende Schilderung setzt sich nicht zu einem Bild zusammen, gleicht eher dem Odradek in Kafkas *Die Sorge des Hausvaters*.[20] „Er sieht aus", lässt er den Bekannten zu seiner Liebsten sagen,

> „wie eine Stange in baumelnder Bewegung auf die ein gelbhäutiger und schwarzbehaarter Schädel ein wenig ungeschickt aufgespießt ist. Sein Körper ist mit vielen, ziemlich kleinen, grellen, gelblichen Stoffstücken behängt, die ihn gestern vollständig bedeckten, denn in der Windstille dieser Nacht lagen sie glatt an."[21]

Der so fiktiv, aus der Sicht des fremden Bekannten, imaginierte Ich-Erzähler weist Züge einer Figur des Straßen- und Unterhaltungstheaters auf. Seine Kleidung erinnert an die des Harlekins, dessen Kostüm aus Flicken bestand.[22] Sein Bild lässt zugleich an den Orientalismus der Bühne des 19. Jahrhunderts denken, an chinesische und später japanische Operettenfiguren, die als exotisch inszenierte Fremde in Karikatur vor den Augen

18   Ebd.

19   Vgl. zur Frage der Natürlichkeit auch Monika Schmitz-Emans: „Kafka und die Weltliteratur", in: Bettina von Jagow / Oliver Jahraus (Hg.): *Kafka-Handbuch. Leben – Werk – Wirkung*. Göttingen 2008, S. 273–292, 286.

20   Vgl. Franz Kafka: „Die Sorge des Hausvaters", in: Kafka: *Drucke zu Lebzeiten*. Hg. v. Wolf Kittler, Hans-Gerd Koch u. Gerhard Neumann. Frankfurt a. M. 1996, S. 282–284. Vgl. zu Odradek die umfangreiche Sammlung zur Rezeption bei Ulrich Holbein: *Samthase und Odradek*. Frankfurt a. M. 1990.

21   Kafka: „Beschreibung", S. 53.

22   Vgl. Henning Mehnert: *Commedia dell'arte*. Stuttgart 2003; Nikolaus Müller-Schöll: „‚Der Chor der Komödie'. Zur Wiederkehr des Harlekin in Theater und Performance der Gegenwart", in: Nikolaus Müller-Schöll / André Schallenberg / Mayte Zimmermann (Hg.): *Performing Politics. Politisch Kunst machen nach dem 20. Jahrhundert*. Berlin 2012, S. 189–201.

der Zuschauenden erschienen, reduziert auf ihre Haut- und Haarfarbe.[23] Man könnte in ihm auch eine Art Gliederpuppe sehen, wovon die Assoziation des „ungeschickt auf-gespießt[en]" zeugt. Der so Geschilderte zieht – auch darin Harlekin, Bühnen-‚Exoten' und Gliederpuppen vergleichbar – Gelächter auf sich – und Furcht: „Du", so phanta-siert der Erzähler die Anrede des Bekannten an seine Geliebte weiter, „hättest ein wenig gelacht und ein wenig Dich gefürchtet".[24] Etwas später im Text werden wir über diese „Stange in baumelnder Bewegung" zusätzlich erfahren, dass es sich hier um eine „lange Gestalt" handelt, „neben der er", der Bekannte, wie der Ich-Erzähler vermutet, „vielleicht zu klein erschien".[25] Schlagartig wird deutlich, welcher Art die Szene ist, die uns vor Augen gestellt wird: Es ist eine ziemlich komische Szene, an Slapstick oder den frühen Stummfilm erinnernd, hier allerdings aus der Innensicht dessen erzählt, dem das Komi-sche ernst ist: Pat und Patachon, selbst auf Jean Pauls Pat und Patchen zurückgehende Helden der Stummfilmzeit,[26] könnten einem als Assoziation einfallen, komisch in ihrem Gegensatz des schlanken Großen neben dem kleinen Dicken. Doch Kafkas Innensicht verändert die Spielregeln der komischen Gattung: Wenn uns der Erzähler schildert, wie er ganz allmählich sich kleiner macht, um nicht länger den Nebenmann zu überragen, so ist sein Erzählstil nicht der eines sich spektakulär ausstellenden Clowns oder sich sei-ner Andersheit erfreuenden Freaks, sondern eher der eines sich Schämenden. Er nimmt sich zurück, arbeitet, wie man mit Deleuze / Guattari sagen könnte, ganz buchstäblich am Klein-Werden,[27] bzw. mit Derrida und Müller formuliert: an der eigenen Unsicht-barkeit. Sein Theater ist keines des sich exponierenden Bildes, sondern eines der Bild-zerstörung.

Dies zeigt sich nicht zuletzt auch im schon aufgegriffenen Motivstrang des „Natür-lichen": Durch den gesamten Text zieht sich eine Metamorphose des „Natürlichen", die nicht zuletzt in der Überlegung mündet, dass der Bekannte insofern herzlos sei, als er sich in der „Art der Glücklichen, alles natürlich zu finden", benehme. „Ihr Glück stellt einen glanzvollen Zusammenhang her."[28] Dies aber vermeidet seinerseits der an eini-gen Stellen als unglücklich erscheinende Erzähler. Und es ist exakt diese Vermeidung des Zusammenhangs, aus der die Form der Szenen und Gesten entsteht, in die er seine

23   Vgl. Edward Said: *Orientalismus*. Aus dem Engl. v. Hans Güter Holl. Frankfurt a. M. 2009.
24   Kafka: „Beschreibung", S. 53.
25   Ebd., S. 55.
26   Vgl. Jean Paul: „Hesperus oder 45 Hundsposttage: eine Biographie", in: Jean Paul: *Werke*. Bd I.1–3. Hg. v. Barbara Hunfeld. Tübingen 2009. Vgl. zu Pat und Patachon auch den Eintrag bei Wikipedia online unter: https://de.wikipedia.org/wiki/Pat_%26_Patachon [Stand 15. 3. 2023]
27   Vgl. Gilles Deleuze / Félix Guattari: *Kafka. Für eine kleine Literatur*. Aus dem Franz. v. Burkhart Kroeber. Frankfurt a. M. 1976, S. 24–39, 39.
28   Kafka: „Beschreibung", S. 56.

Erzählung aufbricht und der filmischen Montage annähert, wie sie, in seinen Filmen der 1920er-Jahre und deren Theorie, Sergej Eisenstein konzipiert und begreift.[29] Die Erzählung könnte von daher mit gutem Grund als „Gestentafel" in dem Sinne begriffen werden, in dem Benjamin und Brecht vom Film als einer solchen sprachen.[30] Beständig werden Lichtverhältnisse geschildert, die das, was zu sehen ist, in Szene setzen oder auch verdunkeln. Vor allem aber bringt Gestisches, was festzustehen scheint, in Bewegung. So etwa bemerkenswerterweise auch ein sogenanntes „Standbild". Wir lesen:

> „Ich schwankte und mußte das Standbild Karl des Vierten fest ansehn, um meines Standpunktes sicher zu sein. Aber das Mondlicht war ungeschickt und brachte auch Karl den Vierten in Bewegung. Ich staunte darüber und meine Füße wurden viel kräftiger aus Angst, Karl der Vierte möchte umstürzen, wenn ich nicht in beruhigender Haltung wäre. Später schien mir meine Anstrengung nutzlos, denn Karl der Vierte fiel doch herunter, gerade als es mir einfiel, daß ich geliebt würde von einem Mädchen in einem schönen weißen Kleid."[31]

Man beachte an dieser Schilderung, wie hier das vermeintlich Feste, Stehende, das „Standbild" Karls des Vierten, das im Licht des Mondes am wenigsten Sichere wird, wie es sich bewegt, ja buchstäblich zum Bewegungs-Bild[32] wird, das den Schreibenden staunen und seinerseits „Haltung" annehmen lässt, um einen ‚Umsturz' zu verhindern – die Rhetorik der Politik dürfte hier kein Zufall sein –, der letztlich jedoch von ihm nicht aufgehalten werden kann: Der Kaiser „fiel" und erwies sich darin als Korrelat des „Einfall[s]",[33] dass der Erzähler geliebt werde.[34] Dass die Handlung sich vermutlich an der Karlsbrücke zuträgt, wird wiederum durch eine neuerliche Statue wahrscheinlich, diejenige der in Prag als Märtyrerin und Heilige verehrten „Ludmila", der Gattin des ersten christlichen Königs von Böhmen. Doch auch sie steht nicht still: Vielmehr beschreibt

---

29 Vgl. Serge Eisenstein: „Die vierte Dimension", in: Eva Hesse (Hg.): *No – Vom Genius Japans*. Zürich 1963, S. 283–290, insb. S. 285 u. 289. Vgl. auch Viktor Schklowski: *Eisenstein. Romanbiographie*. Aus dem Russ. v. Oksana Bulgakowa u. Dietmar Hochmuth. Berlin 1986, S. 241 f. Vgl. Roland Barthes: „Der dritte Sinn. Forschungsnotizen über einige Fotogramme S. M. Eisensteins", in: Roland Barthes: *Der entgegenkommende und der stumpfe Sinn*. Aus dem Franz. v. Dieter Hornig. Frankfurt a. M. 1990, S. 47–66.

30 Vgl. Bertolt Brecht: *Werke. Große kommentierte Berliner und Frankfurter Ausgabe*. Bd. 21. Schriften 1. Hg. v. Werner Hecht et al. Berlin / Weimar / Frankfurt a. M. 1992, 210–212, 211.

31 Kafka: „Beschreibung", S. 58.

32 Vgl. zum Begriff des Bewegungs-Bildes im Anschluss an Henri Bergson: Gilles Deleuze: *Das Bewegungs-Bild. Kino 1*. Aus dem Franz. v. Ulrich Christians u. Ulrike Bokelmann. Frankfurt a. M. 1997.

33 Kafka: „Beschreibung", S. 58.

34 Vgl. ebd.

der Bekannte die von ihm geliebten „Hände dieses Engels" mit dem Hinweis darauf, dass „die Finger, die sich aufspannen, zittern".[35]

Kafkas *Beschreibung eines Kampfes* ist alles andere als übersichtlich gebaut: Auf das zweite Kapitel, das „Belustigungen oder Beweis dessen, daß es unmöglich ist zu leben" überschrieben und in drei Teile gegliedert ist, deren dritter wiederum sich neuerlich in vier Unterkapitel aufgliedert, folgt ein drittes Kapitel, das nach vielen Wendungen und Verschlingungen zur Rahmenerzählung zurückkehrt.[36] Die Wahl des Titels bleibt dabei letztlich unklar: Man könnte ihn als Hinweis auf den Kampf zwischen Erzähler und Bekanntem, des Erzählers mit sich oder des Autors mit und gegen die Entstehung des Textes lesen und dabei auf das beständige Schwanken zwischen allzu genau Erzähltem und Ausgelassenem, Bildwerdung und -auflösung, auf die Ent-Setzung, die gleichursprünglich mit der Ins-Werk-Setzung des Textes verbunden ist, dessen *Desœuvrement*, wie man mit dem von Blanchot für die Frühromantik geprägten Begriff sagen könnte.[37]

2 Die Geste zwischen den Extremen – Hugo von St. Victor mit Jean-Claude Schmitt

Was es mit den Gesten Kafkas, ihrer Verselbstständigung und des Verlusts ihres Bezugsrahmens auf sich haben könnte, wird vielleicht deutlicher, vergleicht man Kafkas gestisches Theater im Text mit Definition, Klassifikation und Indienstnahme der Geste in der Jean-Claude Schmitt zufolge „bedeutendste[n] theoretische[n] Schrift über die Gesten" im 12. Jahrhundert, mit Hugo von St. Viktors *De institutione novitiorum*.[38] Hugo, der um 1096 geboren wird und 1140 oder 1141 stirbt, tritt 1117 in die Abtei von St. Viktor ein, wird Vorsteher der dortigen Stiftsschule und hinterlässt bei seinem Tod „ein umfangreiches und thematisch weitgefächertes Werk",[39] darunter eben jene Erziehungslehre für Novizen in 21 Kapiteln und einem Vorwort, die den Weg zur „ewigen Glückseligkeit"[40] weisen soll. Einem ersten Teil, der das Unterscheidungsvermögen lehrt, folgt im zweiten Teil

---

35 Ebd., S. 60.
36 Ich beschränke mich hier auf die Variante A des Textes.
37 Vgl. zum Begriff des *Desœuvrements*: Maurice Blanchot: „Das Athenäum", in: Holger Bohn (Hg.): *Romantik. Literatur und Philosophie*. Frankfurt a. M. 1987, S. 107–121, 116.
38 Vgl. Jean-Claude Schmitt: *La raison des gestes dans l'Occident médiéval*. Paris 1990. (Dt.: *Die Logik der Gesten im europäischen Mittelalter*. Aus dem Franz. v. Rolf Schubert u. Bodo Schulze. Stuttgart 1992.) Darin insb.: „La discipline des novices", S. 173–205.
39 Ebd., S. 174, dt. 165 (die Übersetzungen sind aus der deutschen Ausgabe übernommen).
40 Ebd.

die Lehre der „Zucht" bzw. „disciplina", die vom Gedanken der wechselseitigen Bestim-mung von Körper und Seele geprägt ist: Die „Zucht von Körper und Gestik" sieht Hugo als „Mittel zur moralischen Erziehung des Novizen"[41] an. Neben Kapiteln, die der Zucht in der Kleidung, der Rede und bei Tisch gewidmet sind, findet sich eines zur Zucht „in der Gestik".[42] Darin liest man die folgende Definition des *gestus*: „Gestus est motus et figuratio membrorum corporis, ad omnem agendi et habendi modum."[43] Schmitt über-setzt sie in zwei Variationen: „Die Geste ist eine Bewegung und Gestaltung der Körper-glieder, derart, daß sie jeder Handlung und Haltung angepaßt sind (aber auch: im Hin-blick auf, nach Maßgabe und gemäß den Modalitäten jeder Handlung und Haltung)."[44] Der Gestus wird hier also von zwei Begriffspaaren her definiert: *motus / figuratio* sowie *agere / habere*, Bewegung und Gestaltung der Körperglieder sowie Handlung und Hal-tung. Neu, so Schmitt, sei dabei die Einführung der „figuratio"[45], der Vorstellung also, dass die Geste gestaltet und Gestaltung gibt. In der „figuratio" werde hier eine symboli-sche mit einer ästhetischen Dimension verknüpft. Die Geste Hugos soll dem Bedeuteten als Zeichen angemessen sein. Sie bezieht sich auf die Gesamtheit der Körperglieder in ihrem Zusammenhang und sie soll einer Zweckbestimmtheit genügen. Unter dem Vor-zeichen seiner anthropologischen, ästhetischen und politischen Ziele klassifiziert Hugo die Gesten, indem er jeweils zwei Gesten einander gegenübersetzt, *zwischen* denen sich aufzuhalten sei. Dabei bestimmt sich die damit gefasste tugendhafte Geste durch das, was sie nicht zu sein hat,[46] durch eine „doppelte Negation"[47] also. Tugend ist „die Mit-tellinie zwischen entgegengesetzten Lastern". Schmitt erläutert dazu:

> „Um das Urteil der Tugendhaftigkeit zu verdienen, muß die Geste zugleich anmutig und streng sein, wobei weder die Anmut in Weichlichkeit noch die Strenge in Heftigkeit übergehen darf; denn als übertrieben weichlich wäre die Geste Ausdruck von Locker-heit, überließe sie sich hingegen der Heftigkeit, wäre sie Ausdruck von Ungeduld und Jähzorn."[48]

Hugos tugendhafte Geste steht im Gegensatz zu einem Gestikulieren, vor allem aber zu acht Menschentypen, „die sich schlimmer Verhaltensweisen schuldig machen:

---

41 Ebd., S. 175, dt. 167.
42 Ebd., S. 176, dt. 167.
43 Ebd., S. 177, dt. 167.
44 Ebd.
45 Ebd.
46 Vgl. ebd., S. 180, dt. 172.
47 Ebd., S. 182, dt. 173.
48 Ebd., S. 184, dt. 174.

Die einen können nicht zuhören, ohne dabei den Mund aufzusperren. Die anderen (…) strecken wie durstige Hunde die Zunge heraus und rollen sie wie einen Mühlstein um ihre Lippen, wenn sie eine Tätigkeit ausführen oder anderen zuhören. Wieder andere strecken beim Sprechen den Finger aus, ziehen die Augenbrauen hoch, rollen mit den Augen und täuschen eine beträchtliche Anstrengung vor."[49]

Was so entsteht, sind abscheuliche Gesten, die die Schönheit des „zum Bilde Gottes ge-schaffen[en] Menschen" verletzen, sowie „Ungeheuer von Menschen" („monstra homi-num").[50] Ihrem Ausschluss dient die normative Erziehungsschrift Hugos, deren Ideal die Mitte (*modestia, du juste milieu*)[51] ist, das göttliche Maß, das eingehalten werden soll. Es geht Hugo darum, zwischen den verschiedenen Ungeheuerlichkeiten, den un-terschiedlichen Erscheinungsformen einer Unter- oder Überschreitung, Maß zu halten. Die Geste bezeichnet dieses Maß und sie geschieht „unter den Augen Gottes",[52] sodass man sie nicht nur für sich macht, ganz gleich, ob sie sich an oder gegen andere richtet oder in der Einsamkeit ausgeführt wird.

Ein eindrückliches Bild der so verstandenen Geste gibt die Christusgestalt im Bo-genfeld der Kirche Sainte-Foy von Conques. Christus erscheint hier Jean-Claude Bon-ne zufolge „am Ende aller Zeiten"[53] in zweifacher Bedeutung: als Richter und König. Sein erhobener rechter Arm kann als Geste gelesen werden, die zweckbestimmt ist (*ad modum*), „denn sie sondert die Guten von Bösen", zugleich ist sie „eine figuratio, inso-fern sie die Macht Gottes er- und beweist. Sie ist durch einen modus, eine spezifische Modalität, bestimmt, derart, daß ihre ‚maßvolle Entfaltung' gleichsam als rechte Mitte" zwischen den sie umrahmenden Gestentypen erscheine, den nachdrücklicheren Gesten der Engel, die die Posaune blasen, und den gemäßigteren Gesten der „in Prozessions-ordnung aufgestellten Auserwählten und der anderen Engel".[54]

---

49 Ebd., S. 185, dt. 175.
50 Ebd., S. 186, dt. 176.
51 Vgl. ebd., S. 179, dt. 170.
52 Ebd., S. 178, dt. 169.
53 Ebd., S. 188, dt. 178. Vgl. Jean-Claude Bonne: *L'Art roman de face et de profil: le tympan de Conques.* Paris 1984.
54 Schmitt: *La raison des gestes*, S. 188, dt. 178.

3 Der aufgerissene Himmel –
Kafkas Gesten mit Benjamin und El Greco

Verglichen mit solchen Gesten, die Maß und Mitte in einer theozentrisch geordneten Welt bezeichnen und zugleich durch diese geprägt sind, erscheinen Kafkas „Gesten", mit Hugos Begrifflichkeit gefasst, „abscheulich" bzw. monströs, seine Figuren als Ungeheuer. Walter Benjamin widmete, wie von Heiner Müller erwähnt, Kafkas Gesten große Aufmerksamkeit. Er modifizierte dabei, was er zu Brechts epischem als einem gestischen Theater herausgefunden hatte: „Gesten erhalten wir um so mehr, je häufiger wir einen Handelnden unterbrechen."[55] Kafka, so schreibt er in einer vielzitierten Stelle des Essays *Zur zehnten Wiederkehr seines Todestages*, „reißt hinter jeder Gebärde – wie Greco – den Himmel auf; aber wie bei Greco – der der Schutzpatron der Expressionisten war – bleibt das Entscheidende, die Mitte des Geschehens die Gebärde."[56]

Auf Bildern El Grecos, etwa seinem „Johannes der Täufer", wird in der Tat unser Blick auf eine durch Licht und Schatten in Szene gesetzte Geste gelenkt, hier auf die flache Hand, die aus dem roten Umhang hervorragt und sich von dessen beschattetem Teil ebenso abhebt wie von dem grüngelb schimmernden Hemd, das Johannes darunter trägt. Dabei ist eigentümlich der von der flachen Hand abgespreizte Ringfinger, der schräg nach oben deutet, in Richtung auf die aufreißenden Wolken, dabei die aufsteigenden Linien des Hemdes verlängernd, die fallenden Linien des Umhangs spiegelnd. Die so gespreizten Finger lassen unser Augenmerk auf alle ihnen korrespondierenden Linien im Bild fallen: auf das einem Drachen oder Schwan ähnelnde Fabeltier, das auf dem Kelch sich räkelt, den der Heilige in der Hand hält, auf den schräg zur Seite blickenden Kopf und die lange schmale Nase und auf die durch Licht und Schatten konturierten Wolken am Himmel hinter ihm. Dieser Malstil El Grecos beeindruckte und beeinflusste zugleich die Expressionisten, in deren Kunstrichtung Benjamin eine Wiederkehr des Barock in der Moderne sah. Vermittelt von Delacroix, Manet, Degas und anderen, vor allem aber durch den enthusiasmierten Reisebericht Julius Meier-Gräfes, sahen sie in dem aus Griechenland stammenden, in Venedig, Rom und Toledo wirkenden Maler

55 Walter Benjamin: „Was ist das epische Theater? (1)", in: Walter Benjamin: *Gesammelte Schriften*. Bd. II.2. Hg. v. Rolf Tiedemann u. Hermann Schweppenhäuser. Frankfurt a. M. 1977, S. 519–531, 521. Vgl. auch: Nikolaus Müller-Schöll: *Das Theater des „konstruktiven Defaitismus". Lektüren zur Theorie eines Theaters der A-Identität bei Walter Benjamin, Bertolt Brecht und Heiner Müller*. Frankfurt a. M. 2002, S. 19–184, insb. S. 139–174.

56 Walter Benjamin: „Franz Kafka. Zur zehnten Wiederkehr seines Todestages", in: Walter Benjamin: *Gesammelte Schriften*. Bd. II.2. Hg. v. Rolf Tiedemann u. Hermann Schweppenhäuser. Frankfurt a. M. 1977, S. 409–438, 419.

an der Schwelle von der Renaissance zum Barock ein Vorbild. Dabei trifft speziell die spirituell aufgeladene Bezeichnung des Malers als „Schutzpatron" die Art der zeitgenössischen Bezugnahme auf diesen Vorläufer. Benjamins Assoziation dürfte sich nicht zuletzt der Lektüre Alois Riegls verdanken, der in *Die Entstehung der Barockkunst in Rom* „in der Kunst des 17. Jahrhunderts eine Vorstufe der modernen Kunst"[57] entdeckt und dabei speziell die „nackten, übergewaltigen Glieder in übernatürlichen Verrenkungen, Verkürzungen"[58] unterstreicht.

Im Bild des aufgerissenen Himmels gibt Benjamin darüber hinaus aber eine prägnante Vorstellung dessen, was mit Hans Sedlmayrs Begrifflichkeit drastisch als „Verlust der Mitte"[59] in der Moderne nach dem Tod Gottes bezeichnet werden könnte, im Kontext seiner Schriften als die Wiederkehr jener metaphysischen Leere, die er für den einer Eschatologie entratenden, in der Immanenz bleibenden Barock diagnostiziert hatte.[60] Denn Benjamin schreibt ja nicht, wie das „aufgerissen" nahelegen würde, von den aufreißenden Wolken am Himmel, sondern eben vom Himmel selbst. Er hält so *in nuce* fest, was Kafka zum literarischen Theoretiker der Theatermoderne *par excellence* macht: Wie in theozentrischen Kategorisierungen der Art, die Hugo von St. Viktor verfasste, und wie in den religiösen Darstellungen einer Zeit mit geschlossenem Bezugssystem bleibt „das Entscheidende" die von ihm freigelegte „Mitte des Geschehens", die „Gebärde", „Geste" oder der „Gestus".[61] Doch in Abwesenheit eines Zentrums, eines transzendentalen Obdachs oder einer göttlichen Instanz, die sie repräsentieren könnte, wird sie ent-scheidend im doppelten Sinne: nicht nur zentral, wie die tugendhafte Geste der Novizen, sondern auch in sich gegenstrebig, unstet, weil sie, wie Benjamin über den Gestus Kafkas schreibt, „ein Drama, für sich"[62] ist. Diese Formulierung deutet an, dass der Gestus

---

57 Alois Riegl: *Die Entstehung der Barockkunst in Rom*. München 1977, S. 1.
58 Veronika Schröder: *El Greco im frühen deutschen Expressionismus. Von der Kunstgeschichte als Stilgeschichte zur Kunstgeschichte als Geistesgeschichte*. Frankfurt a. M. 1998. Schröder analysiert, dass in den Bildern El Grecos der Bildraum unabhängig von den Figuren entwickelt sei und so zum eigenständigen Bildbestandteil werde (S. 122), ohne „schlüssigen maßstäblichen Zusammenhang" mit den Figuren. Statt wie in einer Linearperspektive, in der alle Bildachsen in einen Fluchtpunkt münden, träfen sich die Achsen in einem „scheinbar willkürlich angeordneten Schnittpunkt", dem „Schlüsselpunkt der Darstellung". Sie spricht davon, dass so an die Stelle der Zentralperspektive die „Bedeutungsperspektive" (ebd.) trete.
59 Hans Sedlmayr: *Verlust der Mitte*. Berlin 1955.
60 Vgl. Walter Benjamin: „Ursprung des deutschen Trauerspiels", in: Walter Benjamin: *Gesammelte Schriften*. Bd. I.1. Hg. v. Rolf Tiedemann u. Hermann Schweppenhäuser. Frankfurt a. M. 1974, S. 203–430, insb. S. 257–259. Vgl. hierzu Samuel Weber: „Genealogy of Modernity: History, Myth and Allegory in Benjamin's *Origin of the German Mourning Play*", in: *Modern Language Notes* 106, 3 (April 1991), S. 465–500.
61 Benjamin: „Kafka", S. 419.
62 Ebd.

bei Kafka als immanent konfliktuös zu begreifen ist und genauer, mit der von Benjamin in seinem Brecht-Aufsatz gefundenen und später in seine Bild-Definition des *Passagenwerks* übernommenen Formulierung, als „Dialektik im Stillstand"[63] bezeichnet werden kann, oder aber, in den Worten der geschichtsphilosophischen Thesen, als „von Spannungen gesättigte (…) Konstellation", [64] so oder so aber als „immanent dialektisches" Theater vor jedem Theater, als Theater der bloßen Veränder*barkeit*, das, wenn nicht dem Theater überhaupt, so doch zumindest allem *modernen* Theater insofern eingeschrieben ist, als es ein Theater ohne Anfang und Grund ist, ohne Erstes und deshalb ohne Letztes, ohne *arche* und ohne *telos*. Modern an ihm ist dabei, dass es sein eigenes *Desœuvrement*, den Zerfall, das *Modern*, erhält, aus dem es entsteht und dem es unterliegt.

4 Das Nachleben der Gesten Kafkas in der Theorie

Zum Nachleben der von Benjamin dergestalt an Kafkas Schriften exponierten Geste gehört, dass Roland Barthes ihre Theorie in seiner Auseinandersetzung mit Fotogrammen aus den Filmen Eisensteins – also gewissermaßen mit deren gestischem Material – aufgreift und damit in dessen Stummfilmen einen der Fluchtpunkte der Gestentheorie Benjamins neuerlich zum Vorschein bringt.[65] Heiner Müller hebt in *Fatzer + Keuner*, seiner kritischen Auseinandersetzung mit Brechts Erbe, an Benjamins Kommentaren zu Brecht und Kafka hervor, dass Benjamin die „Gesten" ohne Bezugssystem Kafkas im Vergleich zu jenen Brechts als realitätshaltiger bezeichnet habe, weil sie „nicht orientiert auf eine Bewegung (Praxis)" seien, „auf eine Bedeutung nicht reduzierbar, eher fremd als verfremdend, ohne Moral".[66] Dem korrespondiert eine posthum veröffentlichte Notiz Benjamins: „Entwicklung der Geste / Verzicht auf ihre Rationalisierung".[67] Sie legt nahe, dass Kafkas Gesten anders als diejenigen Brechts von jener andauernden „visionären Gegenwart der entstellten Dinge" zeugen, die Brecht zur erstaunlichen Be-

---

63   Walter Benjamin: „Was ist das epische Theater?", in: Walter Benjamin: *Gesammelte Schriften*. Bd. II.2. Hg. v. Rolf Tiedemann u. Hermann Schweppenhäuser. Frankfurt a. M. 1977, S. 519–531, 530.

64   Walter Benjamin: „Über den Begriff der Geschichte", in: Walter Benjamin: *Gesammelte Schriften*. Bd. I.2. Hg. v. Rolf Tiedemann u. Hermann Schweppenhäuser. Frankfurt a. M. 1974, S. 693–704, 702 f.

65   Vgl. Barthes: „Der dritte Sinn".

66   Heiner Müller: „Fatzer + Keuner", in: Heiner Müller: *Material. Texte und Kommentare*. Hg. v. Frank Hörnigk. Leipzig 1989, S. 30–36, 31.

67   Benjamins Paralipomena zu den Kafka-Texten, in: Walter Benjamin: *Gesammelte Schriften*. Bd. II.3. Hg. v. Rolf Tiedemann u. Hermann Schweppenhäuser. Frankfurt a. M. 1977, S. 1210.

merkung veranlasste, dass er Kafka „als den einzig echten bolschewistischen Schriftsteller gelten lassen" wolle.[68] *Echt* an diesem Bolschewisten dürfte dabei sein, dass er an
der mit dem Marx'schen Denken gestellten Frage festhält, ohne zu suggerieren, dass er
deren Antwort schon kenne und diese dergestalt dem auf keine Weise positivierbaren
Volk überantwortet. Wenn Müller in einer – durch keine Quelle unterstützten – Zuspit-
zung Brecht auf diese, Benjamin in den Mund gelegte, Charakterisierung Kafkas als des
„erste[n] bolschewistische[n] Autor[s]" antworten lässt: „Dann bin ich der letzte katho-
lische",[69] so hält er damit wohl nicht nur die lebenslange Beschäftigung des katholisch
erzogenen Brechts mit der Bibel, katholischen Formen und der Wiederkehr des Dogma-
tismus der Kirche in jenem der kommunistischen Parteien seiner Zeit fest, sondern auch
dessen zeitweilige Neigung, die leere Mitte, die sich bei Kafkas Gesten zeigt, anders neu
zu besetzen, an anderem festzuhalten als an der bloßen Veränderbarkeit jeder Gegenwart.

Dagegen dürfte Müller, als er Robert Wilson vorschlug, gemeinsam Kafkas *Beschreibung eines Kampfes* auf die Bühne zu bringen, angesichts des häufig als „Bildertheater"
(miss-)verstandenen Theaters von Wilson vor allem die mit diesem Text verbundene
Tendenz zur Auflösung aller Bilder interessiert haben. Um sie ging es ihm selbst ungefähr zur gleichen Zeit in seiner *Bildbeschreibung*[70], einem Stück, unter dessen Manu-
skripten sich ein Hinweis auf das geplante Kafka-Projekt findet. Zu denen, deren Kafka-Lektüre er damit aufgreift, ist auch Theodor W. Adorno zu rechnen: Anknüpfend
an Benjamins Kafka-Deutung schrieb er über die markanten Gesten, von denen die ge-
sprochenen Worte in Kafkas Prosa begleitet werden, dass sie „die Spuren der Erfahrungen" seien, „die vom Bedeuten zugedeckt werden."[71] Gesten schreiben sich demnach
für Adorno in Sprache als das ein, was nicht in der Bedeutungsfunktion aufgeht, als
deren *wie* oder *dass überhaupt.* „Der Gestus", so führt er weiter aus, „ist das ,So ist es';
die Sprache, deren Konfiguration die Wahrheit sein soll, als zerbrochene die Unwahr-
heit."[72] Man darf annehmen, dass Adorno dabei Benjamins Begriff der „Geste" auf dessen Theorie des Überlebens der paradiesischen Namenssprache als einer fragmentier-

68   Benjamins Aufzeichnungen zu den Gesprächen mit Brecht, in: Walter Benjamin: *Benjamin über
      Kafka. Texte, Briefzeugnisse, Aufzeichnungen.* Hg. v. Hermann Schweppenhäuser. Frankfurt a. M.
      1981, S. 131.
69   Heiner Müller / Ulrich Dietzel: „Was gebraucht wird: mehr Utopie, mehr Phantasie und mehr Frei-
      räume für Phantasie", in: Heiner Müller: *Werke 10.* Frankfurt a. M. 2008, S. 318–345, 327.
70   Vgl. Heiner Müller: „Bildbeschreibung", in: Müller: *Material,* S. 8–14.
71   Theodor W. Adorno: „Aufzeichnungen zu Kafka", in: Theodor W. Adorno: *Kulturkritik und Gesell-
      schaft.* Frankfurt a. M. 1977, S. 254–287, 259.
72   Ebd.

ten in der Sprache der Bedeutung nach dem Fall zurückgeführt hat.[73] Kafkas Gesten stünden demnach für ein Sprachverständnis, wonach die Sprache zwar Wahrheit enthält, jedoch nicht in dem, was sie darstellt im Sinne einer Abbildung. Giorgio Agambens viel diskutierter kurzer Essay *Noten zur Geste* knüpft insofern explizit an Benjamin und implizit an dessen soziologische Umdeutung durch Adorno an, als er im „Kontrollverlust über die Gesten" um 1900, den er unter anderem an Notizen Gilles de la Tourettes und den Filmen Étienne-Jules Mareys und der Gebrüder Lumières festmacht, ein „allgemeine[s] Symptom" zu erkennen glaubt: Die bürgerliche Gesellschaft habe „ihre Gesten verloren",[74] versuche, „sich das Verlorene wiederanzueignen" und nehme „zugleich den Verlust wahr".[75] Er sieht in der Geste eine „Potenz, die nicht in den Akt übergeht", was er als Seinsweise der Bewegung im Tanz entdecken zu können glaubt.[76] Werner Hamacher schließlich greift die Geste aus Benjamins Kafka-Aufsatz in seiner Theorie der afformativen Unterbrechung auf: Sie steht ihm für die Sprachlichkeit der Sprache, ihre „Vorstruktur", das Versprechen eines Versprechens, das selbst noch nichts verspricht.[77]

Was alle diese Theoretiker jener radikalen Modernität, die sich in den Gesten und Szenen von Kafkas Literatur – Paradigmen setzend – niedergeschlagen hat, verbindet, ist eine Auffassung von Sprache und Theater, die von deren konstitutiver *Mittelbarkeit* ausgeht, wie ich sie hier ausgehend von Benjamins Kafka-Aufsatz entwickelt habe, die Mittelbarkeit des Darstellens als gleichzeitige Voraussetzung und Aussetzung der Sichtbarkeit. Ihr ist nicht zuletzt die Kafka eigene Verschränkung von Einmaligkeit und Wiederholung geschuldet, die mich vor 20 Jahren die These formulieren ließ, dass er, und nicht Artaud oder Brecht, der radikalste Theatertheoretiker der Moderne sei.[78]

---

73 Vgl. Walter Benjamin: „Über Sprache überhaupt und die Sprache des Menschen", in: Walter Benjamin: *Gesammelte Schriften*. Bd. II.1. Hg. v. Rolf Tiedemann u. Hermann Schweppenhäuser. Frankfurt a. M. 1977, S. 140–157.

74 Giorgio Agamben: „Noten zur Geste", in: Jutta Georg-Lauer (Hg.): *Postmoderne und Politik*. Tübingen 1992, S. 97–107, 99.

75 Ebd.

76 Vgl. ebd., S. 106.

77 Vgl. Werner Hamacher: „Afformativ, Streik", in: Christiaan L. Hart Nibbrig (Hg.): *Was heißt „Darstellen"?* Frankfurt a. M. 1994, S. 340–374; Werner Hamacher.: „Die Geste im Namen. Benjamin und Kafka", in: Werner Hamacher: *Entferntes Verstehen. Studien zu Philosophie und Literatur von Kant bis Celan*. Frankfurt a. M. 1998, S. 280–323.

78 Vgl. Müller-Schöll: „Theatralische Epik", S. 189.

5 Gegenwartstheater nach Kafka

Eine solche Sprach- und Theaterauffassung lässt sich aber auch in Theaterarbeiten wiederfinden, denen mein Interesse in den vergangenen zwei Jahrzehnten gegolten hat. So etwa in einer Reihe von Performances, die man insofern als post-traumatisch bezeichnen kann, als sie sich kategorisch der Darstellung dessen, was landläufig Trauma genannt wird, verweigern, wenngleich sie dessen Spuren tragen, Symptome einer anderen Wahrheit als jener des Bedeutens und der Mimesis: Etwa diejenigen von Deufert / Plischke, Rabih Mroué und Lina Majdalanie, Walid Ra'ad oder Laurent Chétouane.[79] Zu erwähnen wären aber auch Performances wie Wanda Golonkas[80] Arbeiten am Frankfurter Schauspiel, die sich in immer neuen Anläufen mit dem eigenen Dispositiv auseinandersetzten, das heißt: mit jenem be- und eingrenzenden Apparat, der es ermöglicht hat, die Kriteriologie theatraler Praxis zu umschließen. Als Teile dieses Apparats lassen sich dabei im Einklang mit Foucault architektonische Vorgaben bezeichnen, aber auch polizeiliche Regeln, Lichtverhältnisse, Probenprozesse und -zeiten, Hierarchien im Theater und administrative Einordnungen des Theaters in größere gesellschaftliche und politische Kontexte der Stadt und des Landes. Und wenn das Dispositiv, wie es Giorgio Agamben formuliert, in jedem Fall auf einen aporetischen Kern des Unregierbaren[81] antwortet, so könnte man sagen, dass diese Arbeiten alle nicht zuletzt die Erfahrung eines solchen Kerns ermöglichen, des Theaters als eines Mediums, in dem zu sein bedeutet, sich niemals vollkommen zurechtzufinden, eben deshalb, weil wir gewissermaßen immer schon darin verstrickt gewesen sind.

Beispielhaft möchte ich hier zum Ende meines Beitrags – und statt einer Zusammenfassung – noch auf eine konkrete Arbeit zu sprechen kommen, die mir in mehr als einer

---

79 Vgl. Nikolaus Müller-Schöll: „Posttraumatisches Theater (3). Rabih Mroués Theater der Anderen.", in: Gerda Baumbach et. al. (Hg.): *Momentaufnahme Theaterwissenschaft. Leipziger Vorlesungen.* Berlin, S. 75–90. Nikolaus Müller-Schöll: „Post Traumatic Theatre. Narrative Performances following catastrophes and the question of the Other", in: *The Arab Journal of Performance Studies* 4 (2017), S. 23–37. Nikolaus Müller-Schöll: „Die zweite Geschichte. Zwei Arbeiten von Rabih Mroué, Lina Majdalanie und Walid Ra'ad erkunden das Fremde im Eigenen", in: *Forschung Frankfurt* 2 (2016), S. 67–71.

80 Vgl. Nikolaus Müller-Schöll: „Theater außer sich. (Zu Golonka, Charmatz, Ritsema und zum ‚Freien Theater')", in: Hajo Kurzenberger / Annemarie Matzke (Hg.): *TheorieTheaterPraxis*. Berlin 2004, S. 342–352.

81 Vgl. ausführlicher: Nikolaus Müller-Schöll: „Das Dispositiv und das Unregierbare. Vom Anfang und Fluchtpunkt jeder Politik", in: Lorenz Aggermann / Georg Döcker / Gerald Siegmund (Hg.): *Theater als Dispositiv. Dysfunktion, Fiktion und Wissen in der Ordnung der Aufführung*. Frankfurt a. M. 2017, S. 67–88.

Hinsicht Kafkas Literatur und Theater des gesprengten Bildes und deren auf kein Allgemeines rückführbaren Gesten und Szenen vergleichbar scheint: Die *Lecture Performance* des irakischen Bildenden Künstlers Ali Eyal mit dem sperrigen Titel *Don't let the beautiful colors fool you, who would draw Goofy inside the rooms of grownups?*[82]

Ein jüngerer Mann sitzt mit dem Rücken zu einem kleinen Publikum, das sich auf die in eine Ecke des Saales gestellten Stühle gesetzt hat, um ihm zu folgen. Vor ihm steht in einer von vier Nischen einer kreuzförmig auf der Bühne aufgestellten Wand ein antikes Sofa. Die Wand neben ihm ist mit einem großen Bild bemalt. Ein Gesicht ist darauf auszumachen, das von einer Landschaft förmlich überwuchert wird. Aus seinem rechten Rand ragt ein zweites Gesicht im Profil heraus, das zur Seite blickt. Auch der weiße Stoff ist bemalt mit schemenhaften Gesichtern. Sie erinnern an Kritzeleien, die man sich auf Papier macht, wenn einem langweilig ist. Der Performer liest Zettel vom Boden auf und beginnt zu lesen. Gedrungen, schnell, rastlos spricht er, dabei die eigene Stimme zu einem Instrument machend, den arabischen Text rhythmisierend, dass er beinahe wie ein Sprechgesang klingt. Dem Text zu folgen, ist für die Zusehenden mühsam, zumal auf der Grundlage der englischen Übertitel, die in schneller Folge wechseln. Kaum können wir mehr als Bruchstücke von ihm erfassen, genug, um zu verstehen, dass die Rede von Gewalterfahrungen ist, Abgründen, die sich hinter diesem Text wie hinter der Übermalung von Sofa und Wand verbergen: Hörbar wird, wie es einmal im Text heißt, „a disjointed series of texts", eine lose Folge von Fragmenten ohne kontinuierlichen Sinn. Sie kreisen um Motive der tödlichen Gewalt, der Folter, der Verfolgung, aber auch um Erinnerungen an eine Kindheit, die ihnen vorausging, mal in der dritten, mal in der ersten Person verfasst. Kurze Dialoge, Anreden an ein Du, das die Zuschauer, aber auch bloß imaginäre Leser und Hörer sein könnten, real wirkende Beschreibungen und Szenen aus der Vergangenheit wechseln mit Alptraumsequenzen ab. Darunter sind Erzählungen von einem Gefängnisaufenthalt, barock anmutende Spekulationen über das, was aus toten Körpern wächst und wie dies geschieht, daneben auch lyrische Passagen. Ungefähr in der Mitte der Performance wechseln wir mit dem Performer in eine zweite Nische, vor ein anderes Bild, das eine Landschaft zu zeigen scheint, wie man sie aus japanischen Zeichnungen zu kennen glaubt.

Ali Eyal, der in Bagdad geboren wurde und dort sowie in Beirut und Amsterdam studiert hat, bearbeitet mit seiner Performance, folgt man dem Abendzettel der Veranstal-

---

82 Die nachfolgende Beschreibung bezieht sich auf die Vorstellung der Arbeit im Rahmen des Festivals „This is not Lebanon" am Frankfurter Künstler*innenhaus Mousonturm, 27. 8. 2021. Vgl. dazu auch die Ankündigung auf der Homepage des Produktionshauses online unter: https://www.mousonturm.de/events/dont-let-the-beautiful-colors-fool-you/ [Stand 15. 3. 2023]. Mir lag darüber hinaus eine englische Version der dabei vorgetragenen *Lecture* vor.

tung, die eine Koproduktion des Künstler*innenhauses Mousonturm mit dem Frankfurter „Ensemble Modern" ist, die Erfahrung eines Verbrechens. In einem Racheakt suche er das Wohnzimmer des Mannes auf, der seinen Vater und seine vier Onkel ermordet hat, um es mit den Gesichtern der Opfer und Vermissten zu bemalen. Er verknüpfe dabei die eigene Geschichte mit derjenigen der Opfer, aber auch mit Fragmenten, die ihm sein Onkel hinterlassen hat. Das ist es, was wir vorab wissen.

Doch die Performance erzählt uns diese Geschichte nicht. Viel eher verweigert sie uns diese geradezu demonstrativ. Eyal greift die Tradition des Hakawatis, des arabischen Geschichtenerzählers, auf, der ein Publikum von Zuhörern um seine Erzählungen auf den Marktplätzen versammelt.[83] Doch er verkehrt das übernommene Modell. Der Raum, in dem er seine Performance situiert, ist nicht der Kreis, doch auch nicht die Black Box, die ihn im Theater ablöst, sondern vielmehr beider Auflösung in die vier, jeweils wie Ausschnitte eines Raumes aussehenden Ecken eines Quadrates, die nicht länger miteinander in einer Ordnung aufgehen, von denen vielmehr zwei beim Spiel außen vor bleiben. Und der Erzähler versucht uns nicht etwa durch Gestus und Ansprache in seine Geschichte hineinzuziehen, er kehrt uns vielmehr demonstrativ den Rücken zu, macht sichtbar, dass die Geschichte, die hier erzählt wird, und das Geschehene, das er dergestalt erzählend bearbeitet hat, nicht für uns erzählt wird. Wir stehen zu ihr wie zum aufgeschnittenen Raum, dessen Ecken wir kennen, ohne ihn irgendwie zu einem Ganzen wieder zusammenfügen zu können. Nicht für, sondern vor uns wird hier gespielt, in unserer Anwesenheit, mit uns als Zeugen, vor deren Augen diese Arbeit an der Übermalung stattfindet. Es ist eine Darstellung, die vielleicht mehr ver- als entbirgt, uns weniger in ihrem Fluss als vielmehr in ihrer Fragmentierung etwas von dem erahnen lässt, was wir nicht zu sehen vermögen, ein *„Theater des Unsichtbaren"*, das uns in dem, was wir sehen und hören, vor allem mitteilt, dass wir uns nicht von jenen schönen Farben blenden lassen sollten, in denen vor uns erscheint, was unsagbar bleibt.

---

83 Vgl. zur Tradition des Hakawatis: Andrea Geißler: *Halqa, Harlequin, and Hakawati – towards uncovering an alternative Mediterranean Historiography of Theater through popular Theater Practices.* Diss. Frankfurt a. M. 2022 (unveröffentlichtes Ms.).

Literatur

Theodor W. Adorno: „Aufzeichnungen zu Kafka", in: Theodor W. Adorno: *Kulturkritik und Gesellschaft*. Frankfurt a. M. 1977, S. 254–287.

Giorgio Agamben: „Noten zur Geste", in: Jutta Georg-Lauer (Hg.): *Postmoderne und Politik*. Tübingen 1992, S. 97–107.

Roland Barthes: „Der dritte Sinn. Forschungsnotizen über einige Fotogramme S. M. Eisensteins", in Roland Barthes: *Der entgegenkommende und der stumpfe Sinn*. Aus dem Franz. v. Dieter Hornig. Frankfurt a. M. 1990, S. 47–66.

Walter Benjamin: „Ursprung des deutschen Trauerspiels", in: Walter Benjamin: *Gesammelte Schriften*. Bd. I.1. Hg. v. Rolf Tiedemann u. Hermann Schweppenhäuser. Frankfurt a. M. 1974, S. 203–430.

Walter Benjamin: „Über den Begriff der Geschichte", in: Walter Benjamin: *Gesammelte Schriften*. Bd. I.2. Hg. v. Rolf Tiedemann u. Hermann Schweppenhäuser. Frankfurt a. M. 1974, S. 693–704.

Walter Benjamin: „Über Sprache überhaupt und die Sprache des Menschen", in: Walter Benjamin: *Gesammelte Schriften*. Bd. II.1. Hg. v. Rolf Tiedemann u. Hermann Schweppenhäuser. Frankfurt a. M. 1977, S. 140–157.

Walter Benjamin: „Franz Kafka. Zur zehnten Wiederkehr seines Todestages", in: Walter Benjamin: *Gesammelte Schriften*. Bd. II.2. Hg. v. Rolf Tiedemann u. Hermann Schweppenhäuser. Frankfurt a. M. 1977, S. 409–438.

Walter Benjamin: „Was ist das epische Theater? (1)", in: Walter Benjamin: *Gesammelte Schriften*. Bd. II.2. Hg. v. Rolf Tiedemann u. Hermann Schweppenhäuser. Frankfurt a. M. 1977, S. 519–531.

Walter Benjamin: *Gesammelte Schriften*. Bd. II.3. Hg. v. Rolf Tiedemann u. Hermann Schweppenhäuser. Frankfurt a. M. 1977.

Walter Benjamin: *Benjamin über Kafka. Texte, Briefzeugnisse, Aufzeichnungen*. Hg. v. Hermann Schweppenhäuser. Frankfurt a. M. 1981.

Maurice Blanchot: „Das Athenäum", in: Holger Bohn (Hg.): *Romantik. Literatur und Philosophie*. Frankfurt a. M. 1987, S. 107–121.

Jean-Claude Bonne: *L'Art roman de face et de profil: le tympan de Conques*. Paris 1984.

Bertolt Brecht: *Werke. Große kommentierte Berliner und Frankfurter Ausgabe*. Bd. 21. Schriften 1. Hg. v. Werner Hecht et al. Berlin / Weimar / Frankfurt a. M. 1992, 210–212.

Gilles Deleuze / Félix Guattari: *Kafka. Für eine kleine Literatur*. Aus dem Franz. v. Burkhart Kroeber. Frankfurt a. M. 1976, S. 24–39.

Gilles Deleuze: *Das Bewegungs-Bild. Kino 1*. Aus dem Franz. v. Ulrich Christians u. Ulrike Bokelmann. Frankfurt a. M. 1997.

Jacques Derrida: „Die weiße Mythologie. Die Metapher im philosophischen Text", in: Jacques Derrida: *Randgänge der Philosophie*. Hg. v. Peter Engelmann. Aus dem Franz. v. Gerhard Ahrens et al. Wien 1988, S. 205–258.

Jacques Derrida: *Préjugés. Vor dem Gesetz*. Aus dem Franz. v. Detlef Otto u. Axel Witte. Wien 1992.

Serge Eisenstein: „Die vierte Dimension", in: Eva Hesse (Hg.): *No – Vom Genius Japans*. Zürich 1963, S. 283–290.

Andrea Geißler: *Halqa, Harlequin, and Hakawati – towards uncovering an alternative Mediterranean Historiography of Theater through popular Theater Practices*. Diss. Frankfurt a. M. 2022 [unveröffentlichtes Ms.].

Jörg W. Gronius: *Kafka im Theater. Über Adaptionen des „Prozeß" und Menschen im Hotel*, Diss. Berlin 1983.

Werner Hamacher: „Afformativ, Streik", in: Christiaan L. Hart Nibbrig (Hg.): *Was heißt „Darstellen"?* Frankfurt a. M. 1994, S. 340–374.

Werner Hamacher.: „Die Geste im Namen. Benjamin und Kafka", in: Werner Hamacher: *Entferntes Verstehen. Studien zu Philosophie und Literatur von Kant bis Celan.* Frankfurt a. M. 1998, S. 280–323.

Ulrich Holbein: *Samthase und Odradek.* Frankfurt a. M. 1990.

Franz Kafka: „Beschreibung eines Kampfes", in: Franz Kafka: *Beschreibung eines Kampfes und andere Schriften aus dem Nachlaß.* Hg. v. Hans-Gerd Koch. Frankfurt a. M. 1994, S. 47–135.

Franz Kafka: „Die Sorge des Hausvaters", in: Franz Kafka: *Drucke zu Lebzeiten.* Hg. v. Wolf Kittler, Hans-Gerd Koch u. Gerhard Neumann. Frankfurt a. M. 1996, S. 282–284.

„Kafka et le théâtre", in: *Théâtre publique* 128 (mars-avril 1996).

„Kafka and the Theater", in: *The Germanic Review* 78, 3 (2003).

„Kafka und Theater", in: *Thewis. Online-Zeitschrift der Gesellschaft für Theaterwissenschaft 2017;* online unter: http://www.theater-wissenschaft.de/category/thewis/ [Stand: 15. 3. 2023].

Friedrich Kluge: *Etymologisches Wörterbuch der deutschen Sprache.* 23. Aufl. Berlin / New York 1999.

Jacques Lacan: „L'instance de la lettre dans l'inconscient ou la raison depuis *Freud*", in: Jacques Lacan: *Écrits I.* Paris 1966, S. 249–289.

Henning Mehnert: *Commedia dell'arte.* Stuttgart 2003.

Heiner Müller: „Fatzer + Keuner", in: Heiner Müller: *Material. Texte und Kommentare.* Hg. v. Frank Hörnigk. Leipzig 1989, S. 30–36.

Heiner Müller: „Bildbeschreibung", in: Heiner Müller: *Material. Texte und Kommentare.* Hg. v. Frank Hörnigk. Leipzig 1989, S. 8–14.

Heiner Müller / Ulrich Dietzel: „Was gebraucht wird: mehr Utopie, mehr Phantasie und mehr Freiräume für Phantasie", in: Heiner Müller: *Werke 10.* Frankfurt a. M. 2008, S. 318–345.

Nikolaus Müller-Schöll: *Das Theater des „konstruktiven Defaitismus". Lektüren zur Theorie eines Theaters der A-Identität bei Walter Benjamin, Bertolt Brecht und Heiner Müller.* Frankfurt a. M. 2002.

Nikolaus Müller-Schöll: „Theatralische Epik. Theater als Darstellung der Modernitätserfahrung in einer Straßenszene Franz Kafkas", in: Christopher Balme / Erika Fischer-Lichte / Stephan Grätzel (Hg.): *Theater als Paradigma der Moderne? Positionen zwischen historischer Avantgarde und Medienzeitalter.* Tübingen 2003, S. 189–201.

Nikolaus Müller-Schöll: „Theater außer sich. (Zu Golonka, Charmatz, Ritsema und zum ‚Freien Theater')", in: Hajo Kurzenberger / Annemarie Matzke (Hg.): *TheorieTheaterPraxis.* Berlin 2004, S. 342–352.

Nikolaus Müller-Schöll: „‚Der Chor der Komödie'. Zur Wiederkehr des Harlekin in Theater und Performance der Gegenwart", in: Nikolaus Müller-Schöll / André Schallenberg / Mayte Zimmermann (Hg.): *Performing Politics. Politisch Kunst machen nach dem 20. Jahrhundert.* Berlin 2012, S. 189–201.

Nikolaus Müller-Schöll: „Posttraumatisches Theater (3). Rabih Mroués Theater der Anderen.", in: Gerda Baumbach et. al. (Hg.): *Momentaufnahme Theaterwissenschaft. Leipziger Vorlesungen.* Berlin 2014, S. 75–90.

Nikolaus Müller-Schöll: „Die zweite Geschichte. Zwei Arbeiten von Rabih Mroué, Lina Majdalanie und Walid Ra'ad erkunden das Fremde im Eigenen", in: *Forschung Frankfurt* 2 (2016), S. 67–71.

Nikolaus Müller-Schöll: „Das Dispositiv und das Unregierbare. Vom Anfang und Fluchtpunkt jeder Politik", in: Lorenz Aggermann / Georg Döcker / Gerald Siegmund (Hg.): *Theater als Dispositiv. Dysfunktion, Fiktion und Wissen in der Ordnung der Aufführung.* Frankfurt a. M. 2017, S. 67–88.

Nikolaus Müller-Schöll: „Post Traumatic Theatre. Narrative Performances following catastrophes and the question of the Other", in: *The Arab Journal of Performance Studies* 4 (2017), S. 23–37.

Barbara Neymeyr: *Konstruktion des Phantastischen. Die Krise der Identität in Kafkas Beschreibung eines Kampfes.* Heidelberg 2004.

Barbara Neymeyr: „Beschreibung eines Kampfes", in: Manfred Engel / Bernd Auerochs (Hg.): *Kafka-Handbuch. Leben – Werk – Wirkung.* Stuttgart / Weimar 2010, S. 91–102.

Jean Paul: „Hesperus oder 45 Hundsposttage: eine Biographie", in: Jean Paul: *Werke.* Bd. I.1–3. Hg. v. Barbara Hunfeld. Tübingen 2009.

Alois Riegl: *Die Entstehung der Barockkunst in Rom*. München 1977.

Edward Said: *Orientalismus*. Aus dem Engl. v. Hans Güter Holl. Frankfurt a. M. 2009.

Ferdinand de Saussure: *Cours de linguistique générale*. Paris 1962.

Monika Schmitz-Emans: „Kafka und die Weltliteratur", in: Bettina von Jagow / Oliver Jahraus (Hg.): *Kafka-Handbuch. Leben – Werk – Wirkung*. Göttingen 2008, S. 273–292.

Veronika Schröder: *El Greco im frühen deutschen Expressionismus. Von der Kunstgeschichte als Stilgeschichte zur Kunstgeschichte als Geistesgeschichte*. Frankfurt a. M. 1998.

Viktor Schklowski: *Eisenstein. Romanbiographie*. Aus dem Russ. v. Oksana Bulgakowa u. Dietmar Hochmuth. Berlin 1986.

Jean-Claude Schmitt: *La raison des gestes dans l'Occident médieval*. Paris 1990. (Dt.: *Die Logik der Gesten im europäischen Mittelalter*. Aus dem Franz. v. Rolf Schubert u. Bodo Schulze. Stuttgart 1992.)

Hans Sedlmayr: *Verlust der Mitte*. Berlin 1955.

Evelyn Torton Beck: *Kafka and the Yiddish Theatre. Its Impact on his Work*. Madison / Milwaukee / London 1971.

Jörg Waehner / Heiner Müller: „Kafka ist Fortinbras. Gespräch mit Heiner Müller", in: Heiner Müller: *Werke 12. Gespräche 3*. Frankfurt a. M. 2008.

Samuel Weber: „Aufstieg und Fall des Signifikanten", in: Samuel Weber: *Rückkehr zu Freud. Jacques Lacans Ent-stellung der Psychoanalyse*. Wien 1990, S. 61–82.

Samuel Weber: „Genealogy of Modernity: History, Myth and Allegory in Benjamin's *Origin of the German Mourning Play*", in: *Modern Language Notes* 106, 3 (April 1991), S. 465–500.

„[D]er übrige Körper ist für Verzierungen bestimmt"

Kafkas Theater und die skripturale Ästhetik des Körpers

DAVID FUCHS

Die Verhandlung von Sprache und Körper erscheint in den Texten Franz Kafkas leitmotivisch. Unzählige seiner Tagebuch- und Briefpassagen kreisen um diese Konstellation. Seine Kunst- und Künstlererzählungen, die von sprechenden Affen, singenden Mäusen, Artisten und Hungerkünstlern berichten, rücken den performativen Aspekt ästhetischer Darstellung in den Fokus. Sie reflektieren, dadurch dass sie genuin körperliche Ausdrucksformen mit Mitteln der Sprache darzustellen versuchen, die Übersetzbarkeit einer ereignishaften, unmittelbaren Körperlichkeit in das mittelbare Zeichensystem der Sprache. Diese Texte lassen sich somit als intermediale Versuchsanordnungen lesen, in denen Performativität und Literarizität in ein reflexives Verhältnis treten. Die Schrift als Ebene des Literarischen macht dabei eine Dimension in dieser Gemengelage aus, der mit ihrer individuellen und buchstäblich unkonventionellen Erscheinungsform sowie ihrer produktionsästhetischen Körperlichkeit und ihrer allografischen Eigenästhetik ein Moment der Unmittelbarkeit und Evidenz zu eigen ist. Von diesem Punkt aus möchte der vorliegende Beitrag dem Verhältnis von theatraler Körperlichkeit und Schrift bei Kafka an exemplarischen Texten nachzugehen versuchen.

In einem ersten Teil wird die 1914 entstandene und 1919 veröffentlichte Erzählung *In der Strafkolonie* vor dem Hintergrund der theatralen Schauanordnungen und Inszenierungen des Körpers im Text gelesen, welche durch die Beschreibungsoperationen des diegetischen Strafapparats in Relation zum Phänomen der Schrift gesetzt werden. Die Frage nach einer Übertragungsmöglichkeit des Körpers in den Text, welche als aporetische Prämisse in Kafkas Schriften über Körperkunst und ästhetische Performanz implizit ständig mitschwingt, wird hier expliziert und bricht am Ende in der Zerstörung der Beschreibungsmaschine regelrecht auf.

Die Analyseaspekte aus dieser Lektüre sollen in einem zweiten Teil Anlass zu Überlegungen über Kafkas Schriftkonzept geben. Hier erweisen sich einige Passagen aus den

Tagebüchern als produktives Textmaterial, Stellen aus einem ausgesprochenem ‚Schrift-raum' also, in dem die Grenze zwischen körperlicher Erfahrung und sprachlichem Ausdruck, zwischen Schriftbild und Schriftzeichen, zwischen Literatur und Autobiografie, zwischen Kunst und Existenz stetig neu verhandelt, verschoben und unterwandert wird. Aus dieser ästhetischen Konfiguration wird schließlich eine „skripturale Ästhetik des Körpers" abgeleitet. Im Zuge dessen sollen Fragen aufgeworfen werden und Anlass dazu geben, weiter über die (analytische) Produktivität des Theaters für Kafkas Schreiben nachzudenken: Welche Rolle kommt dem Schriftzeichen zu, wenn es von seiner Referenzialität und semiotischen Zeichenhaftigkeit abgelöst wird? Welches ästhetische Potenzial ergibt sich hieraus? Und kann dieses Potenzial letztlich als ein genuin theatrales charakterisiert werden?

1 Theatralische Beschreibungsfantasien: *In der Strafkolonie*

1.1 Anatomische Schauanordnungen

Franz Kafkas *In der Strafkolonie* inszeniert den zur Schau gestellten Körper vor dem Hintergrund seiner sprachlichen und schriftlichen Darstellbarkeit – und den daraus resultierenden ästhetischen Aporien. Auf einer namentlich nicht näher bestimmten Insel, einer Strafkolonie in den „Tropen"[1], existiert ein atavistisches Strafverfahren, das dem Verurteilten das „Gebot, das er übertreten hat" (IdS 210), mit Nadeln unter die Haut und in den Leib schreibt. Das ostentative Potenzial der Bestrafungsprozedur drückt sich in der theatralen Raumkonfiguration aus, in welcher der Apparat verortet ist. Wie inmitten einer Arena steht er in einem „tiefen, sandigen, von kahlen Abhängen ringsum abgeschlossenen kleinen Tal" (IdS 203). Im Rückblick auf die Hochzeiten der alten Kommandantur erzählt der Offizier:

> „Schon einen Tag vor der Hinrichtung war das ganze Tal von Menschen überfüllt; alle kamen nur um zu sehen (…). Vor hunderten Augen – alle Zuschauer standen auf den Fußspitzen bis dort zu den Anhöhen – wurde der Verurteilte vom Kommandanten selbst unter die Egge gelegt." (IdS 225)

---

1   Franz Kafka: „In der Strafkolonie", in: Franz Kafka: *Drucke zu Lebzeiten. Kritische Ausgabe.* Hg. v. Wolf Kittler, Hans-Gerd Koch u. Gerhard Neumann. Frankfurt a. M. 1996, S. 203–248, 204. Im Folgenden wird mit der Sigle „IdS" und Seitenangaben in Klammern zitiert.

Die räumliche Anordnung nimmt sich wie eine Mischung aus mittelalterlicher Hinrichtungsstätte, welche der schaulustigen Bevölkerung Grauen und Faszination gleichermaßen bietet, und anatomischem Theater aus, in dessen Mitte der Körper als Objekt einer skripturalen Sektion, einer peinlichen Betrachtungs- und Beschreibungsprozedur situiert ist.

Diese ist dabei ebenfalls nach theatralen Maßstäben strukturiert. So erinnert ihr zeitlicher Ablauf an dramenpoetische Prämissen: Binnen zwölf Stunden, der Dauer eines Tages, soll alles ‚über die Bühne' gegangen sein. Damit erfüllt das Verfahren sowohl die Einheit des Raumes als auch die der Zeit im Sinne der aristotelischen Poetik. Auch dramaturgisch entspricht es dem dreigliedrigen Aufbau des antiken Dramas.[2] Zwischen dem steigenden Verlauf der sich ‚zuspitzenden' Beschreibungsaufführung und dem katastrophalen, weil tödlichen Ende des Verurteilten liegt der buchstäbliche „Wendepunkt" (IdS 218), an dem sich nicht nur ein weiteres Mal Kafkas Poetik des ‚Wörtlich-Nehmens' topisch gewordener Begriffe und verblasster Metaphern ausdrückt – das Opfer wird an diesem Zeitpunkt in der Tat einmal umgewendet, Kafka wendet den Ausdruck somit in die Konkretion der Körperlichkeit –, sondern auch die intrikate Verschränkung von theatralen (Re-)Präsentationsformen und diskursiver Machtdemonstration.

Der Prozedur ist in der Parallelführung von Hinrichtung, dramatischer Aufführung und Beschreibungsprozess die Tendenz eines medialen Synchronisierungs- und Unmittelbarkeitsbestrebens inhärent. Die hier versuchte Lesart möchte den Begriff der ‚Beschreibung' ganz wörtlich und damit im Sinne der kafkaschen Poetik ernst nehmen[3] und als Operation darstellerischer, ästhetischer Zugriffe auf den theatralen Körper verstehen. Auf mehreren Ebenen der Diegese geht es um die Relationierung von Sprache und Körper, um seine Übersetzung in Narration und Text durch sprachliche Beschreibung ebenso wie um seine physisch-materielle, buchstäbliche Beschreibung. Die arabesken Schriftzeichen, die in und auf ihn übertragen werden, erscheinen als magische Geheimschrift.[4] Erst wenn sie in den Leib eingeschrieben ist, wird sie erfahrbar und damit ‚lesbar'. Auf diese Aspekte des Beschreibungsbegriffs wird im Folgenden eingegangen, wobei die angestellten Überlegungen schließlich in einer literatur- und medien-

---

2 Vgl. Alexander Honold: „In der Strafkolonie", in: Manfred Engel / Bernd Auerochs (Hg.): *Kafka-Handbuch. Leben – Werk – Wirkung*. Stuttgart / Weimar 2010, S. 476–503, 493 f.

3 Alexander Honold spricht von „Motivkernen rhetorischer Herkunft; ihr Autor freilich treibt den je schon prekären Doppelstatus sprachlicher Bilder voran bis hin zur Aporie des radikalen Beim-Wort-Nehmens, mit dem jede Metaphorizität ihren Schiffbruch und Bildbruch erfährt." Ebd., S. 480.

4 Vgl. Paul Peters: „Kolonie als Strafe: Kafkas *Strafkolonie*", in: Alexander Honold / Oliver Simons (Hg.): ‚*Kolonialismus als Kultur'. Literatur, Medien, Wissenschaft in der deutschen Gründerzeit des Fremden*. Tübingen 2002, S. 59–84, 72 f.

reflexiven Konklusion münden sollen, welche die Erzählung als im höchsten Maße auktorial kodiert und autoreferenziell aufgeladen versteht.

Die Relation von Zurschaustellung, Betrachtung und Beschreibung spiegelt sich auch in der szenischen Konstellation zwischen Offizier und Reisendem, dem Hauptpersonal des Textes, wider. Ersterer will Letzteren von der Überlegenheit des Rechtsverfahrens gegenüber den „milde[n]" (IdS 223) Tendenzen der neuen Kommandantur überzeugen. Um den Diskurs im Hinblick auf die juristische Ausrichtung der Kolonie zu beeinflussen und bestenfalls zu bestimmen, ergreift der Offizier initiativ das Wort und gibt das Rederecht über weite Strecken des Textes nicht mehr ab: „Ich will nämlich den Apparat zuerst beschreiben und dann erst die Prozedur selbst ausführen lassen." (IdS 207) Dementsprechend vollzieht sich der Einstieg in den Text. Der Sprechende setzt den Ton der Erzählung, die theatralisch inszenierte Operation des Blickens und narrative Perspektivierungs- bzw. Relativierungsmarker werden im anhebenden Textfluss ins Spiel gebracht. Der Text beginnt. „,Es ist ein eigentümlicher Apparat', sagte der Offizier zu dem Forschungsreisenden und überblickte mit einem gewissermaßen bewundernden Blick den ihm doch wohlbekannten Apparat." (IdS 203) So versucht der Offizier, seine eigene Sicht auf das Rechtssystem mit ausführlichen, dominanten Wortbeiträgen zu unterstreichen und beim Forscher zu implementieren.[5] Oder anders formuliert, er nutzt ein dem Schreibprozess des Apparats analoges Verfahren, eines, das sich mit seinen Objekten in sprachlicher wie performativer[6] Aneignung auseinandersetzt: Er beschreibt.

Beide Verfahren laufen also dramaturgisch ähnlich ab.[7] Nach einer aufwendigen Beschreibungsprozedur mit vielen Volten, Rückblenden und Exkursen, welche in den „Zieraten" und „Verzierungen" eine Entsprechung finden, die der Apparat, neben den Hauptlinien der „eigentliche[n] Schrift" (IdS 218), auf dem Körper hinterlässt, kommt es auch im rhetorisch etablierten Machtgefüge und der szenischen Handlung zwischen Offizier und Reisendem mit der Selbsthinrichtung des Offiziers zum Wendepunkt. Narration, Beschreibungsvorgang und (Text-)Körper sind verschränkt. Die intradiegetische Beschreibung des Apparats, seiner Verfahrensweise und seiner Schrift erlauben das In-Beziehung-Setzen beider Bedeutungsebenen des Wortes: des sprachlichen Beschreibens und der konkreten Materialität des Schreibvorganges. An dieser poetischen Ausbuchsta-

---

5   Vgl. ebd., S. 72.
6   „Seine Verfahrensweise *muß* ein sadomasochistisches ‚Spiel' sein, ausgerüstet mit Schauspielern und einem Publikum. Seine politische Macht kann nur an seinem Erfolg als Schauspieler gemessen werden". John Zilcosky: „Wildes Reisen. Kolonialer Sadismus und Masochismus in Kafkas ‚Strafkolonie'", in: *Weimarer Beiträge* 50, 1 (2004), S. 33–54, 39 (Hervorh. i. O.).
7   Vgl. Honold: „Strafkolonie", S. 488.

bierung des Beschreibungsbegriffs manifestiert sich das Problem, den Körper in Sprache und Sprache in den Körper zu übertragen.

Die Zeichenhaftigkeit der Schrift und diejenige des Körpers sind im Sinne einer konventionellen Semiotik nicht kompatibel. Die Übertragung in den Körper, eine vermeintliche Tabula rasa, lässt die enigmatischen Linien der „Zeichnung" (IdS 217), die dem Apparat als Vorlage eingegeben wird, nicht per se ‚lesbar' werden. Zunächst tritt der Reisende mit einem Anspruch der hermeneutischen Entschlüsselbarkeit an das Zeichenblatt heran und führt damit auch dem Leser der *Strafkolonie* die eigene Perspektive auf den Text vor Augen. Im auffälligen Kontrast zu seinen Verständnisproblemen verweist der Offizier wie selbstverständlich auf die visuelle Evidenz der Schriftzeichen: „Lesen Sie (…). Es ist doch deutlich" (IdS 217). Die Replik des Reisenden, dass die Schrift „sehr kunstvoll" (IdS 217) sei, letztlich aber nicht entzifferbar, erwidert der Offizier wiederum mit einer Erklärung über die zeremonielle Funktion der arabesken Zeichen und ihre Einbindung in den theatral affizierten Hinrichtungsverlauf. Erst im Zusammenhang mit dem phänomenalen Leib des Verurteilten und der Verfahrensdramaturgie erhalten sie Bedeutung.

Treffenderweise wird diese Interaktion, welche dem Reisenden wie dem Leser die Unzulänglichkeit der eigenen Verstehenskategorien vor Augen führt, schließlich in ein szenisches Geschehen überführt. Mit seinem Ausruf „Sehen Sie doch!" (IdS 218) wird der Blick wortwörtlich wieder auf die diegetischen Vorgänge gelenkt. Die Maschine und ihr Räderwerk kommen, wenn auch mit erheblichen Störgeräuschen, in Gang. Eine irritierende Geste – der Offizier droht dem Apparat ob seiner Schwerfälligkeit mit der Faust, um sich dann mit ausgebreiteten Armen, aber wortlos dem Reisenden zuzuwenden – markiert diesen Wechsel emblematisch. Die Sprache wird abgelöst vom körperlichen Ausdruck,[8] der keine Lesart im literalen Sinne mehr zulässt. So wird ein visueller Wahrnehmungsmodus profiliert, der den welterkennenden Blick mit Körperlichkeit in Verbindung bringt. Betrachtungen werden zur optischen Operation, semiotische und ästhetische Phänomene zur körperlichen Erfahrung. Nicht zufällig scheint somit die Bedeutung der Augen und des Blickens im gesamten Text. An den Augen des gemarterten Körpers lässt sich die Erkenntnis des Vergehens und der Unfehlbarkeit des Gerichts ablesen: „Um die Augen beginnt es. Von hier aus verbreitet es sich. Ein Anblick, der einen verführen könnte, sich mit unter die Egge zu legen." (IdS 219) Das Auge erscheint hier nicht mehr als Metapher für eine erkennende Weltaneignung, sondern als Synekdoche

---

8   Vgl. hierzu die äußerst erhellende Arbeit: Isolde Schiffermüller: *Kafkas Gesten. Studien zur Entstellung der menschlichen Sprache.* Tübingen 2011.

für einen phänomenologischen Zugriff, der nicht mehr ablösbar ist vom Körper.[9] Diese Verschränkung von Wahrnehmung und Organ zeigt sich vielerorts in Kafkas Schriften, anschaulich expliziert in einem Brief vom Februar 1913 an Felice Bauer. Kafka spricht an dieser Stelle über die Möglichkeit, das Augenlid vom Auge abzuheben, um so Fremdkörper daraus zu entfernen. Hier wird die Betrachtung des Körpers zur Sehoperation:

> „Und gibt es niemand bei euch, der das Augenlid aufzuklappen versteht, daß man das Auge reinigen kann? Ich allerdings könnte, trotzdem mich große blutige Operationen wenigstens früher wenig störten, gerade solche kleine Handgriffe am Körper niemals vornehmen und kaum mitansehen, denn sie erinnern mich daran oder bringen es mir zu Bewußtsein oder lassen es mich glauben, daß der Bau des Menschen doch etwas grauenhaft Primitives ist und innerhalb des Organischen soviel Mechanisches hat. Fürchtest Du Dich am Ende auch, Dir das Lid aufklappen zu lassen?"[10]

So wird ein visueller Wahrnehmungsmodus profiliert, der den welterkennenden Blick mit Körperlichkeit in Verbindung bringt. Betrachtungen werden zur optischen Operation, semiotische und ästhetische Phänomene zur körperlichen Erfahrung. Die Schrift, die dem Verurteilten auf und unter die Haut geschrieben wird, erweist sich erst in Verbindung mit dem Körper als lesbar, allerdings nicht als Zeichenschrift, sondern als Körperschrift:

> „Während die kunstvolle Schrift, die die Vorlage und Anweisung für die schmerzhafte Gravur darstellt, selbst kaum lesbar erscheint, werde die Perzeption des Gesetzes durch den Schmerz (der Verurteilte *entziffert* die Schrift mit dem *Organon* seiner Wunden) für die Betrachter sichtbar in der *Reflexion* seiner Augen."[11]

Der Körper wird zum entzifferbaren Objekt, dessen visuelles Erscheinen die Gravuren des Strafapparates nurmehr indexikalisch wahrnehmbar werden lässt. Dementsprechend

---

9   Vgl. Beate Sommerfelds Analyse der „Wahrnehmungsmedialität" in Kafkas Tagebüchern mit Merleau-Ponty: „Schreibweisen und Wahrnehmungsmedialität in Franz Kafkas Kunstbetrachtungen der Reisetagebücher und Quarthefte", in: Harald Neumeyer et al. (Hg.): *Kafkas narrative Verfahren / Kafkas Tiere*. Würzburg 2005, S. 181–203.

10 Franz Kafka: *Briefe 1913–März 1914. Kritische Ausgabe.* Hg. v. Hans-Gerd Koch. Frankfurt a. M. 2001, S. 89.

11 Christine Ivanović: „Schmerz als Provokation der Visual Culture. Laokoon, Kafka, Weiss", in: Monika Schmitz-Emans / Gertrud Lehnert (Hg.): *Visual Culture. Beiträge zur XIII. Tagung der Deutschen Gesellschaft für Allgemeine und Vergleichende Literaturwissenschaft, Potsdam, 18.–21. Mai 2005.* Heidelberg 2008, S. 83–95, 89 (Hervorh. i. O.).

nimmt sich die Bedeutung der theatralen Schauanordnung während der Hinrichtungs-
prozedur aus. Optische Nähe und Lesbarkeit korrelieren. Je näher der Zuschauer dem beschriebenen Leib ist, desto eindrücklicher zeigt sich das Verfahren. Um den Moment im
dramaturgischen Ablauf der Hinrichtung nicht zu verpassen, in dem der Verurteilte „das
Vergnügen am Essen" aus dem am Kopfende befindlichen Reisbreinapf verliert, kniet der
Offizier direkt daneben und „beobachte[t] diese Erscheinung." (IdS 219) Und nicht nur
für die Zuschauerschaft ist es der Körper, an dem die Schrift (ästhetisch) erfahrbar wird.
Auch der Verurteilte entziffert die enigmatischen Grapheme erst im dramaturgischen Verlauf der Einschreibungsprozedur, über die Verletzungen in seiner eigenen Haut.

1.2 Bezeichnungsprozedur und Zeichen-Prozesse

Schon Lessing nimmt in seiner kunstreflexiven Schrift *Laokoon: oder über die Grenzen
der Malerei und Poesie* die Ästhetik eines leidenden Körpers, dem des trojanischen Pries-
ters Laokoon, zum Ausgangspunkt, das Verhältnis von Text und Bild in Bezug auf künstlerische Körperdarstellungen zu verhandeln, und trifft die Unterscheidung von Raum-
und Zeitkunst. Diese Unterscheidung impliziert ein analoges Verhältnis zwischen
Medium und Gegenstand. Die zeitlich strukturierte Literatur kann eben auch nur zeitlich ablaufende Geschehensverläufe angemessen darstellen. Einen Körper könne sie nur
innerhalb von Handlungszusammenhängen erfassen, jedoch nicht in seiner räumlichen
Verortung und seinen plastischen Dimensionen. Bildende Künste hingegen vermögen
es in ihren räumlichen Darstellungsverfahren lediglich, räumlich fixierbare Phänomene abzubilden. Erst durch eine mimetisch angemessene Relation kommt es zu einer gelungenen, wohlgeformten Gestalt.[12] Mit diesem Ansatz verkenne Lessing, laut Andrea
Polaschegg, in gewisser Weise die medialen Charakteristiken von literarischen Texten.
Anhand des Textanfangs entfaltet sie eine Medienpoetik, die den Text mit dem paradoxen Terminus des verlaufshaltigen Gegenstandes zu fassen versucht, und schlägt den
Begriff des Textverlaufs vor. Die Kategorie der Zeit sei „ontologisch und aisthetisch"[13]
unhintergehbar – auch ein Bild wird im Rahmen eines Zeitverlaufs produziert und rezipiert – und deshalb als Analysegröße und exklusives Beschreibungsmerkmal von Literatur ungeeignet.

---

12   Vgl. Gotthold Ephraim Lessing: „Laokoon: oder über die Grenzen der Malerei und Poesie", in:
      Gotthold Ephraim Lessing: *Werke und Briefe in zwölf Bänden.* Bd. 5 / 2. Hg. v. Wilfried Barner et al.
      Frankfurt a. M., S. 11–321, 116.
13   Andrea Polaschegg: *Der Anfang des Ganzen. Eine Medientheorie der Literatur als Verlaufskunst.*
      Göttingen 2020, S. 250.

Der Text habe, so Polaschegg, als materielle Entität einerseits Eigenschaften eines Dings, andererseits durch die Abfolge von Buchstaben, Wörtern und Sätzen zugleich Anfang und Ende. Das ist ein Merkmal, das anderen dinglichen Objekten (ausgenommen seien analoge „Film- und Tonträger"[14]) nicht zu eigen ist. Anfang und Ende begrenzen den Text als Objekt, sind ihm unabhängig von inhaltlichen Ebenen oder den Rezeptionshandlungen der Lesenden immanent und geben ihm zugleich eine Richtung.[15] Diese objektgebundene Linearität bezeichnet Polaschegg als Verlauf. Die synoptische Betrachtung, die den Rezipienten nur eine unzusammenhängende Menge von Buchstaben erkennen lässt, ‚kippt' durch die syntaktische Verkettung sinnhafter Buchstabenfolgen in einen fokussierten Modus des Lesens.[16]

Auch die Schrift in der *Strafkolonie* umfasst synoptische Bildlichkeit und syntagmatische Zeichenhaftigkeit:

> „Er [der Offizier; D. F.] zeigte das erste Blatt. Der Reisende hätte gerne etwas Anerkennendes gesagt, aber er sah nur labyrinthartige, einander vielfach kreuzende Linien, die so dicht das Papier bedeckten, daß man nur mit Mühe die weißen Zwischenräume erkannte." (IdS 217)

Die Linien erscheinen als präzise Vorzeichnung und analoge Aufzeichnung des Beschreibungs- bzw. Bezeichnungsprozesses. Sie präfigurieren das Verfahren, skizzieren aber auch gewissermaßen das Bild, was sich an dessen Ende zeigen soll, nun allerdings nicht mehr auf der Fläche des Blattes, sondern in der Haut des dreidimensionalen Körpers. Dadurch stellen sich die Zeichnungen in ihrer graphematischen und zeichnerischen Charakteristik zunächst als statisch dar. Sie bilden die Bewegungen des „Zeichner[s]" (IdS 206), des Teils der Maschine, das für die Inskription verantwortlich ist, synoptisch und konzentriert auf dem sehr begrenzten Raum eines Einzelblattes ab. Alexander Honold konstatiert in diesem Sinne:

> „Weil sich die aufeinander folgenden Bewegungsphasen auf der Zeichnung unterschiedslos überlagern, weist das erscheinende Bild den Lektüreversuch durch den Uneingeweihten zurück. Die Zeichen auf dem Blatt sind nicht diskret und ihre Kombination ist nicht linear bzw. konsekutiv, sie funktionieren allographisch und simultan."[17]

---

14 Ebd., S. 81.
15 Vgl. ebd., S. 76–83.
16 Vgl. ebd., S. 129 f.
17 Honold: „Strafkolonie", S. 501.

Honold liest die Schrift in der Kafka-Erzählung als genuin zeitenthoben, fasst sie als Schrift-Bild auf, welches die temporalen Indizes in grafischer Simultanität aufhebt und selbst „keine Geschichte"[18] hat. In dieser Perspektive wird das Ausgangsbild der Zeichnung, in der Linearität, Sukzession und Verlauf suspendiert sind, zum Referenzpunkt der Prozedur. Die hier vorgeschlagene Lesart vertauscht buchstäblich die Vorzeichen: Nicht mehr die grafische Visualisierung des Schreibprozesses, wie sie dem Reisenden in Form der Zeichnungen in einem Moment vor Augen geführt wird, ist maßgeblich, sondern das performative, theatral zur Schau gestellte Beschreibungsverfahren selbst. Honolds Aussage, dass die Textur der Zeichnung keine zeitliche Konsekution habe, mag für die Simultaneität der Handzeichnungen des Kommandanten zutreffen, aber in der Ausführung von bezeichnender Beschreibung und beschreibender Bezeichnung erlangt sie temporale Strukturierung und dramaturgische Momente, wird sie zur Partitur.[19]

Durch ihren Eintritt in den performativen Raum der Strafprozedur werden Bild, Schrift, Körper und Text mit scheinbar magischer Weisung ineinander überschrieben. Die leibliche Dinglichkeit des Körpers scheint dabei dem paradoxalen Objektstatus des Textes im Sinne Polascheggs als Ding mit Anfang, Ende und Verlauf zu entsprechen, der dramatische Verlauf der Prozedur und die Verlaufsdimension der Schrift kommen zur Deckung. Der Körper wird zum Beschriftungsobjekt, zum lesbaren Text, in dessen zeichenhafter Oberfläche der Blick des Betrachters nahtlos aufgeht. Die Synopsis des Bildes kippt in den Verlauf der Beschreibung und wird darin aufgehoben. In der (sado-)masochistischen Fantasie der *Strafkolonie* wird die Beschreibung zu einer idealen Operation, in der Schrift und Körper ineinander übergehen und zwischen beidem nicht mehr vermittelt werden muss. Mit diesem Szenario wird bereits ein ästhetischer Fluchtpunkt der späteren Künstlererzählungen wie *Josefine, die Sängerin oder Das Volk der Mäuse* oder *Ein Hungerkünstle*r angedeutet: Die „Rückverwandlung aller Zeichenelemente in den autonomen Körper", die „Setzung des Körpers selbst als Zeichen", die „Wiederherstellung seiner Authentizität – auf die Gefahr hin, jegliche Form kommunikativer Verwirklichung einzubüßen".[20]

---

18 Ebd., S. 500.

19 Durch die Partitur und ihre Aufführung kommen, so Christian Stetter, zwei ästhetische Modi zusammen, „persistente, dem Pikturalen verwandte, und ephemere, der oralen Sprache verwandte, weil bewegte und syntaktisch organisierte Darstellung". Christian Stetter: „Medienphilosophie der Schrift", in: Mike Sandbothe / Ludwig Nagl (Hg.): *Systematische Medienphilosophie*. Berlin 2005, S. 129–146, 133.

20 Gerhard Neumann: „„Nachrichten vom Pontus'. Das Problem der Kunst im Werk Franz Kafkas", in: Wolf Kittler / Gerhard Neumann (Hg.): *Franz Kafka. Schriftverkehr*. Freiburg i. Br. 1990, S. 164–198, 180.

In der ‚Beschreibungsfantasie' des Offiziers fallen Innen und Außen, Tiefe und Oberfläche zusammen. Die Schrift des Apparates geht unter die Haut und damit auch in die
Tiefe. Mit ihr wird das erreicht, was mit dem realen Material der Sprache nicht möglich
ist: eine Synthese von Körper und Schrift in und mit der Beschreibungsoperation. Das
Ringen um Darstellungsmomente, wie es in Kafkas Tagebuchaufzeichnungen zur Rezeption von Theateraufführungen zu beobachten ist, hätte damit ein Ende. Mit dieser Operation scheint die Unmittelbarkeit des Körpers, die für Kafkas Kunstbegriff so entschei-
dend ist, plötzlich im Medium der Schrift fassbar und – eingebunden in eine theatrale
Schauanordnung – vermittelbar.

Doch die normative Kraft des Fiktionalen stört diese Schriftfantasie. Das, was der
Offizier mit seiner Rede vor die Augen des Reisenden und der Leserschaft treten lässt,
kann der diegetischen Realität nicht standhalten. Das vollkommene, ungestörte Bild des
Schreibprozesses bekommt in dem Moment Risse, in dem es tatsächlich zum Strafvoll-
zug kommen soll. Mehrfach wird die idealtypische Choreografie aus der Erzählung des
Offiziers durch die Leiblichkeit des Verurteilten und die Technizität der Maschine irritiert. Dieses Störpotenzial, das in der geregelten Dramaturgie des Beschreibungsverfah-
rens ausgeschlossen ist, wird in der Unmittelbarkeit und Ungefasstheit der szenischen
Interaktion freigesetzt. Zugespitzt formuliert stehen sich hier die klassische Form ‚dramatischen Theaters' und die Ereignishaftigkeit eines ‚performativen Theaters' gegenüber. Und so streikt die Maschine letztlich ganz, als der Offizier sich selbst unter deren
Nadeln legt. Zahnräder springen aus ihrem Innern, sie geht aus den Fugen. Schließlich
führt sie keine zwölf Stunden andauernde Beschreibungszeremonie durch, sondern tötet
ihr Opfer mit einem Mal.

Der ‚Text' der Aufführung, die Autorität der Schrift und das Narrativ des Offiziers
werden sabotiert. Die Zeichen, welche der Apparat im Bericht des Offiziers dem Körper
noch eingeschrieben hat und die erst an diesem entzifferbar waren, bleiben am Ende
durch ihre technische Materialität getrennt vom theatralen Leib, können nicht in diesen inkorporiert werden, ja widersetzen sich ihm und führen zu seiner Vernichtung.
Die Fantasie eines ästhetisch und dramaturgisch dichten Darstellungsverfahrens, eines
Modus, in der Performanz, Bild und Schrift verschränkt und in einer theatralen Schaua-
nordnug aufgehoben sind, wird mit dem Schluss negiert.

2 Sprachmaterialität und Theatralität der Zeichen

Dass sich im Theater, wie er es einmal formulierte, der „Mensch zur Schau stellt",[21] scheint eine der großen Faszinationen für den Theatergänger Kafka gewesen zu sein. Diese äußert sich vor allem auch durch die Beschreibungen von Muskelbewegungen und -kontraktionen der Schauspielenden innerhalb seiner Tagebuchaufzeichnungen. Die physiognomische Wandlungsfähigkeit von Mela Mars zeige sich in den „Vertiefungen der ringsherum spielenden Muskeln" (TB 148), die darstellerische Charakteristik Mania Tschissiks im „Zucken der Schultern und Hüften" (TB 231), später in einem „Schauer von den etwas steif gehaltenen, zuckenden Hüften aus." (TB 351) Dabei verschwimmen die Grenzen zwischen intentionaler körperlicher Darbietung und unwillkürlicher somatischer Äußerung. Durch seinen Blick auf das Theater offenbart sich eine Ästhetik des zergliederten Körpers und der Körpertechnik, bei dem das Schauspiel nur noch über somatische Körperäußerung erfahrbar wird. Da der Dualismus von Innen und Außen, die Frage nach der Motivation und Begründung von Affekten letztlich unverfügbar und unvermittelbar bleibt, erscheint Schauspieltechnik nurmehr als Körpertechnik.[22]

Kafkas Theaterblick erhält dabei neben der räumlichen auch geradezu eine somatische Tiefe. Nicht nur die körperliche Oberfläche und einzelne Körperteile, sondern Gelenke, Knochen und Muskulatur unter der Hautoberfläche werden zum eingehenden Beobachtungsgegenstand. In einem solchen anatomischen Blick fallen Betrachtungsmodus und Schauspieltechnik zusammen: „Als einziges Geberdenspiel wird der r. Unterarm im Gelenk hin und her gekegelt, die halbgeöffnete Hand öffnet sich noch etwas weiter und zieht sich dann wieder zusammen." (TB 295) So wird der hier beschriebene Schauspieler zwar nicht in seinen Gefühlswendungen und Affekten, aber in seiner reinen Körperlichkeit erfahrbar – und beschreibbar. Nicht mehr der einheitlich präsentierte, bedeutungstragende Körper, sondern die durch den Blick isolierten Einzelglieder bestimmen Kafkas Sicht auf das Schauspiel. Der Körper erscheint als zergliederbar, als Organismus aus umgrenzten Einzelelementen, die Grenze zwischen Organik und Mechanik wird unterlaufen.

---

21 Franz Kafka: *Tagebücher. Kritische Ausgabe.* Hg. v. Hans-Gerd Koch, Michael Müller u. Malcolm Pasley. München 1990, S. 58. Im Folgenden wird mit der Sigle „TB" und Seitenangaben in Klammern zitiert.

22 Zu dieser Konzeption des Schauspiels, auch in historischer Perspektive: Anja Klöck: „Schau-Spiel-Technik und Medien als Repräsentationstechnologien", in: Henri Schoenmakers et al. (Hg.): *Theater und Medien. Grundlagen – Analysen – Perspektiven. Eine Bestandsaufnahme.* Bielefeld 2008, 283–292.

Dieser Beschreibungsmodus führt vor Augen, dass Sprache als lautlich und graphematisch segmentierte Ausdrucksform eine dichte, synchrone und lückenlose Beschreibung des ganzen Körpers nicht leisten kann. In ihrer Materialität, sei es das lautliche Klangmaterial oder die grafische Visualität der Schrift, treten Körper und Zeichen vielmehr auseinander, ihre Unvereinbarkeit wird betont, der leibliche Gegenstand zeigt sich resistent gegen die übertragende Zeichenhaftigkeit der Sprache. Dieter Mersch spricht von einer Lücke, die sich zwischen der semiotischen Referenzialität des Zeichens und seiner „Setzung"[23] als präsentes, performatives und materielles Phänomen auftut und ein Moment des ‚Nichtmediatisierbaren‘, Unverfügbaren zeitigt:

> „Es gibt kein Spiel der Zeichen, keine dichte hermeneutische Interpretation, keine theoretische Konstruktion, die nicht zugleich diese Lücke eines Nichtkonstruierbaren oder Undeutbaren aufwiese. Und ebensowenig gibt es eine Sprache, ein Symbolisches oder eine Evokation des Sinns, die nicht gleichzeitig dieser Lücke entspränge und auf ein Anderes, ein Unverfügbares aufmerksam mache. Evident ist dies vor allem für die Kunst, für die Verwendung unterschiedlicher Materialien, die Pigmentierung der Farbe, auch für die Gestik der ‚Körpersprache‘, die auf die Leiblichkeit verweist, die ihr eine unverwechselbare Gestalt aufprägt, wie für das ‚Fleisch‘ der Stimme im Sinne Michel Serres‘. Es läßt sich gleichermaßen auch für das Buch nachweisen, wie Roger Chartier betont hat, für den jeweiligen Umgang mit Texten, ihrem eigenen ‚Objektcharakter‘".[24]

Dieser Zugriff auf symbolische Ausdrucksformen, der ihre Zeichen als performativ ‚gesetzt‘ begreift, jedoch nicht als semiotisch bzw. semiologisch relevant, stellt schließlich auch den Literaturwissenschaftler selbst vor (aporetische) Schwierigkeiten. Referenziellen Zeichen entgeht das, was sie selbst erst zutage treten lässt: ihre präsentierte Materialität. Dem denotativen Wort bleibt das Unverfügbare des Materials verschlossen, mit ihm ist es nicht beschreibbar, nicht bezeichenbar.

Zugleich kann diese Materialität, und das ist, gemäß der im Weiteren verfolgten These, ein zentrales Moment in Kafkas Sprachreflexion, eigenästhetische Qualitäten ausbilden, so in ein Verhältnis zum Darstellungsgegenstand treten und buchstäblich Körper gewinnen. Die Schrift als Aufzeichnung des körperlich artikulierten Lauts betont die Ablösung der Sprache vom Körper in besonderer Weise, bekommt dabei jedoch auch selbst einen Körper. Mit der Betonung des Materials wird Sprache als solche nicht nur auditiv und visuell wahrnehmbar, sondern erlangt selbst Wirkmacht, ihr

---

23 Dieter Mersch: *Was sich zeigt. Materialität, Präsenz, Ereignis.* München 2002, S. 16.
24 Ebd., S. 17.

werden performative Qualitäten zugeschrieben. Sie wird an sich präsent, unmittelbar, und bekommt, um mit Mersch zu sprechen, ereignishaften Charakter.[25] Phone und Grapheme funktionieren nicht mehr nach den Maßstäben von Denotation und darstellerischer Geschlossenheit, vielmehr treten sie in eine Interaktion sowohl mit ihren Gegenständen als auch mit anderen Sprachzeichen im Syntagma. Somit ist ihnen auch ein gewisses Störpotenzial zu eigen, das, im Sinne des Theaters, scheinbar Bekanntes fremd werden lässt, zu irritieren vermag und Anstoß nimmt an konventionalisierten Denk- und Kommunikationsmustern. Die Relation zwischen denotativem Gehalt und sprachlichem Material erweist sich als semiotische Problemkonstellation von Darstellungsobjekt und -medium, zugleich jedoch auch als produktive Auseinandersetzung beider Dimensionen. In Kontexten der sprachlichen Artikulation und performativen Aufführung von Sprache, wie es im Theater oder bei Lesungen geschieht, tritt dieser Aspekt besonders deutlich hervor.

Mit Blick auf eine Tagebucheintragung vom März 1912, anlässlich einer Lesung des Schauspielers Alexander Moissi im Prager „Rudolfinum", wird die Darstellungsproblematik von stimmlicher Artikulation mit Mitteln der Sprache deutlich:[26]

„Singen einzelner Verse gleich im Beginn z. B. Schlaf Mirjam mein Kind, ein Herumirren der Stimme in der Melodie; rasches Ausstoßen des Mailiedes, scheinbar wird nur die Zungenspitze zwischen die Worte gesteckt; Teilung des Wortes November-Wind, um den ‚Wind' hinunterstoßen und aufwärts pfeifen lassen zu können." (TB, S. 394)

Erst durch das körperliche Sprechwerkzeug der Zunge erhalten die Wortgrenzen Evidenz, werden so klanglich erfahrbar und plastisch konturiert. Sie lassen ein konkretes Wort aus dem Klangteppich der Stimme, wie sie zu Beginn des Notats präsentiert wird, auftauchen. Dieses Beschreibungsverfahren fasst, in Analogie zu der körpertechnischen Prägung des Schauspiels bei Kafka, rhetorische Phänomene über den performativen Körper. Umschlossen, gefasst und geformt durch Lippen, Zunge und Zähne, erlangen die Worte selbst körperliche Implikation, treten wie eine artistische Bewegung, wie eine Theatergeste vor die Augen des Lesers und werden präsent.[27]

---

25 Vgl. ebd., S. 19.
26 Vgl. zu dieser Stelle auch Wolf-Dieter Ernst: „Schauspiel durch Medien. Die verdeckte Funktion der Techne bei Konstantin Stanislawski und Alexander Moissi", in: Henri Schoenmakers et al. (Hg.): *Theater und Medien*, S. 293–302, insb. 299 f.
27 Vgl. Sybille Krämers Verweis auf Nietzsches Unterscheidung zwischen der ‚Mundgeberde' als formgebende, ‚bildhafte' Stellung der Sprechorgane und der energetischen Musikalität des Tons, die beide zusammen erst die Lautsprache hervorbringen. Sybille Krämer: „Medienphilosophie der Stimme", in: Sandbothe / Nagl (Hg.): *Systematische Medienphilosophie*, S. 221–237, 230–232.

In den Tagebüchern wird die Ablösung des grafischen Buchstabens von der übertragenden Bildlichkeit und dem syntaktischen Richtungsvektor der Schrift leitmotivisch – unter anderem auch in den Text-Bild-Gefügen von Schrift und Zeichnung – inszeniert. Der initiale Satz des Konvoluts lautet: „Die Zuschauer erstarren, wenn der Zug vorbeifährt" (TB 9), wobei mit der „Ankunft eines Zuges auf dem Bahnhof La Ciotat" von den Brüdern Lumière wohl nicht zufällig eine ikonische Szene der Filmgeschichte aufgerufen wird. Der Zug kann zugleich als Metapher für eine Parallelisierung der optisch geschlossenen Bildfolge des Kinos und der schriftlichen Linearität gedeutet werden. Direkt hierauf folgt mit der Aussage, „‚Wenn er mich frägt' das ä losgelöst vom Satz flog dahin wie ein Ball auf der Wiese" (TB 9), die Herauslösung des Graphems aus dem Wort- und Satzzusammenhang, aus seiner Funktion im Notationssystem der Lautschrift.[28] Durch die eigenartige, auffällige Aussprache wendet sich der Buchstabe ins Körperliche, wird selbst zum Phänomen, das nicht mehr syntaktische, aber dafür theatrale Qualitäten aufweist.

Funktioniert die körperliche Fassung von Sprache als Rezeptionsverfahren, bei dem sich das Beschreibungsmedium Sprache, der Beschreibungsgegenstand Sprache und der performative Körper verschränken, versagt sie im Hinblick auf narrative Beschreibungsformen. Hier ist Sprache wieder auf Übertragung und Referenzialität angewiesen, muss mit Worten den Bildraum einer erzählten Welt erschaffen, womit Kafka das Ideal einer körperlich affizierten Literatur nicht umgesetzt sieht. Im Erzählfluss seiner Texte empfindet er den phonetischen Klang und die somatische Wortbildung gar als störendes Moment: „Kein Wort fast das ich schreibe paßt zum andern, ich höre wie sich die Konsonanten blechern an einander reiben" (TB 130).

Über eine Prosaskizze, die auf der Beobachtung eines Verkehrsunfalls in Paris beruht und von Kafka selbst als „meine kleine Automobilgeschichte" tituliert wird, schreibt er:

> „Die ungeordneten Sätze dieser Geschichte mit Lücken daß man beide Hände dazwischen stecken könnte; ein Satz klingt hoch, ein Satz klingt tief wie es kommt; ein Satz reibt sich am andern wie die Zunge an einem hohlen oder falschen Zahn; ein Satz kommt mit einem so rohen Anfang anmarschiert, daß die ganze Geschichte in ein verdrießliches Staunen geräth" (TB 226 f.).

Die plastische Räumlichkeit, die Sprache in ihrer körperlichen Fassung erhält, irritiert die Geschlossenheit des Textganzen, macht den Text in seinem Werkcharakter defizitär.

---

28 Vgl. Hanns Zischlers Deutung des Satzes. Er variiere und verlagere „das Paradox der Wahrnehmung von der kinematographischen auf die graphematische Ebene." Hanns Zischler: *Kafka geht ins Kino*. Reinbek b. Hamburg 1996, S. 15.

Die Irritation der Textgeschlossenheit, des Textflusses und der diegetischen Fiktion hat theatralen Charakter. Dieses Moment spiegelt sich auch, womöglich nicht zufällig, in Störungsmomenten der Handlung wider. Die ,Automobilgeschichte' erzählt von dem Unfall eines „Automobil[s]" mit einem „Tricykle" (TB 1012) auf den Straßen von Paris. Im Anschluss an dieses Ereignis wird der Unfallhergang von dem beteiligten Autofahrer vor einem Publikum aus Passanten szenisch nachgestellt und ins Gestische übersetzt. Der Besitzer des „Tricykle", ein Bäckergehilfe, ist dagegen nicht fähig, die Geschehnisse und seine Sicht darauf adäquat auszudrücken. Mit ihm „führt Kafkas Straßenszene einen doppelten Geschädigten ein, der nicht nur den Schaden hat, sondern auch unfähig ist, ihn so darzustellen, dass er sein Recht bekommt."[29] Die Szene erhält damit eine machtstrukturelle Implikatur. Der Diskurs wird bestimmt von dem, dessen „Bildung, Ruhe und Überblick" größer sind und der über die überlegenen „rhetorischen und theatralischen Mittel"[30] verfügt. Dabei bewegt sich dieses ,Straßentheater' zwischen zwei theatertheoretischen Polaritäten, bei dem das Ereignis entweder in der Wiederholung stattfindet oder aber als reines Ereignis: „ein von aller Magie gereinigtes Theater", wie es Brecht konturierte, oder seine Antipode, ein „magisches Theater",[31] wie es Artaud vorschwebte. Es markiert einen Riss, der im Gestus aufbricht. Das gestische Moment kann dabei auch der Sprache in ihrem Differieren, Sinnverstellen und Deutungsverzug zu eigen sein. Diese Lesart der Szene hat Nikolaus Müller-Schöll zum Schluss kommen lassen, Kafka sei der „radikalste Theatertheoretiker der Moderne".[32] Bezeichnenderweise misslingt eine Einschreibung des Ereignisses in den formal geordneten Text des polizeilichen Protokolls durch den inzwischen eingetroffenen Polizisten – die haptisch-manuell relevante Materialität des Papierbogens und der ,Erzählbogen' des Geschehnisses durchkreuzen einander.

So wird das Irritationspotenzial, welches das Gestische in den wirkmächtigen und viel rezipierten Kafka-Lektüren Walter Benjamins (und daran anschließend Müller-Schölls) charakterisiert, hier auch dem Text selbst zugeschrieben. Dieses Moment spiegelt sich in der autoreflexiven Tagebuchpassage zur „Automobilgeschichte" wider, die bereits oben zitiert wurde: Zwischen die Ungeordnetheit der Sätze kann man mit beiden Händen fahren, die geschriebene Sprache bekommt räumlich Dimension, klingt

---

29 Nikolaus Müller-Schöll: „Theatralische Epik. Theater als Darstellung der Modernitätserfahrung in einer Straßenszene Franz Kafkas", in: Christopher Balme / Erika Fischer-Lichte / Stephan Grätzel (Hg.): *Theater als Paradigma der Moderne. Positionen zwischen historischer Avantgarde und Medienzeitalter.* Tübingen 2003, 189–201, 193.

30 Ebd., S. 194.

31 Ebd., S. 197.

32 Ebd., S. 189; vgl. auch Nikolaus Müller-Schölls Gedanken zur Geste und zum „Theater des Unsichtbaren" in diesem Band.

mal „hoch", mal „tief, wie es kommt", „ein Satz reibt sich am andern wie die Zunge an einem hohlen oder falschen Zahn". Die offenbar von Kafka erwünschte Geschlossenheit der Geschichte wird durch „das Gestische und Szenische an seinem Schreiben"[33] aufgebrochen.

3 Resümee

Im ,Schrifttheater' der *Strafkolonie,* im ,Sprechtheater' der diarischen Notate zu Theaterbesuchen oder in der theatralen Konfiguration von Ereignis, Wiederholung und Aufzeichnung am Beispiel der „Automobilgeschichte" erhält Sprache einen Gehalt jenseits ihrer Donationsfunktion. Dieser Gehalt äußert sich im bloßen Sprach- und Schriftmaterial: „Es müssen also viele, viele Zieraten die eigentliche Schrift umgeben; die wirkliche Schrift umzieht den Leib nur in einem schmalen Gürtel; der übrige Körper ist für Verzierungen bestimmt." (IdS 218) Die Verzierungen, die in der Beschreibungsfantasie des Offiziers noch völlig im Körper aufgehen, ihn fast völlig bedecken und überschreiben, gestalten sich in der Konkretion des Schreib- und Beschreibungsvorganges als widerständig in Bezug auf eine ,lückenlose' Darstellung. Der materielle Überschuss, den Schrift hervorbringt, ist bei Kafka jedoch wesentlich für ihren inszenatorischen Eigenwert. Durch den Fokus auf eine Materialität, die ihr theatrale und körperliche Qualitäten abgewinnen kann, ,kippt' Schrift vom Semantischen ins Graphematische. Und auch nicht mehr der Textverlauf, in dem allographe Schreibweisen einzelner Buchstaben in der rezeptiven Linearität aufgehoben sind, erweist sich hier als ästhetisches Kriterium, sondern die Eigenästhetik von einzelnen Graphemen. Völlig losgelöst von den formalen Bedingungen des Syntagmas kann der Buchstabe als eigenwertiges Phänomen in den Blick rücken.

Das, was ihr hier an denotativem Gehalt und formaler Geschlossenheit fehlt, erhält Sprache in ihrem theatralen Potenzial, als Gestus, an ästhetischem Eigenwert wieder. Sie wird szenisch, gestisch und – jenseits einer übertragenden semantischen Funktion – unmittelbar. Als Facette des Literarischen unterbricht die Schrift im hier dargelegten Sinn den Konnex zwischen Signifikant und Signifikat und subvertiert die Idee einer ,geschlossenen' Darstellung. Das sprachliche Schriftmaterial vermag es nicht, den Riss zwischen Ereignis und Wiederholung bzw. zwischen unmittelbarem Körper und mittelbarem Zeichensystem aufzuheben, lässt Sprache aber im Körperlichen erfahrbar und darstellbar

---

33 Ebd., S. 195.

werden. Kafka schreibt an einer ‚skripturalen Ästhetik des Körpers‘. Seine selbstrefle-
xiven Beschreibungsoperationen erlangen, so wollte dieser Beitrag mit literaturwissenschaftlichen Mitteln exemplarisch an Tagebuchpassagen und der Erzählung *In der Strafkolonie* zeigen, im Wechselspiel mit dem Körper performative Implikation. Durch den
gestischen und körperlichen ‚Zugriff‘ lässt sich der Sprache implizit ihre unhintergehbare Formaporie ablesen, subjektive und damit unkonventionelle Ausdrucksintentionen
in einem höchst konventionellen Zeichensystem darstellen und vermitteln zu wollen.
Hierbei ringt Kafka der Schrift – paradoxerweise mit Mitteln der Sprache – ästhetisch
originäre Darstellungs- und Reflexionsdimensionen ab, denen Momente des Theatralen
eingeschrieben sind.

Literatur

Wolf-Dieter Ernst: „Schauspiel durch Medien. Die verdeckte Funktion der Techne bei Konstantin Stanislawski und Alexander Moissi“, in: Henri Schoenmakers et al. (Hg.): *Theater und Medien. Grundlagen – Analysen – Perspektiven. Eine Bestandsaufnahme.* Bielefeld 2008, S. 293–302.
Alexander Honold: „In der Strafkolonie“, in: Manfred Engel / Bernd Auerochs (Hg.): *Kafka-Handbuch. Leben – Werk – Wirkung.* Stuttgart / Weimar 2010, S. 476–503.
Christine Ivanović: „Schmerz als Provokation der Visual Culture. Laokoon, Kafka, Weiss“, in: Monika
Schmitz-Emans / Gertrud Lehnert (Hg.): *Visual Culture. Beiträge zur XIII. Tagung der Deutschen Gesellschaft für Allgemeine und Vergleichende Literaturwissenschaft, Potsdam, 18.–21. Mai 2005.* Heidelberg
2008, S. 83–95.
Franz Kafka: *Tagebücher. Kritische Ausgabe.* Hg. v. Hans-Gerd Koch, Michael Müller u. Malcolm Pasley. München 1990.
Franz Kafka: „In der Strafkolonie“, in: Franz Kafka: *Drucke zu Lebzeiten. Kritische Ausgabe.* Hg. v. Wolf Kittler, Hans-Gerd Koch u. Gerhard Neumann. Frankfurt a. M. 1996, S. 203–248.
Franz Kafka: *Briefe 1913–März 1914. Kritische Ausgabe.* Hg. v. Hans-Gerd Koch. Frankfurt a. M. 2001.
Anja Klöck: „Schau-Spiel-Technik und Medien als Repräsentationstechnologien“, in: Henri Schoenmakers et
al. (Hg.): *Theater und Medien. Grundlagen – Analysen – Perspektiven. Eine Bestandsaufnahme.* Bielefeld
2008, 283–292.
Sybille Krämer: „Medienphilosophie der Stimme“, in: Mike Sandbothe / Ludwig Nagl (Hg.): *Systematische
Medienphilosophie.* Berlin 2005, S. 221–237.
Gotthold Ephraim Lessing: „Laokoon: oder über die Grenzen der Malerei und Poesie“, in: Gotthold Ephraim
Lessing: *Werke und Briefe in zwölf Bänden.* Bd. 5 / 2. Hg. v. Wilfried Barner et al. Frankfurt a. M., S. 11–321.
Nikolaus Müller-Schöll: „Theatralische Epik. Theater als Darstellung der Modernitätserfahrung in einer Stra-
ßenszene Franz Kafkas“, in: Christopher Balme / Erika Fischer-Lichte / Stephan Grätzel (Hg.): *Theater
als Paradigma der Moderne. Positionen zwischen historischer Avantgarde und Medienzeitalter.* Tübingen
2003, S. 189–201.
Gerhard Neumann: „‚Nachrichten vom Pontus‘. Das Problem der Kunst im Werk Franz Kafkas“, in: Wolf
Kittler / Gerhard Neumann (Hg.): *Franz Kafka. Schriftverkehr.* Freiburg i. Br. 1990, S. 164–198.

Paul Peters: „Kolonie als Strafe: Kafkas *Strafkolonie*", in: Alexander Honold / Oliver Simons (Hg.): ‚*Kolonialismus als Kultur*'. *Literatur, Medien, Wissenschaft in der deutschen Gründerzeit des Fremden.* Tübingen 2002, S. 59–84.

Andrea Polaschegg: *Der Anfang des Ganzen. Eine Medientheorie der Literatur als Verlaufskunst.* Göttingen 2020.

Isolde Schiffermüller. *Kafkas Gesten. Studien zur Entstellung der menschlichen Sprache.* Tübingen 2011.

Beate Sommerfeld: „Schreibweisen und Wahrnehmungsmedialität in Franz Kafkas Kunstbetrachtungen der Reisetagebücher und Quarthefte", in: Harald Neumeyer et al. (Hg.): *Kafkas narrative Verfahren / Kafkas Tiere.* Würzburg 2005, S. 181–203.

Christian Stetter: „Medienphilosophie der Schrift", in: Mike Sandbothe / Ludwig Nagl (Hg.): *Systematische Medienphilosophie.* Berlin 2005, S. 129–146.

John Zilcosky: „Wildes Reisen. Kolonialer Sadismus und Masochismus in Kafkas ‚Strafkolonie'", in: *Weimarer Beiträge* 50, 1 (2004), S. 33–54.

Hanns Zischler: *Kafka geht ins Kino.* Reinbek b. Hamburg 1996.

Kafkas Bühnen

Zwischen engster Enge und Naturtheater[1]

Sarah Stoll

1 Bühnenpannen

Dass Kafka sich an den Theaterdiskursen seiner Zeitgenossen, etwa seiner Prager Freunde Max Brod, Felix Weltsch, Oskar Baum, Franz Werfel und Hugo Bergmann, beteiligt hätte, kann nur schwer behauptet werden. Kafkas Äußerungen zum Theater – seien diese festgehaltene Beobachtungen bezüglich besuchter Theateraufführungen, seien diese Aufzeichnungen von Träumen oder Reflexionen, in denen das Theater Thema wird –, sind, wie viele von Kafkas Texten, zunächst einmal augenscheinlich absurd. In ihrer Literarizität erhalten sie ein Eigenleben, das sich der Diskursivität zeitgenössischer Positionierungen zum Theater zunächst zu entziehen scheint. Eher als Beteiligungen an Gesprächen erscheinen Kafkas Äußerungen zum Theater als kleine Experimentierräume, in denen Strukturen, die später in seinen Romanen, Erzählungen und dramatischen Versuchen wieder auftauchen, erarbeitet und erprobt werden. Versenkt man sich in Kafkas Aufzeichnungen zum Theater, wird schnell ersichtlich, dass Kafka sich weniger für die Stücke und Aufführungen selbst, als stattdessen vor allem für das ihnen Nebensächliche interessiert, das sich zudem oft im *Off* der Bühne, außerhalb der Rahmung der Aufführung abspielt, oder als Abweichung vom geplanten Ablauf, als Panne erscheint.

Die inhaltliche Beschreibung eines von Kafka gesehenen Stückes der jiddischen Schauspieltruppe aus Lemberg um seinen Freund Jizchak Löwy, *Shulamit* von Avraham Goldfaden, beispielsweise nimmt in Kafkas Tagebüchern nicht mehr Platz ein als die Beschreibung des nach dem Ende des Stückes beim Schließen verunglückten Vorhangs:

---

1 Max Brod nennt Kafkas „Theater von Oklahama" Naturtheater.

„Am Schluß der Vorstellung erwarten wir noch den Schauspieler Löwy (…). Er soll wie üblich ‚annoncieren‘. (…) Statt dessen sehen wir den Vorhang einmal festzugehalten, dann wieder versuchsweise ein Stückchen auseinandergezogen werden. Es dauert ziemlich lange. Endlich wird er weit auseinandergezogen, in der Mitte hält ihn ein Knopf zusammen, dahinter sehn wir Löwy seinen Schritt zur Rampe machen und sich nur mit den Händen, das Gesicht uns dem Publikum zugewendet, gegen jemanden wehren, der ihn von unten angreift, bis plötzlich der ganze Vorhang mit seiner obern Drahtbefestigung von Löwy, der einen Halt haben will, heruntergerissen und Löwy vor unsern Augen in den Knien einknickend von Pipes der den Wilden gespielt hat, und der sich noch als sei der Vorhang vorgezogen gebückt hält, umfaßt und förmlich mit dem Kopf vom Podium seitwärts hinuntergestoßen wird. Man lauft im seitlichen Saaltrakt zusammen. Den Vorhang vorziehn! Ruft man auf der fast ganz enthüllten Bühne, auf der Frau Tschissik mit dem bleichen Sulamitgesicht so beklagenswert steht, kleine Kellner auf Tischen und Sesseln bringen den Vorhang halbwegs in Ordnung, der Wirt sucht den Regierungsvertreter zu beruhigen, der nur den einzigen Wunsch hat wegzukommen und durch diesen Beruhigungsversuch aufgehalten wird, hinter dem Vorhang hört man Frau Tschissik: ‚Da wollen wir von der Bühne dem Publikum Moral predigen …‘; der Verein jüd. Kanzleidiener ‚Zukunft‘ der den morgigen Abend in eigener Regie übernommen und vor der heutigen Vorstellung eine ordentliche Generalversammlung abgehalten hat, beschließt, wegen dieses Vorfalles binnen einer halben Stunde eine außerordentliche Versammlung einzuberufen, ein tschechisches Vereinsmitglied prophezeit den Schauspielern, infolge ihres skandalösen Benehmens vollständigen Untergang. Da sieht man plötzlich Löwy, der wie verschwunden war, vom Oberkellner Roubitschek mit den Händen, vielleicht auch mit den Knien zu einer Tür hin gestoßen werden. Er soll einfach herausgeworfen werden.“[2]

Anstatt dass der Vorhang seine Funktion, in seinem Schließen das Stück zu beenden, zu erfüllen fähig wäre, wird das *Schließen* aufgrund seines nicht ganz reibungslosen Ablaufs selbst zum Spektakel. Statt zu schließen, geht die Theateraufführung in eine Slapstick-Aufführung über, die für die Schauspieler allerdings böse Folgen hat. Der Detailreichtum von Kafkas Beschreibung der Schauspieler wie des Bühnengeschehens abseits des Stücks mag nicht sehr überraschen, werden in seinen sogenannten Tagebüchern durchweg scheinbar unwichtige Kleinigkeiten zu Objekten seiner literarischen Beobachtungen.

---

2   Franz Kafka: *Tagebücher*. Hg. v. Hans-Gerd Koch, Michael Müller u. Malcolm Pasley. Frankfurt a. M. 1990, S. 81–83 (Eintragung v. 14.10.1911).

Dilettantismus und Bühnenpannen verzeiht Kafka der jiddischen Theatergruppe um seinen ostjüdischen Freund Löwy gern, da es, wie Kafka an einer Stelle bemerkt, weniger um ein Schauspiel geht, als darum, „daß sich hier ein Mensch zur Schau stellt, der ein paar Witze und Lieder herausgefunden hat, die sein Temperament und alle seine Kräfte auf das vollkommenste vorführen. (…) Da dieses gelingt ist alles gelungen".[3] Kafka amüsiert sich auch über die, „[l]ächerliche[n] Statisten", die unfreiwillig zum Mittelpunkt des Bühnengeschehens werden, „Geschäftsreisende, die übrigens auch kein Honorar" bekommen:

> „Sie hatten meistens nur damit zu tun, ihr Lachen zu verbergen oder zu genießen, wenn sie es auch sonst gut meinten. Ein rundbackiger mit blondem Bart, demgegenüber man sich kaum vor Lachen beherrschen konnte, lachte infolge der Unnatur des angeklebten sich schüttelnden Vollbartes der seine Wangen bei dem allerdings nicht vorgesehenen Lachen falsch begrenzte, besonders komisch."[4]

Die von ihren eigenen Kostümen irritierten Statisten durchbrechen die Handlung des Stücks und affizieren das Publikum unmittelbar durch ihre – ihnen selbst wohl unbewusste – Körperkomik. Sie veranlassen Kafka zu weiteren Notizen, da sie offenbar mit wenig Bewusstsein für die Situation des Bühnenspiels immer wieder aus demselben ausbrechen:

> „Als Löwy singend starb, in den Armen dieser zwei Ältesten sich wand, langsam mit dem abschwellenden Gesang zur Erde gleiten sollte, steckten sie hinter seinem Rücken die Köpfe zusammen, um sich endlich einmal vom Publikum ungesehn (wie sie meinten) sattlachen zu können."[5]

Nicht nur die nicht für die Bühne ausgebildeten Statisten füllen diese mit ungewollter Komik, auch die Schauspieler der Lemberger Theatergruppe werden, bestimmt aufgrund ihrer Mittellosigkeit und schlechten Ausstattung – „Wenn die Schauspieler einander umarmen, halten sie sich gegenseitig die Perücken fest"[6] –, aber auch wegen einer gewissen Gleichgültigkeit und Frechheit, immer wieder zu Auslösern kleiner Bühnenunfälle:

---

3   Ebd., S. 350 (Eintragung v. 6.1.1912).
4   Ebd., S. 239 (Eintragung v. 5.11.1911).
5   Ebd., S. 230.
6   Ebd., S. 351 (Eintragung v. 7.1.1912).

„Fr. Tschissik muß im Gefängnis dem sie besuchenden betrunkenen römischen Statthalter (der j. Pipes) den Helm abnehmen und sich ihn selbst aufsetzen. Als sie ihn abnimmt,
fällt ein zusammengedrücktes Handtuch heraus, das Pipes offenbar hineingestopft hat,
weil ihn der Helm zu sehr drückte. Trotzdem er jedoch wissen mußte, daß ihm der Helm
auf der Bühne abgenommen wird, schaut er Frau Tschissik an seine Betrunkenheit vergessend vorwurfsvoll an."[7]

Improvisierte Einrichtungen wie behelfsmäßig wattierte, da ansonsten zu unbequeme
Kostüme, rutschende Perücken, instabile Requisiten, nicht ganz textsichere Schauspieler
und nicht ganz ernsthafte Statisten scheinen in den von Kafka gesehenen Aufführungen
der jiddischen Theatergruppe keine Seltenheit zu sein. Hinzu kommt die „elende Bühne,
auf der man sich nicht bewegen kann"[8], sowie der zu kleine Umkleidungsraum, in dem
sich die Schauspielenden gegenseitig auf die Füße treten.[9]

Oft wird das ganze Stück in Kafkas Augen allein von seiner Lieblingsschauspielerin
Frau Tschissik zusammengehalten, die alle entstehenden Lücken, die durch den zu engen
Bühnenraum, die behelfsmäßigen Requisiten und Kostüme, die ungeschickten Statisten,
wie durch die schlecht vorbereiteten Mitschauspielenden entstehen, zu füllen scheint:

> „Sie hat die ganze Vorstellung geleitet wie eine Hausmutter. Sie hat allen eingesagt, selbst
> aber niemals gestockt; sie hat die Statisten belehrt, gebeten, endlich gestoßen, wenn es
> sein mußte; ihre helle Stimme mischte sich, wenn sie nicht auf der Bühne war, in den
> schwachen Chorgesang auf der Bühne; sie hielt die spanische Wand (die im letzten Akt
> eine Citadelle darstellen sollte), welche die Statisten zehnmal umgeworfen hätten."[10]

In Kafkas Beschreibung von Frau Tschissik wird gewissermaßen eine Beschreibung der
Autor-Funktion im Sinne Foucaults,[11] die in seinen Erzählungen und Romanen selbst
eine Darstellung erfährt, vorweggenommen. Frau Tschissik erscheint als Charakter, als
Regisseurin, als Souffleuse und als Teil des Bühnenbilds. Als Souffleuse, das heißt, als
Textgebende stellt sie nicht nur ihre eigene Rolle auf der Bühne dar, sondern erscheint
gewissermaßen als Teil „alle[r]" Figuren („Sie hat allen eingesagt"), sowie als Teil des
Gesangschores.

---

7   Ebd., S. 230 (Eintragung v. 5. 11. 1911).
8   Ebd., S. 101 (Eintragung v. 23. 10. 1911).
9   Ebd., S. 99.
10 Ebd., S. 231 (Eintragung v. 5. 11. 1911).
11 Vgl. Michel Foucault: „Was ist ein Autor?", in: Michel Foucault: *Schriften zur Literatur*. Übers. v. Michael Bischoff, Hans-Dieter Gondek u. Hermann Kocyba. Frankfurt a. M. 2003, S. 234–270, 251.

2 Zum Verhältnis von Aufführung und Partitur

Durch Kafkas Augen betrachtet, erscheint die Theateraufführung als filigranes Gebilde, das in jedem seiner Momente der Gefahr ausgesetzt ist, in sich zusammenzufallen. Neben der Rahmung, dem Nebensächlichen, Theaterpannen und dem Geschehen abseits der Bühne, interessiert sich Kafka in seinen Beobachtungen rund ums Theater auch für die Texte und Paratexte zu den Aufführungen der Lemberger Schauspielgruppe. In Kafkas Notizen finden sich z. B. Reflexionen über den „Teaterzettel". Kafka imaginiert ein Stück, das die auf dem „Teaterzettel" befindlichen Informationen, zunächst die Ortsangabe, ernst nimmt: „[D]ie kaum gesammelten Personen sind über ein ungeheures Gebiet verstreut oder auf einem kleinen nicht verratenen Punkt dieses Gebietes gesammelt, kurz das Stück ist unmöglich geworden, der Zuschauer wird nichts zu sehen bekommen."[12]

Kafka zieht rigoros die Konsequenz aus den auf dem „Teaterzettel" enthaltenen Informationen. Da der Schauplatz des Stückes Aristoteles' Gebot der Einheit keineswegs erfüllt, muss das Stück in letzter Konsequenz unaufführbar werden, da dem Publikum kein Einblick in die zerstreute, oder erst gar nicht auffindbare Situation im weitläufigen Russland geboten werden kann. Es wird deutlich, welche Wichtigkeit Kafka dem Geschriebenen – und sei es auch nur einer Ortsangabe – zukommen lässt. Kafka beschwert sich ebenso über die *dramatis personae*, deren „diskreter Eindruck des Teaterzettels ein falscher Eindruck ist",[13] da hier nicht alle Eigenschaften und Charakterzüge einer jeden Figur aufgelistet sind und sich die Figuren zudem im Laufe des Stückes entwickeln, während sie auf dem Theaterzettel bloß auf ihre gesellschaftliche Rolle oder auf einen Aspekt ihrer Persönlichkeit, der nur zu Beginn des Stückes überhaupt an der Person existent sei, reduziert werden und dieser Aspekt sodann in der Schrift eingefroren ist:

> „Der diskrete Eindruck des Teaterzettels. Man erfährt nicht nur die Namen, sondern etwas mehr, aber doch nur so viel, als der Öffentlichkeit und selbst der wohlwollendsten und kühlsten über eine ihrem Urteil ausgesetzte Familie bekannt werden muß. Schmut Leiblich ist ‚ein reicher Kaufmann' es wird aber nicht gesagt, daß er alt und kränklich, ein lächerlicher Weiberfreund ein schlechter Vater und ein pietätloser Witwer ist, der am Jahrzeittag seiner Frau heirathet. Und doch wären alle diese Bezeichnungen richtiger als jene des Teaterzettels, denn am Ende des Stückes ist er nicht mehr reich, weil ihn

---

12 Kafka: *Tagebücher*, S. 197 (Eintragung v. 11. 10. 1911).
13 Ebd., S. 198.

die Selde ausgeraubt hat, er ist auch kaum ein Kaufmann mehr, da er sein Geschäft vernachlässigt hat."[14]

Auf einem Kafkas Ansprüchen an ‚Richtigkeit' genügenden Theaterzettel müsste die gesamte Entwicklung der Figuren, die erst während des Stückes stattfindet, das Publikum bereits als Erzählung aufwarten. Ein komplexes Verhältnis von Text und Aufführung deutet sich an, das durch die notwendige und direkte Abhängigkeit beider überrascht, das jedoch nicht in einer Entsprechung von Text und Aufführung bestehen kann. Dieses Verhältnis wird klarer, wenn Kafka beispielsweise einen Sänger kritisiert, in dessen Aufführung die gesungenen Verse ihre „Selbständigkeit" behalten:

„Denn die Kraft der Verse wird durch den Sänger keinesfalls vergrößert, sie behalten ihre Selbständigkeit und tyrannisieren uns mit dem Sänger der nicht einmal Lackstiefel hat, dessen Hand vom Knie einmal nicht loswill und wenn sie muß, noch ihren Widerwillen zeigt, der sich möglichst rasch auf die Bank hinwirft um die Menge kleiner ungeschickter Bewegungen, die er dafür aufbieten muß, möglichst wenig sehen zu lassen."[15]

Kafkas Abneigung gegen das Spiel des Sängers, gegen seine Bewegungen und seine Gestik, vielleicht gar gegen seine bloße Körperlichkeit (obschon Kafka die fehlenden Lackstiefel beklagt), welche zu den gesungenen Versen ohne notwendige Beziehung – denn eine solche müsste die Verse zu unselbstständigen transformieren – hinzutreten, wird deutlich, wenn er das Überflüssige der körperlichen Aufführung, ihr Übertrieben-Sein, ihre Ungeschicktheit und Asynchronität, in seiner Reflexion in den Vordergrund rückt.

Partitur und Aufführung scheinen in Kafkas Denken in einem negativ korrelierten Verhältnis zu stehen. Kafka beschwert sich beispielsweise darüber, dass seine Lieblingsschauspielerin Frau Tschissik „leider immer Rollen" spielt, „welche nur die Essenz ihres Wesens zeigen". „[S]ie spielt immer Frauen und Mädchen, die mit einem Schlage unglücklich, verhöhnt, entehrt, gekränkt werden, denen aber nicht Zeit gegönnt ist, ihr Wesen in natürlicher Folge zu entwickeln".[16]

Dieser *Essenz einer Rolle* stellt er Rollen gegenüber, die „im geschriebenen Stück (...), infolge des Reichtums, den sie fordern, bloße Andeutungen sind". Diese bloßen „Andeutungen" im Text werden im Spiel aber in „Höhepunkte" übersetzt, die „[a]n der hervorbrechenden Macht" des Spiels sichtbar werden.[17] Das Konvergieren von Andeutung im

---

14 Ebd.
15 Ebd., S. 407 (Eintragung v. 16. 3. 1912).
16 Ebd., S. 351 (Eintragung v. 7. 1. 1912).
17 Ebd.

Text und Höhepunkt in der Aufführung sowie von Reichtum im Text und der eindeutig positiv konnotierten Essenzlosigkeit der Rolle lässt eine sensible Annäherung an ein komplexes Übersetzungsverhältnis erkennen, das Kafka weiterdenkt, wenn sodann auch die Partitur selbst in die Kritik gerät:

> „[S]o hat er [Kafka spricht hier vom Dramatiker selbst] doch das Stück mit allen Details in sich gehabt, ist von Detail zu Detail weitergerückt und nur weil er alle Details in den Reden versammelt, hat er ihnen die dramatische Schwere und Gewalt gegeben. Dadurch gerät das Drama in seiner höchsten Entwicklung in eine unerträgliche Vermenschlichung, die herabzuziehn, erträglich zu machen Aufgabe des Schauspielers ist, der die ihm vorgeschriebene Rolle gelockert zerfasert, wehend um sich trägt. Das Drama schwebt also in der Luft, aber nicht als ein vom Sturm getragenes Dach, sondern als ein ganzes Gebäude, dessen Grundmauern mit einer heute doch dem Irrsinn sehr nahen Kraft aus der Erde hinaufgerissen worden sind."[18]

Der Begriff „Vermenschlichung" scheint als Attribuierung der vom Schauspieler befreiten Partitur zunächst kontraintuitiv zu sein, denn die Verkörperung des Textes durch den Schauspieler ist es, die das Geschriebene – zumindest faktisch – auf gewisse Weise ‚vermenschlicht', was etwa Puchner zu dem Missverständnis führt, Kafka kritisierte hier eine Vermenschlichung durch die Aufführung durch den Schauspieler und empfände sie als ‚unerträglich'.[19] Für Kafka aber erscheint die Partitur des Dramas – ganz unabhängig vom Schauspieler und seiner Aufführung – gerade in ihrer „höchsten Entwicklung (...) vermenschlicht", und zwar gerade wenn er dort „alle Details in den Reden versammelt" sieht.

Es wirkt fast ironisch, wenn Kafka, eine solche „Vermenschlichung" durch Detailreichtum nicht ertragend, sodann erleichtert scheint, wenn eine solche Partitur von „dramatische[r] Schwere" vom Schauspieler verkörpert wird, der das Drama sodann aus seiner Vermenschlichung erlöst, indem er „die ihm vorgeschriebene Rolle gelockert (...) zerfasert, wehend um sich trägt", nicht fähig, diese vollkommen zu verkörpern. Durch die Unfähigkeit des Schauspielers, den Text eins zu eins ins Körperliche zu überführen, teilen sich Schauspieler und Rolle in Kafkas Beobachtung in nicht synchronisierbare Doppelgänger auf. Die Figur erscheint sodann jeweils selbst als gedoppelt in zwei voneinander getrennten Sphären, einmal vollkommen im Text, einmal lückenhaft dargestellt auf der Bühne, wobei Kafka diese Partialität verkörpert als Schauspieler im zerfledder-

---

18 Ebd., S. 204 f. (Eintragung v. 29. 10. 1911).
19 Martin Puchner: „Kafka's Antitheatrical Gestures", in: *The Germanic Review: Literature, Culture, Theory* 78, 3 (2003), S. 177–193, 182.

ten Gewand beschreibt. Das lockere Tragen dieses Gewands – wie ein leichtes und weites Kleidungsstück, das das Übersetzungsverhältnis zwischen Partitur und Aufführung zu illustrieren sucht – erscheint dennoch als problematisches, da die Rolle dem Schauspieler als Kostüm bloß äußerlich gegeben zu sein scheint. Nur als in Fetzen gerissenes Textil, das vom Schauspieler „gelockert", „zerfasert", um diesen „wehend" getragen wird, scheint der Text die Möglichkeit zu erhalten, auf die Bühne zu kommen, um dort einem Publikum sichtbar und hörbar zu werden. Kafka fügt seiner Reflexion eine Beschreibung des Ausnahmefalles hinzu, in dem die Bewegung von oben nach unten, die zunächst noch vom Text zum Schauspieler ging, umgekehrt wird:

> „Manchmal scheint es, daß das Stück oben in den Sofitten ruht, die Schauspieler Streifen davon abgezogen haben, deren Enden sie zum Spiel in den Händen halten oder um den Körper gewickelt haben und daß nur hie und da ein schwer abzulösender Streifen einen Schauspieler zum Schrecken des Publikums in die Höhe nimmt."[20]

Als Ausnahme erscheint nicht, dass der Schauspieler „Streifen" der Partitur herab auf die Bühne zieht, sondern wenn er selbst vom Textstreifen in die Höhe gezogen wird. Bereits in seinen Äußerungen zum Theater interessiert sich Kafka also für den paradoxen Zwischenzustand, das nur zeitweise und unter besonderen Bedingungen möglich erscheinende und wenn überhaupt, so überraschend geschehende, In-die-Höhe-genommen-Werden des Schauspielers. In-die-Höhe-genommen-Werden, das heißt, das Textwerden des Schauspielers auf der Bühne, die gelungene Vereinigung von Schrift und Körper, die den Zusammenhang beider bezeugt. Ein In-die-Höhe-genommen-Werden, das sich dem auf das Spiel mit den sich von den Schauspieler-Körpern dissoziierenden Textfetzen fixierten Blick des Publikums jedoch entzieht.

3 Kafkas Theorie der Nachahmung

Ebenfalls in seinen Tagebuchnotizen zu den Besuchen im jiddischen Theater stellt Kafka Überlegungen zur Rolle der Nachahmung im Theater und im Schreiben an. Wenn Kafka über seinen eigenen „Nachahmungstrieb" spricht, breitet er gleichzeitig eine eigene Theorie der Mimesis aus. Während sich laut Kafka der Nachahmungstrieb des Schauspielers durch „Einheitlichkeit" sowie das „Grobe, auffallend Charakteristische" auszeichnet,

---

20   Kafka: *Tagebücher*, S. 205 (Eintragung v. 29.10.1911).

zeichnet sich sein eigener dadurch aus, dass er nur in der Lage scheint, „Details des Groben" nachahmen zu können – hier treffen Kafkas eigene „Natur" und sein Interesse für
das Detail zusammen.[21] Kafkas Weise der Nachahmung erscheint als Gegenstück zu der
des wiedererkennbaren Charakters:

> „Die Manipulationen gewisser Menschen mit Spazierstöcken, ihre Haltung der Hände,
> ihre Bewegung der Finger nachzuahmen drängt es mich und ich kann es ohne Mühe.
> Aber gerade dieses Mühelose, dieser Durst nach Nachahmung entfernt mich vom
> Schauspieler, weil diese Mühelosigkeit ihr Gegenspiel darin hat, daß niemand merkt,
> daß ich nachahme. Nur meine eigene zufriedene oder öfter widerwillige Anerkennung
> zeigt mir das Gelingen an."[22]

Dass Kafka seinen Hang zur Nachahmung als „Natur" und als „Trieb" bezeichnet sowie dass „niemand merkt, daß [er] nachahm[t]", entfernt ihn bereits vom Spiel. Kafka
unterscheidet diese „äußerliche Nachahmung" von „innerlicher Nachahmung", von der
er „vollkommen" beherrscht wird, und die zumindest zeitweise gar Kafkas Selbst zu ersetzen scheint, da keine Distanznahme von ihr mehr geschehen kann und somit ein re-
flektiertes Verhältnis zu ihr erst, wenn sie bereits vergangen ist, also „in der Erinnerung"
möglich scheint:

> „Weit über diese äußerliche Nachahmung aber geht noch die *innerliche*, die oft so schla-
> gend und stark ist, daß in meinem Innern gar kein Platz bleibt diese Nachahmung zu be-
> obachten und zu konstatieren, sondern daß ich sie *erst in der Erinnerung* vorfinde. Hier
> ist aber auch die Nachahmung so vollkommen und *ersetzt mit einem Sprung und Fall
> mich selbst*, daß sie auf der Bühne, unter der Voraussetzung, daß sie überhaupt *augen-
> scheinlich gemacht werden könnte*, unerträglich wäre."[23]

Während die „äußerliche Nachahmung" von Kafkas Zuschauern von wirklichem Tun
nicht mehr unterschieden werden kann, ist es die „innerliche Nachahmung", die Kafka selbst nicht mehr von seinem wirklichen Sein scheiden kann. Diese „innere Nachahmung" versetzt Kafka probeweise auf die Bühne, hält sie aber auch dort, als Voraussetzung für spielerisches Darstellen, für ungeeignet, da er sich nicht sicher ist, ob sie
„überhaupt augenscheinlich gemacht werden" könne, was in seiner Reflexion aber als
Voraussetzung für das Spiel erscheint.

---

21 Ebd., S. 329 (Eintragung v. 30. 12. 1911).
22 Ebd.
23 Ebd., S. 329 f. (Hervorh. S. St.).

Nicht an einer zu schwachen Nachahmung, an der zu starken Nachahmung, die die innere, vollkommene Nachahmung einschließt, die das Ich und seine Gefühle ganz ersetzt, macht Kafka daraufhin (wie oben bereits angedeutet) den schlechten Schauspieler aus. Der schlechte Schauspieler ahme entweder, nur auf die äußere Nachahmung bezogen, „falsche Muster" nach, oder er ahme aber „zu stark" nach. Und diese zu starke Nachahmung schließt auch die innere Nachahmung ein, von der sich Kafka selbst gefährdet sieht. Die „Grenze des Spiels" werde gesprengt, beispielsweise, „[w]enn ein Schauspieler, der nach Vorschrift einen andern zu prügeln hat, in der Erregung, im übergroßen Anlauf der Sinne, *wirklich* prügelt und der andere vor Schmerzen schreit".[24] Ein drastisches Beispiel, das, so Kafka, in „untergeordneteren Arten" allerdings „unzähligemale" geschehe. Der zu stark Nachahmende befindet sich laut Kafka auf derselben Ebene wie der Schauspieler, der „stockig herumsteh[t], mit den Fingerspitzen am Rand seiner Tasche spiel[t], ungehörig die Hände an den Hüften einknick[t], zum Souffleur hinhorch[t], [und] um jeden Preis (…) einen ängstlichen Ernst bewahr[t]",[25] da beide Typen des Schauspielers in einer zu starken Nachahmung, die sich schließlich als Nicht-Spielen zeigt, konvergieren. Kafka schließt auch diesen zu wenig spielenden Schauspieler ein in die Kategorie des zu stark Nachahmenden, wenn er schließt: „[S]o ist doch auch dieser auf die Bühne herabgeschneite Schauspieler nur deshalb schlecht, weil er zu stark nachahmt".[26] Kafka nähert sich dem Spiel also von zwei Seiten an, dem zu starken Nachahmen und dem Nicht-Nachahmen, das heißt dem Selbst-Sein. Auf dem von Kafka gezeichneten Zirkel fallen beide letztendlich jedoch zusammen, was in dem von Brod so bezeichneten Naturtheater die Idee des, so Benjamin, sich selbst spielenden Schauspielers vorwegnimmt.[27] Das Naturtheater erscheint, anschließend an Benjamin, als Fluchtpunkt, von dem aus – als äußerstes Extrem – eine Reflexion auf das Verhältnis von Handeln und Spiel erst möglich wird und auch naturalisierte Gegebenheiten im Nachhinein als Spiel und Rolle verstanden werden können.

Während sich das zu starke Nachahmen, das die vollkommene innere Nachahmung einschließt, als für eine Bühne ungeeignetes erweist, so ist es doch Voraussetzung für

---

24 Ebd., S. 330 (Hervorh. S. St.).
25 Ebd.
26 Ebd.
27 Die bereits erwähnte verdichtende Deutung Benjamins bezieht sich v. a. auf das das Theater bewerbende Plakat; siehe hierzu Franz Kafka: *Der Verschollene*. Hg. v. Jost Schillemeit. Frankfurt a. M. 1983, S. 387: „Wir sind das Teater, das jeden brauchen kann, jeden an seinem Ort!", sowie auf den weiteren Rekrutierungsprozess, der im Zentrum des Kapitels steht: Die sämtlich aufgenommenen Anwärter werden gerade nicht als Schauspieler aufgenommen, sondern als Angehörige aller möglichen Berufe, und gerade als Karl versucht zu schauspielern und sich als Ingenieur ausgibt, verfehlt er das Prinzip der Aufnahme in das Wandertheater.

das Eintauchen in ein anderes Medium, das der Literatur. Es erscheint als Vorstufe zum, oder vielleicht gar selbst als Schreiben. Das Textwerden des Schauspielers auf der Bühne, das Kafka meinte zu seltenen Momenten in Theateraufführungen beobachten zu können, die gelungene Übersetzung der Schrift in den Körper oder vielmehr von Körper in Schrift, erfährt in seinem Schreiben keine bloße Umkehrung. Das Problem des Verhältnisses von Partitur und Aufführung löst Kafka in seiner Prosa, indem er die Bühne selbst in seine Texte hineinwandern lässt. Die schlecht ausgestattete „elende Bühne"[28] der jiddischen Schauspieltruppe, auf der sich die Schauspieler kaum bewegen können und deren die Bewegungsfreiheit aufhebende Enge, die dazu führt, dass die Stücke sich dem Sprechtheater annähern, wie es bereits eine Besprechung in der *Selbstwehr* aus dem Jahr 1910 als charakteristisch herausstreicht,[29] findet sich in Kafkas Dramolett *Der Gruft-Wächter* in den Schauplatz „engste Bühne frei nach oben"[30] übersetzt. Wird der Superlativ „engste Bühne" ernstgenommen, faltet sich die Bühne im Dramolett, ihre Dreidimensionalität einbüßend, auf das zweidimensionale Blatt Papier ein, das weder die Körper der Schauspielenden noch die Bühnendekoration aufnimmt. „[E]ngste Bühne" erscheint nicht allein als sprachliches Paradox[31] oder deutet aufführungsanalytisch auf die „Nichtauflösbarkeit der Szene in räumliche Vorstellung",[32] sondern zeugt von der Wandlung des Schauplatzes vom Bühnenraum in den Raum der Schrift. Doch gerade hier, wo der faktische Bühnenraum wegfällt, spielt Kafka mit der Auflösung der Grenzen zwischen Bühne, *Off* und Zuschauerraum und erprobt die Bewegungen von Verengung und Entgrenzung des Bühnenraumes und deren Effekte – Strukturexperimente, die in Kafkas beiden 1911 im Tagebuch niedergeschriebenen Träumen zum jiddischen Theater besonders deutlich werden.

---

28 Kafka: *Tagebücher*, S. 101 (Eintragung v. 23. 10. 1911).

29 Evelyn Torton Beck: *Kafka and the Yiddish Theater. Its Impact on his Work*. Madison / Milwaukee / London 1971, S. 224.

30 Franz Kafka: [*Gruft-Wächter*-Fragment], in: *Historisch-Kritische Ausgabe sämtlicher Handschriften, Drucke und Typoskripte. Oxforder-Oktavheft 1 (1916 / 17)*. Hg. v. Roland Reuß u. Peter Staengle. Frankfurt a. M. / Basel 2006, S. 8–39 u. 64–151, 8.

31 Roland Reuß: „Die ersten beiden Oxforder Oktavhefte Franz Kafkas. Eine Einführung", in: Franz Kafka: *Historisch-Kritische Ausgabe sämtlicher Handschriften, Drucke und Typoskripte. Franz Kafka-Heft 5*. Hg. v. Roland Reuß u. Peter Staengle. Frankfurt a. M. / Basel 2006, S. 3–26, 23 f.

32 Ebd., S. 23.

4 Theater(t)räume

Das Motiv des Naturtheaters ist nicht nur der Fluchtpunkt, auf den hin sich Karls Reise nach und durch Amerika zubewegt, es zieht sich als ein roter Faden durch Kafkas Werk und tritt dort in verschiedenen Ausprägungen, manchmal impliziter, manchmal expliziter in Erscheinung. Die entgrenzte Räumlichkeit des Naturtheaters, die die zuerst von Benjamin gestellte Frage nach sich zieht, was es bedeutet, sich selbst zu spielen, beschäftigt nicht nur Karl, den Protagonisten aus *Der Verschollene*, sondern auch den Affen Rotpeter und K., den Protagonisten aus *Das Schloss*. Sie taucht – wie im Abschnitt zu Kafkas Theorie der Nachahmung bereits deutlich wurde – auch in Kafkas theoretischen Reflexionen zum Theater auf.

In Kafkas beiden Träumen zum Theater,[33] die er am 9. November 1911 und am 19. November 1911 niedergeschrieben hat, werden bereits einige Merkmale vorweggenommen, die später die allumfassende Bühne des *Naturtheaters* aus *Der Verschollene* auszeichnen. Die Trennung von Bühne und Zuschauerraum, wie die von Theater und Welt, wird in Kafkas Theaterträumen nicht aufrechterhalten. Im ersten Traum befindet sich das *Ich* „einmal oben auf der Gallerie", „einmal auf der Bühne", und einmal im Zuschauerraum.[34] Galerie, Bühne und Zuschauerraum werden von ein und demselben Subjekt besetzt – was seine unsichere Position als Zuschauer bereits erkennen lässt, die später tatsächlich in die des Statisten im Stück übergeht. Die schon nicht ganz klar als voneinander getrennte Bereiche des Theaters gekennzeichneten Raumeinheiten entgrenzen sich in einem nächsten Schritt allesamt in die Stadt Prag. Dort werden Bühne, Zuschauerraum und Rampenlicht von der gigantischen Größe der Dekoration ganz verdrängt. Als Folge dieser Entgrenzung der Bereiche werden die Zuschauer als anonyme Masse unfreiwillig selbst Teil der Szene:

> „In einem Akt war die Dekoration so groß daß nichts anderes zu sehn war, keine Bühne, kein Zuschauerraum, kein Dunkel, kein Rampenlicht; vielmehr waren alle Zuschauer in großen Mengen auf der Scene, die den Altstädter Ring darstellte, wahrscheinlich von der Mündung der Niklasstraße aus gesehn. Trotzdem man infolgedessen den Platz vor der Rathausuhr und den kleinen Ring eigentlich nicht hätte sehen dürfen, war es doch durch kurze Drehungen und langsame Schwankungen des Bühnenbodens erreicht, daß man z. B. vom Kinskypalais aus den kleinen Ring überblicken konnte. Es hatte dies kei-

---

33   Siehe hierzu den Beitrag von Isolde Schiffermüller im vorliegenden Band.
34   Kafka: *Tagebücher*, S. 239 (Eintragung v. 9. 11. 1911).

nen Zweck, als womöglich die ganze Dekoration zu zeigen, da sie nun schon einmal in solcher Vollkommenheit da war und da es zum weinen schade gewesen wäre, etwas von dieser Dekoration zu übersehn, die, wie ich mir wohl bewußt war, die schönste Dekoration der ganzen Erde und aller Zeiten war. Die Beleuchtung war von dunklen, herbstlichen Wolken bestimmt. Das Licht der gedrückten Sonne erglänzte zerstreut in dieser oder jener gemalten Fensterscheibe der Südostseite des Platzes. Da alles in natürlicher Größe und ohne sich im kleinsten zu verraten ausgeführt war, machte es einen ergreifenden Eindruck, daß manche der Fensterflügel vom mäßigen Wind auf und zugeweht wurden, ohne daß man wegen der großen Höhe der Häuser einen Laut gehört hätte."[35]

Das ganze Stück scheint nur noch aufgeführt zu werden, um die riesenhafte Dekoration in ihrer Gänze zu zeigen, wem allerdings bleibt offen, da die Zuschauer inzwischen selbst Teil der Szene geworden sind. Das verdrängte Rampenlicht wird sodann vom Sonnenlicht ersetzt, die naturgetreue Bühnendekoration wird vom Wind bewegt. Nur noch das Schwenken des Bühnenbodens lässt den Akt sich von einer realen Erfahrung der Stadt Prag unterscheiden und als Aufführung erscheinen. Darauf weist Kafka in der Erzählung seines Traumes auch explizit hin, da aufgrund der natürlichen, weltlichen Verhältnisse leicht vergessen werden kann, dass eigentlich gespielt wird, vor allem wenn man sich als Zuschauer mitten in die Szene geworfen wiederfindet: „Dargestellt wurde – oft vergißt man im Zuschauerraum, daß nur dargestellt wird".[36]

Das Stück entpuppt sich im Laufe des Traumes als Stück über die Französische Revolution, obschon in Prager Kulisse. Die Prager Kulisse „in natürlicher Größe" erweist sich sodann allerdings als für zu klein für das aufgeführte Stück, da, genau wie zunächst die Stadt Prag in Lebensgröße auf der Drehbühne erscheint, nun die Französische Revolution eins zu eins, also in ihren tatsächlichen Ausmaßen, wiedergegeben werden soll. Die sie bespielenden Schauspielermassen, die in ihrer Anzahl die Bevölkerung von Paris während der Revolution repräsentieren, überschwemmen die lebensgroße Bühnenstadt Prag, die für die Pariser Bevölkerungszahlen nicht ausgelegt ist:

„Die Revolution war so groß, mit riesigen den Platz aufwärts und abwärts geschickten Volksmengen, wie sie wahrscheinlich in Prag niemals stattgefunden hatte; man hatte sie offenbar nur wegen der Dekoration nach Prag verlegt, während sie eigentlich nach Paris gehörte."[37]

---

35   Ebd., S. 239 f.
36   Ebd., S. 240.
37   Ebd.

Die zeitweilige Ununterscheidbarkeit von Spiel und Wirklichkeit, die in den oben re-konstruierten Reflexionen Kafkas zum Theater bereits auftaucht, und die sich im *Natur-theater* und in Kafkas Künstlererzählungen wiederholt, wird hier durch das Einbrechen einer Realität aus einem anderen gesellschaftlichen, historischen und geografischen Kontext gewissermaßen wieder rückgängig gemacht, indem eine Wirklichkeit, die Stadt Prag, tatsächlich zur Bühne wird, zur zu kleinen Bühne für das wiederum in Original-größe aufgeführte Stück namens *Französische Revolution*.

Im zweiten Traum werden die Räumlichkeiten des Theaters zwar nicht durch natur-getreue Darstellung mit denen der Realität verwirrt, aber auf andere Arten auf den Kopf gestellt. Beispielsweise ist hier die „Rückenlehne der Bank (…) der Bühne zugekehrt, so daß man den Zuschauerraum bequem, die Bühne erst nach einer Drehung sehen kann."[38] Im Parkett herrscht zudem ein großes Gedränge, da „alles (…) in seinen Win-terkleidern gekommen zu sein" scheint und „daher die Plätze übermäßig" ausfüllt.[39] Anstatt der demütigen Stille, die Zuschauer beim Eintreten in die Sphäre des Theaters für gewöhnlich überkommen sollte, macht der Zuschauerraum eher den Eindruck eines geselligen Salons: Leute „neben mir, hinter mir die ich nicht sehe, sprechen auf mich ein". Während die Bühne für gewöhnlich im Verhältnis zum Zuschauerraum erhöht auf einem Podest vorzufinden ist, liegt sie in Kafkas Traum „etwas tiefer als der Zuschauer-raum, man schaut hinunter, das Kinn auf der Rückenlehne".[40] Nicht nur durch die un-gewöhnliche Einrichtung der Bänke im Zuschauerraum, die die Einnahme einer beson-deren, vielleicht unbequemen Position vom Zuschauer verlangt, wird der Blick *hinunter zur Bühne* erschwert: „[O]bgleich mit Beginn des Spiels viele Leute gerade aus den ersten Bänken weggegangen sind offenbar hinter die Bühne, verdecken die zurückbleibenden Mädchen mit großen flachen, meist blauen über die ganze Länge der Bank hin- und her-rückenden Hüten die Aussicht."[41]

Auch in der Erzählung des zweiten Traumes wird die Grenze zwischen Bühne und Zuschauerraum durchlässig, denn „[d]ie Gesellschaft auf der Bühne erwartet nun ver-schiedene Ankömmlinge die aus den ersten Zuschauerreihen auf die Bühne hinunter steigen", wobei „[d]as Stück (…) aber auch nicht gut einstudiert"[42] ist. Zudem spielen die Schauspielerinnen mit versehrten Körpern. Trotz ihres körperlichen Defektes spie-len sie allerdings „sehr gut": „Nun kommt ein Mädchen an, das ich kenne (…), sie steigt gerade an meinem Platz über die Lehne, ihr Rücken ist als sie hinüber steigt ganz nackt,

---

38   Ebd., S. 253 f. (Eintragung v. 19. 11. 1911).
39   Ebd., S. 254.
40   Ebd., S. 254 f.
41   Ebd.
42   Ebd., S. 256.

die Haut nicht sehr rein über der rechten Hüfte ist sogar eine aufgekratzte, blutunterlaufene Stelle, in der Größe eines Türknopfes.“[43]

Auch im zweiten Theatertraum finden die Höhepunkte des Stücks nicht *auf der Bühne* statt. Stattdessen wird der *Weg zur Bühne* zum Höhepunkt des Spiels. Die Spielenden befinden sich allerdings außer Sichtweite des erzählenden, sich im Zuschauerraum befindenden Ichs. So ist unter anderem die Energie des Schauspielers sowie die des den Rhythmus seines Schrittes musikalisch unterlegenden Klavierspiels auf dem Weg aus der Ferne des Theatersaals hin zur Bühne bereits völlig ausgeschöpft worden. Weil das Spiel der beiden, das des Schauspielers sowie das des Klavierspielers, ab einem gewissen Punkt, der allerdings schon vor dem Erreichen der Bühne erreicht ist, nicht mehr gesteigert werden kann, ist es beim Erreichen der Bühne bereits verebbt:

> „Nun soll ein singender Reiter aus der Ferne im Galopp sich nähern, ein Klavier täuscht das Hufeklappern vor man hört den sich nähernden stürmischen Gesang, endlich sehe ich auch den Sänger der um dem Gesang das natürliche Anschwellen des eilend herannahenden zu geben, die Gallerie oben entlang läuft zur Bühne. Noch ist er nicht bei der Bühne auch mit dem Lied noch nicht zuende und doch hat er das Äußerste an Eile und schreiendem Gesang hergegeben, auch das Klavier kann nicht mehr deutlicher die auf Steine schlagenden Hufe nachahmen. Daher lassen beide ab und der Sänger kommt mit ruhigem Gesang heran, nur macht er sich so klein, daß nur sein Kopf über die Galleriebrüstung ragt, damit man ihn nicht so deutlich sieht“.[44]

Auf den ersten Akt, der auf dem Weg zur Bühne stattgefunden hat, und der endet, als sich der beschämte Schauspieler *unten im Bühnenraum* versteckt, folgen Theaterpannen. Der niedergeschriebene Traum wirkt fast wie eine Umschreibung der oben vorgestellten Beschreibung der um das Stück *Shulamit* herum geschehenden Pannen. Der Vorhang geht nicht hinunter, das Licht im Zuschauerraum geht nicht an. So erweist sich selbst die eigentlich die Funktion der Bühne garantierende Rahmung als dysfunktional. Statt des geschlossenen Vorhangs sieht man in der Pause nun zwei Kritiker auf der Bühne sitzen. Die Instanz, die das Bühnengeschehen normalerweise für die Öffentlichkeit beurteilt, nimmt selbst seinen Platz ein. Der Regisseur kommt dazu, klaut eine Weintraube von der Bühnendekoration und verzehrt sie. Der Traum und mit ihm das Stück enden, als die defekte Bühnenbeleuchtung im Saal „Funken“ in „breitem Stoße auf die Zuschauer nieder[gehen]“ lässt und das *Ich,* nachdem es vergeblich versucht hat, „die Sache in Ord-

---

43 Ebd.
44 Ebd., S. 256 f.

nung [zu] bringen" auf seinem Platz zurück angelangt im selben sogleich „versinkt".[45] Das Versinken des Publikums am Ende des Stücks wird von der vorhergehenden Beschreibung desselben als „Masse schwarz wie Erde", die vom Blick nicht zu entwirren ist, bereits vorweggenommen.

Die Verunsicherung von Theaterräumen, besonders die im ersten Traum erzählte Überblendung von Theater und Welt, die im *Verschollenen* mit dem „jeden" aufnehmenden, völlig entgrenzten Naturtheater ihre radikalste Ausprägung erfährt, und die im zweiten Traum erzählte teilweise Auflösung oder Verwirrung von räumlichen Grenzen sowie von deren Funktionen, die im *Gruft-Wächter* besonders explizit dargestellt wird, trägt sich in Kafkas Romane und Erzählungen hinein. Die Verunsicherung von Theaterräumen konvergiert mit einer Verunsicherung des Spiels, die nicht nur aus der Funktionsverwirrung der sich ineinander verschiebenden Räume resultiert, sondern auch an die Idee der Nachahmung als eine zwischen Spiel und Realität, zwischen Rolle und Selbst oszillierende Verhaltensweise geknüpft ist. Die Überblendung von Theater und Welt sowie von Nachahmung und Selbst-Sein, erhält in der Figur des Rotpeters ihre präziseste Gestalt, sie kommt jedoch in weiteren Erzählungen Kafkas, wie in dem titellosen Fragment [*Es war keine Gefängniszelle*], in der Situation des Trapezkünstlers aus *Erstes Leid* und in *Der Hungerkünstler* ebenso zum Vorschein. Diese Texte haben gemein, dass in ihnen die Bühne zunächst zum Käfig wird. Der Käfig löst sich jedoch im Verlauf der Erzählung und der ihn begleitenden Entwicklung der Figur auf in die allumfassende Weite des Naturtheaters, oszilliert paradox zwischen absoluter Verengung und absoluter Entgrenzung, zwischen engster Enge und Naturtheater.

Literatur

Michel Foucault: „Was ist ein Autor?", in: Michel Foucault: *Schriften zur Literatur*. Übers. v. Michael Bischoff, Hans-Dieter Gondek, u. Hermann Kocyba. Frankfurt a. M. 2003, S. 234–270.

Franz Kafka: [*Gruft-Wächter*-Fragment], in: *Historisch-Kritische Ausgabe sämtlicher Handschriften, Drucke und Typoskripte. Oxforder-Oktavheft 1 (1916/17)*. Hg. v. Roland Reuß u. Peter Staengle. Frankfurt a. M. / Basel 2006, S. 8–39 u. 64–151.

Franz Kafka: *Tagebücher*. Hg. v. Hans-Gerd Koch, Michael Müller u. Malcolm Pasley. Frankfurt a. M. 1990.

Franz Kafka: *Der Verschollene*. Hg. v. Jost Schillemeit. Frankfurt a. M. 1983.

Martin Puchner: „Kafka's Antitheatrical Gestures", in: *The Germanic Review: Literature, Culture, Theory* 78, 3 (2003), S. 177–193.

---

45 Ebd., S. 257.

Roland Reuß: „Die ersten beiden Oxforder Oktavhefte Franz Kafkas. Eine Einführung", in: Franz Kafka: *His-torisch-Kritische Ausgabe sämtlicher Handschriften, Drucke und Typoskripte. Franz Kafka-Heft 5*. Hg. v. Roland Reuß u. Peter Staengle. Frankfurt a. M. / Basel 2006.

Evelyn Torton Beck: *Kafka and the Yiddish Theater. Its Impact on his Work*. Madison / Milwaukee / London 1971.

Kafkas Halt!

Eingreifen – eine Geste, ein Traum

Vivian Liska

In der Strafkolonie:
„Der Reisende wollte eingreifen, möglicherweise das Ganze zum Stehen bringen, aber".[1]

Der Hungerkünstler:
„Und daß Leute sich in der Nähe herumtreiben und gern eingreifen würden, wenn sie eine Möglichkeit dazu finden würden; aber sie finden keine".[2]

Der Bau:
„Ich beginne die Untersuchung, aber es gelingt mir nicht die Stelle, wo man eingreifen müßte, zu finden".[3]

Ich bin in die Fremde gegangen:
„[V]ielleicht könnte ich bei diesen Angelegenheiten mit meinen besondern Erfahrungen und Fähigkeiten nützlich eingreifen, aber ich wage mich nicht einzumischen".[4]

---

*   Versionen dieses Artikels erschienen bereits in: Vivian Liska and Paul North: „,On Halt!' and On ,on': Franz Kafka's ,Up in the Gallery'", in: *Performance Research* 26, 5 (2022), S. 39–51, und Vivian Liska: „Kafka's Halt", in: *Texte zur Kunst* 125 (March 2022), S. 98–109.

1   Franz Kafka: *Drucke zu Lebzeiten*. Hg. v. Wolf Kittler, Hans-Gerd Koch u. Gerhard Neumann. Frankfurt a. M. 1994, S. 244.

2   Ebd., S. 331.

3   Franz Kafka: *Nachgelassene Schriften und Fragmente II*. Hg. v. Jost Schillemeit. Frankfurt a. M. 1992, S. 607.

4   Ebd., S. 650.

Forschungen eines Hundes:
„Das wahre Wort hätte damals noch eingreifen, den Bau bestimmen, umstimmen, nach jedem Wunsche ändern, in sein Gegenteil verkehren können, (…) wo ist es heute hingekommen".[5]

Tagebuch, 25.11.1914:
„Ich trage leider bloß die Sorgen, kann aber sonst aus Gründen, die allerdings hauptsächlich in mir liegen nicht selbst eingreifen".[6]

Tagebuch, 10.11.1917:
„Erlöst durch das Eingreifen dieser Männer erwache ich."[7]

Wenn Walter Benjamins Rat befolgt wird, Kafkas Schriften als einen „Kodex von Gesten"[8] zu lesen, so muss in dessen Zentrum nicht, wie Gilles Deleuze und Felix Guattari meinen, der gebückte Kopf stehen, sondern eine nur potentielle, doch gerade deshalb charakteristische Gebärde, jene des Eingreifens. Ob Kafkas Werk als dunkler Hoffnungsträger oder als „Statthalter der Utopie"[9] gelesen werden kann, ob es aufgrund seiner obskuren oder zurückhaltenden Position verbrannt werden soll – „Faut-il brûler Kafka?"[10] – oder als ultimativer Gestus des Dissens gegenüber Gott und der Welt, wurde auf höchst kontroverse Weise von einigen der wichtigsten Philosophen des 20. Jahrhunderts in den verschiedensten Zusammenhängen diskutiert. Darunter sind die überzeugendsten jene, die Kafka in keinem dieser Lager situieren, sondern in seinen Schriften das spezifische Potential von Literatur aufdecken, existierende Positionen mitsamt ihren diversen Ideologien zu unterwandern. Wenn es auch stimmen mag, dass die Hoffnungen, Ängste und Alternativen, die Kafkas Werk ausstrahlt, imaginäre Konstrukte sind,

---

5   Ebd., S. 456.
6   Franz Kafka: *Tagebücher.* Hg. v. Hans-Gerd Koch, Michael Müller u. Malcolm Pasley. Frankfurt a. M. 1990, S. 701.
7   Ebd., S. 844.
8   Walter Benjamin: „Franz Kafka. Zur zehnten Wiederkehr seines Todestags", in: Walter Benjamin: *Gesammelte Schriften.* Bd. II.2. Hg. v. Rolf Tiedemann u. Hermann Schweppenhäuser. Frankfurt a. M. 1977, S. 409–438; im Folgenden zitiert nach der Ausgabe: *Benjamin über Kafka. Texte, Briefzeugnisse, Aufzeichnungen.* Hg. v. Hermann Schweppenhäuser. Frankfurt a. M. 1981, S. 9–38, 18.
9   Irving Wohlfarth: „Das Unerhörte hören. Zum Gesang der Sirenen", in: Manfred Gangl / Gérard Raulet (Hg.): *Jenseits instrumenteller Vernunft. Kritische Studien zur Dialektik der Aufklärung.* Frankfurt a. M. et al. 1998, S. 225–274, 244.
10   1946 wurde in der französischen Wochenzeitung *Action* die Umfrage *„Faut-il brûler Kafka?"* veröffentlicht, in der sein Werk als dekadent und individualistisch kritisiert wurde. *„Faut-il brûler Kafka?"*, in: *Action* 90 (1946).

die Bertolt Brecht abfällig als „Geheimniskrämerei"[11] bezeichnet hat, so greifen sie dennoch in etablierte Denkformen ein – und dies vielleicht gerade dort, wo sie selbst die Möglichkeit des Eingreifens hinterfragen.

Die oft inkompatiblen oder sogar inkommensurablen Auffassungen von Kafkas *Engagement* haben sich mit der Zeit und meist entlang der Achsen der jeweils vorherrschenden intellektuellen Tendenzen verändert. Die plausibelste Gemeinsamkeit all dieser Perspektiven ist ein auf unterschiedliche Weise formulierter, in Kafkas Schriften manifester Hang zum Widerstand gegen Souveränität, Autorität und Zwang. Hinzuzufügen wäre allerdings auch der Widerstand seiner Texte gegen jegliche Vereinnahmung von Theorien, die versuchen, diese in ein wie immer geartetes, vorbestimmtes Programm einzufügen. Hier kann eine Lektüre seiner Texte im Hinblick auf deren Performativität einsetzen und dabei nicht nur in der Debatte um Kafka intervenieren, sondern auch in unserer Wahrnehmung der Möglichkeiten und Grenzen von Literatur in den Weltlauf eingreifen. Kafkas Erzählung *Auf der Galerie* führt dies in einer Schauspielszene exemplarisch vor.

1 Eine Szene von Macht und Zwang

Wenn offenbar wäre, dass die Kunstreiterin in Kafkas Erzählung krank und geplagt, auf schwankendem Pferd vor unermüdlichem Publikum vom Direktor erbarmungslos und ohne Unterbrechung im Kreise rundum getrieben wird und dass dies sich immerfort in die graue Zukunft fortsetzt, wenn sich die Welt in ihrer vollkommenen und endlosen Hinfälligkeit zeigte, dann stürzte der junge Galeriebesucher ohne zu zögern in die Manege, griffe in das Geschehen ein „und riefe das: Halt!"[12] Da die Welt sich jedoch im Indikativ unserer alltäglichen Wahrnehmung nicht in ihrem abgründigen Verfall zeigt, sondern im verklärenden Schein unserer Illusionen, bedarf es der Enthüllung, dass die schöne Dame, die wir zu sehen meinen, in Wirklichkeit lungensüchtig, der hingebungsvolle Direktor ein Despot und das Beifall klatschende Publikum nur ein ‚Dampfhammer' ist, der die Empörung unterdrückt und dadurch den potentiellen Retter davon abhält, die Lage zu erfassen und der schlechten Unendlichkeit Einhalt zu gebieten.

Kafkas 1920 in der Sammlung *Ein Landarzt* veröffentlichter, aus zwei Absätzen bestehender Kurztext vermittelt die Notwendigkeit des spontanen Entschlusses eines Außenste-

11 *Benjamin über Kafka*, S. 151.
12 Kafka: *Drucke zu Lebzeiten*, S. 262.

henden und Unbefugten, angesichts wahrgenommener Ungerechtigkeit einzugreifen, und zugleich die Hindernisse, dem gewalttätigen Welttreiben Einhalt zu gebieten. Dass dieser Eingriff sich nicht handgreiflich sondern in einem Wort, dem Ruf: „Halt!", ereignet, dass keine andere Motivation den jungen Mann treibt als seine unmittelbare Zeugenschaft des Geschehens, dass er auf eigene Faust und ohne Rückhalt handelt, lässt darauf schließen, dass Kafkas Galeriebesucher kein Berufsrevolutionär ist, sondern eine Figur, die ihren Platz – einen Sitz hoch oben, der ihm aus einiger Distanz Überblick verleiht – jäh verlässt und mit der Sprache als einziger Waffe den Lauf der Dinge unterbricht.

Der Modus von Kafkas Erzählung ist befremdlich und läuft den Erwartungen des Lesers zuwider: Der erste Absatz schildert die grausame Zirkusszene, also das falsche Leben, wider aller Erwartung im Konjunktiv, der zweite Absatz die gleiche, jedoch ‚schöngefärbte' Szene hingegen im Indikativ. Ebenso verwirrend ist der Schluss des Textes: „Da dies so *ist*," nämlich gut und schön, „legt der Galeriebesucher das Gesicht auf die Brüstung und, im Schlussmarsch wie in einem schweren Traum versinkend, weint er, ohne es zu wissen."[13] Die Erzählung endet mit einer vom Rausch der Militärmusik unterstützten Flucht in den Traum. Das zwar im ersten Absatz wahrgenommene, aber im zweiten Absatz verdrängte Unrecht hinterlässt einen Rest unbewusster Trauer. Kafkas Text macht durch seine schwankende Perspektive erfahrbar, wie die Evidenz des Übels übertüncht wird, um guten Gewissens oben, auf der Galerie, zu bleiben. Das Versäumnis, vom Zuschauerplatz nicht hinuntergestürzt, nicht halt gerufen, nicht eingegriffen zu haben, bleibt als subjektlose Träne im Nirgendwo.

Weil es sich jedoch um Literatur handelt, ist diese Feststellung nur bedingt richtig: Was der junge Galeriebesucher verdrängt, wird über die Vertauschung der Modalformen, Erzählperspektiven und Stimmlagen als Irritation auf den Leser übertragen. Verstört versucht er, die Verzerrungen der Erzählung zurechtzusetzen, die Unstimmigkeiten zu glätten. Er erfährt selbst die Maßnahmen, derer es bedarf, um Ordnung und Sinn in die Dinge zu bringen, und reproduziert dabei jene Dynamik der Selbsttäuschung, von der die Erzählung handelt. Wie an deren Schluss bleibt auch in der Erfahrung des Lesers ein widerständiger Rest, eine Ahnung der Vergeblichkeit seines Unterfangens. Offen gelegt wird auf diese Weise – und vielleicht ist dies nur auf diese literarische Weise möglich – weniger die Lüge des schönen Scheins oder die wahre schlechte Welt hinter der falschen guten. Vielmehr erfährt der Leser, wie er sich selbst im Alltag die Dinge zurechtlegt und schönfärbt, um sie in eine bekannte und erwartete Ordnung zu bringen. Eine solche Lektüre von Kafkas Erzählung ist offensichtlich bereits eine Interpretation, die den Wortlaut des Textes um einiges zurückrückt, um dem Ganzen einen Sinn zu verleihen.

---

13   Ebd., S. 263.

Doch anders als Moralpredigten, politische Traktate oder religiöse Offenbarungen, die auf existierenden Wertesystemen beruhen, sperrt sich Kafkas Text auch noch einer solchen, letztlich beruhigenden, endgültigen Enthüllung der Dinge, wie sie wirklich sind oder auch nur der Pragmatisierung des verzerrten Texts in einen klaren Imperativ. Wäre das Hinabeilen des Galeriebesuchers mutiges Eingreifen oder exzessive Schwarzmalerei, um ein erträumtes Heldentum zu rechtfertigen? Ist die unbewusste Trauer am Schluss ein Rest an Betroffenheit über die unglückselige Zirkusartistin? Ist sie ein Zeichen schlechten Gewissens über die feige Flucht in den Traum oder des lediglich narzisstischen Bedauerns über die nicht vollzogene Heldentat? Diese Möglichkeiten bleiben unentschieden als Alternativen bestehen. Dass in der Indirektheit und Unentscheidbarkeit der Erzählung nicht nur die Traumflucht, sondern auch der Haltruf aufgehalten werden könnte, ist das Risiko, aber eben auch die Chance dieses ernsten Spiels namens Literatur.

Die folgenden Experimente mit verschiedenen möglichen Lesarten von Kafkas kurzer Erzählung *Auf der Galerie* haben offensichtlich einiges mit Theorien gemein, die, obwohl sie nicht explizit benannt werden, in ihren Grundannahmen erkennbar sind. Sie bewegen sich von ausgesprochen politischen Interpretationen zu existentialistischen Deutungen und rücken schließlich immer mehr in die Nähe verschiedener Versionen des dekonstruktivistischen Paradigmas; nur um diese schlussendlich auch zu verlassen. Während die Logik dieses Vorgehens den Vorteil, wenn nicht sogar die Unverzichtbarkeit seines Nachvollzugs deutlich machen sollte, deutet sie auch die Notwendigkeit an, den literarischen Text aus diesem Raster zu entlassen, damit er offen für die Zukunft bleiben und seine Fähigkeit behalten kann, sich nicht nur früheren Lesarten, sondern auch uns zu entziehen.

2 *Das* Halt

Auf einer ersten Bedeutungsebene kann *Auf der Galerie* als politische Parabel interpretiert werden. Einer solchen Lesart zufolge wird die unterdrückte Zirkusakrobatin des ersten Absatzes – eine Symbolfigur des zwanzigsten Jahrhunderts für den ausgebeuteten und leidenden Außenseiter der etablierten Gesellschaft – von den Mächtigen „in die immerfort weiter sich öffnende graue Zukunft" hinein misshandelt. Die fortbestehende Trostlosigkeit dieser Aussichten, die Walter Benjamin „homogene und leere Zeit"[14]

---

14 Walter Benjamin: „Über den Begriff der Geschichte", in: Walter Benjamin: *Gesammelte Schriften*. Bd. I.2. Hg. v. Rolf Tiedemann u. Hermann Schweppenhäuser. Frankfurt a. M. 1980, S. 691–704, 702.

genannt hat, kann nur durch einen Stillstand unterbrochen werden, „einer messiani-schen Stillstellung des Geschehens", oder, wie Benjamin in Vorarbeiten zu den Thesen über den *Begriff der Geschichte* schreibt, durch das Ziehen der „Notbremse".[15] Der Absatz kann als perfekte Illustration von Benjamins Zeitdiagnose gelesen werden: „Daß es ‚so weiter' geht, *ist* die Katastrophe."[16] Der Modus des Konjunktivs, der im ersten Absatz auf eine Leugnung der Wirklichkeit der Szene hinausläuft, und die antithetische, faktische Beschreibung der Szene im zweiten Absatz stören allerdings diese Deutung. Ein Versuch, diese Hindernisse einzuebnen, kann ein kohärentes Narrativ ergeben, wenn man folgende Argumentationslinie vertritt: Wenn erwiesen wäre, dass die Zirkusreiterin in Kafkas Geschichte wirklich eine kränkelnde Künstlerin auf einem taumelnden Pferd vor einer unersättlichen Menge wäre, dass sie gnadenlos von dem grausamen Zirkusdirektor im Kreis herumgetrieben würde und dass dies bis in die graueste Zukunft sich fortsetzen würde; wenn sich die Welt in ihrer abgründigen Schwärze zeigte, dann wäre der junge Zuschauer sofort in die Manege geeilt und hätte das „Halt!" gerufen. Er forderte nicht nur eine Unterbrechung ein, sondern jenen endgültigen Abbruch, der der anhaltenden Qual ein Ende bereiten und die leidende Kreatur rettete. Weil jedoch das Elend der Welt von Illusionen verschleiert ist, bedarf es einer Offenbarung, die die nackte Wahrheit ent-blößte: dass die würdevolle Reiterin, die wir vor uns zu sehen glauben, in Wahrheit lungensüchtig, dass der ergebene Zirkusdirektor ein Tyrann ist und dass die klatschenden Hände des Publikums Dampfhämmer sind, die den potentiellen Retter betäuben und ihn davon abhalten, die Situation richtig einzuschätzen und ihrer endlosen Fortsetzung ein Ende zu bereiten. Die notwendige Offenbarung ist die Erzählung selbst.

Mit dieser Lektüre kann die Beziehung zwischen den zwei Teilen, vor allem ihrer entsprechenden Enden, ohne große Schwierigkeit erklärt werden. So sind die zwei Absätze nicht nur konträr, sondern inhärent miteinander verbunden, und ihre Reihenfolge ist von Bedeutung: Der erste Absatz gebraucht unbestimmte Artikel und bezeichnet die Figuren als „irgendeine" Kunstreiterin, „ein" Besucher. Diese Figuren werden im zweiten Teil mittels bestimmter Artikel evoziert und suggerieren damit, dass sie uns bereits vertraut sind, weil sie in der ersten Szene vorgestellt wurden. Dieses Detail zeigt die Bedeutung an, die erste Szene vor der zweiten gelesen zu haben. Zum Zeitpunkt, an dem wir den zweiten Absatz lesen, haben wir also die unterdrückende Szene des ersten bereits wahrgenommen. Die nachfolgende ‚glanzvolle' Version erscheint demnach als eine wunschvolle Projektion, die über die düstere Szene gelegt wird, deren Zeugen wir zuvor

---

15   Walter Benjamin: *Gesammelte Schriften* Bd. I.3. Hg. v. Rolf Tiedemann u. Hermann Schweppen-häuser. Frankfurt a. M. 1980, S. 1232.

16   Walter Benjamin: „Zentralpark", in: Walter Benjamin: *Gesammelte Schriften*. Bd. I.2. Hg. v. Rolf Tiedemann u. Hermann Schweppenhäuser. Frankfurt a. M. 1980, S. 655–690, 683.

wurden: Wir sehen, wie der Zuschauer oben auf der Galerie die kränkliche Künstlerin in eine schöne Frau ‚verwandelt‘, wie er die graue Szene mit einem majestätischen Rot und Weiß übermalt, das Machtverhältnis zwischen Direktor und Künstler verkehrt und das opportunistische Orchester in eines, das die würdevollen Endakkorde spielt, und wie er sich erleichtert davon überzeugt hat, dass alles beim Rechten und kein „Halt!“ notwendig sei. Der junge Mann, ein Statthalter für die Möglichkeit einzugreifen, legt stattdessen sein Gesicht auf die Brüstung und versinkt in die Musik des Schlussmarsches „wie in einem schweren Traum“ und weint, „ohne es zu wissen“. Aber würde der Leser an dieser Stelle, am Ende der herrlichen Zirkusszene, nicht eher Freude und Erleichterung als Reaktion erwarten? Warum dann das Weinen?

Eine plausible Erklärung dieses verwirrenden Endes wäre das Scheitern der Selbsttäuschung. So gelesen vermittelt der zweite Absatz den Prozess der Verdrängung des wahrgenommenen Elends und der Unterdrückung. Pinselstrich für Pinselstrich wird die erste Szene übermalt, der junge Mann oben in der Galerie – und der Leser – von der Verantwortung für die gerade bezeugte trostlose Wirklichkeit befreit. Dennoch hinterlässt die Ungerechtigkeit, die im ersten Absatz vorgeführt, daraufhin in den Konjunktiv verdrängt und durch eine majestätische und harmonische Szene im zweiten Absatz ersetzt wurde, einen Restbestand an unbewusster Trauer. Das Weinen des jungen Mannes ist dieser Rest. Diese Interpretation würde den Titel bestätigen, den Kafka ursprünglich jener Sammlung von dreizehn Geschichten zu geben beabsichtigte, in der *Auf der Galerie* veröffentlicht wurde: *Verantwortung*.[17] Kafkas Erzählung wäre eine Kritik an der falschen Beschönigung der Welt und ein Ruf zur Verantwortung. Dieser erfolgte im Durchgang durch das Versinken in die Traumwelt der Literatur, die das Verdrängte bewahrt und bloßlegt.

3 *Der* Halt

Wenn wir unsere Erwartungen von der Erzählung von jenen einer politischen Parabel zu einer existentialistischen verschieben, sind wir mit einer Erfahrung metaphysischer Absurdität konfrontiert, einem unglücklichen Bewusstsein ohne Ausweg. Wir werden Zeugen der Erfahrung eines jungen Mannes, der dem schwindelerregenden Verlauf des Daseins ins Gesicht sieht, und dem Scheitern jeglicher Hoffnung, in das Weltgesche-

---

17   Vgl. Martin Buber: *Briefwechsel aus sieben Jahrzehnten*. Bd. 1. Hg. v. Grete Schaeder. Heidelberg 1972, S. 491 f. (Kafkas Brief an Martin Buber v. 22. 4. 1917).

hen einzugreifen. Von dieser Perspektive aus leitet sich das Leiden der Kunstreiterin nicht von einer spezifischen, ausbeuterischen Situation ab, sondern vom Wesen des Daseins und dessen Geworfenheit an sich. „Halt!" wäre von einem Imperativ, das Spektakel aufzuhalten, in einen verzweifelten Ruf nach einem – paradoxerweise – Sicherheit verleihenden Halt verwandelt. Der Konjunktiv der ersten Szene, der in diesem „Halt!" kulminiert, wäre dann ein Ausdruck der Verzweiflung angesichts der Unmöglichkeit, diese leidende Akrobatin auf ihrem schwankenden Pferd zu stabilisieren. Es handelte sich um die Erfahrung einer allumfassenden Hinfälligkeit, die den Impuls des jungen Mannes, einzugreifen und die trostlose *condition humaine* zu unterbrechen, lähmt. Nach dieser Lesart erklärt sich die unerwartete und verwirrende Darstellung der unglücklichen Szene als einer hypothetischen und der prächtigen als einer wirklichen nicht durch Verdrängung und Täuschung. Stattdessen suggeriert das „Wenn" des ersten Absatzes („Wenn wir verstehen würden") eine Verzweiflung, die so absolut ist, dass sie nicht einmal vollständig erfasst oder dargestellt werden kann. Der zweite Absatz beschreibt dann, wie das resignierte Hinnehmen des illusorischen Scheins seitens des Zuschauers ihn immer mehr in einen Zustand des Unbewusstseins und der Auflösung treibt. Das Weinen am Schluss ist denn auch das letzte Wort.

Eine solche existentialistische Lesart von Kafkas Erzählung ist in mehrerlei Hinsicht noch verführerischer als die politische. Die Letztere verlangt Verantwortung, Geistesgegenwart und eingreifendes Handeln, das einen Ausweg vorstellbar macht. Sie befriedigt nicht nur unser Bedürfnis, den Sinn eines verstörenden Textes zu verstehen, sondern auch den Wunsch, aus der Gleichgültigkeit des unbeteiligten Zuschauers – des passiven Lesers, der die leidende Frau unberührt betrachtet – herauszutreten. Die politische Lektüre würde darüber hinaus Literatur in ein nützliches Mittel verwandeln, täuschende Fassaden und Illusionen der Harmonie aufzudecken, Empörung auszudrücken und den Aufstand zu proben. Wenn die Erzählung hingegen den Nachweis eines unausweichlich trostlosen Zustands erbrächte, würde sie uns nicht mehr aufrütteln, sondern uns durch ihren bloßen Fatalismus vielmehr beschwichtigen. Wir würden nun wissen, wie die Welt ist und dass nichts gegen diesen Zustand unternommen werden kann. Und wenn dies einmal mit Gewissheit erkannt ist, wie der Indikativ des zweiten Absatzes suggeriert, verschwindet das „vielleicht", die vage Möglichkeit einer rettenden Unterbrechung – eines „Halt!". Der Griff auf die Dinge, mit dem uns unsere Lektüre ausstatten würde, wäre mit dem Preis einer nihilistischen Vergeblichkeit des Eingreifens in die Welt erkauft. Kafkas Text widersteht einem solchen, letztendlich beschwichtigenden Aufdecken der Dinge, „wie sie wirklich sind". Sowohl die politische als auch die existentialistische Lesart übertünchen die Ungereimtheiten von Kafkas Text, seine Undurchsichtigkeit und seine Paradoxa, und tun so seiner wörtlichen, seiner literarischen und vor allem seiner performativen Dimension Gewalt an.

4 Das *Halt!* aufhalten

Dass Kafkas Erzählung keine Anweisung für richtiges Handeln hinterlässt, entspricht Walter Benjamins Befund von Kafkas „Scheitern". Kafka, so Benjamin, rechnete „sich selbst zu denen (…), die scheitern mußten. Gescheitert ist sein großartiger Versuch, die Dichtung in Lehre zu überführen".[18] Doch, so Benjamin in einem Brief an Scholem, „war er des endlichen Mißlingens erst einmal sicher, so gelang ihm unterwegs alles wie im Traum."[19] Dass Kafka es zu keiner Lehre gebracht hat, ist leicht einzusehen, doch was hier „gelingen" soll, und dies noch dazu „im Traum", bleibt unklar. Die Rede vom Scheitern und Gelingen setzt existierende Kriterien und ein dazugehöriges Wertsystem voraus, das Benjamins im Paradox des gelingenden Scheiterns unterwandert. Es könnte das Gelingen eines Eingreifens bedeuten, das nicht von starren Prämissen abgeleitet ist, sondern diese außer Kraft setzt und nunmehr ohne Rückendeckung und voluntaristisches Kalkül auf das Wahrgenommene reagiert. Das Gefühl von Ohnmacht des Künstlers und Schriftstellers ist für Benjamin kein Zeichen des Misslingens, sondern die Konsequenz der Verweigerung, an den Machtdiskursen der Herrschenden teilzuhaben. Der junge Zuschauer, der es versäumt, hinunterzulaufen und den Spektakel zu unterbrechen, vermittelt Kafkas Zweifel an der Möglichkeit, mit Literatur in die Welt eingreifen zu können. Die Lähmung des jungen Manns auf der Galerie müsste dann kein Scheitern bedeuten, sondern eine Ablehnung, am Zirkus und seinen stabilisierenden Diskursen teilzunehmen.

Gerade dort, wo Kunst und Literatur nicht auf die *Wirkung* der *performance* abzielen, wo sie weder von festen Vorsätzen ausgehen noch an einem vorbestimmten Ort ankommen, generieren sie eine Gleichzeitigkeit von Dringlichkeit und Distanz, die nirgendwo besser ausgetragen werden kann als im Theater und, gegebenenfalls, im Zirkus. Die Haltung von Kafkas Zuschauer kann den totalisierenden Kreis unterbrechen, den die kränkliche Reiterin bis in die grauste Zukunft zieht und aus der – nach Kafkas eindrucksvollster Beschreibung eines Traums über sein eigenes Schreiben – *„Totschlägerreihe Tat – Beobachtung – Tat – Beobachtung"*[20] herauszuspringen. Kafka versteht im selben Satz sein Schreiben als eine „höhere Form der Beobachtung",[21] die die Dichoto-

---

18 *Benjamin über Kafka*, S. 27.
19 Ebd., S. 88.
20 Franz Kafka: *Tagebücher in der Fassung der Handschrift*. Hg. v. Hans-Gerd Koch, Michael Müller u. Malcolm Pasley. Frankfurt a. M. 1990, S. 892.
21 Ebd.

mie zwischen passiver Kontemplation und aktiver Intervention unterbricht. Stattdessen führt Literatur auf und vor und schafft sich so ihre eigene Form des Eingriffs.

Kafka beschreibt die Bedingung für den Sprung aus dem totalisierenden Diskurs der Oppositionen wohl nirgendwo so prägnant wie in dem großartigen Absatz in seinen Tagebüchern vom 20. November 1911:

> „Sicher ist mein Widerwille gegen Antithesen. Sie kommen zwar unerwartet, aber überraschen nicht, denn sie sind immer ganz nah vorhanden gewesen; wenn sie unbewußt waren, dann waren sie es nur am äußersten Rande. Sie erzeugen zwar Gründlichkeit, Fülle, Lückenlosigkeit, aber nur so wie eine Figur im Lebensrad; unsern kleinen Einfall haben wir im Kreis herumgejagt. So verschieden sie sein können, so nuancenlos sind sie, wie von Wasser aufgeschwemmt wachsen sie einem unter der Hand, mit der anfänglichen Aussicht ins Grenzenlose und mit einer endlichen mittlern, immer gleichen Größe. Sie rollen sich ein, sind nicht auszudehnen, geben keinen Anhaltspunkt, sind Löcher im Holz, sind stehender Sturmlauf, ziehn, wie ich gezeigt habe, Antithesen auf sich herab. Möchten *sie* nur alle auf *sich* herabziehn und für immer."[22]

Antithesen – in der Logik eine Bezeichnung für dichotome Gegensätze – ermangeln Kafka zufolge der Fähigkeit zu überraschen und aufzurütteln, denn „am äußersten Rande" unseres Bewusstseins sind sie immer bereits implizit in der anfänglichen Idee enthalten (wie das ‚Ja' im ‚Nein' und das ‚Schwarz' im ‚Weiß') und sind so in einem geschlossenen Zirkel gefangen. Das Erreichen der kreisförmigen Totalität durch das Aneinanderfügen von Gegensätzen hat einen Preis: Trotz der scheinbar belebenden Kontraste fehlen Antithesen Nuance und Unterscheidung. Sie produzieren nichts als Mittelmäßigkeit und die Stasis des Geschlossenen. Den scheinbaren Widerspruch zwischen Opposition und Zirkel überkreuzend, beschwört Kafka das ‚Rad des Lebens', ein Spielzeug mit statischen Zeichnungen im Inneren eines Rades. Wenn man es dreht, erzeugen die stehenden Zeichnungen die optische Illusion von Bewegung. Das berühmteste Bild dieser Passage, eine Metapher, die oft (fälschlicherweise) in einem positiven Sinn gebraucht wird, um Kafkas Schreiben darzustellen,[23] beschreibt eine derartige blockierte Energie: der „stehend[e] Sturmlauf" ist eine gelähmte Kraft, die von sich gegenseitig kurzschließenden Gegensätzen angetrieben wird. Sie ist es, die Kafkas Texte ebenso aufführen wie unterwandern. Die Stelle endet mit einem sehnsuchtsvollen Fluch auf Antithesen, die immer nur noch mehr Antithesen produzieren: mögen *„sie* nur alle auf *sich*

---

22 Ebd., S. 259 f. (Hervorh. V. L.).
23 Siehe den Titel des Audiobuchs *Franz Kafka. Stehender Sturmlauf. Leben und Werk Franz Kafkas.* Regie: Martina Boette-Sommer. Sprecher: Alexandra Maetz u. Rufus Beck. Berlin 1997.

herabziehn und für immer." Doch dies bleibt Kafkas Wunschdenken. Allenfalls kann die Funktionsweise der Antithesen offengelegt werden.

Kafkas Kommentar über seinen „Widerwille[n] gegen Antithesen" ist dem Verfahren in *Auf der Galerie* auffallend ähnlich. Wie der Zirkusdirektor, der die Kunstreiterin – eben auch „die Kleine" genannt – endlos im Kreis herumjagt, jagen Antithesen lediglich „unsern kleinen Einfall (…) im Kreis herum".[24] Als fast perfekte Antithese inszeniert, erweist sich *Auf der Galerie* jedoch auch als ihr Gegengift. Zwar stellt die Erzählung den Glanz der Hoffnungslosigkeit, die Schönheit der Hinfälligkeit und die Sorge der Grausamkeit entgegen, doch gehen winzige Signale vom zweiten Absatz aus, die die Symmetrie der Geschichte aufbrechen und die Glaubwürdigkeit der attraktiven Zirkusszene unterminieren. So weist etwa die Erwähnung von „Vorhängen", die im ersten Absatz noch abwesend waren, auf ein künstliches Schauspiel hin, das den Raum hinter der Bühne verbirgt. Dieser Eindruck wird von den übertriebenen, grotesken Gesten des Zirkusdirektors verstärkt – seinem schweren Atem, seiner tierhaften Haltung, dem offenen Mund, seinen gekünstelten englischen Ausrufen. So entsteht allmählich der Verdacht, dass das Geschehen in diesem zweiten Absatz durch den keineswegs glaubwürdigen Zirkusdirektor perspektiviert ist: so etwa, wenn er „sich nicht entschließen kann, das Peitschenzeichen zu geben", es „schließlich in Selbstüberwindung knallend gibt", „ihre Kunstfertigkeit kaum begreifen kann" und „keine Huldigung des Publikums für genügend erachtet" und, am auffallendsten, in der bevormundenden Bezeichnung der Akrobatin als „die Kleine". Diese erscheint dabei in einem befremdenden, ambivalenten Licht: im Bild „ihr[es] Glück[s]", das sie „mit dem ganzen Zirkus teilen will", wird sie „mit ausgebreiteten Armen" und „zurückgelehntem Köpfchen" dargestellt und erscheint dabei wie der Leidende am Kreuz, Christus selbst. Dieser implizite Hinweis auf die leidende Kreatur verweist zurück auf den ersten Absatz und entzieht dem schönen Spektakel im zweiten seine Glaubwürdigkeit. In dieser Gleichzeitigkeit von Pracht und Elend unterwandert das Bild die antithetische Struktur der Erzählung.

Die kaum wahrnehmbaren Risse in der Oberfläche des zweiten Absatzes wecken den Verdacht, dass der schönen Szene, ihrem indikativen Modus und ihrer emphatisch wiederholten Versicherung „Da dies so ist" nicht zu trauen ist. Sie machen die saubere Opposition zur trostlosen ersten Szene, deren Wirklichkeit zunächst durch die Aussageweise des Konjunktivs unterminiert wurde, zunichte. Die Folge ist, dass der Leser orientierungslos bleibt, mit nichts als der radikal verstörenden Erfahrung, dass die Ordnungsprinzipien der Antithesen mit ihren jeweiligen Formen des „Halts" un*halt*bar geworden sind. Der Leser wird mit der Unmöglichkeit konfrontiert, die von Anti-

---

24 Beachtenswert ist, dass das, was die Fassade der Erscheinungen durchbricht, als *Geste* zutage tritt.

thesen bewirkte „Gründlichkeit, Fülle, Lückenlosigkeit" herzustellen. Das Streben nach „Halt!" – ob Unterbrechung oder Festigkeit – wird selbst angehalten.

Die politische Lesart der Erzählung versprach Anleitungen für das richtige Leben und Handeln, die existentialistische die Offenbarung des Wesens der *conditio humana*. Die performative Lesart lädt hingegen zu einer Fahrt auf dem „Lebensrad" ein, das allerdings nicht festhält, sondern uns aus der kreisförmigen Zirkusarena hinausschleudert und unserem Drang nach Halt Einhalt gebietet. So verlassen wir die geschlossene Arena von „Gründlichkeit, Fülle, Lückenlosigkeit", und sei's nur für die Dauer unserer Lektüre, bevor die nächste Antithese unvermeidlich in den Blick kreist. „[A]lle [Antithesen] auf *sich* herabziehn und für immer" bleibt wohl Kafkas unerfüllbarer Traum, die Logik der Oppositionen ein für alle Mal aufzulösen. Obwohl sie zwangsläufig scheitern muss, kann diese Erfahrung die ultimative Form des Eingreifens sein, die der Literatur – und vielleicht nur ihr – offensteht.

5 Coda: Hal(l)t!

Nehmen wir uns die Freiheit, Kafkas Text einen einzelnen Buchstaben hinzuzufügen und uns vorzustellen, dass der junge Mann auf der Galerie in Wirklichkeit „Hal(l)t!" gerufen hätte, den Imperativ Plural des deutschen Verbs „hallen". In diesem Fall hätte er nach einem Echo, einem Nachhall, gerufen. „Hallt!" ist phonetisch ununterscheidbar von *dem Halt* oder *das Halt* und seine Rechtschreibung eine quasi zu vernachlässigende Unterscheidung, da es ja in der Erzählung mündlich erfolgt. Das Wort würde dann die Übersetzung in die Sprache eines Rufs ohne Signifikanten bezeichnen; es bliebe nur noch der stille Ton einer lautlosen Unterbrechung, markiert durch „!": Der Effekt des Worts „Hallt!" wäre dann nichts als die redundante Steigerung des Ausrufezeichens. Der Zwischenruf des Zuschauers bewirkte dann die reinste aller Unterbrechungen. Mit ihrer klanglosen Kraft stiege die Geste des Zuschauers nunmehr aus der Konkurrenz mit dem monotonen Lärm der Zirkusmaschine, der knallenden Peitsche des Zirkusdirektors, dem Summen der Ventilatoren, den klatschenden Händen des Publikums, der Fanfare des Orchesters aus. Damit käme das Wort so weit wie möglich dem nahe, was Benjamin, Hölderlin zitierend, die „gegenrhythmische Unterbrechung"[25] nennt. Eine solche Unterbrechung, selbst ausdruckslos, stellte einen Bruch in der Kontinuität der Dinge dar, der

---

25   Walter Benjamin: „Goethes Wahlverwandtschaften", in: Walter Benjamin: *Gesammelte Schriften*. Bd. I.1. Hg. v. Rolf Tiedemann u. Hermann Schweppenhäuser. Frankfurt a. M. 1980, S. 123–201, 181.

nicht bedeutet, sondern nur noch *ist*. Bedeutungsleer und reine Intensität bewirkend, wäre sie die absolute Unterbrechung, eine, die keine weitere Antithese mehr auf sich herabzieht, aber die Bedingungen einer „höheren Beobachtung" dort oben, auf der Galerie, verwirklichte. Wenn „Halt!" „Hallt!" wäre, erfüllte sich Kafkas Wunsch, die Antithesen mögen einander für immer gegenseitig aufheben und vernichten. Dann gäbe es keine Kontraste mehr und keine Gegenspieler. Was allerdings ohne Spiel und Gegenspiel mit Erzählungen, eben auch – und gerade – jenen Kafkas, geschähe, ist nicht abzusehen.

Literatur

Walter Benjamin: „Franz Kafka. Zur zehnten Wiederkehr seines Todestags", in: Walter Benjamin: *Gesammelte Schriften*. Bd. II.2. Hg. v. Rolf Tiedemann u. Hermann Schweppenhäuser. Frankfurt a. M. 1977, S. 409–438.

Walter Benjamin: „Goethes Wahlverwandtschaften", in: Walter Benjamin: *Gesammelte Schriften*. Bd. I.1. Hg. v. Rolf Tiedemann u. Hermann Schweppenhäuser. Frankfurt a. M. 1980, S. 123–201.

Walter Benjamin: „Über den Begriff der Geschichte", in: Walter Benjamin: *Gesammelte Schriften*. Bd. I.2. Hg. v. Rolf Tiedemann u. Hermann Schweppenhäuser. Frankfurt a. M. 1980, S. 691–704.

Walter Benjamin: „Zentralpark", in: Walter Benjamin: *Gesammelte Schriften*. Bd. I.2. Hg. v. Rolf Tiedemann u. Hermann Schweppenhäuser. Frankfurt a. M. 1980, S. 655–690.

Walter Benjamin: *Gesammelte Schriften* Bd. I.3. Hg. v. Rolf Tiedemann u. Hermann Schweppenhäuser. Frankfurt a. M. 1980.

Walter Benjamin: *Benjamin über Kafka. Texte, Briefzeugnisse, Aufzeichnungen*. Hg. v. Hermann Schweppenhäuser. Frankfurt a. M. 1981, S. 9–38.

Martin Buber: *Briefwechsel aus Sieben Jahrzehnten*. Bd. 1 Hg. v. Grete Schaeder. Heidelberg 1972.

Franz Kafka: *Drucke zu Lebzeiten*. Hg. v. Wolf Kittler, Hans-Gerd Koch u. Gerhard Neumann. Frankfurt a. M. 1994.

Franz Kafka: *Nachgelassene Schriften II*. Hg. v. Jost Schillemeit. Frankfurt a. M. 1992.

Franz Kafka: *Tagebücher in der Fassung der Handschrift*. Hg. v. Hans-Gerd Koch, Michael Müller u. Malcolm Pasley. Frankfurt a. M. 1990.

Franz Kafka. Stehender Sturmlauf. Leben und Werk Franz Kafkas. Regie: Martina Boette-Sommer. Sprecher: Alexandra Maetz u. Rufus Beck. Berlin 1997.

Irving Wohlfarth: „Das Unerhörte hören. Zum Gesang der Sirenen", in: Manfred Gangl / Gérard Raulet (Hg.): *Jenseits instrumenteller Vernunft. Kritische Studien zur Dialektik der Aufklärung*. Frankfurt a. M. et al. 1998, S. 225–274.

„Zu einem solchen Schauspiel drängt sich alles"

Szenografie, Unterbrechung, Geste und die Theatralität von Macht bei Franz Kafka

Iulia-Karin Patrut

Die Forschung ist bereits auf eine gewisse Zweischneidigkeit in Kafkas Umgang mit Theatralität aufmerksam geworden: Hier reißt die Faszination für Bühne und Kulissen die Leserinnen und Leser mit, dort versuchen Figuren verzweifelt, dem Theatralischen zu entkommen, die Hintergrundleinwand zu zerschneiden und den Kulissen zu entsteigen. Auch Theater und Theaterwissenschaft sind auf diesen Hiatus aufmerksam geworden: Nikolaus Müller-Schöll nannte Kafka den „radikalste[n] Theatertheoretiker der Moderne":[1] Kafka jongliert mit der Allgegenwärtigkeit von Medialität und Inszenierung, mit Entkörperlichung und lässt Figuren in fremdbestimmten Szenarien agieren, in seiner Prosa ist daher Theater alles oder nichts.[2]

Wie lässt sich die ambivalente Konnotierung des Theaters erklären? Dieser Aufsatz schlägt vor, nicht auf die Leitunterscheidung zwischen literarischem Kunstwerk und Schrift auf der einen Seite und leiblicher Theaterinszenierung auf der anderen zu setzen,

---

[1] Nikolaus Müller-Schöll: „Theatralische Epik. Theater als Darstellung der Modernitätserfahrung in einer Straßenszene von Kafka", in: Christopher Balme / Erika Fischer-Lichte / Stephan Grätzel (Hg.): *Theater als Paradigma der Moderne? Positionen zwischen historischer Avantgarde und Medienzeitalter.* Tübingen 2003, S. 189–201, 196 f.

[2] Sie dazu Mark Anderson: „,[…] nicht mit großen Tönen gesagt': On theater and the theatrical in Kafka"', in: *The Germanic Review* 78, 3 (2003), S. 167–176, sowie Shimon Sandbank: *After Kafka. The Influence of Kafka's Fiction.* London 1989. – Es wundert wenig, dass Kafka-Inszenierungen wachsende Konjunktur haben: Das Landestheater in Saarbrücken, das Thalia Theater in Hamburg, wenig später auch das Hamburger Schauspielhaus, das Theater Bremen, das Volkstheater München oder das Schauspiel in Leipzig: Kafkas *Das Schloss* wird quer durch die Bundesrepublik auf die Bühne gebracht. Für diesen Roman hatte schon Max Brod eine Dramatisierung geschrieben. Vgl. dazu Dieter Heimböckel: „Kafka für die Bühne. Das Schloss in der Dramatisierung von Max Brod", in: Dieter Heimböckel / Steffen Höhne / Manfred Weinberg (Hg.): *Interkulturalität, Übersetzung, Literatur. Das Beispiel der Prager Moderne.* Wien / Köln 2022, S. 119–136.

sondern nach der Theatralität gesellschaftlicher Ordnung zu fragen. Die Theateraufführung im engeren Sinne entwickelt vor diesem Hintergrund eine befreiende, emanzipatorische Dynamik.

Aufschlussreich mit Blick auf die Theatralität der Ordnung ist die kleine Erzählung *Das Stadtwappen*. In Umkehr des babylonischen Mythos von der Verwirrung der Sprachen als Strafe für den Turmbau ist es hier die übergroße Ordnung, die zur Verwirrung und Lähmung aller Aktivitäten führt. Kein strafender Gott, der Mensch selbst ist Urheber eines Informationsnetzwerks, das keine Fragen offenlässt und offenbar gerade deshalb zum Scheitern verurteilt ist:

> „Anfangs war beim babylonischen Turmbau alles in leidlicher Ordnung; ja, die Ordnung war vielleicht zu groß, man dachte zu sehr an Wegweiser, Dolmetscher, Arbeiterunterkünfte und Verbindungswege".[3]

Diese Ordnung wird getragen von Theaterrequisiten, von Kulissen, die suggerieren, alle Beteiligten würden alles verstehen. Der bis zum Himmel ragende Turm ist auch hier Ausgeburt einer Anmaßung, die nicht auf einen Gott bezogen ist, sondern im weltlichen Anspruch liegt, alles ‚Nicht-Wissen' bewältigt und aufgelöst zu haben: Eine Art universale Logik, deren numerische Ausprägungen in verschiedenen Sprachen anders klingen, aber dasselbe meinen, ermögliche den Bau. Diese Annahme erweist sich aber in dreierlei Hinsicht als problematisch: Erstens entzweien sich ‚Landsmannschaften' im Text doch, zwar nicht sprachlich bedingt, sondern aufgrund der Rivalität um die schönsten Quartiere. Offenbar stellen sich doch kulturelle Grenzziehungen und somit Differenzmomente ein, trotz der Logik des All-Einen, die sich in der Bauanlage der Stadt niederschlägt. Zweitens gehört die Erfahrung einer grundlegenden Grenze zur Endlichkeit menschlichen Lebens: Das Bauvorhaben muss viele Generationen überdauern und scheint deshalb gemessen an der Lebensrealität der Einzelnen sinnlos. Drittens mobilisiert offenbar gerade eine epistemische und gesellschaftliche Ordnung, die auf universale Übersetzbarkeit angelegt ist, Aggression und Widerstand: Ausschließlich die Kunstfertigkeit, die Illusion der ‚universalen Ordnung' aufrechtzuerhalten, wächst. Diese Kunstfertigkeit hat zur Folge, dass die ‚Landsmannschaften' immer tiefer in Neid, Streit und Kampfhandlungen derart verstrickt sind, dass sie die Stadt nicht mehr verlassen wollen und können. Das Endergebnis ist bedrohlicher als jenes in der Genesis, denn die Zerstreuung käme

---

3   Franz Kafka: *Nachgelassene Schriften und Fragmente II*. Hg. v. Jost Schillemeit. Frankfurt a. M. 1992, S. 318.

in Kafkas Variante einem Befreiungsschlag gleich, während die Verbissenheit der Landsmannschaften ineinander zur unaufhörlichen Gewalteskalation führt.

Verbindung, Vermittlung, Übertragung und Orientierung erweisen sich als irreführende Kulissen, die ihr szenografisches Versprechen nicht einhalten. Sie suggerieren Handlungen, die nicht zur Aufführung kommen. Etwas ganz anderes geschieht, die Bewohner bringen einander Unverständnis und Misstrauen entgegen, es kommt zum Krieg. Das in Aussicht gestellte Handlungskontinuum wird unterbrochen durch das Geschehen; Taten und Haltungen der Menschen passen so ganz und gar nicht zu der städtischen Architektur, die sie sich gegeben haben. Die Geste[4] der Faust im Wappen der Stadt hingegen suggeriert eine Handlung, die in der Kontinuität des Geschehens steht, nämlich die Zerstörung der Stadt – sie steht aber in exponiertem Gegensatz zu den Szenografien des Verstehens. In Kafkas Prosa lassen sich Szenografien im Sinne Umberto Ecos[5] identifizieren. Zu ihnen gehört ein *skript* (ein prozedurales Vorwissen) und ein *frame* (ein Deutungsrahmen), die auf einen bestimmten Raum bezogen sind, der für sie zur Bühne wird. Aufgrund der kulturellen Vertrautheit mit Szenografien wohnt diesen Theatralität inne – bei Agierenden und Zuschauenden entsteht der Eindruck, ein ihnen bekanntes Stück komme zur Aufführung. Matthias Bauer betont die kulturelle Bindung von Bezugs- bzw. Deutungsrahmen und dem Ausführungswissen der ‚Drehbücher‘:

„[F]rames und skripts sind Vorstellungskomplexe, die aus der Zusammenarbeit von Erinnerungsvermögen und Einbildungskraft, Erfahrung, Weltwissen und Erwartung resultieren; sinnlich wahrnehmbare und (potenziell) begehbare Schauräume hingegen besitzen die Persistenz von Dingen, die sich nicht ohne weiteres dem Denken fügen und daher auch nicht ohne weiteres allein durch geistige Anstrengungen hergestellt oder umgebaut werden können."[6]

Szenografien kann, wie dem Theater, insofern ein rituell-affirmativer Charakter zukommen, als sie zur Bestätigung eines *frames* und zur Bewährung von *skripts* beitragen können; allerdings ist ihr Einsatz gerade aufgrund ihres Wiedererkennungswerts hervorragend geeignet, um Unterbrechungen und Irritationen auszulösen, die widerständiges

---

4   Siehe auch: Werner Hamacher: „Die Geste im Namen. Benjamin und Kafka", in: Werner Hamacher: *Entferntes Verstehen. Studien zu Philosophie und Literatur von Kant bis Celan*. Frankfurt a. M. 1998, S. 280–323.

5   Vgl. Umberto Eco: *Lector in fabula. Die Mitarbeit der Interpretation in erzählenden Texten*. Aus dem Ital. v. Georg Held. München 1987, S. 99 f.

6   Matthias Bauer: „Szenopragmatik", in: *Schriften zur Kultur- und Mediensemiotik (VZKF [online])*, 2 (2016), S. 7–37, 15.

Potential besitzen. Auf seinen szenografisch angereicherten Bühnen[7] lässt Kafka kulturell unkundige ‚Fremde' auftreten, die *frames* und *skripts* nicht beherrschen und gerade dadurch deren machtbezogene Implikaturen fadenscheinig werden lassen; oder er setzt Unterbrechungen und Gesten ein, die ebenfalls entlarvende Effekte zeitigen. Um diese soll es im Folgenden hauptsächlich gehen; der Fokus liegt auf szenografischen Aspekten des facettenreichen und bereits viel interpretierten Fragments *Das Stadtwappen* und einiger weniger beachteten Fragmente aus dem Jahr 1920.[8]

1 Theater des Nicht-Verstehens

Walter Benjamin hatte in seiner Theorie der Geste Brechts episches Theater, Kafkas Texte und das Trauerspiel des Barock zusammengedacht;[9] zweifelsohne weisen viele Prosastücke und -fragmente Kafkas aufgrund ihrer Verdichtung von Handlungen in Gesten ein theatralisches Potential auf. Gerade in solchen gestischen Verdichtungen kommen Voraussetzungen und Implikationen von Macht zum Ausdruck. Sie werden für die Leserinnen und Leser visuell verfügbar gemacht, in einer komprimierten Form, der ein theatralischer Handlungsablauf eingeschrieben ist. Dies gilt auch und gerade für das Wappen der Stadt:

Allen Bewohnern gemeinsam ist daher nur die „Sehnsucht nach einem prophezeiten Tag, an welchem die Stadt von einer Riesenfaust in fünf kurz aufeinanderfolgenden Schlägen zerschmettert werden wird. Deshalb hat auch die Stadt die Faust im Wappen."[10]

Im Wappen kommt es weniger auf die emblematische oder die symbolische Funktion der Faust als solche an, sondern auf den suggerierten Handlungsablauf, die Zerstörung der Stadt. Im Wappen ist eine Geste zu sehen; auf ihre Ausführung kommt es an.

---

7   Die ‚Bühne' ist hier und im Folgenden nicht metaphorisch gemeint, sondern auf die räumlichen Arrangements in Kafkas Prosa bezogen.

8   Insofern kann hier Martin Puchner nicht ganz gefolgt werden, wenn er von antitheatralischen Gesten Kafkas spricht. Meistens werden widerständige Gesten und andere kritische Elemente nicht gegen die Theatralität eingesetzt, sondern sie entfalten vielmehr *innerhalb* szenografischer, theatralischer Zusammenhänge widerständiges Potenzial in Bezug auf Macht- und Herrschaftsverhältnisse. Vgl. Martin Puchner: „Kafka's Antitheatrical Gestures", in: *The Germanic Review* 78, 3 (2003), S. 177–193.

9   Vgl. Walter Benjamin: „Was ist das epische Theater? Eine Studie zu Brecht", in: Walter Benjamin: *Gesammelte Schriften*. Bd. II.1. Hg. v. Rolf Tiedemann u. Hermann Schweppenhäuser. Frankfurt a. M. 1980, S. 519–531.

10 Kafka: *Nachgelassene Schriften und Fragmente II*, S. 323.

Durch ihren artifiziellen Charakter wirken die Wegweiser und Übersetzungsstellen wie eine Szenografie – das Stück, das diese Szenografie nahelegt, wird aber nicht aufgeführt. Die gestaltende Funktion, die Bühnenbilder und erst recht Szenografien aufweisen, entfaltet sich in diesem Falle ganz und gar nicht.

Dabei verspricht die szenografische Anordnung[11] der Wegweiser, Dolmetscher und Verbindungswege in Babel vor allem eines: Verstehen, universelles Verstehen. Sie nehmen eine Raum-Gestaltung vor, der die Annahme von der Einheit aller Unterscheidungen eingeschrieben ist. Denn nur eine universale Logik kann jenes Zuviel an Ordnung generieren, vor dem am Textanfang gewarnt wird. (Inter-)Kulturelle Komplexität und Dynamik lassen sich jedoch nicht in eine Handlungsanordnung bringen, die absolute Positivierung verspricht, ohne Nicht-Wissen, Nicht-Verstehen oder andere Begrenzungen überhaupt in Betracht zu ziehen.[12] Die Zeichen und Handlungsskripte, die universelle Vermittlung, restlose Übertragbarkeit und universelles Verstehen in Aussicht stellen, erweisen sich also als eine Art Theaterkulisse, die im Kontrast zur Handlung steht, die wider Erwarten eintritt.

Denn gerade nicht universelles Verstehen und harmonische Abstimmung ruft sie hervor, sondern jene Sehnsucht nach Gewalteskalation, die durch die Geste der geballten Faust zum Ausdruck kommt. Diese Geste bringt die Nicht-Übereinstimmung der Kulisse und Szenografie restloser Übertragbarkeit mit den Reibungsflächen, Antagonismen und Konflikten, mit dem Nicht-Verstehen zwischen den ‚Landsmannschaften' zum Ausdruck.[13]

Schon Walter Benjamin hat darauf hingewiesen, dass Kafkas Werk eine maßgebliche Ähnlichkeit mit dem epischen Theater aufweist: Durch Figurationen der Unterbrechung, durch unvermittelte Bruchstellen kommt Staunen auf. Gerade der Geste schreibt Walter Benjamin die Fähigkeit zu, schockartige Zustände herbeizuführen, weil ihr stets eine Theatralität innewohnt, die Eigenschaft, außer sich zu sein. Die Geste exponiert,

---

11 Vgl. zum Begriff der Szenografie: Eco, *Lector in fabula*, S. 99 f.; zu *skript* und *frame* ebd., S. 119 f., sowie Bauer: „Szenopragmatik".

12 Hier ergeben sich Bezüge zur literaturwissenschaftlichen Interkulturalitätsforschung, die sich eingehend mit Figurationen des Nicht-Wissens und des Staunens befasst. Vgl. Dieter Heimböckel / Manfred Weinberg: „Interkulturalität als Projekt", in: *Zeitschrift für interkulturelle Germanistik* 5, 2 (2014), S. 119–144.

13 Dass Kafka die Natur der Grenzziehungen zwischen diesen Gruppen offenlässt, muss als Qualitätsmerkmal der Erzählung gewertet werden: Ob es sich um historisch tradierte Ethnizitäten handelt, um bloß kürzlich unterteilte, ethnisch heterogen zusammengesetzte Arbeiterkolonnen oder um Sprachgemeinschaften – der Konstruktionscharakter von Gruppenidentitäten steht bei Kafka ebenso außer Frage wie die Annahme, dass Gruppenbildung und Grenzziehungen in kulturellen Prozessen unumgänglich sind. Trotz ihres Konstruktionscharakters ziehen Grenzziehungen zwischen Gruppen wechselseitiges Nicht-Verstehen nach sich.

dass sie erst noch übersetzt werden muss, auf einen bestimmten Handlungszusammenhang bezogen werden will. Mit Blick auf das epische Theater schreibt Benjamin: „Gesten erhalten wir um so mehr, je häufiger wir einen Handelnden unterbrechen. Für das epische Theater steht daher die Unterbrechung der Handlung im Vordergrunde."[14] Die Geste versteht sich somit als paradoxe Fortsetzung nach einem Hiatus. Dass nun Kafka die universalistische Szenografie der Schilder, Wegweiser und der nach einem Einheitsprinzip klassifizierenden Architektur in ein Spannungsverhältnis zur Geste der Vernichtung setzt, lässt sich im Sinne Benjamins als eigentliches Merkmal des epischen Theaters auffassen.

In Kafkas Fall will die Geste der absoluten Zerstörung auch auf eine Szenografie des universalen Verstehens bezogen werden, und damit ist eine radikale Unterbrechung in das epistemische Kontinuum des Textes eingeschrieben. Der Hiatus zwischen totalem Verstehen und einem letztlich daraus erwachsenen Wunsch nach totaler Zerstörung kann größer kaum sein. Der Geste wohnt ein theatralischer Charakter inne, sie will ausgeführt werden und damit steht sie in einer intensiven Spannung zur beschriebenen Szenografie. Walter Benjamin hat der theatralischen Geste die Kraft der „Entstaltung"[15] zugesprochen: Die Szenografie des Verstehens wird als uneinlösbares Versprechen entlarvt, das durch die Taten der Menschen nicht gedeckt ist. Ihm wird die absolute Zerstörung gegenübergestellt, die zwar nicht der Stadtszenografie, dafür aber den (inter) kulturellen Interaktionen der Menschen entspricht. Wie im Textverlauf offenbar wird, werden Interkulturalität und Mehrsprachigkeit durch die Stadtszenografie auf totales Verstehen eingestellt – mit katastrophischen Folgen. Das Gegenteil dessen, was Kafka mit dem Jiddischen Theater verbindet, stellt sich ein: Statt dem Lebendig-Übergängigen droht die totale Paralyse.[16]

Sowohl der totalitäre Machtanspruch, der der Szenografie totalen Verstehens innewohnt, als auch dessen Kippfigur, die totale Zerstörung, werden theatralisch gestaltet. Und dadurch stellt sich bei den Leserinnen und Lesern – nicht aber bei den Stadtbewohnern – ein kathartischer Effekt ein, der mimetisch ausgelöst wird. Denn die Figuration totalen Verstehens beruht auf einer Mimesis der Vorstellung von der Ursprache als

---

14   Benjamin: „Was ist das epische Theater?", S. 521.
15   Benjamin, *Schriften*, Bd. 6, S. 114–115. In den fragmentarischen Überlegungen zur Ästhetik geht es um Fantasie, die sich – wie das Kunstwerk – auf nichts vorab Gegebenes, Abgeschlossenes, Bekanntes und Verifizierbares bezieht.
16   Kafkas Schriften über das Jiddische Theater sowie die Forschungsdebatte, die bereits in den 1970er-Jahren ihren Anfang nahm (Evelyn Torton Beck: *Kafka and the Yiddish Theatre. Its Impact on his Work*. Madison / Milwaukee / London 1971), ließen sich als Kontrastfolie zum *Stadtwappen* heranziehen, da es dort um Übergängiges und Uneindeutigkeit generierende Mehrsprachigkeit geht.

Ausdruck einer absoluten und durch Gott – als das All-Eine – legitimierten Ordnung.[17] Diese Vorstellung zeichnet sich durch Indifferenz gegenüber Differenz aus. Die schiere Möglichkeit von Nicht-Wissen wird im Horizont der göttlichen Ursprache ebenso negiert wie Dissens, Missverstehen, Machtasymmetrien und strukturelle Gewalt. All dies wird aber mittels der theatralischen Elemente, die in der kleinen Erzählung *Das Stadtwappen* zum Einsatz kommen, als der totalitären Ordnung des All-Einen inhärent entlarvt. Auch die restlose universale Übersetzbarkeit, die Negation von Nicht-Wissen und der kulturelle Universalismus werden in der Szenografie der Stadt Babel derart ‚entstaltet‘, dass die ihnen innewohnende Gewalt mit theatralischen Mitteln kenntlich gemacht wird. Das theatralische Exempel „fürchtet man wie den Teufel, es ist wegen des Beispiels, es ist wegen des Gestankes der Wahrheit",[18] wie Kafka einmal mit Blick auf die Bereitschaft, den Tod hinzunehmen, bemerkt. Auch hier gibt es Requisiten, „Fahnen die niemals aufgerollt gewesen sind",[19] deren Sinnstiftungspotenziale mit der Begrenztheit der menschlichen Existenz kontrastieren. Auch diesen Fahnen ist ein gewisses theatralisches Potential eingeschrieben, denn das Marschieren unter der Flagge, die kollektive Identifikation mit ihr, ja selbst der Kampf und die Aufopferung im Namen einer Flagge gehören zu geläufigen Skripten in der europäischen Kultur, getragen von wirkmächtigen *frames* (insb. antagonistischen Reichen oder Nationalstaaten).

2 Szenografische Dekonstruktion der totalen Grenze: Vom Krieg bei ‚Wilden‘ und Zivilisierten

Im Gegensatz zur totalen Identität im Namen des einen Gottes, deren Problematik *Das Stadtwappen* verhandelt, geht es im weiter oben bereits zitierten, titellosen Fragment [*Jenen Wilden, von denen erzählt wird*] um eine totale Grenze. Fahnen versprechen, Kultur und Zivilisation zu stiften, und fordern ein, dass Grenzen als klare Scheidelinien wirken:

---

17 Diese in der Frühen Neuzeit verbreitete Vorstellung von einer absolut wirksamen und treffsicheren ersten Sprache Gottes war noch um 1800 aktuell. Es ging dabei um die Frage nach dem kleinstmöglichen Abstand zu dieser ‚Ursprache‘ – eine Debatte, die auch antijudaistische bzw. später antisemitische Züge annahm, weil das Hebräische vom Indoeuropäischen abgelöst wurde. Vgl. Peter Franz Joseph Müller: *Die Ursprache*. Düsseldorf 1815. Es galt lange als gesichert, „dass die indoeuropäische Ursprache der geschichtlichen Zeit unmittelbar vorausgehen müsste, die Ursprache der Menschheit aber irgendwo und irgendwann in unendlich weit zurückliegenden Zeiten zu suchen wäre". Fritz Mauthner: *Beiträge zu einer Kritik der Sprache*. Bd. 2. Stuttgart 1901, S. 389. Möglicherweise kommentiert Kafkas Fragment dies kritisch.
18 Kafka: *Schriften und Fragmente II*, S. 241.
19 Ebd.

Man kann und soll sich nur zu *einer* Fahne bekennen. Deren Versprechen, durch die Separierung von Anderen Teilhabe an Identität, Kultur und Zivilisation zu erlangen, wird in diesem Fragment mittels unendlich vieler, zur Melodie eines ewigen Leierkastens aufzurollender Fahnen evoziert. Es handelt sich hier um die gestische Verdichtung eines Handlungsmusters, nach dem Schlachten im Namen der ‚eigenen' Fahne gegen ‚Feinde' gekämpft werden.

In Bezug auf das Geschehen, mit dem das Fragment eingeleitet wird, wird abermals auf eine klare Unterbrechung gesetzt: Entfaltete sich zu Beginn vor den Augen der Leserinnen und Leser eine Szenografie, in der das kriegerische Kämpfen und Sterben der Inbegriff von Wildheit ist, so ruft die Einreihung unter die Fahne vermeintlich ‚kultivierte' Affekte hervor – etwa die internalisierte „Angst"[20] vor dem „Feind"[21].

Die Unterbrechung selbst ist mimetischer Natur,[22] denn sie greift eine Katachrese auf, die zum Selbstverständnis weißer europäischer Kulturen zählt: Die eigenen barbarischen Kriege werden mit dem *skript* einer sinnstiftenden Kulturtat hinterlegt, während jenen der vermeintlichen ‚Wilden' dieses *skript* abgesprochen wird; ihr Tod im Kampf wird jeglichen Sinnes enthoben, indem nicht allein jeglicher Antagonismus zwischen verfeindeten Gruppen, sondern auch Kampfwille und Todesmut in Abrede gestellt werden: Die ‚Wilden' fallen unterschiedslos „in den Ufersand und stehen niemals mehr auf"[23] – das ist alles.

Die Selbstbeschreibung Kriege führender europäischer Gesellschaften wird in ein größtmögliches Spannungsverhältnis zur Fremdbeschreibung der Kriege zwischen ‚Wilden' gesetzt, indem eine Unterbrechung beides separiert. Als habe der Ich-Erzähler befürchtet, dass diese Unterbrechung, da sie Teil der Selbstbeschreibung westlicher Kulturen ist, nicht genügend Irritationspotential entfaltet, gibt er einen deutlichen Hinweis: „[J]enen Wilden gleiche ich sehr und habe auch Stammesbrüder rings herum".[24] Damit etabliert sich ein Analogieverhältnis zwischen Gewalt und Brutalität der Kriege der ‚Wilden' und jener, die als vermeintliche Verteidigung der Zivilisation ausgefochten werden.

Zwei Szenografien, deren Rahmungen sich im europäischen *skript* kultureller Selbstbeschreibung radikal unterscheiden, werden durch diese kommentierte Unterbrechung überblendet und als analog entlarvt. Kritisiert wird dabei das sinnstiftende Momentum der absolut gesetzten Reichs- oder Staatsgrenze und das damit verbundene *skript* der

---

20 Ebd.
21 Ebd., S. 242.
22 Vgl. Walter Benjamin: „Über das mimetische Vermögen", in: Walter Benjamin: *Gesammelte Schriften*. Bd. II.1. Hg. v. Rolf Tiedemann u. Hermann Schweppenhäuser. Frankfurt a. M. 1980, S. 210–213.
23 Kafka: *Schriften und Fragmente II*, S. 241.
24 Ebd.

affektbeladenen ‚Verteidigung' gegen ‚Feinde', das auch noch beansprucht, die Europäer vor den ‚Wilden' auszuzeichnen und sie von ihnen zu unterscheiden; dabei legitimiert es – so zeigen es die übereinander gelegten Szenografien förmlich – bloß eine Spielart des Gleichen.

Wurde in *Das Stattwappen* das Gewaltpotential eines totalitären, im All-Einen legitimierten Machtanspruchs offengelegt, das aus dem Ignorieren von Differenz und Nicht-Wissen resultiert, so wird in diesem Fragment das Gewaltpotential von Grenzen und radikal gesetzter Differenz mit theatralischen Mitteln ausgeleuchtet – zum einen hinsichtlich der Grenze zwischen europäischen Staaten, die mit kulturell eingeschriebenen Feindschaften einhergehen, zum anderen in Bezug auf die emphatische Differenz zwischen ‚Kultivierten' und ‚Wilden'.

3 Szenografie der Herrschaft: Das Schauspiel auf der Veranda

Diese beiden Legitimationsquellen von Machtausübung und von Gewalt, das totale All-Eine bzw. die absolute Grenze, werden in einem weiteren, ebenfalls mit szenografischen Mitteln gestalteten Fragment zusammengeführt, das mit dem Satz „Unser Städtchen liegt nicht etwa an der Grenze"[25] beginnt.

Ausgangspunkt ist hier eine kleine Stadt, dessen kartografische und landschaftliche Position hin zur nächsten Grenze sowie hin zum imaginären Zentrum, der Hauptstadt, minutiös beschrieben wird. Hier wird eine Szenografie entfaltet, indem es den Stadtbewohnern niemals gelingt, zur Grenze oder zur Hauptstadt zu reisen. Ähnlich wie in der Parabel *Eine kaiserliche Botschaft* erschweren labyrinthische Umwege und unüberwindbare Hindernisse das Vorankommen, in diesem Falle so, dass beide Ziele, die ‚absolute Mitte' und der ‚absolute Rand', für die Stadtbewohner unerreichbar bleiben. Die Machtverhältnisse scheinen so beschaffen, dass sie auf diese beiden absoluten Setzungen angewiesen sind, wenngleich die Realitätserfahrung sie nicht einlösen kann. In diesem Fragment wird diese Konsequenz aus den beiden weiter oben besprochenen Texten bereits vorausgesetzt.

Vor diesem Hintergrund wird dann erst eine Bühne errichtet, deren Imagination für die Ausübung von Herrschaft durch einen Oberst erforderlich ist:

---

25 Ebd., S. 261.

„Wenn ich mir ihn [den Oberst] vorzustellen suche, sehe ich ihn auf der Veranda seines Hauses auf dem Marktplatz sitzen, zurückgelehnt, die Pfeife im Mund. Über ihm weht vom Dach die Reichsfahne, an den Seiten der Veranda, die so groß ist, daß dort manchmal auch kleine militärische Übungen stattfinden, ist die Wäsche zum Trocknen ausgehängt."[26]

In der *Vorstellung* des Ich-Erzählers muss der Oberst auf eine erhöhte Veranda inmitten des Marktplatzes platziert werden, sodass sich die topografische Struktur von Zentrum und Grenze, die das ganze Reich prägt, im Kleinen wiederholt. Dazu gehören auch die Reichsfahne und die Militärübungen, die auf der Veranda – der Reichs-Bühne – aufgeführt werden, im Wechsel mit Szenen des normalen Lebens.

Diese im Verlauf des Fragments mehrmals wiederaufgenommene Unterbrechung zwischen der Rolle als Statthalter der Macht und jener als gewöhnlicher Mensch mit körperlichen Bedürfnissen ist ein theatralisches – bei Benjamin auch filmisches – Mittel, das zum einen der Illusionsunterbrechung dient, zum anderen (und darauf kommt es hier stärker an) kritische Spielräume eröffnet.

„Das epische Theater rückt, den Bildern des Filmstreifens vergleichbar, in Stößen vor. Seine Grundform ist die des Chocks, mit dem die einzelnen, wohlabgehobenen Situationen des Stücks aufeinandertreffen (…). So entstehen überall Intervalle, die die Illusion des Publikums eher beeinträchtigen. Diese Intervalle sind seiner kritischen Stellungnahme, seinem Nachdenken reserviert."[27]

Diese in Bezug auf Brecht viel diskutierte, auch andernorts bei Benjamin[28] auf den Prager Schriftsteller hin zugespitzte Stelle trifft insbesondere auf Kafkas Auseinandersetzung mit Machtverhältnissen und deren Umsetzung durch Herrschaft zu. Im hier besprochenen Fragment [*Unser Städtchen liegt nicht etwa an der Grenze*] wechseln sich Szenen auf der Veranda ab, die von Kafka ausdrücklich als „Schauspiel"[29] bezeichnet werden.

Die Bühne ist unzweifelhaft über den Marktplatz erhoben, denn die Kinder des Obersts strecken ihre Köpfe durchs Gitter und rufen zu ihren spielenden Altersgenossen

---

26   Ebd., S. 263.
27   Benjamin: „Was ist das epische Theater?", S. 537 f.
28   Vgl. Walter Benjamin: „Franz Kafka. Zur zehnten Wiederkehr seines Todestages", in: Walter Benjamin: *Gesammelte Schriften*. Bd. II.2. Hg. v. Rolf Tiedemann u. Hermann Schweppenhäuser. Frankfurt a. M. 1980, S. 409–438.
29   Kafka: *Nachgelassene Schriften und Fragmente II*, S. 264.

hinunter; umgekehrt gibt es Menschen, die, wenn auf der Veranda eine Abordnung der Bürgerschaft empfangen wird, „vom Marktplatz her auf Leitern hinaufklettern und über das Geländer hinweg an den Dingen oben teilnehmen".[30]

Die vertikale Differenz der Machtteilhabe wird eingeebnet durch den Bühnenrand, der keine Barriere darstellt, sondern Partizipation am Bühnengeschehen ermöglicht – ganz wie in Brechts epischem Theater,[31] das auf Unterbrechungen des Geschehens setzt, nicht aber auf eine Unterbrechung zwischen Bühne und Publikum.[32]

Dabei besteht eine düstere Pointe dieses Fragments darin, dass von der Szenografie der Herrschaft eine enorme Faszination ausgeht. Statt Widerstand zu leisten, werden die Ausgebeuteten zum passiven Publikum: „Zu einem solchen Schauspiel drängt sich alles."[33] Dabei wissen die Stadtbewohner infolge von Unterbrechungen des Bühnengeschehens darum, dass eine Art Schauspiel aufgeführt wird, denn nachdem sie abgewiesen wurden, wird der Oberst „förmlich wieder ein Mensch wie wir alle".[34] Auch merken die Städter, dass sie die Barriere zwischen Bühne und Publikum aufheben können, denn sie erklettern die Ränder der Veranda. Die Chance, ihren Widerstand szenisch auszuagieren, lassen die Bürger aber aus, sie spielen den ihnen zugewiesenen passiven, unterlegenen Part, der ohne Widerhall bleibt. Der Oberst, der für das Eintreiben von Steuern zuständig ist (die in Wachsoldaten und die Reichsfahne investiert werden), verweigert auch im Katastrophenfall, der im Fragment mit dem Abbrennen des ärmsten Stadtteils eingetreten ist, jegliche Unterstützung.

Dies alles mag bei den Leserinnen und Lesern widerständige Reaktionen und kritische Reflexion auslösen. Denn die Bürger, die sich bloß aus Gewohnheit und alter Tradition einer Herrschaft unterwerfen, die ihnen offenkundig nicht zuträglich ist, eignen sich keinesfalls zur Identifikation – und dies erinnert durchaus an das epische Theater.

Durch Beobachtung des Bühnengeschehens, einschließlich der Interaktionen zwischen den Bürgern in ihrer Rolle als Bittsteller bzw. Zaungäste mit dem Oberst und seinen Soldaten, wird deutlich, dass die Ausübung von Herrschaft darauf angewiesen ist, als Bühnenspektakel performativ durchgespielt zu werden.

---

30 Ebd., S. 264 f.
31 Siehe dazu auch Franziska Schößler: „Rekombination und Unterbrechung. Überlegungen zu einer Theorie theatraler Liminalität", in: Achim Geisenhanslücke / Georg Mein (Hg.): *Schriftkultur und Schwellenkunde*. Bielefeld 2008, S. 163–183.
32 Bertolt Brecht: „Warum die halbhohe, leicht flatternde Gardine?", in: Bertolt Brecht: *Werke. Große kommentierte Berliner und Frankfurter Ausgabe*. Bd. 23. Hg. v. Werner Hecht. Berlin 1993, S. 176 f.
33 Kafka: *Nachgelassene Schriften und Fragmente II*, S. 264.
34 Ebd., S. 268.

„Wie bei allen feierlichen Gelegenheiten stand der Oberst aufrecht und hielt mit den nach vorn ausgesteckten Händen zwei lange Bambusstangen. Es ist eine alte Sitte die etwa bedeutet: So stützt er das Gesetz und so stützt es ihn. Nun weiß ja jeder was ihn oben auf der Veranda erwartet und doch pflegt man immer wieder von neuem zu erschrecken, auch damals wollte der zum Reden Bestimmte nicht anfangen, er stand schon dem Obersten gegenüber, aber dann verließ ihn der Mut und er drängte sich wieder unter verschiedenen Ausreden in die Menge zurück."[35]

Diese Veranda-Bühne erfüllt in erster Linie den Zweck, eine Szenografie der Herrschaft zu errichten, die durch ein bekanntes *skript* – das vertikale Halten zweier Bambusstangen – die Hierarchie zwischen Oben und Unten und die Machtprivilegien des Obersts als dem Garanten und Statthalter des Zentrums und der Außengrenzen aktualisiert. Der Oberst muss dieses einfache *skript* lediglich performativ auf die Bühne bringen. Die Rolle ist einerseits leicht, denn sie besteht lediglich darin, die Stangen festzuhalten und ansonsten keine Regung zu zeigen, das heißt nicht empathisch auf die ihm vorgetragenen Bitten zu reagieren:

„Während dieser ganzen Zeit stand der Oberst unbeweglich da, nur im Atmen hob und senkte sich auffallend die Brust. Nicht daß er etwa schwer geatmet hätte, er atmete nur äußerst deutlich, so wie z. B. Frösche atmen, nur daß es bei ihnen immer so ist, hier aber war es außerordentlich."[36]

Die deutliche Atmung unterstreicht den körperlichen Aspekt der Bühnen-Performance,[37] zu der es offenbar gehört, dass der Oberst durch betonte Atmung sein Mensch-Sein und seine Sterblichkeit, aber auch seine Präsenz im Hier und Jetzt kommuniziert. Dadurch erst kommt seine Funktion als Vermittler zwischen dem ‚Oben', dem Reich, dessen Statthalter er ist, und dem ‚Unten', den Stadtbürgern, die er beherrscht, zum Tragen. Die Machtasymmetrie wird durch die nach oben und unten zeigenden Bambusstangen auf der Veranda szenisch aktualisiert.

Eine kritische Irritation des *skripts* erfolgt erst durch eine Unterbrechung, die einsetzt, nachdem die Bitte der Stadtbewohner um Unterstützung beim Wiederaufbau des niedergebrannten Stadtteils abgewiesen wurde: „[I]ch sah nur, wie er tatsächlich erschöpft die Stangen losließ, die hinfielen, in einen von Beamten herbeigeschleppten Lehnstuhl

---

35 Ebd., S. 266.
36 Ebd., S. 266 f.
37 Reflexionen über Körperlichkeit und Theater finden sich auch in den Tagebüchern, z.B. Franz Kafka: *Tagebücher 1909–1923. Fassung der Handschrift.* Frankfurt a. M. 1997, S. 52.

sank und eilig die Tabakpfeife in den Mund schob."[38] Hier erscheint der Oberst so schwach und hilfsbedürftig, wie kurz zuvor der Vorsprecher der Bittsteller, den mehrere Mitbürger stützen mussten, da ihn die Machtasymmetrie zwischen ihm und dem Statthalter des Gesetzes am Sprechen hinderte. Es wird damit überdeutlich, dass der Oberst zu seiner Herrschaftsausübung lediglich eine Rolle durchzuspielen braucht, die ihn als Vertreter des Reichs (als Zentrum und Grenze) etabliert und das Gefüge von Oben und Unten aktualisiert – und damit kann jede Bitte, die von unten kommt, abgewiesen werden, wie es im Fragment auch geschieht. Aus all diesen Komponenten setzt sich eine klar strukturierte und über Jahrhunderte bewährte Szenografie der Herrschaft zusammen, und das zugehörige *skript* kommt hier ohne Unterbrechungen zum Einsatz.

Aufschlussreich ist der in die Aufführung eingebaute Einsatz einer Unterbrechung, die den Eindruck erweckt, es gäbe unterschiedliche mögliche Antworten: „Lächerlich war es für mich als Kind, wie die [die Zuschauer] auf den Leitern am Verandarand paar Sprossen hinunterstiegen um während dieser entscheidenden Pause nicht gesehen zu werden."[39] Während dieser rhetorischen Unterbrechung tun alle so, als sei der Ausgang der Beratung des Obersts mit sich selbst offen, und das Publikum spielt sowohl die Zurückhaltung als auch die erneute Subversion der Trennung zwischen Bühne und Publikum, die gleichsam nur anstandshalber erfolgt, als besondere Interessensbekundung und letztlich als Demutsgeste; dies ist auch der Grund, weshalb sie in den Augen des Kindes, das der Ich-Erzähler zum Zeitpunkt des Geschehens war, lächerlich erscheint.

In diesem Beispiel bleibt also die widerständige Kraft von Unterbrechung und Geste ungenutzt, die Szenografie bleibt ungebrochen bis auf die Momente vor und nach dem Geschehen, in denen die Bühne den menschlichen Bedürfnissen des Obersts gehört. Doch daraus ziehen die Städter keine Schlüsse, sie inszenieren vielmehr mit jeder Bitte das gleiche Bühnenstück mit stets neuem Elan und lediglich die ganz Jungen, die die Tragweite „eines revolutionären Gedankens nicht von der Ferne ahnen können",[40] sind mit dieser szenografischen Manifestation von Herrschaft unzufrieden. Damit endet das Fragment aber mitten im Satz, sodass nicht abzusehen ist, ob diese Jugendlichen mit bestimmten Mitteln versuchen, das *skript* abzuwandeln oder die Szenografie anderweitig zu irritieren – es bleibt dabei, dass sie dem *frame* ihre Zustimmung verweigern, was als revolutionärer Akt gewertet wird.

---

38 Kafka: *Nachgelassene Schriften und Fragmente II*, S. 268.
39 Ebd., S. 267.
40 Ebd., S. 269.

4 Fazit und Ausblick

Insgesamt erweist sich, dass Kafkas Prosa Macht- und Herrschaftsverhältnisse szenografisch und damit theatralisch aushandelt. Konkrete Räume werden während des Geschehens im wörtlichen Sinne zur Bühne, wie beispielsweise die Veranda inmitten des Marktplatzes, auf der der Oberst seine Rolle der abweisenden Regungslosigkeit souverän ausführt, während die bittstellenden Bürger ihre Gastauftritte wegen Lampenfiebers nur mit großer Unterstützung absolvieren – dies alles vor dem Publikum, das die Szene belagert, über ihre Ränder klettert und ängstlich lugt. Diese Szenografien werden eingesetzt, um kulturell verinnerlichte Deutungsrahmen und Handlungsmuster (so genannte *frames* und *skripts*) zu inszenieren und dadurch als solche kenntlich zu machen, um ihre performative Wirkungsweise, aber auch ihre Absurdität zu exponieren, schließlich um mittels Verfahren der Widerständigkeit (insb. Unterbrechung und Geste) Momente des Auch-anders-Möglichen auszuweisen.

Sei es, dass Gesten in ein widerständiges Spannungsverhältnis zu totalitären Szenografien gesetzt werden, wie in *Das Stadtwappen*, sei es, dass epistemisch nicht zugelassene Ähnlichkeitsverhältnisse *frames* und *skripts* der Separierung von ‚Zivilisierten' und ‚Wilden' infrage stellen, wie im Fragment [*Jenen Wilden, von denen erzählt wird*] – theatralische Mittel also, die Elemente des epischen Theaters vorwegnehmen, verhandeln Macht- und Herrschaftsverhältnisse.

Nicht selten finden diese Aushandlungen in Räumen statt, die förmlich als Bühnen ausgestaltet und mit einem Publikum versehen sind, etwa auf einem „Balkon",[41] der von unsichtbaren anderen mit dem Fernglas beobachtet wird, oder die Amtsstube eines kostümierten Regierungsvertreters, von dem man annimmt, „Komödienspielen"[42] liebte er nicht, der aber dennoch gegenüber allen Besuchern immer dieselbe Rolle aufführt.

In all diesen Fällen zeigen Kafkas Prosafragmente einerseits Effektivität und Wirksamkeit, andererseits Willkür, Labilität und Irritierbarkeit von Machtverhältnissen und Herrschaftsausübung auf. Dies geschieht, indem die Texte kenntlich machen, dass Macht und Herrschaft auf Szenografien angewiesen sind, die als kulturelles Langzeitarchiv fungieren und immer dann zum Schauplatz neuer Auftritte werden, wenn Herrschaft konkret ausgeübt werden muss.

Am deutlichsten wird dies im oben besprochenen Fragment [*Unser Städtchen liegt nicht etwa an der Grenze*], wo die Veranda immer dann zur Bühne wird, wenn eine

---

41 Ebd., S. 243.
42 Ebd., S. 278.

Bürgerdelegation den Oberst adressieren möchte. Auch andernorts evozieren Kafkas Fragmente aber eine Bühne. Macht und Herrschaft sind, so legen es die Texte nah, auf eine Bühne, einen Verstehensrahmen und Handlungsskripte angewiesen. Gerade darin liegen ihre Limitierung und Angreifbarkeit, denn sie werden zu einem Hindernis, das sich (inter)kultureller Entwicklung und Entfaltung in den Weg stellt und einfordert, dass machtasymmetrische Muster eingehalten und demütigende Rituale zelebriert werden. Für Heranwachsende, Fremde oder auch Einheimische, die versuchen, eine Außenperspektive einzunehmen, wirkt dies irrational und absurd – insbesondere, wenn Unterbrechungen und vielsagende Gesten erste Irritationen auslösen.

Literatur

Mark Anderson: „[…] nicht mit großen Tönen gesagt': On theater and the theatrical in Kafka", in: *The Germanic Review* 78, 3 (2003), S. 167–176.

Matthias Bauer: „Szenopragmatik", in: *Schriften zur Kultur- und Mediensemiotik (VZKF [online])*, 2 (2016), S. 7–37.

Walter Benjamin: „Franz Kafka. Zur zehnten Wiederkehr seines Todestages", in: Walter Benjamin: *Gesammelte Schriften*. Bd. II.2. Hg. v. Rolf Tiedemann u. Hermann Schweppenhäuser. Frankfurt a. M. 1980, S. 409–438.

Walter Benjamin: „Über das mimetische Vermögen", in: Walter Benjamin: *Gesammelte Schriften*. Bd. II.1. Hg. v. Rolf Tiedemann u. Hermann Schweppenhäuser. Frankfurt a. M. 1980, S. 210–213.

Walter Benjamin: „Was ist das epische Theater? Eine Studie zu Brecht", in: Walter Benjamin: *Gesammelte Schriften*. Hg. v. Rolf Tiedemann u. Hermann Schweppenhäuser. Bd. II.2. Frankfurt a. M. 1980, S. 519–531.

Bertolt Brecht: „Warum die halbhohe, leicht flatternde Gardine?", in: Bertolt Brecht: *Werke*. Große kommentierte Berliner und Frankfurter Ausgabe. Bd. 23. Hg. v. Werner Hecht. Berlin 1993, S. 176–177.

Umberto Eco: *Lector in fabula. Die Mitarbeit der Interpretation in erzählenden Texten*. Aus dem Ital. v. Georg Held. München 1987.

Werner Hamacher: „Die Geste im Namen: Benjamin und Kafka", in: Werner Hamacher (Hg.): *Entferntes Verstehen. Studien zur Philosophie und Literatur von Kant bis Celan*. Frankfurt a. M. 1998, S. 280 –323.

Dieter Heimböckel: „Kafka für die Bühne. Das Schloss in der Dramatisierung von Max Brod", in: Dieter Heimböckel / Steffen Höhne / Manfred Weinberg (Hg.): *Interkulturalität, Übersetzung, Literatur. Das Beispiel der Prager Moderne*. Wien / Köln 2022, S. 119–136.

Dieter Heimböckel / Manfred Weinberg: „Interkulturalität als Projekt", in: *Zeitschrift für interkulturelle Germanistik* 5, 2 (2014), S. 119–144.

Richard Hornby: *Drama, Metadrama, and Perception*. Lewisburg 1986.

Franz Kafka: *Nachgelassene Schriften und Fragmente II*. Hg. v. Jost Schillemeit. Frankfurt a. M. 1992.

Franz Kafka: *Tagebücher 1909–1923. Fassung der Handschrift*. Frankfurt a. M. 1997.

Fritz Mauthner: *Beiträge zu einer Kritik der Sprache*. Bd. 2. Stuttgart 1901.

Peter Franz Joseph Müller: *Die Ursprache*. Düsseldorf 1815.

Nikolaus Müller-Schöll: „Theatralische Epik. Theater als Darstellung der Modernitätserfahrung in einer Straßenszene von Kafka", in: Christopher Balme / Erika Fischer-Lichte / Stephan Grätzel (Hg.): *Theater* als Paradigma der Moderne? Positionen zwischen historischer Avantgarde und Medienzeitalter. Tübingen 2003, S. 189–201.

Martin Puchner: „Kafka's Antitheatrical Gestures", in: *The Germanic Review* 78, 3 (2003), S. 177–193.

Shimon Sandbank: *After Kafka. The Influence of Kafka's Fiction*. London 1989.

Frankziska Schößler: „Rekombination und Unterbrechung. Überlegungen zu einer Theorie thetaraler Liminalität", in: Achim Geisenhanslücke / Georg Mein (Hg.): *Schriftkultur und Schwellenkunde*. Bielefeld 2008, S. 163–183.

Evelyn Torton Beck: *Kafka and the Yiddish Theatre. Its Impact on his Work*. Madison / Milwaukee / London 1971

Theatralität der Justiz

Kafkas *Proceß*

Claudia Liebrand

Cornelia Vismann hat in ihrem postum herausgegebenen magnum opus *Medien der Rechtsprechung* darauf hingewiesen, dass das Dispositiv des Theaters (neben dem der Kampfarena) Gerichtsverhandlungen modelliert. Rekurrierend auf den Psychoanalytiker und Rechtstheoretiker Pierre Legendre formuliert sie:

> „Das Theater des Gerichts leistet die Wiederaufführung der Tat im symbolischen Raum. Die oft bemerkte Verwandtschaft zwischen Theater und Gericht kommt hier auf den Punkt. Niemand bestreitet, dass das Gerichthalten einem theatralen Schema folgt. Doch vermag weder die gemeinsame Genese in der Tragödie noch der Aufweis struktureller Parallelen zu erklären, warum die Gerichtsbühne derart unerlässlich ist, dass selbst eine auf Funktionalität bedachte Justiz darauf nicht etwa verzichtet. (…) Das Theater des Gerichts (…) ist nicht mit dem Beiwerk eines auf Repräsentation bedachten Rechts zu verwechseln. Gemeint ist die unhintergehbare theatrale Dimension des Rechtsprechens. Gerichthalten heißt Theater veranstalten. ‚Réjouer les crimes' betitelt der Rechtshistoriker [Legendre] ein Kapitel in seiner Analyse des Prozesses um den Gefreiten Lortie. Ausgangspunkt ist die Überlegung, dass ein Verbrechen durch das Auseinanderklaffen von Wort und Tat gekennzeichnet ist. (…) Das *Réjouer* ist nicht etwa auf therapeutische Effekte aus. Im Nachspielen erhält die Tat eine Fassung in der Sprache, sie wird handhabbar, erträglich oder doch zumindest justitiabel, so wie der Täter darin als sprechendes Subjekt adressiert wird."[1]

In Kafkas Texten nun gibt es eine ganze Reihe von Gerichtsszenen – auch wenn die Gerichte keine ‚gewöhnlichen‘, keine ordentlichen Gerichte sind. So wohnen wir im *Proceß*

---

[1]   Cornelia Vismann: *Medien der Rechtsprechung*. Hg. v. Alexandra Kemmerer u. Markus Krajewski. Frankfurt a. M. 2011, S. 31 f.

einer Dispositive des Theaters aufrufenden Verhandlungsszene in der Sitzung jenes Dachbodengerichts bei, vor dem Josef K. sich verantworten muss; im *Verschollenen* unterstützt der Protagonist Karl Roßmann seine Zufallsbekanntschaft, den Heizer, bei einer Quasi-Gerichtsverhandlung (als sei er sein Anwalt); im *Urteil*, Kafkas ‚Durchbruchstext‘, verurteilt der Vater des Protagonisten diesen – es findet also ein familiäres Gerichtsverfahren statt – zum Tode. Diese Gerichtsszenen in Kafkas Texten rufen theatrale Modi auf, die mit dem Fokus auf Kafkas *Proceß*-Romanfragment in den Blick genommen werden sollen. Allerdings ist die theatrale Dimension des Kafka'schen Romans nicht hinreichend erfasst, wenn man allein das Sujet ‚Gericht als Theater‘ fokussiert. Das gesamte Romanfragment ist metareflexiv auf das Dispositiv Theater bezogen, insofern es Dramengenres *en général* und dezidiert auch einzelne Dramen verhandelt und auf gewisse Weise nachspielt, formulieren wir etwas forciert: in episches Theater überführt. Zunächst soll im ersten Teil der Ausführungen auf den *Proceß* als Metareflexion des Theatralen eingegangen werden. Ein zweiter Teil zeichnet die Negotiationen von Theater und Gericht in Kafkas Text nach.

1 Metareflexion des Theatralen

Schaut man sich vor allem (aber nicht nur) das erste und das letzte Kapitel des *Proceß*-Romans an, ist bemerkenswert, dass persistierend davon die Rede ist, dass es sich bei K.s *Proceß* und den Geschehnissen, die mit ihm zusammenhängen, der Verhaftung und der Hinrichtung, um ein „Schauspiel", eine „Komödie", einen „groben Spaß", um Theateraufführung und Maskerade handele. Dabei ist festzuhalten, dass das *Proceß*-Geschehen mit dem Rekurs auf das Genre Komödie beginnt (und in einem Schlusskapitel, das in strenger spiegelbildlicher Verkehrung auf das Eingangskapitel bezogen ist, als Tragödientravestie endet). Ruft das Schlusskapitel eine ganze Reihe von Tragödien auf, die von Sophokles' *Ödipus* eröffnet wird, bezieht sich das Eingangskapitel vor allem auf Kleists *Zerbrochnen Krug*, der als einer der entscheidenden Prätexte von Kafkas Romanfragment zu gelten hat.

Wie nun ist die Komödie der Verhaftung im *Proceß* gestaltet? Zunächst einmal: als Stück, das gemäß ‚ordentlicher‘ Aufführungspraxis auch ein Publikum hat; die Verhaftung ist nicht zuletzt deshalb ein Schauspiel (in Form eines Fenstertheaters), weil den gesamten ‚Akt‘ hindurch, trotz aller Szenenwechsel, ein interessiertes „neugieriges" Publikum anwesend ist. Es wird also dem für das Theater konstitutiven Prinzip der Dopplung Rechnung getragen, das die gleichzeitige Anwesenheit von Spielern und Zuschauern verfügt – beide Gruppen sind „ebenso Produzenten wie Produkte des theatralischen

Ereignisses, Teil der Wirklichkeit und Abbild der Wirklichkeit."[2] Eine Zuschauerin ist
zur Stelle, schon bevor das Stück mit der Verhaftung beginnt: mit K.s Läuten nach dem
Frühstück, durch das nach dem ersten Gericht des Tages gerufen wird – ein Läuten,
das (wie es in jedem Theater zu Vorstellungsbeginn geschieht) den Beginn des Dramas
über K.s Auseinandersetzung mit dem Gericht ankündigt. Dass etwas Interessantes, ein
Schauspiel, gegeben werden wird, scheint jene alte Frau, „die ihm gegenüber wohnte
und die ihn mit einer an ihr ganz ungewöhnlichen Neugierde beobachtete"[3] – als sei sie
eine Theaterbesucherin, die auf das Öffnen des Vorhanges wartet –, bereits zu wissen.
Sie wird nicht enttäuscht werden: Das auf der gegenüberliegenden Straßenseite aufgeführte Stück hat Unterhaltungswert. Und um die Ereignisse in Frau Grubachs Pension
als Schauspiel, als Schaustellung, präsent zu halten, verliert der Text K.s Zuschauer (der
alten Frau gesellen sich weitere hinzu) nicht aus dem Blick. K. selbst, der sich ja erst einmal in seine Rolle als Protagonist des Verhaftungsdramas einfinden muss, entwickelt
ganz unterschiedliche Strategien des Umgangs mit dem unwillkommenen Publikum. Er
‚vergisst' die vierte Wand, adressiert, beschimpft das Publikum oder versucht es durch
Ignorieren zu eskamotieren. K.s Wunsch, kein Publikum zuzulassen, zielt erkennbar auf
ein theatralisches Dispositiv. Vorgänge auf der Bühne werden erst dadurch, dass sie vor
Zuschauern aufgeführt werden, ‚bedeutsam', erheben „den Anspruch, für mehr als nur
sich gültig zu sein"[4]. Ohne Publikum ‚bedeutet' die Verhaftung also nichts, deshalb bemüht sich K. genauso um die Entfernung, die Ausschaltung des Publikums wie um den
direkten Nachweis, dass die Verhaftung selbst keine Bedeutung habe, nur ein Irrtum sei.

Auf der anderen Seite ist es gerade K., der das *Proceß*-Drama initiiert und alles dafür tut, dass das Spiel in Gang kommt. Er läutet nicht nur die Glocke, die den Beginn
des Stücks signalisiert, er entscheidet sich, nachdem der erste Akt schon begonnen hat,
noch einmal ganz dezidiert, seine Rolle im Drama auch zu übernehmen: „[W]ar es eine
Komödie, so wollte er mitspielen."[5] Und am Ende des ersten Kapitels spielt K. nicht nur
mit, „er spielte mit ihnen"[6], mit den anderen dramatis personae im Verhaftungsstück
(als sei er auch noch sein eigener Regisseur). Die Formulierung ‚meint' natürlich das
Gefühl von Autarkie, Kontrolle und Souveränität, das K. trotz seiner schwierigen Situation zu haben glaubt, das zu haben er sich zumindest suggeriert. Die Formulierung ‚sagt'
aber – ganz literal genommen –, dass K., als Mime und Regisseur, mit seinen Mitakteu-

---

2   Bernhard Greiner: *Die Komödie. Eine theatralische Sendung. Grundlagen und Interpretationen.* Tü-
     bingen 1992, S. 5.
3   Franz Kafka: *Der Proceß.* Hg. v. Malcolm Pasley. Frankfurt a. M. 1990, S. 7.
4   Greiner: *Die Komödie,* S. 5.
5   Kafka: *Der Proceß,* S. 12.
6   Ebd., S. 26.

ren spielt – eine Verhaftungskomödie. Dass man „das ganze als Spaß" ansehen könnte, „als einen groben Spaß, den ihm aus ungekannten Gründen, vielleicht weil heute sein dreißigster Geburtstag war, die Kollegen in der Bank veranstaltet hatten",[7] zieht K. schon viel früher in Erwägung – ohne aber die Probe aufs Exempel zu machen: „[E]s war natürlich möglich, vielleicht brauchte er nur auf irgendeine Weise den Wächtern ins Gesicht zu lachen und sie würden mitlachen, vielleicht waren es Dienstmänner von der Straßenecke, sie sahen ihnen nicht unähnlich".[8]

Wie dominierend das Schauspielmoment für den Verhaftungsakt ist, macht auch eine kleine Episode im zweiten Kapitel deutlich. K., der am Abend des Verhaftungstages auf Fräulein Bürstner gewartet hatte[9] (sie war „im Teater"[10] gewesen, heißt es ausdrücklich), reinszeniert, nachdem seine Zimmernachbarin heimgekehrt ist, die Verhaftungsszene, spielt sie ihr vor (Fräulein Bürstner kommt also nur aus dem Theater, um wieder in einer Vorstellung zu landen):

> „K. stellte das Tischchen in die Mitte des Zimmers und setzte sich dahinter. ‚Sie müssen sich die Verteilung der Personen richtig vorstellen, es ist sehr interessant. Ich bin der Aufseher, dort auf dem Koffer sitzen zwei Wächter, bei den Photographien stehn drei junge Leute. An der Fensterklinke hängt, was ich nur nebenbei erwähne, eine weiße Bluse. Und jetzt fängt es an. Ja, ich vergesse mich, die wichtigste Person, also ich stehe hier vor dem Tischchen'".[11]

K. stellt in dieser Szene etwas nach, was selbst schon nachgestellt war, spielt nach, was schon gespielt war. Auch das ‚Verhör' während der eigentlichen Verhaftung fand ja nicht in einem behördlichen Raum statt, sondern in einem, der einen solchen nur repräsentierte. In Fräulein Bürstners Zimmer wurden (wie auf einer Bühne) die vorhandenen Requisiten neu arrangiert und zurechtgerückt: So fungierte das Nachttischchen als Verhandlungstisch.[12] Verweist das Nach-Spiel der Verhaftung auf den theatralischen, den Spiel-Charakter der Verhaftung selbst, lässt sich von der Rollenbesetzung der ‚Zweitaufführung' (am Abend der Verhaftung) vielleicht auch auf die ‚Besetzungsliste' der Uraufführung zurückschließen. Nun ist bemerkenswert an der Privatvorführung für Fräulein Bürstner, dass K. zwei Rollen gleichzeitig übernimmt, die der wichtigs-

---

7 Ebd., S. 11.
8 Ebd., S. 11 f.
9 Vgl. ebd., S. 35.
10 Ebd., S. 39.
11 Ebd., S. 44.
12 Vgl. ebd., S. 19.

ten Person – wie er ohne jede Ironie sagt –, seiner selbst, und die des verhaftenden Behördenvertreters: „Ich bin der Aufseher",[13] erklärt K. Fräulein Bürstner. Nehmen wir einmal an, K.s Postfiguration, sein Postludium, stelle das eigentliche Drama auch, was die Rollenbesetzung angeht, nach. Das hieße, dass schon bezogen auf die ,Erstaufführung' der Verhaftung eine Doppelbesetzung zu konstatieren wäre: K. wäre nicht nur Verhafteter, sondern auch Verhaftender, nicht nur Opfer, sondern auch Täter, nicht nur Angeklagter, sondern gleichzeitig sein eigener Aufseher / Ankläger / Richter. Derjenige, der nach dem Gericht läutet, seinen eigenen Prozess eröffnet, wäre dann auch der, der die Regie im eigenen Verfahren führt und über sich selbst zu Gericht sitzt. Diese ,Doppelidentität' von Gerichtsinstanz und Angeklagtem, Richtendem und Schuldigem, nun rückt als Prätext des *Proceß*-Eingangskapitels eben Kleists *Zerbrochnen Krug* in den Blick – das programmatisch als Lustspiel gekennzeichnete Drama, mit dem Kleist „den Anspruch [verfolgt], die tragischen Begründungsgeschichten des Menschen zur Komödie umzubilden"[14]. Auch der Roman greift jene „surreale Verquickung von Bett und Gericht, Nachthemd und Justiz, Matratze und Gesetz" auf, die schon kennzeichnend ist für die „gerichtliche Schmuddelwelt des Dorfrichters Adam in Kleists *Zerbrochnem Krug*",[15] der Roman erweist sich also in dieser Hinsicht als Wiedergänger des Kleist'schen Stücks. Genau wie Richter Adam über seinen eigenen Sündenfall zu Gericht sitzt, führt K., Angeklagter und Vertreter der (eigenen inneren) Gerichtsinstanz in einem, auch Regie in seinem eigenen Prozess. Sogar die beiden für die Kleist'sche Komödie konstitutiven Prätexte hat Kafka in seine ,Bearbeitung' übernommen: den biblischen Sündenfallmythos und den Sophokles'schen *Ödipus*. Ersteren in einer hysteron-proteron-Konstellation, die das Motiv zugleich aufgreift und subvertiert: K. isst den Apfel, der ihn als Adam redivivus kenntlich macht, nachdem die Verhaftung schon vollzogen worden ist – die Strafe folgt dem Sündenfall nicht, sondern geht ihm voraus (damit verabschieden sich sowohl ,Logik' als auch ,Gerechtigkeit'). Und auch den Sophokles'schen *Ödipus* schreibt der Roman aus. Eugen Dönt hat eine Reihe von Parallelen aufgezeigt:[16] K. sei – wie der Held der griechischen Tragödie, und das gelte auch für Ödipus – besser als der Durchschnitt; das Unglück trete von außen an ihn heran, breche – wie im Sophokles'schen Drama – gleichsam aus heiterem Himmel über ihn herein. Genau wie im *Ödipus*-Drama bestehe der ,Fehler', die hamartia

---

13   Ebd., S. 44.
14   Greiner: *Die Komödie*, S. 238.
15   Klaus Jeziorkowski: „Das Bett", in: Hans Dieter Zimmermann (Hg.): *Nach erneuter Lektüre. Franz Kafkas Der Proceß*. Würzburg 1992, S. 95–107, 96.
16   Vgl. Eugen Dönt: „Ödipus und Josef K. Zur aristotelischen Tragödientheorie", in: *Arcadia* 14 (1979), S. 148–159.

K.s, in einer Unkenntnis, auch in seinem Fall führe ein Nicht-Wissen zur Anklage. In beiden Texten, dem antiken und dem Kafkas, spiele überdies das Moment der Scham eine herausragende Rolle. Und der letzte Satz von Kafkas Roman lautet ja auch: „Wie ein Hund!' sagte er, es war, als sollte die Scham ihn überleben."[17]

So konsequent das Romanende (in freilich subversiver Absicht) am Tragödienmodell entlanggeschrieben ist, so konsequent bezieht Kafka sein Eingangskapitel auf den Komödiendiskurs – die poetologischen Möglichkeiten der Gattung Komödie souverän nutzend: So entfaltet sich die Spiel-im-Spiel-Struktur, mit der Komödien operieren, auch im *Proceß*-Roman. Die Tendenz zum sich vervielfältigenden Spiel reflektiert sowohl den Inszenierungs- als auch den Schauspielcharakter des sich Ereignenden. Überdies enthält die – in Kafkas Text aufgerufene – Struktur der theatralischen Dopplung, die in ihrer produktionsästhetischen Ausprägung die „Dopplung von Spieler und bedeutetem Spiel"[18] besagt, auch eine Leseanweisung für den *Proceß*-Roman. Für das Genre Komödie konstitutiv ist die Spannung von Darsteller und Bedeutetem, Körper und Zeichen: „Schauspieler stellen dramatische Figuren dar, das heißt physisch hier und jetzt präsente Körper verweisen von sich weg auf ein Bedeutetes, unterwerfen sich einem Bedeutungsgebot."[19] Damit umspielt die Komödie jene Kluft, die den Signifikanten vom Signifikat, das Bedeutende vom Bedeuteten trennt. Kafkas Texte nun, auch der *Proceß*-Roman, scheinen an einer ähnlichen Struktur entlanggeschrieben zu sein. Der Prozess des Josef K. (und der *Proceß*-Roman Franz Kafkas) hat unzählige Allegoresen durch Interpreten provoziert, ist immer wieder als Verweis auf ein Bedeutetes gelesen worden. Wie in der Komödie aber, in der die Kluft zwischen Darsteller und Dargestelltem prinzipiell nicht zu schließen und das Fluktuieren, der Kippmechanismus zwischen diesen beiden Polen nicht stillzustellen ist, verweigert sich auch *Der Proceß* der Fixierung in einer starren Allegorie.

In welcher Form auch immer die Gattung Komödie auf die Bühne gebracht wird, ob als Hanswurstiade, als eher grober Spaß also, ob als commedia dell'arte, mit ihrem Ins-Spiel-Bringen der Körper, die miteinander kämpfen, sich jagen, übereinander purzeln, sich jedenfalls präsent machen, ob als Verwechslungs- oder Intrigenspiel, die Komödie zielt darauf, beim Zuschauer erlösendes Lachen freizusetzen. Auch Kafkas Verhaftungskomödie kommt nicht ohne dieses Lachen aus, unheimlicherweise präsentiert es sich aber als eines, das auf dem Gesicht immer schon gefroren ist. Zu den drei Bankangestellten, die Zeugen von K.s Verhaftung sind, gehört Kaminer „mit dem unausstehlichen

---

17   Kafka: *Der Proceß*, S. 312.
18   Greiner: *Die Komödie*, S. 5.
19   Ebd.

durch eine chronische Muskelzerrung bewirkten Lächeln",[20] einem Grinsen, „über das einen Spaß zu machen leider die Menschlichkeit verbot".[21]

Es ist äußerst fraglich, ob Kaminers Grinsen nicht eher, als dass es Späße produziert, Entsetzen hervorruft. Fraglos allerdings ist, dass die ,Komödie' um Josef K. – anders als es die Gattung vorgibt – dem Lustanspruch des Körpers keinen Raum gibt. Wenn der Körper ins Spiel kommt, wächst nur noch das Gefühl von Peinlichkeit, Qual, Bedrängnis. Das ist ablesbar nicht nur an den ,Liebesszenen' im Roman, das wird deutlich vor allem in jenem höllenbreughelianischen Szenarium, das Kafka mit „Der Prügler" betitelt hat. Kafka reinszeniert die Axiomatiken der Gattung Komödie also und lässt sie kollabieren (wie er auch die Tragödienmatrix, auf die das Romanende bezogen ist, in eine Travestie transformiert).

2 Gerichtstheater

Cornelia Vismann hat vor inzwischen einem Jahrzehnt – wie eingangs konstatiert – auf die unhintergehbare Theatralität des Gerichts hingewiesen. Damit stellt sie die Gewissheit in Frage,

> „Recht und Gericht seien dazu da, eine Entscheidung zu treffen oder ein Urteil zu verkünden (…). Nicht, dass sie das nicht auch täten, aber diese Funktion erweist sich aus Sicht der Medienarchäologin des Rechts als durchaus zweitrangig. Der Dezisionismus (…) [sei] die *déformation professionelle* der Juristen, die ja stets damit beschäftigt sind, Entscheidungen (für oder gegen eine klagende Partei) vorzubereiten oder schließlich, am Ende des Prozesses, zu verkünden. Vismann macht klar, dass man mit dieser ,operativen' Perspektive der grundlegend theatralen Dimension des Rechts nicht gerecht wird, die darin besteh[e], für ein ,Ding' (ein Unrecht, einen Konflikt, ein zugefügtes Leid) eine Bühne zur Verfügung zu stellen, auf der es in eine benennbare und verhandelbare ,Sache' transformiert wird. Das juristische Bühnenspiel gehorch[e] dabei nicht, wie Vismann mit einer Unterscheidung Pierre Legendres klarmacht, dem Modus des *replay*, sondern dem des *réjouer*. Das Gericht ist Theater nur solange, wie zu Beginn des Verfahrens noch nicht feststeht, was am Ende herauskommen wird – und zwar für keinen der am Prozess Beteiligten. *Réjouer* ist keine Form des Nachstellens der Tat, weshalb denn

---

20   Kafka: *Der Proceß*, S. 27.
21   Ebd., S. 29.

das Gericht auch nicht am Tatort tagt, sondern in einem architektonisch nicht zufällig an Theaterbauten orientierten Gerichtssaal."[22]

Diese Perspektivierung, die Cornelia Vismann vornimmt und die Friedrich Balke präzise rekapituliert, radikalisiert und ‚schärft' noch einmal, was uns über Gerichtsszenarien bereits bekannt ist. Verhandlungen sind Aufführungen. Wir alle spielen Theater, wie wir spätestens seit Erving Goffman wissen – und der Gerichtsprozess, die Gerichtsverhandlung stellt eine noch einmal besonders ‚gerahmte' Form des Theaterspielens dar: Der Gerichtssaal ist eine Bühne (Theater braucht einen Raum), auf der Rollenträger auftreten – der Angeklagte, der Verteidiger, der Richter vor Publikum. Damit ist das theatrale Dispositiv modelliert, für das die Kopräsenz von Aufführenden und Zuschauenden konstitutiv ist. Herausgebildet wird überdies (das gilt für Theater und Gericht) eine eigene Verfahrenszeit.

> „Jedes Theaterstück bildet seine eigene Zeit aus und nimmt das Publikum in diese Theaterzeit mit hinein, oder versucht es zumindest. Das Stück stellt eine Einheit von Personen auf der Bühne für die Theaterzeit her. Ähnlich funktioniert die Verhandlung und darüber hinaus das gesamte Verfahren, das seine eigene Zeit ausbildet."[23]

Ethnomethodologisch, das ist eine Betrachtungsweise, der Vismann wenig abgewinnen könnte, lässt sich die theatralische Perspektive, die auf Handlungen der juristischen Akteure im Gerichtssaal eingenommen werden kann, als Ritual der Degradierung verstehen.

> „Als einer der ersten Analytiker des Rechtsdiskurses hat [der Ethnomethodologe Harold] Garfinkel [bereits 1956] die Gerichtsverhandlung nicht als Werkzeug zur Wahrheitsfindung, sondern als Bühne für die Aufführung eines notwendigen Gesellschaftsspiels verstanden. Das geschah mit dem Blick des Anthropologen auf Praktiken der Identitätsdegradierung, die notwendiger Gesellschaftsbestandteil seien. Garfinkel ging davon aus, dass jede nicht vollständig anomische Gesellschaft über Prozeduren verfügen müsse, mit denen Gesellschaftsmitgliedern ihr Unwert gezeigt werden könne."[24]

---

22 Friedrich Balke: „Macht und Ohnmacht des Zeigens. Zu Cornelia Vismanns *Medien der Rechtsprechung*", in: *Cargo Film / Medien / Kultur* 11 (2011), S. 70–72, 70 f.

23 Thomas-Michael Seibert: „Die theatrale Seite des Gerichts", in: Franziska Stürmer / Patrick Meier / Gerhard Besier (Hg.): *Recht populär. Populärkulturelle Rechtsdarstellungen in aktuellen Texten und Medien*. Baden-Baden et al. 2016, S. 125–143, 129 f.

24 Ebd., S. 134.

So gesehen wäre jeder Prozess *auch* ein Schauprozess, auch ein Tribunal. Vismann unterscheidet Gericht (das sie als theatral konzipiert) und Tribunal (das sie als agonal konzipiert) folgendermaßen – Gericht und Tribunal stünden sich „als die beiden antagonistischen Großformen der Rechtsprechung"[25] gegenüber,

> „wobei das Gericht als die historisch jüngere, dem Tribunal als offenem Versammlungs-, Veranstaltungs- und Schauplatz entgegengesetzte Stätte des Rechtsprechens erscheint. Idealtypisch wird dem Gericht das geschlossene Amtslokal, die Kammer, (…) die Wahrheitssuche mit ungewissem Ergebnis, die Unvoreingenommenheit und Neutralität der Untersuchung, das feste Regelwerk, die Bestimmtheit des Endes und die Verbindlichkeit des Ergebnisses zugeordnet, während dem Tribunal [neben der konstitutiven Öffentlichkeit] (…) ‚die Anklage nach außerrechtlichen Kategorien, die simultane Regelaufstellung und -anwendung, der Vernichtungswille, die Voreingenommenheit, die oftmals fehlende Vollziehbarkeit des Ergebnisses und die allegorische Aufladung der Akteure' (…) zufallen."[26]

Für Vismann sind Tribunale

> „Ad-Hoc-Veranstaltungen. Alles darin ist umkämpft, weil nichts vorab festgelegt ist. Die antagonistischen Parteien sind in ihren Funktionen für den Prozess so wenig fixiert, dass sie sich im Kampf immer neu konfigurieren und – mit den Augen der regulären Justiz betrachtet – beständig ihre Rollen wechseln zwischen Ankläger und Angeklagtem, zwischen Kläger und Beklagtem. Vorab festgelegt ist auch nicht, was angeklagt wird. Es gibt im Vorfeld eines Tribunals keine Einigung auf gemeinsame Kategorien, nach denen angeklagt und entschieden wird. Die Anklage stützt sich auf keinen vorformulierten Katalog mit Straftatbeständen. Der Grundsatz *nulla poena sine lege* wird in Tribunalen ausdrücklich ignoriert".[27]

Vor dem Hintergrund der hier skizzierten Überlegungen sei das Kapitel „Die Untersuchung" in den Blick genommen, in dem Josef K. (der verhaftet worden ist, „ohne dass er etwas Böses getan hätte"[28]) vor dem Untersuchungsrichter auftritt. K. ist „telephonisch verständigt"[29] worden, dass er erscheinen möge (schon das widerspricht dem Procede-

---

25 Vismann: *Medien der Rechtsprechung*, S. 149.
26 Dieter Simon: *Die Leser der Cornelia Vismann. Ein Bericht*, S. 13.
27 Vismann: *Medien der Rechtsprechung*, S. 161.
28 Franz Kafka: *Der Proceß*, S. 7.
29 Ebd., S. 49.

re der schriftlichen Ladungen), zudem ist ihm keine Uhrzeit mitgeteilt worden, zu der er erscheinen soll. Eher zufällig findet er dann im fünften Stock einer Mietskaserne den Raum, in dem das Gericht tagt:

> „K. glaubte in eine Versammlung einzutreten. Ein Gedränge der verschiedensten Leute – niemand kümmerte sich um den Eintretenden – füllte ein mittelgroßes zweifenstriges Zimmer, das knapp an der Decke von einer Galerie umgeben war, die gleichfalls vollständig besetzt war und wo die Leute nur gebückt stehen konnten und mit Kopf und Rücken an die Decke stießen."[30]

K. meint zu beobachten, dass das Publikum (das sich mit Beifallszeichen oder Unmutsbezeugungen nicht zurückhält) sich in zwei Parteien, eine rechte und eine linke, teilt. Den Richter entdeckt er „[a]m andern Ende des Saales"[31] – immerhin an einem Tisch (für Vismann ist der Tisch insofern konstitutiv für das Gericht, und gerade nicht für das Tribunal), als er

> „eine erste Barriere [schafft], welche eine Differenz zwischen denen markiert, die Recht brechen, und denen, die Recht sprechen. Der Tisch trifft die fundamentale Unterscheidung in das Personal *des* Gerichts und die Personen *vor* dem Gericht. Er schafft damit eine bestimmte Asymmetrie."[32]

So heißt es bei Kafka:

> „[A]uf einem sehr niedrigen gleichfalls überfüllten Podium [stand] ein kleiner Tisch der Quere nach aufgestellt und hinter ihm, nahe am Rand des Podiums, saß ein kleiner dicker schnaufender Mann, der sich gerade mit einem hinter ihm Stehenden (…) unter großem Gelächter unterhielt".[33]

Allerdings ist dieser „kleine Tisch" nicht das Requisit, das aus dem Verfahren, dem wir beiwohnen, ein ordentliches Gericht macht. Der Prozess, der gegen Josef K. geführt wird, unterhöhlt, invertiert ordentliche Gerichtsbarkeit und bildet die Kriterien ab, die Vismann für das Tribunal formuliert: Nichts ist vorab festgelegt, die Rolle zwischen Ankläger und Angeklagtem kann wechseln, es ist unklar, was angeklagt ist, der Gesetzes-

---

30   Ebd., S. 57.
31   Ebd., S. 58.
32   Vismann: *Medien der Rechtsprechung*, S. 164.
33   Kafka: *Der Proceß*, S. 58 f.

text, auf den das Verfahren rekurriert, ist nicht vorhanden oder einsehbar, die Strafe steht im Vorhinein fest. *Auch* das Tribunal, gelegentlich auch als Schauprozess bezeichnet, dem es darum zu tun ist, den Angeklagten (wie einen Gegner) zu vernichten (das entspricht Vismanns Korrelierung von Agonalität und Tribunal), rekurriert auf Dispositive des Theatralen: nicht im Sinne des *Réjouer les crimes*, nicht im Sinne, dass ein Vergehen, in Vismanns Terminologie „Ding", in eine benennbare und verhandelbare „Sache" transformiert wird – dass das zum Scheitern verurteilt ist, führt der gesamte Roman vor (Josef K.s Vergehen bleibt unklar und unbenennbar, verhandelt werden kann es allenfalls literarisch, nicht auf der juristischen Bühne). Das Tribunal ist theatral verfasst (man wäre versucht zu sagen, *besonders* theatral verfasst), weil die zentralen Säulen der Theatralität, Co-Präsenz von Spielern und Publikum, Ereignishaftigkeit, Auf- und Abtritte von Schauspielern, Inszenierungsgebote, sämtlich aufgerufen werden: Das Tribunal ist Theater im Sinne eines Spektakels, eines aufsehenerregenden Schauspiels. Mit seinem Auftritt, einem großen Bühnenmonolog, versucht K., der Angeklagte, das Publikum für sich einzunehmen (und agiert damit, als sei er der Star einer Schauspieltruppe – und nicht ein Angeklagter, der den Richter von seiner Unschuld überzeugen will; zwar behauptet er, er wolle „nicht Rednererfolg";[34] sein ständiges Bemühen, das Publikum mit seiner Darbietung für sich einzunehmen, falsifiziert diese Behauptung aber). Zunächst scheint das Procedere der Verhandlung, der Untersuchung, wenn auch in grotesker Verzerrung, dem ‚Skript', den Ritualen von Gerichtsverhandlungen, noch zu folgen. Der Richter ist mit der Identitätsfeststellung des Angeklagten befasst und fragt:

> „‚Sie sind Zimmermaler?' ‚Nein', sagte K., ‚sondern erster Prokurist einer großen Bank.' Dieser Antwort folgte bei der rechten Partei unten ein Gelächter, das so herzlich war, daß K. mitlachen mußte. Die Leute stützten sich mit den Händen auf ihre Knie und schüttelten sich wie unter schweren Hustenanfällen."[35]

Die Zuschauer vergnügen sich, als werde vor ihnen ein derber Schwank aufgeführt. Sie glauben K. wohl seine Prokuristentätigkeit nicht und amüsieren sich über die Behauptung.

Daraufhin erhebt K. in einer Ansprache, die den Untersuchungsrichter adressiert, aber auf das Saalpublikum zielt, das Wort. Er brandmarkt das Verfahren gegen ihn als „lüderliches Verfahren".[36] Eigentlich sei es gar kein Verfahren: „[D]enn es ist ja nur ein

---

34 Ebd., S. 65.
35 Ebd., S. 61.
36 Ebd., S. 62.

Verfahren, wenn ich es als solches anerkenne. Aber ich erkenne es also für den Augenblick jetzt an, aus Mitleid gewissermaßen."[37]

Die Formulierung K.s lässt sich unterschiedlich auslegen: Eine Möglichkeit, den Satz „Aber ich erkenne es also für den Augenblick jetzt an, aus Mitleid gewissermaßen" zu verstehen, ist eine ästhetische, eine rezeptionsästhetische, wie sie Samuel Taylor Coleridge 1817 als „willing suspension of disbelief" formuliert hat. K. ist bereit, die Vorgaben des Gerichtstheaters zu akzeptieren, lässt sich auf das von ihm als Lügengebilde Begriffene ein – folgt der Inszenierung, ja spielt in ihr, im Theaterstück, das um seinen Fall kreist, mit. In dieser Inszenierung ergreift K. die Rolle eines Demagogen, eines Volksredners, der die Anwesenden durch die Leidenschaftlichkeit seiner Rede gegen den Richter und gegen das Verfahren aufwiegeln will.

Die Rede, zu der K. anhebt, ist eine propagandistische; er spricht nicht zur Sache, zu *seiner* Sache (eine der zentralen Regeln, die vor Gericht gelten: Der Angeklagte äußert sich zur Sache, zu dem, was ihm vorgeworfen wird). Der Richter verstummt – und K. selbst wird zum Ankläger. Mit rhetorischer Wucht (zumindest ein Teil des Publikums wird von ihm in den Bann geschlagen) präsentiert er ein Plädoyer, das die Schuldigen benennt: das Gericht, die Behörden, schließlich eine anonyme Organisation. Dass er mit der Reaktion, die er beim Publikum hervorruft, zufrieden sein kann, wird immer wieder betont: „Er hatte unwillkürlich seine Stimme gehoben. Irgendwo klatschte jemand mit erhobenen Händen und rief: ‚Bravo! Warum denn nicht? Bravo! Und wieder Bravo!'"[38]

Überzeugende Schauspielleistungen auf der Theater- oder Opernbühne werden mit Bravo-Rufen quittiert, in regulären Gerichtsverhandlungen sind lautstarke Meinungsbekundungen der Öffentlichkeit untersagt. Die „erste Untersuchung", die Verhandlung vor dem Untersuchungsrichter, lässt sich mit Vismanns Terminologie eben nicht als Gericht, sondern als Tribunal bezeichnen, die Rollen werden gewechselt – erinnert sei noch einmal an ihre Tribunaldefinition – zwischen „Ankläger und Angeklagtem, zwischen Kläger und Beklagtem". Vorab festgelegt ist auch nicht, was angeklagt wird. Es gibt im Vorfeld eines Tribunals keine Einigung auf gemeinsame Kategorien, nach denen angeklagt und entschieden wird. Die Anklage stützt sich auf keinen vorformulierten Katalog mit Straftatbeständen. Der Grundsatz *nulla poena sine lege* werde ignoriert. K. übernimmt die Rolle des vor einem Tribunal sprechenden Anklägers; er übernimmt die Verhandlungsführung, die eigentlich dem Richter zusteht, und er maßt sich auch an, das Urteil zu sprechen: „Mir steht die ganze Sache fern, ich beurteile sie daher ruhig und Sie können, vorausgesetzt daß Ihnen an diesem angeblichen Gericht etwas gelegen ist, großen

---

37 Ebd.
38 Ebd., S. 64.

Vorteil davon haben, wenn Sie mir zuhören."[39] K. nimmt dem Untersuchungsrichter ein Heft weg und präsentiert es dem Publikum. Eine Woche später, bei einem erneuten Besuch der Örtlichkeiten, erhält K. Einblick in weiteres Gerichtsmaterial:

„Es waren alte, abgegriffene Bücher, ein Einbanddeckel war in der Mitte fast zerbrochen, die Stücke hiengen nur durch Fasern zusammen. ,Wie schmutzig hier alles ist', sagte K. kopfschüttelnd, und die Frau wischte mit ihrer Schürze, ehe K. nach den Büchern greifen konnte wenigstens oberflächlich den Staub weg. K. schlug das oberste Buch auf, es erschien ein unanständiges Bild. Ein Mann und eine Frau saßen nackt auf einem Kanapee, die gemeine Absicht des Zeichners war deutlich zu erkennen, aber seine Ungeschicklichkeit war so groß gewesen, daß schließlich doch nur ein Mann und eine Frau zu sehen waren, die allzu körperlich aus dem Bilde hervorragten, übermäßig aufrecht dasaßen und infolge falscher Perspektive nur mühsam sich einander zuwendeten. K. blätterte nicht weiter sondern schlug nur noch das Titelblatt des zweiten Buches auf, es war ein Roman mit dem Titel: ,Die Plagen, welche Grete von ihrem Manne Hans zu erleiden hatte'."[40]

Mehrheitlich geht die Forschung davon aus, dass diese Konfiguration – ganz lacanianisch – auf die obszöne Unterseite des Gesetzes verweise. Wolf Kittler hat dem vor einiger Zeit widersprochen und den Vorschlag gemacht, es könne sich ja auch um in den Akten befindliches Beweismaterial gegen Josef K. handeln.[41] Es sei ja davon auszugehen, dass der Protagonist wegen eines sexuellen Übergriffs, Überfalls, zur Rechenschaft gezogen werden solle – und in einem solchen Fall könne pornografische Literatur durchaus als Beweismittel dienen.

Wie auch immer: Josef K. ergreift mit seiner Rede die Chance, den Spieß umzudrehen. Ausführlich berichtet er von seiner Verhaftung und Verfehlungen, die sich der behördliche Apparat und seine Vollstrecker geleistet hätten: „Ich wurde früh im Bett überfallen."[42] Er arbeitet damit durchaus an dem Projekt, das Cornelia Vismann als das beschreibt, ein Ding (ein Vergehen, die Störung der Ordnung) in eine zu beurteilende und zu verhandelnde Sache zu transformieren. Nur dass er sich nicht um die Rekonstruktion und die theatrale Verhandlung *seines* Falls, dessen, was ihm vorgeworfen wird (darüber ist er sich ja im Unklaren), bemüht: Stattdessen macht K. aus dem Verfahren

39 Ebd., S. 68.
40 Ebd., S. 76 f.
41 Vgl. Wolf Kittler: „Heimlichkeit und Schriftlichkeit: Das österreichische Strafprozessrecht in Franz Kafkas Roman *Der Proceß*", in: *The Germanic Review* 28 (2003), S. 194–222, 206.
42 Kafka: *Der Proceß*, S. 65.

gegen ihn, aus der Verhaftung, aus dem Gerichtsverfahren, eine *causa*, einen zu rekonstruierenden Fall. Seine Rede kulminiert im Vorwurf, dass das Recht längst unterwandert sei – von einer ‚Organisation‘:

> „,Ich bin gleich zuende‘, sagte K. und schlug, da keine Glocke vorhanden war mit der Faust auf den Tisch, im Schrecken darüber fuhren die Köpfe des Untersuchungsrichters und seines Ratgebers augenblicklich auseinander: ‚Mir steht die ganze Sache fern, ich beurteile sie daher ruhig und Sie können, vorausgesetzt daß Ihnen an diesem angeblichen Gericht etwas gelegen ist, großen Vorteil davon haben, wenn Sie mir zuhören. Ihre gegenseitigen Besprechungen dessen, was ich vorbringe, bitte ich Sie für späterhin zu verschieben, denn ich habe keine Zeit und werde bald weggehen.‘ Sofort war es still, so sehr beherrschte schon K. die Versammlung. Man schrie nicht mehr durcheinander wie am Anfang, man klatschte nicht einmal mehr Beifall, aber man schien schon überzeugt oder auf dem nächsten Wege dazu. ‚Es ist kein Zweifel‘, sagte K. sehr leise, denn ihn freute das angespannte Aufhorchen der ganzen Versammlung, in dieser Stille entstand ein Sausen, das aufreizender war als der verzückteste Beifall, ‚es ist kein Zweifel, daß hinter allen Äußerungen dieses Gerichtes, in meinem Fall also hinter der Verhaftung und der heutigen Untersuchung eine große Organisation sich befindet. Eine Organisation, die nicht nur bestechliche Wächter, läppische Aufseher und Untersuchungsrichter, die günstigsten Falles bescheiden sind, beschäftigt, sondern die weiterhin jedenfalls eine Richterschaft hohen und höchsten Grades unterhält, mit dem zahllosen, unumgänglichen Gefolge von Dienern, Schreibern, Gendarmen und andern Hilfskräften, vielleicht sogar Henkern, ich scheue vor dem Wort nicht zurück. Und der Sinn dieser großen Organisation, meine Herren? Er besteht darin, daß unschuldige Personen verhaftet und gegen sie ein sinnloses und meistens wie in meinem Fall ergebnisloses Verfahren eingeleitet wird. Wie ließe sich bei dieser Sinnlosigkeit des Ganzen, die schlimmste Korruption der Beamtenschaft vermeiden? Das ist unmöglich, das brächte auch der höchste Richter nicht einmal für sich selbst zustande.‘"[43]

Die Forschung stützt ihre Einschätzung, dass Kafka mit solchen Charakterisierungen des Gerichts faschistische und totalitaristische Entwicklungen anklagend vorwegnehme (verwiesen wird oft auf den nationalsozialistischen Volksgerichtshof) auf Textbausteine wie den gerade zitierten. Hinzuweisen ist allerdings darauf, dass K.s Brandrede von totalisierenden, paranoisch gefärbten Verschwörungstheorien gekennzeichnet ist (die auch Resultat seiner Unfähigkeit sind, mit seiner Situation umzugehen: In der ihn über-

---

43   Ebd., S. 68 f.

fordernden Konfiguration erstellt er ein Narrativ, das ihm hilft, den Glauben an seine Selbstwirksamkeit und an die Durchschaubarkeit der Realität zu bewahren). K. hat sich vor einem Gericht einzufinden – und er agiert wie vor einem Tribunal, vor dem er einen flamboyanten Bühnenmonolog hält: ein rhetorisch geschliffenes, eloquent vorgetragenes anklagendes Plädoyer.

Es ist, wie bereits erwähnt, von der Kafka-Philologie immer wieder vermutet worden, dass das Vergehen, dessen K. angeklagt wird (und das den Roman hindurch im Dunkeln bleibt) ein sexuelles, ein erotisches Vergehen ist (in einer hysteron-proteron-Konfiguration verweist etwa K.s ‚Überfall‘ auf Fräulein Bürstner auf eine solche Übertretung; wenn K. selbst sich am Ende seiner Rede vor Gericht als verführte, als verfolgte Unschuld zeichnet, zitiert er damit dieses Vergehen invertiert). Jenes „Ding“, jenes Vergehen, wird nun (davon war bereits die Rede) in der Gerichtsverhandlung, in der K. dem Richter das Wort entwendet, nicht in eine verhandelbare „Sache“ transformiert, auf dem Theater des Gerichts nicht rekonstruiert: im Sinne des *Rejouer*. Was passiert, ist stattdessen auf gewisse Weise das *Replay* – die Nachstellung mit anderem Personal.

> „Es handelte sich um die Waschfrau, die K. gleich bei ihrem Eintritt als eine wesentliche Störung erkannt hatte. Ob sie jetzt schuldig war oder nicht, konnte man nicht erkennen. K. sah nur, daß ein Mann sie in einen Winkel bei der Tür gezogen hatte und dort an sich drückte. Aber nicht sie kreischte, sondern der Mann, er hatte den Mund breit gezogen und blickte zur Decke.“[44]

Der Redeanteil K.s in den letzten beiden Dritteln des Kapitels „Erste Untersuchung“ ist – handelt es sich doch um eine große, ausladende Rede – so erheblich, dass das, was er nicht spricht, fast wie ein (allerdings ausführlicher) Dramen-Nebentext erscheint. Dieser Nebentext widmet sich in erster Linie der Beschreibung, der Interaktion von Protagonist und Publikum. Das teilt sich, davon ist die Rede, in ein linkes und rechtes Parkett sowie eine „Gallerie“, die noch dichter besetzt ist als der übrige Theater-, Gerichtsraum.

> „[D]ie Leute auf der Gallerie hörten nicht auf, ihre Bemerkungen zu machen. Sie schienen soweit man oben in dem Halbdunkel, Dunst und Staub etwas unterscheiden konnte schlechter angezogen zu sein, als die unten. Manche hatten Pölster mitgebracht, die sie zwischen den Kopf und die Zimmerdecke gelegt hatten, um sich nicht wundzudrücken.“[45]

---

44 Ebd., S. 70.
45 Ebd., S. 59 f.

Mag es üblich sein (etwa bei Freilicht-Veranstaltungen wie den Opernaufführungen in Verona), sich sein eigenes Sitzkissen mitzubringen, Kafkas Lust an der Inversion ist so ausgeprägt, dass er die Kissen, die „Pölster", anders positioniert. Am Schluss seines Auftrittes glaubt Josef K. zu erkennen, dass das Publikum, das der „Gallerie", aber auch das des Parkettes, in Wahrheit gar kein Publikum ist, sondern dass es sich um Schauspielende, um Chargen, handele. Er greift in die Bärte Umstehender (anders als bei der klassischen Guckkastenbühne sind Bühnen- und Publikumsraum nicht strikt getrennt; es gibt physische Begegnungen zwischen Schauspielern und Publikum):

> „Was für Gesichter rings um ihn! Kleine schwarze Äuglein huschten hin und her, die Wangen hiengen herab, wie bei Versoffenen, die langen Bärte waren steif und schütter und griff man in sie, so war es als bilde man bloß Krallen, nicht als griffe man in Bärte.
>
> Unter den Bärten aber – und das war die eigentliche Entdeckung, die K. machte – schimmerten am Rockkragen Abzeichen in verschiedener Größe und Farbe. Alle hatten diese Abzeichen, soweit man sehen konnte. Alle gehörten zueinander, die scheinbaren Parteien rechts und links, und als er sich plötzlich umdrehte, sah er die gleichen Abzeichen am Kragen des Untersuchungsrichters, der, die Hände im Schooß, ruhig hinuntersah. ‚So‘, rief K. und warf die Arme in die Höhe, die plötzliche Erkenntnis wollte Raum, – ‚Ihr seid ja alle Beamte, wie ich sehe, Ihr seid ja die korrupte Bande, gegen die ich sprach, Ihr habt Euch hier gedrängt, als Zuhörer und Schnüffler, habt scheinbare Parteien gebildet, und eine hat applaudiert um mich zu prüfen (…)!‘"[46]

Glaubte K. zunächst, er sei der vor Publikum (den Zuschauern) Agierende, stellt sich ihm die Situation nun (nachdem er die vorgeblichen Zuschauer auf offener Bühne gewissermaßen ‚demaskiert‘ hat) so dar, dass das Publikum gar kein Publikum war: Es handelte sich um Akteure, die ihm etwas vorgespielt haben. Nachträglich erscheint die Gerichtsverhandlung in neuem Licht; in dieser Reperspektivierung ist er nicht mehr Akteur, sondern er ist der Inszenierung des Publikums ‚auf den Leim‘ gegangen. Die Positionen von Agierenden und Zuschauenden werden durcheinandergewirbelt. Das Gerichtstheater, dem er beigewohnt hat, ist nicht nur insofern theatral verfasst, als Justiz und Bühne ähnlichen – theatralen – Schemata folgen. Das Gerichtstheater, das für K. veranstaltet wurde, ist gewissermaßen in zweiter Potenz theatral: Wenn K. mit seiner Einschätzung Recht hat, heißt das, dass man ihm die Gerichtsverhandlung, die ja ohnehin immer schon theatral modelliert ist, dezidiert als Theater vorspielte (mit schmierenkomödiantischen Chargen). Was ihm da vorgespielt wird, ließe sich auch als ‚unsichtba-

---

46 Ebd., S. 71.

res' Theater[47] begreifen – als eine Aktionsform, die Theaterstücke nicht auf einer Bühne aufführt, sondern ohne Wissen des Zuschauers an öffentlichen Orten.

Angesichts dieser Situation entscheidet sich Josef K. für einen theatralen, nein: einen theatralischen, enragierten, pathetischen Abgang: „,Ihr Lumpen', rief er, ,ich schenke Euch alle Verhöre', öffnete die Tür und eilte die Treppe hinunter."[48]

Literatur

Friedrich Balke: „Macht und Ohnmacht des Zeigens. Zu Cornelia Vismanns *Medien der Rechtsprechung*", in: *Cargo Film / Medien / Kultur* 11 (2011), S. 70–72.

Eugen Dönt: „Ödipus und Josef K. Zur aristotelischen Tragödientheorie", in: *Arcadia* 14 (1979), S. 148–159.

Bernhard Greiner: *Die Komödie. Eine theatralische Sendung. Grundlagen und Interpretationen.* Tübingen 1992.

Klaus Jeziorkowski: „Das Bett", in: Hans Dieter Zimmermann (Hg.): *Nach erneuter Lektüre. Franz Kafkas* Der Proceß. Würzburg 1992, S. 95–107.

Franz Kafka: *Der Proceß.* Hg. v. Malcolm Pasley. Frankfurt a. M. 1990.

Wolf Kittler: „Heimlichkeit und Schriftlichkeit. Das österreichische Strafprozessrecht in Franz Kafkas Roman *Der Proceß*", in: *The Germanic Review* 28 (2003), S. 194–222.

Dieter Simon: *Die Leser der Cornelia Vismann. Ein Bericht*; online unter: http://mops-block.de/images/texte/vismann.pdf [Stand: 15. 3. 2023].

Thomas-Michael Seibert: „Die theatrale Seite des Gerichts", in: Franziska Stürmer / Patrick Meier / Gerhard Besier (Hg.): *Recht populär. Populärkulturelle Rechtsdarstellungen in aktuellen Texten und Medien.* Baden-Baden et al. 2016, S. 125–143.

Cornelia Vismann: *Medien der Rechtsprechung.* Hg. v. Alexandra Kemmerer u. Markus Krajewski. Frankfurt a. M. 2011.

---

47 Vgl. auch Nikolaus Müller-Schölls Beitrag „,Theater des Unsichtbaren'. Kafka, Hugo von St. Viktor, Walter Benjamin, Ali Eyal" in diesem Band.

48 Kafka: *Der Proceß*, S. 72.

Letzte Akte: die Enden von Kafkas *Proceß* und *Der Verschollene*

OLIVER SIMONS

„Roßmann und K., der Schuldlose und der Schuldige, schließlich beide unterschiedslos strafweise umgebracht, der Schuldlose mit leichterer Hand, mehr zur Seite gescho-
ben als niedergeschlagen."[1] Kafkas Notiz vom September 1915 bringt die Romane, um
die es im Folgenden gehen soll, auf eine knappe Formel: schuldig oder nicht, Roßmann
und K. werden beide bestraft, wenn auch mit unterschiedlichen Mitteln. Obgleich die
Geschichten der beiden Figuren einen ganz anderen Verlauf zu nehmen scheinen, der
Eintrag legt nahe, dass sich ihre Enden komplementär zueinander verhalten und unweigerlich erfolgen: „[S]chließlich" werden sie umgebracht.

Zumindest im Hinblick auf den Ausgang des *Verschollenen* mag Kafkas Notiz zunächst überraschen. Immerhin wurde derselbe Schluss von Walter Benjamin und anderen auch als eine Art „Neugeburt" beschrieben, als eine glückliche Fügung, die Roßmann erfährt.[2] Mit der „Truppe" des „Teaters von Oklahama" steigt Roßmann in einen
Zug nach Westen, ergattert einen Fensterplatz neben seinem Gefährten Giacomo, um
in eine neue Welt aufzubrechen: „[S]o sorgenlos hatten sie in Amerika noch keine Reise
gemacht."[3] Ganz anders K. im *Proceß*, der am Vorabend seines einunddreißigsten Ge-
burtstags von zwei Herren verhaftet wird. „An welchem Teater spielen Sie", fragt er sie
noch, nur um wenig später zu einem Steinbruch geführt zu werden, wo ihm einer der
beiden ein Messer „ins Herz stieß und zweimal dort drehte."[4] Aufbruch in eine neue
Welt und Hinrichtung im Steinbruch: Die beiden Ende könnten nicht unterschiedlicher
sein. Dass sie sich dennoch miteinander vergleichen lassen, so die Annahme, liegt auch
in ihrem Verhältnis zum Theater begründet.

---

1   Franz Kafka: *Tagebücher. Kritische Ausgabe.* Hg. v. Hans-Gerd Koch, Michael Müller u. Malcolm
    Pasley. Frankfurt a. M. 1990, S. 757.
2   Walter Benjamin: „Franz Kafka. Zur zehnten Wiederkehr seines Todestages", in: Walter Benjamin:
    Benjamin über Kafka. Texte, Briefzeugnisse, Aufzeichnungen. Hg. v. Hermann Schweppenhäuser.
    Frankfurt a. M. 1981, S. 9–38, 17.
3   Franz Kafka: *Der Verschollene. Kritische Ausgabe.* Hg. v. Jost Schillemeit. Frankfurt a. M. 1983,
    S. 416.
4   Franz Kafka: *Der Proceß. Kritische Ausgabe.* Hg. v. Malcolm Pasley. Frankfurt a. M. 1990, S. 312.

Doch wo genau fangen die Enden eigentlich an? Die Forschung hat sich ausführlich mit der Frage beschäftigt, *wann* Kafka die letzten Kapitel der beiden Romane geschrieben hat. Wie man weiß, muss das Ende des *Proceß* zusammen mit dem Beginn des Romans verfasst worden sein, und die Handlung dazwischen nachträglich, mehr oder weniger stockend und unvollständig. Wie genau also hängt das Ende mit dem vorherigen Geschehen zusammen? Führt der Roman bruchlos zur Hinrichtung K.s oder ist das Ende den vorherigen Kapiteln angehängt?

Den Schlussteil des *Verschollenen* wiederum schrieb Kafka vermutlich im Oktober 1914, als die 1912 begonnene Niederschrift des Romananfangs schon längere Zeit zurücklag.[5] Kafka hatte die Arbeit am *Verschollenen* zwischenzeitlich für das *Urteil*, die *Strafkolonie* und den *Proceß* unterbrochen, offenbar weil er den Zusammenhang zwischen den Kapiteln verloren hatte. „Mein Roman!", so Kafka an Felice Bauer am 26. Januar 1913: „Ich erklärte mich vorgestern abend vollständig von ihm besiegt. Er läuft mir auseinander, ich kann ihn nicht mehr umfassen, ich schreibe wohl nichts, was ganz außer Zusammenhang mit mir wäre, es hat sich aber in der letzten Zeit doch allzusehr gelockert, Falschheiten erscheinen und wollen nicht verschwinden, die Sache kommt in größere Gefahr, wenn ich an ihr weiterarbeite, als wenn ich sie vorläufig lasse."[6] Sein Schreibfluss stockte zwar nicht, aber die formale Struktur des Textes war ihm zu diesem Zeitpunkt längst entglitten. Das Ende des Romans war für Kafka vor allem ein Formproblem. Naheliegend scheint daher, nicht nur die früher verfassten Kapitel des *Verschollenen* in die Vorgeschichte des Schlusses einzubeziehen, sondern auch die zwischenzeitlich geschriebenen Texte, vor allem die Schlusspassage des *Proceß*-Romans. Für die hier behandelten Abschnitte ergibt sich damit eine eigentümliche Konstellation: Auf die ersten Kapitel des *Verschollenen* folgen das erste und letzte Kapitel des *Proceß*, der Mittelteil des *Proceß* und zuletzt das Ende des *Verschollenen*.[7]

Die Entstehungsgeschichte der Schlusskapitel ist auch darum erwähnenswert, weil Enden für Kafka von jeher eine Herausforderung waren. Jedes Ende, so notiert er 1911, bedürfe eines Feuers und Entschlusses. Man müsse von einer „Unruhe getrieben" sein, um auszureißen, und dann den „Schluß von außenher geradezu mit Händen"[8] been-

---

5 Siehe Jost Schillemeit: „Karl Roßmann und das Theater. Zur Genese eines Motivs in Kafkas Roman *Der Verschollene*", in: Jost Schillemeit: *Kafka-Studien*. Hg. v. Rosemarie Schillemeit. Göttingen 2004, S. 272–278, 273.

6 Franz Kafka: *Briefe an Felice und andere Korrespondenz aus der Verlobungszeit*. Hg. v. Erich Heller u. Jürgen Born. Frankfurt a. M. 1995, S. 271 (Brief v. 26.1.1913).

7 Wie Schillemeit gezeigt hat, verändert Kafka auch den Modus des Schreibens. Vgl. Jost Schillemeit: „Das unterbrochene Schreiben. Zur Entstehung von Kafkas Roman *Der Verschollene*", in: Schillemeit: *Kafka-Studien*, S. 211–223.

8 Kafka: *Tagebücher*, S. 329.

den. In einem späteren Tagebucheintrag heißt es wiederum, dass zumindest literarische Formen ihren jeweiligen Schluss in sich selber tragen. So lächerlich der Anfang einer jeden Novelle erscheine, „falls sie berechtigt ist", trage sie „ihre fertige Organisation in sich (…), auch wenn sie sich noch nicht ganz entfaltet hat", so Kafka 1914.[9] Diese beiden Versionen des Endes scheinen sich geradezu konträr zueinander zu verhalten: Das Ende als finaler Moment, von außen gesetzt, oder aber ein Ende, das sich aus der literarischen Form geradezu gesetzmäßig entwickelt und schon zu Beginn eines Textes in ihr enthalten ist. Die erste Version des Endes scheint dem Text lediglich angehängt, die zweite geht aus dem Geschehen hervor, als eine Art Schlussfolgerung, die auf eigentümliche Weise mit dem Verlauf eines Textes verwickelt ist. Zumindest von den Textenden dieser zweiten Art ist anzunehmen, dass sie viel früher beginnen als erst im letzten Kapitel eines Romans.

Kafkas Bezug zum Theater ist in der Forschung vielfach bedacht worden, sein szenisches Erzählen, seine theatralischen Verhaltensstrategien oder aber seine Nähe zu Theatergruppen.[10] Für die hier diskutierten Romanenden indes sind nicht nur explizite Hinweise auf theatralische Motive aufschlussreich, sondern vor allem die Frage nach der jeweiligen Textstruktur als Formproblem. Um dies mit der Poetik des Aristoteles anzureißen: Die Tragödie, so Aristoteles bekanntlich, sei die „Nachahmung einer guten und in sich geschlossenen Handlung",[11] wobei er die Handlung explizit als Form eines Zusammenhangs bestimmt. Charaktere seien weniger relevant als die Struktur des Handlungsverlaufs. Ohne Handlung, so Aristoteles, könne keine Tragödie zustande kommen, „wohl aber ohne Charaktere".[12] Eine ganze Handlung wiederum hat „Anfang, Mitte und Ende",[13] wobei Mitte und Ende eines Stückes aus etwas hervorgehen müssen; als Mitte einer Handlung ist nur zu erkennen, was aus dem Beginn folgt, ebenso wie die Mitte einer Handlung Bedingung des Endes ist. Anders gesagt, das Ende findet in der Mitte seinen Grund, und dort ist zumindest in struktureller Hinsicht auch der eigentliche Anfang des jeweiligen Endes zu vermuten. Die genaue Abfolge der Handlung ist daher nicht

---

9   Ebd., S. 711.
10   Vgl. Schillemeit: „Karl Roßmann und das Theater", S. 273; Gerhard Neumann: „Inszenierung des Anfangs. Zum Problem der sozialen Karriere in Kafkas *Prozeß*-Roman", in: Gerhard Neumann: *Kafka-Lektüren*. Berlin 2013, S. 24–37, und: „Ritual und Theater. Franz Kafkas Bildungsroman *Der Verschollene*", in: Neumann: *Kafka-Lektüren*, S. 159–183; Martin Puchner: „Kafka's Antitheatrical Gestures", in: *The Germanic Review* 78, 3 (2003), S. 177–193; Oliver Simons: „Schuld und Scham. Kafkas episches Theater", in: Arne Höcker / Oliver Simons (Hg.): *Kafkas Institutionen*. Bielefeld 2007, S. 269–294.
11   Aristoteles: *Poetik*. Übers. u. hg. v. Manfred Fuhrmann. Stuttgart 1982, S. 19.
12   Ebd., S. 21.
13   Ebd., S. 25.

beliebig, ganz im Gegenteil müsse sie sich an Grundsätze halten. Eine Umstellung der Textfolge würde sonst das gesamte Gefüge durcheinanderbringen.

Ebenso bekannt sind die von Aristoteles beschriebenen Strukturmomente, der sich eine Handlungsfolge zu fügen habe. Die Wiedererkennung und Peripetie etwa,[14] die Aristoteles zufolge idealerweise zusammen eintreten, sind ebenso essentiell wie der Fehler[15] der Hauptfigur, ihre *hamartia*, die das tragische Geschehen überhaupt erst in Gang bringt. Den Hauptfiguren widerfährt der Umschlag von Glück ins Unglück, weil sie einen Fehler begehen, zu dessen Einsicht sie erst später kommen. Diese Struktur ist im Epos grundsätzlich nicht anders. Auch hier gibt es die *hamartia*, aber die Tragödie zeichnet sich dadurch aus, dass sie sich leichter überblicken lasse. Eine Tragödie kommt zügiger und gestraffter zu ihrem Ende als das Epos mit seinen unterschiedlichen Zeitsträngen, zumal wenn die *hamartia* klar zu erkennen ist. Mit Aristoteles muss man also den Anfang vom Ende in der *hamartia* der Hauptfigur suchen.

Von Fehlern ist in Kafkas Romanen häufig die Rede, aber handelt es sich dabei auch um eine *hamartia* im formalen Sinne? Gibt es für Roßmann und K. Handlungsmomente, die auf ihr Ende vorausdeuten? Ein möglicher Ausgangspunkt für diese Fragen ist das von Kafka zuletzt verfasste Ende, das „Teater von Oklahama", dem sich Roßmann im *Verschollenen* anschließt. Für den „Anfang einer anständigen Laufbahn"[16] scheint das „Teater von Oklahama" eine besondere Gelegenheit zu bieten:

> „Auf dem Rennplatz in Clayton wird heute von sechs Uhr früh bis Mitternacht Personal für das Teater in Oklahama aufgenommen! Das große Teater von Oklahama ruft Euch! Es ruft nur heute, nur einmal! Wer jetzt die Gelegenheit versäumt, versäumt sie für immer! Wer an seine Zukunft denkt, gehört zu uns! Jeder ist willkommen! Wer Künstler werden will melde sich! Wir sind das Teater, das jeden brauchen kann, jeden an seinem Ort! Wer sich für uns entschieden hat, den beglückwünschen wir gleich hier! Aber beeilt Euch, damit Ihr bis Mitternacht vorgelassen werdet! Um zwölf wird alles geschlossen und nicht mehr geöffnet! Verflucht sei wer uns nicht glaubt! Auf nach Clayton!"[17]

Jetzt oder nie, und nur heute bietet sich diese Gelegenheit, dann sei das Theater „für immer" geschlossen. Das Plakat verrät wenig über die tatsächliche Tätigkeit, geschweige denn den möglichen Verdienst, wie Roßmann bemerkt; das sei der „große Fehler" der

---

14 Ebd., S. 23 u. 79.
15 Ebd., S. 39.
16 Kafka: *Der Verschollene*, S. 388.
17 Ebd., S. 387.

Ausschreibung.[18] Umso präziser ist dafür die Zeitangabe. Wer bis Mitternacht zur Aufnahme erscheint, kann was werden, und das gilt für jedermann.

Dass Kafka für diese Art der Anwerbung konkrete Vorgaben gehabt haben mag, wurde in der Forschung verschiedentlich diskutiert,[19] die präzise Zeitangabe aber erklärt sich aus dem Romanzusammenhang.[20] Immerhin hatte Roßmann seit seiner Ankunft mit seiner fehlenden Pünktlichkeit zu kämpfen. Er kommt fortwährend zu spät. „Alle Entwicklungen gehen hier so schnell vor sich",[21] sagt ihm sein Onkel, der ihn zunächst noch in seine Obhut nimmt, aber zeitiges Aufstehen fällt Roßmann schwer; er leide an „Schlafsucht",[22] und seine Unpünktlichkeit ist schließlich auch der Grund, warum ihn sein Onkel bald wieder verstößt. Roßmann verbringt ein Wochenende auf einem Landsitz, soll sich aber bis Mitternacht wieder bei seinem Onkel eingefunden haben. Da er diesen Zeitpunkt aber wiederum verpasst und sich auch um Mitternacht immer noch auf dem Landsitz befindet, übergibt ihm ein Gehilfe des Onkels, Herr Green, einen Brief mit der Aufschrift: „An Karl Roßmann. Um Mitternacht persönlich abzugeben, wo immer er angetroffen wird."[23] Das Schreiben ist nicht etwa an eine Person an einem bestimmten Ort adressiert, sondern lediglich mit einem Zeitindex versehen. Um nichts anderes geht es im Schreiben des Onkels: „Du hast Dich gegen meinen Willen dafür entschieden, heute Abend von mir fortzugehen, dann bleibe aber auch bei diesem Entschluß Dein Leben lang, nur dann war es ein männlicher Entschluß."[24] „Jetzt oder nie!" war offenkundig auch die Losung des Onkels, und da Roßmann es wieder einmal verpasst hat, pünktlich zu sein, soll er nunmehr für immer gehen. Roßmann war nicht zum richtigen Zeitpunkt am richtigen Ort und wie die zuvor zitierten Passagen andeuten, handelt es sich dabei nicht etwa um einen zufälligen oder außergewöhnlichen Fehler, schließlich hatte der Onkel nichts anderes erwartet.

Im Text wird dieser Moment penibel vorbereitet. Roßmann wird mehrfach auf die Uhrzeit aufmerksam gemacht, als „halbzwölf vorüber"[25] ist, um „bald dreiviertel

---

18 Ebd.
19 Vgl. Thomas Anz: „Kafka, der Krieg und das größte Theater der Welt", in: Uwe Schneider / Andreas Schumann (Hg.): *Krieg der Geister. Erster Weltkrieg und literarische Moderne*. Würzburg 2000, S. 247–262.
20 Siehe hierzu meinen Beitrag „Kafkas Zeitsätze", in: Christof Hamann / Rolf Parr (Hg.): *Getaktete Zeiten. Von Kalendern und Zeitvorstellungen in Literatur und Film*. Berlin 2022, S. 265–274.
21 Kafka: *Der Verschollene*, S. 68.
22 Ebd., S. 63.
23 Ebd., S. 122 f.
24 Ebd., S. 123.
25 Ebd., S. 115.

zwölf",[26] und obwohl es „höchste Zeit"[27] sei aufzubrechen, lässt er sich noch zum Klavierspielen überreden. Ein eigentlich langsames Lied spielt er „im ärgsten Marschtempo"[28] und um „dreiviertel zwölf" ein Soldatenlied schließlich so langsam, dass seine Zuhörer den jeweils nächsten Ton herbeisehnen.[29] Als er zwölf Glockenschläge hört, ist es endgültig zu spät, aber Roßmann zufolge noch immer „höchste Zeit".[30] Wie sehr sein Zeitempfinden von dem seiner Umgebung abweicht, zeigt sich auch in seiner Reaktion auf den Brief. Dem Überbringer des Schreibens wirft er vor, seine Abreise absichtlich verzögert zu haben, nur um ihm den Brief noch überreichen zu können. Dass ihn dieser Brief, der lediglich einen Zeitpunkt und keine Ortsangabe enthält, überall ereilt hätte, kommt ihm nicht in den Sinn. Bemerkenswert ist auch, dass es im Text zwar heißt, der Brief sei „um Mitternacht" auszuhändigen, Roßmann jedoch im Disput mit Green behauptet: „[E]s ist nicht ganz so. Auf dem Umschlag steht ‚zu übergeben nach Mitternacht'."[31] Ein Beleg für diese Lesart findet sich nicht, und aus der Reaktion von Green – „Kein Wort weiter!"[32] – ist zu schließen, dass es keinen gibt. Roßmann hat das „um" einfach missverstanden als eine lose Angabe, die ungefähr auf einen Zeitraum verweist und nicht etwa auf einen spezifischen Zeitpunkt.

Aus Kafkas Korrespondenz mit Felice weiß man, wie sehr ihn die zeitige Zustellung von Briefen, aber auch seine eigene Pünktlichkeit umgetrieben hatte: Formulierungen wie „ich kam wie gewöhnlich eine Stunde später"[33] sind ebenso häufig in seinen Briefen zu finden wie Hinweise auf seine „tyrannische Zeiteinteilung".[34] Zwar ist Kafka „ein unpünktlicher Briefschreiber",[35] die rechtzeitige Ankunft von Korrespondenzen vermerkt er dafür umso akribischer. Wichtiger für die folgenden Überlegungen ist jedoch der Zusammenhang der Zeitangaben mit dem Ende des Romans. Wie angedeutet, war für Kafka die Herausforderung des Romans vor allem ein Formproblem. „Die Geschichte," so Kafka am 11. November 1912 an Felice, sei „ins Endlose angelegt". Zu diesem Zeitpunkt sind bereits die ersten fünf Kapitel fertiggestellt, das sechste fast,[36] aber nur we-

---

26 Ebd., S. 117.
27 Ebd., S. 118.
28 Ebd.
29 Ebd., S. 119. Vgl. hierzu auch Erica Weitzman: „Almost Necessary: Kafka's Kantian Situation Comedy", in: *Modern Language Notes* 126, 3 (2011), S. 590–613, 602.
30 Kafka: *Der Verschollene*, S. 121.
31 Ebd., S. 126.
32 Ebd., S. 127.
33 Kafka: *Briefe an Felice*, S. 56 (Brief v. 27.10.1912).
34 Ebd., S. 70 (Brief v. 3.11.1912).
35 Ebd., S. 43 (Brief v. 20.9.1912).
36 „Die Geschichte, die ich schreibe und die allerdings ins Endlose angelegt ist, heißt, um Ihnen einen vorläufigen Begriff zu geben ‚Der Verschollene' und handelt ausschließlich in dehn Vereinigten

nige Wochen später notiert er bereits: „Was für eine unregelmäßig geschriebene Masse das sein wird, dieser Roman! Was für eine schwere Arbeit, vielleicht eine unmögliche das sein wird, nach der ersten Beendigung in die toten Partien auch nur ein halbes Leben zu bringen! Und wie viel Unrichtiges wird stehen bleiben müssen, weil dafür keine Hilfe aus der Tiefe kommt."[37] Zwar scheint Kafka zu diesem Zeitpunkt bereits Roßmanns Fehler und *hamartia* in der Briefszene festgehalten zu haben, aber die sich daran anschließenden Kapitel führen nicht etwa zu einer straffen Wendung, sondern scheinen tatsächlich auf eine unbestimmte Dauer angelegt. Die einzelnen Etappen von Roßmanns Lebensstationen ließen sich mit neuen Episoden stets fortsetzen.

Folgt man nun der Entstehungsgeschichte des Romans, wäre der *Proceß* in die Überlegungen einzubeziehen. Wie eingangs bemerkt, hatte Kafka seine Arbeit am *Verschollenen* für mehrere andere Texte unterbrochen, unter anderem den *Proceß*, dessen Romanschluss er wiederum mit dem ersten Kapitel geschrieben hatte. Statt den *Proceß* vom Anfang zum Ende zu verfolgen, wie es ihm mit der Lebensgeschichte Roßmanns so schwergefallen war, hatte er für diesen Roman das Ende gleich anfangs gesetzt. Auch die näheren Umstände des Schlusskapitels wurden bereits angerissen: „Am Vorabend seines einunddreißigsten Geburtstages" wird K. von zwei Herren abgeholt. Zwar ist ihm noch immer nicht klar, wofür man ihm den Prozess gemacht hat, an seinem nahenden Ende jedoch hat er keinen Zweifel: Er könne lediglich noch versuchen, „bis zum Ende den ruhig einteilenden Verstand" zu bewahren, sich, so gut es geht, den Kräften der beiden Begleiter entgegenstemmen: „,Ich werde nicht mehr viel Kraft brauchen, ich werde jetzt alle anwenden', dachte er." Unter den Augen mehrerer Beobachter wird er in einen Steinbruch gebracht, ein Fleischermesser wird ihm gereicht, offenbar damit er sich selber das Leben nimmt: „Aber er tat es nicht, sondern drehte den noch freien Hals und sah umher. Vollständig konnte er sich nicht bewähren, alle Arbeit den Behörden nicht abnehmen, die Verantwortung für diesen letzten Fehler trug der, der ihm den Rest der dazu nötigen Kraft versagt hatte."[38] Stattdessen stößt ihm einer der Begleiter das Messer ins Herz. Zuschauer verfolgen das Geschehen auf ihren Plätzen hinter den Fenstern. Zwar endet der *Proceß* mit dem Wort „überleben", an seinem tragischen Ende kann es dennoch keinen Zweifel geben.

Staaten von Nordamerika. Vorläufig sind 5 Kapitel fertig, das 6te fast. Die einzelnen Kapitel heißen: I Der Heizer II Der Onkel III Ein Landhaus bei New York IV Der Marsch nach Ramses V Im Hotel Occidental VI Der Fall Robinson." Kafka: *Briefe an Felice*, S. 86 (Brief v. 11. 11. 1912). Auch seine Briefe an Felice, so Kafka, seien ins „Endlose angelegt" (ebd., S. 64; Brief v. 31. 10. 1912).

37 Ebd., S. 251 (Brief v. 15. / 16. 1. 1913).
38 Kafka: *Der Proceß*, S. 311 f.

Nicht nur K.s Hinrichtung gleicht einer Theaterszene. Auch zu Beginn des Romans, am Morgen seines dreißigsten Geburtstages, wird K. von zwei Herren aufgesucht, die ihm zunächst wie „Schauspieler" einer „Schaustellung"[39] erscheinen. Erst wird er von einer Frau im gegenüberliegenden Fenster beobachtet, „mit einer ganz gewöhnlichen Neugierde",[40] kurz darauf schon von einer ganzen „Gesellschaft".[41] Und für Frau Bürstner, seine Zimmernachbarin, die am Abend desselben Tages ausgerechnet noch im Theater gewesen war, stellt er die unerwartete Begegnung später szenisch nach: „Soll ich Ihnen zeigen, wie es gewesen ist?"[42] Die Theatralität ist dem Roman von Beginn an eingeschrieben, motivisch und mit expliziten Hinweisen. Dennoch ist zu fragen, inwiefern auch die Struktur des Textes einem dramatischen Formgesetz folgt, gerade im Hinblick auf den Schluss. Wo beginnt das Ende K.s, und was genau ist seine *hamartia*?

Bekanntlich gibt der Roman keinen Aufschluss darüber, warum K. ein Jahr zuvor „verleumdet" und verhaftet worden war, „ohne daß er etwas Böses getan hätte".[43] Der Text beginnt mit einem Denn-ohne-daß-Satz, dem Hinweis also, dass sein Anfang grundlos gesetzt ist. Nichts ist gewiss in diesem Satz, nichts gewiss an diesem Morgen. Und wie der *Verschollene* setzt auch der *Proceß*-Roman mit einer Reihe von Diskrepanzen in den Zeitangaben ein, denn einerseits geht es um außergewöhnliche Ereignisse – den dreißigsten Geburtstag K.s und seine Verhaftung –, zugleich aber um ganz alltägliche Geschehnisse, die deren Ereignishaftigkeit wieder infrage stellen. K. ist an diesem Morgen so überrascht, dass er drei Schnäpse trinkt, und nur eine Woche später übernächtigt, weil er mal wieder zu lange beim Stammtisch war. Der Beginn des Romans setzt nicht nur mit einer Differenz zu einer unverfügbaren Vorgeschichte ein, er handelt auch von Differenzen, die sich im Romanverlauf auf unterschiedliche Weise reproduzieren. K.s Suche nach den Gründen für seine Verhaftung stößt auf vergleichbare Widersprüche. Es sei nicht das erste Mal, dass er sich der Folgen einer Handlung nicht bewusst gewesen war,[44] dennoch sei er unschuldig, wobei auch K. zugeben muss, dass er das Gesetz der Anklage[45] gar nicht kennt. Man könnte zahlreiche weitere Widersprüche anführen: In den Prozessen des Gerichts gibt es zwar immerzu Fortschritte, nur sehen könne man sie selten;[46] man könne die Richter persönlich beeinflussen, nur habe sich das noch nie zugunsten der Angeklagten ausgewirkt; und in der Parabel „Vor dem Ge-

---

39   Ebd., S. 15.
40   Ebd., S. 7.
41   Ebd., S. 20.
42   Ebd., S. 44.
43   Vgl. ebd., S. 7.
44   Vgl. ebd., S. 12.
45   Ebd., S. 15.
46   Ebd., S. 241.

setz" aus dem Dom-Kapitel heißt es: „Richtiges Auffassen einer Sache und Mißverstehen der gleichen Sache" schließen „einander nicht vollständig"[47] aus. Ohne die Passage hier erschöpfend behandeln zu können, seien zumindest einige Details erwähnt: Vor dem Gesetz steht ein Türhüter, zu dem ein Mann vom Lande kommt, um Eintritt in das Gesetz zu verlangen. Der Türhüter sagt: „jetzt nicht", aber ein späterer Eintritt sei durchaus möglich. Als der Mann vom Lande ins Innere des Gesetzes zu blicken versucht, sagt der Türhüter: „Wenn es Dich so lockt, versuche es doch trotz meines Verbotes hineinzugehen."[48] Auch dieser Wenn-dann-Satz scheint sich zu widersprechen, da er ein Verbot behauptet, das er gleichzeitig unterminiert: Derselbe Türhüter, der ihm den Eintritt verweigert, lockt ihn, sein Verbot zu missachten. Als der Mann vom Lande nach lebenslangem Warten am Ende seiner Kräfte ist, sagt ihm der Türhüter schließlich: „Dieser Eingang war nur für Dich bestimmt. Ich gehe jetzt und schließe ihn."[49]

Die Legende wird von einem Gefängnisgeistlichen erzählt, demzufolge die Geschichte gar nicht so widersprüchlich sei. Das „jetzt nicht" und „nur für Dich"[50] seien keineswegs gegensätzliche Aussagen, vielmehr deute die erste Äußerung auf die zweite hin. Anders gewendet: Dem Gefängnisgeistlichen zufolge hat der Mann vom Lande den Wenn-dann-Satz einfach missverstanden. Statt ihn als Drohung oder Verbot aufzufassen, hätte er den Satz schlichtweg als konditionalen Satz interpretieren müssen: Tritt doch ein, wenn es Dich so lockt! Wie Walter Benjamin einmal formulierte: „Kafkas Konditionalsätze sind Treppenstufen, die immer tiefer und tiefer führen, bis das Denken zuletzt in die Schicht gesunken ist, in der seine Figuren leben."[51] Tatsächlich ist der Konditionalsatz in dieser Passage nur der Auftakt einer langwierigen, sich über mehrere Seiten erstreckenden Auslegung der Parabel. Bis zur Ermüdung diskutiert K. mit dem Geistlichen und behauptet, dass der Türhüter den Mann getäuscht haben muss, während der Geistliche darzulegen versucht, dass der Türhüter seinen Wenn-dann-Satz gar nicht als Täuschung gemeint habe. Überhaupt sei der Türhüter selbst der Getäuschte, weil er mit dem Rücken zur Tür stehend gar nicht wissen konnte, was der Mann gesehen haben mochte. Am Ende des Disputs glaubt dies auch K., schließt daraus jedoch, dass dann tatsächlich alles zuvor Gesagte notwendigerweise unwahr gewesen sein müsse. Doch dem Geistlichen zufolge ist der Wahrheitsgehalt einer Äußerung gar nicht ausschlaggebend, sondern einzig und allein deren Notwendigkeit. Anders gewendet: K. solle sich besser

---

47   Ebd., S. 297.
48   Ebd., S. 293.
49   Ebd., S. 295.
50   Ebd.
51   Walter Benjamin: „Aufzeichnungen", in: Walter Benjamin: *Benjamin über Kafka. Texte, Briefzeugnisse, Aufzeichnungen.* Hg. v. Hermann Schweppenhäuser. Frankfurt a. M. 1981, S. 111–174, 128.

auf die Logik der Argumentation beziehen als auf ihren vermeintlichen Sinngehalt, sonst würde er denselben Fehler begehen wie der Mann vom Lande und die Logik des Wenn-dann-Satzes schlichtweg übersehen. Von dieser Schlussfolgerung ist nun K. allerdings nicht überzeugt. Aus seiner Sicht würde das Gebot des Geistlichen – auf die Notwendigkeit zu achten statt auf Wahrheit –, die Lüge zur „Weltordnung" machen: „K. sagte das abschließend, aber sein Endurteil war es nicht. Er war zu müde, um alle Folgerungen der Geschichte übersehen zu können".[52]

Wie diese verknappte Skizze andeuten mag, führt die Legende zwei unterschiedliche Auffassungsweisen von Sprache vor: Einerseits den Versuch, eine Aussage an ihrem Wahrheitsgehalt zu messen und an sich zu überprüfen, andererseits eine rein logische Rekonstruktion von Argumentationsketten, bei der es einzig um deren Zusammenhang geht. Nicht zufällig häufen sich in diesem Abschnitt wie in keinem anderen des Romans Denn-Sätze und Wenn-dann-Sätze. Aus dem „Denn-ohne-daß"-Roman wird zumindest in diesem Kapitel ein Roman, der einen Wenn-dann-Satz zu ergründen versucht und dabei bis zur Ermüdung K.s dieselbe syntaktische Struktur variiert und wiederholt; alles hing am falsch verstandenen „wenn". Kafka hatte einen Hang zu derartigen Verwechslungen. Im Tagebuch etwa findet sich der Satz „Bringen Sie die Zeitung, bis sie ausgelesen ist"[53] – „bis" statt „wenn", als ginge es Kafka wie Roßmann im *Verschollenen*, der „um" nicht etwa als Zeitpunkt, sondern nur als eine unbestimmte Dauer und folglich „um Mitternacht" kurzerhand als „nach Mitternacht" verstanden haben wollte.

Den Disput um die rechte Auslegung der Legende könnte man epistemologisch genauer verorten, denn zwei Fälle, die sich gegenseitig ausschließen und dennoch nicht widerlegt werden können, sind zwar widersprüchlich: beispielsweise, wenn man nicht-schuldig, aber auch nicht-nicht-schuldig ist. Ob ein Argument aber an sich wahr ist oder nicht, ist nicht nur aus Sicht des Geistlichen, sondern auch der modernen Logik zufolge für den Sinngehalt einer Aussage gar nicht ausschlaggebend. Wenn Propositionen nur der Ordnung ihres logischen Symbolsystems entsprechen, werden sie von ihrer Widersprüchlichkeit nicht entkräftet. Es tritt lediglich der Fall ein, dass man sich für eines der sich widersprechenden Argumente entscheiden muss, bevor man mit ihm weitere Schlüsse formulieren kann. Die Widersprüche im Roman wären insofern Knotenpunkte, an denen die Erzählung immer wieder einen Anfang setzt. K. hangelt sich von Widerspruch zu Widerspruch, oder anders: Statt den Wahrheitsgehalt der einzelnen Argumente zu prüfen – ist er schuldig oder nicht –, handelt der Roman von deren Folgerichtigkeit und K.s verzweifeltem Versuch, mit dieser Folgerichtigkeit Schritt zu halten.

---

52 Kafka: *Der Proceß*, S. 303.
53 Kafka: *Tagebücher*, S. 722. Vgl. dazu Rochelle Tobias: „A Doctor's Odyssey: Sickness and Health in Kafka's ‚Ein Landarzt'", in: *The Germanic Review* 75, 2 (2009), S. 120–131, 123.

Wie zitiert, will K. zuletzt nicht nur seinen logischen Verstand bewahren, sondern auch seine letzte Kraft aufwenden, um sich seinem Ende zu widersetzen. Im Schlusskapitel will K. zwar seine Kräfte zunächst gegen die beiden Henker stemmen und „mit zwanzig Händen in die Welt hineinfahren",[54] stattdessen aber wird er abgeholt. Es scheint daher nur folgerichtig, dass der Roman am Schluss seine Form ändert, um zu einem Finale zu kommen. Entweder der Prozess der sich fortwährend reproduzierenden Widersprüchlichkeiten wird unendlich verschleppt, oder aber der Roman findet eine andere Lösung. Tatsächlich scheint das Schlusskapitel dem letzten Akt einer Tragödie vergleichbar, dem gewaltsamen Tod eines unschuldig-schuldigen Helden, und wie angedeutet, ist dieser angehängte letzte Akt gleich zu Beginn angekündigt: K. kennt das Gesetz zwar nicht, nach dem er schuldig ist, die beiden Gehilfen aber wissen bereits zu Beginn: Einen versöhnlichen Abschluss wird es für ihn nicht geben.[55] Das Geschehen des Romans handelt einerseits von einer Verschleppung, ist zum anderen aber auf einen Schlussakt hin angelegt, dem sich K. nicht widersetzen kann. Die Legende wäre in dieser Struktur dem Moment der Anagnorisis vergleichbar, der von Aristoteles beschriebenen Einsicht des tragischen Helden in die eigene Verfehlung – allerdings nur in negativer Weise: K. wird müde und kann die Folgerungen nicht mehr übersehen. Seine Tragödie ist, dass er zu keiner Einsicht kommt. Bis zuletzt will K. seinen einteilenden Verstand nicht aufgeben, auch wenn er die Folgerichtigkeit des Geschehens nicht verstehen kann.

Vergleicht man dieses Ende nun mit dem *Verschollenen*, ist zunächst zu bemerken, dass die Legende vom Türhüter in unmittelbare Nähe zum letzten Kapitel gerückt ist, als sei der Roman zu diesem Zeitpunkt bereits so verschleppt, dass die eingeschobene Passage den Schluss herbeiführen muss. Kafka ändert das Genre, um seinen Roman zu einem Ende zu bringen. Es bedarf offenkundig eines formalen Mittels, aus den endlosen Verschleppungen und Verzögerungen auszubrechen, und genau dies ist die Funktion des Theaters. Zwar hat K. im Laufe des Romans sein Nachahmungsvermögen mehrfach unter Beweis gestellt und gezielt dazu eingesetzt, die Geschehnisse um ihn herum nachzustellen und damit möglicherweise auch seine eigene Rolle und Funktion zu sichern, am Ende aber bleibt ihm nur, sich der Rolle zu fügen, die man ihm zugeschrieben hat.

Im *Verschollenen* hingegen scheint die Ausgangslage eine andere. Das Kapitel, in dem Roßmann den Brief des Onkels erhält, liegt nicht nur entstehungsgeschichtlich weit vor dem eigentlichen Schluss des Romans. Dass Roßmann von seinem Onkel verstoßen wird, ist nur der Auftakt einer Reihe von weiteren Episoden, die Roßmann ins Landesinnere führen. Und doch scheint das Fragment „Teater von Oklahama" unmittelbar an

---

54   Kafka: *Der Proceß*, S. 308.
55   Vgl. ebd., S. 25.

den Brief anzuschließen. Immerhin zeigt das Plakat die gleiche Losung, die den Onkel lange zuvor dazu bewogen hatte, Roßmann fortzuschicken: Wenn Du jetzt nicht hier bist, dann geh für immer. Die Ausschreibung ist auch darum eine Art Wendepunkt für Roßmann. Das Plakat verheißt eine einmalige Gelegenheit, jetzt oder nie, wiederholt demnach aber die Forderung des Briefes, mit dem nicht unwesentlichen Zusatz freilich, dass es sich an jedermann richtet und nicht etwa an eine einzige Person. Das „Teater von Oklahama" ist demnach ganz buchstäblich eine Wiederholung der vorangegangenen Ereignisse, wenn auch mit veränderten Vorzeichen: „Aber beeilt Euch, damit Ihr bis Mitternacht vorgelassen werdet! Um zwölf wird alles geschlossen und nicht mehr geöffnet!" – „bis Mitternacht" und „um zwölf" sind nun auch für Roßmann eindeutige Zeitangaben.

Bemerkenswert ist aber auch, dass die Formel „jetzt oder nie!" auf eine ganz eigentümliche Weise mit der Türhüterlegende und dem Ende des *Proceß*-Romans verbunden ist. Immerhin sagt der Türhüter dem Mann vom Lande, dass er „nur jetzt nicht" in das Gesetz eintreten könne, gleichwohl es nur für ihn bestimmt gewesen sei. Auch hier wird also eine eindeutige Adressierung an eine Zeitangabe geknüpft, und auch im *Proceß*-Roman kann der Mann vom Lande diesen Zusammenhang offenkundig nicht richtig deuten. Er versäumt es, in das Gesetz einzutreten, weil er dessen Logik ebenso wenig zu verstehen scheint wie Roßmann die Gepflogenheiten in Amerika. Auch der Mann vom Lande kommt zu spät. Beide Romane bestimmen den Fehler ihrer Hauptfiguren daher auf durchaus vergleichbare Weise, aber anders als der Tragödienschluss im *Proceß* scheint dem Theater im *Verschollenen* eine andere Funktion zuzukommen. Wie Roßmann selber bemerkt, erfährt man wenig über den eigentlichen Zweck der Anwerbung; das Plakat und auch das nachfolgende Anstellungsverfahren geben keine Auskunft über eine tatsächliche Funktion, die er zu erfüllen hätte, geschweige denn über zu erwartende Aufführungen. Wie das Gesetz stellt es eine „Verlockung"[56] dar, und wie die Türhüterlegende ist es nicht über seinen Inhalt definiert; alles könnte auch „eine Lüge"[57] sein, wie Roßmann bemerkt. Aber anders als die Bühne, auf der K.s Hinrichtung stattfindet, ist das Theater in Amerika gerade nicht über einen abgegrenzten Raum definiert.[58] Während K. im *Proceß* der Eintritt in das Gesetz verwehrt bleibt, ist Roßmann im Theater schneller aufgenommen als gedacht. Bei seiner Ankunft bemerkt er zunächst einen Chor mit hunderten Frauen, die als Engel verkleidet, auf kleinen Podesten stehend, Trompete

---

56   Kafka: *Der Verschollene*, S. 388.
57   Ebd.
58   Bezüge zum sogenannten Naturtheater wurden in der Forschung vielfach diskutiert, siehe u. a. Marit Grotta: „At the Door of the Theater: Kafka's Oklahoma Theater und the Nature Theater Movement", in: *New German Critique* 142 (2021) 48.1, S. 103–123.

spielen, als würden sie einen tragischen Chor nachstellen, wenn auch mit dissonanter und allzu vielstimmiger Musik; jede spielt für sich. Und während der Tragödienchor einst noch eine Schwelle zwischen dem Bühnenraum und den Zuschauern markiert hatte, wird im *Verschollenen* diese Unterscheidung einfach aufgehoben. Roßmann erkennt unter den Frauen seine ehemalige Gefährtin Fanny, die ihm auch gleich den Weg zur Aufnahmekanzlei weist, nicht ohne dass er zuvor noch selber zur Trompete greift, um kurz ein Kneipenlied anzustimmen.[59] Der Rollentausch ist hier programmatisch zu verstehen, denn auch in den nachfolgenden Einführungsgesprächen schlüpft Roßmann in verschiedene Rollen, als sei er schon auf der Bühne, bevor er überhaupt aufgenommen ist. Als der erste Personalchef die Gruppe der Bewerber fragt, ob sich ein Ingenieur unter ihnen befinde, meldet sich Roßmann augenblicklich, auch wenn ihm die Qualifikation dafür fehlt. Als er später in die nächste Kanzlei für Leute mit technischen Kenntnissen geschickt wird, weiß er sich wiederum zu verstellen. Nach seinem Namen gefragt, antwortet Roßmann kurzerhand „Negro", da er keine Ausweispapiere bei sich hat. Dass sich in Arthur Holitschers *Amerika heute und morgen*, aus dem Kafka bekanntlich Motive aufgegriffen und variiert hat, tatsächlich ein Kapitel mit dem Titel „Negro" befindet, unterstreicht nur, wie Roßmann auf Zuruf seine Rolle anzupassen weiß.[60] Man könnte diese Anverwandlung als eine Art Identifikation deuten,[61] wobei Roßmann zu diesem Zeitpunkt ja noch gar keine Rolle bekommen hat. Vielleicht ist genau dies seine entscheidende Strategie. Sein mimetischer Akt ist keine *imitatio*, keine Nachstellung von etwas, einer gegebenen Rolle etwa, sondern eher der Versuch, aus einer Rolle herauszuschlüpfen.[62] Roßmann entkommt allen Auflagen, indem er sich einem Spiel hingibt, dass ihn bis zuletzt unerkannt und unidentifiziert lässt. Auch in dieser Hinsicht ist die Szene eine Umkehrung der zuvor diskutierten Passagen, des Briefes vom Onkel, der an ihn persönlich adressiert war, oder auch dem Schicksal K.s, der ausgerechnet von den Beamten, die ihn verhaften, erstmals beim Namen genannt wird.[63] Roßmann hingegen wird zu einem jedermann. Ob dies aber tatsächlich als ein Ausweg oder gar eine Neugeburt zu verstehen ist, bleibt zweifelhaft. Als auf einer Anzeigetafel seine Anstellung ver-

59 Kafka: *Der Verschollene*, S. 393.

60 Über die Bilder im Amerika-Roman und Bildzitate siehe Theo Elm: „Franz Kafka: *Das Teater von Oklahama*. Die Kulissen der Religion und die Ikonographie der Literatur", in: Gernot Wimmer (Hg.): *Franz Kafka zwischenJudentum und Christentum*. Würzburg 2012, S. 189–210.

61 Vgl. Horst Seferens: „Das ‚Wunder der Integration'. Zur Funktion des ‚großen Teaters von Oklahama' in Kafkas Romanfragment *Der Verschollene*", in: *Zeitschrift für deutsche Philologie* 111 (1992), S. 577–593, 580.

62 Vgl. zur Mimesis als „ich vergnüge-mich-im-ein-anderer-sein" Friedrich Kittler: *Philosophien der Literatur. Berliner Vorlesungen 2002*. Berlin 2013, S. 51.

63 Kafka: *Der Proceß*, S. 20.

kündet wird – „Negro, technischer Arbeiter." – scheint sich Roßmann dann doch nach seiner Identität zu sehnen: „Da alles hier seinen ordentlichen Gang nahm, hätte es Karl nicht mehr so sehr bedauert, wenn auf der Tafel sein wirklicher Name zu lesen gewesen wäre."[64]

Man hat dem Naturtheater die unterschiedlichsten Bedeutungen zugesprochen, es mit den historischen Naturtheatern oder dem Welttheater verglichen, mit der Geschichte des Zionismus, der Deportation oder aber im Plakat einen Aufruf zur Mobilmachung gesehen.[65] Um welches Theater und welches Stück es sich letztlich handelt, ist auch hier nicht zu entscheiden. Im „Teater von Oklahama", so war zu zeigen, geht es weniger um die Darstellung eines letzten Aktes, als vielmehr um ein Ende, das aus dem vorherigen Romanverlauf des *Verschollenen*, aber auch auf den *Proceß*-Roman folgt: ein letztes Spiel mit all jenen tragischen Verstrickungen, an denen Kafkas Figuren gemeinhin zugrunde gehen. Anders als der *Proceß*-Roman, der mit seinem Theaterende eine Schlussform findet, scheinen sich im *Verschollenen* letzthin alle Konturen aufzulösen. Fanny sagt, das Theater sei das größte der Welt und „fast grenzenlos",[66] freilich ohne es jemals gesehen zu haben. Zwar wird Roßmann als technischer Arbeiter angestellt, tatsächlich aber versetzt er sich fortwährend in ein Rollspiel, ohne dass deutlich wäre, um welche Form des Stückes es sich dabei handelt. Als Roßmann und Giacomo endlich im Zugabteil nebeneinandersitzen und aus dem Fenster winken, finden die Burschen ihnen gegenüber das zwar lächerlich, aber auch dies ist nur die Beschreibung einer weiteren Szene. Schluss ist das Romanfragment noch lange nicht.[67]

---

64   Kafka: *Der Verschollene*, S. 409. Zur Komik der Szene siehe Erica Weitzmann: *Irony's Antics. Walser, Kafka, Roth, and the German Comic Tradition*. Evanston 2015, S. 97–143.

65   Siehe unter anderen Bernhard Greiner: „Im Umkreis von Ramses: Kafkas *Verschollener* als jüdischer Bildungsroman", in: *Deutsche Vierteljahrsschrift für Literaturwissenschaft und Geistesgeschichte* 77, 4 (2003), S. 637–658; Philipp Theisohn: „Natur und Theater. Kafkas ‚Oklahama'-Fragment im Horizont eines nationaljüdischen Diskurses", in: *Deutsche Vierteljahrsschrift für Literaturwissenschaft und Geistesgeschichte* 82, 4 (2008), S. 631–653, und Anz: „Kafka, der Krieg und das größte Theater der Welt".

66   Kafka: *Der Verschollene*, S. 394.

67   Zum Motiv der Grenzaufhebung, siehe Grotta: „At the Door of the Theater", S. 107 und 121. Elm zufolge erlischt die Dramenstruktur, die prägend sei für die zuvor erstellten Kapitel, im Schlussteil des Romans. Der Schluss gleiche einem formalen Neuansatz und der später hinzugefügte Text einer Beschreibung. Siehe Elm: „Franz Kafka: *Das Teater von Oklahama*", S. 190.

Literatur

Thomas Anz: „Kafka, der Krieg und das größte Theater der Welt", in: Uwe Schneider / Andreas Schumann (Hg.): *Krieg der Geister. Erster Weltkrieg und literarische Moderne*. Würzburg 2000, S. 247–262.

Aristoteles: *Poetik*. Übers. u. hg. v. Manfred Fuhrmann. Stuttgart 1982.

Walter Benjamin: „Aufzeichnungen", in: Walter Benjamin: *Benjamin über Kafka. Texte, Briefzeugnisse, Aufzeichnungen*. Hg. v. Hermann Schweppenhäuser. Frankfurt a. M. 1981, S. 111–174.

Walter Benjamin: „Franz Kafka. Zur zehnten Wiederkehr seines Todestages", in: Walter Benjamin: *Benjamin über Kafka. Texte, Briefzeugnisse, Aufzeichnungen*. Hg. v. Hermann Schweppenhäuser. Frankfurt a. M. 1981, S. 9–38.

Theo Elm: „Franz Kafka: *Das Teater von Oklahama*. Die Kulissen der Religion und die Ikonographie der Literatur", in: Gernot Wimmer (Hg.): *Franz Kafka zwischen Judentum und Christentum*. Würzburg 2012, S. 189–210.

Bernhard Greiner: „Im Umkreis von Ramses: Kafkas *Verschollener* als jüdischer Bildungsroman", in: *Deutsche Vierteljahrsschrift für Literaturwissenschaft und Geistesgeschichte* 77, 4 (2003), S. 637–658.

Marit Grotta: „At the Door of the Theater: Kafka's Oklahama Theater and the Nature Theater Movement", in: *New German Critique* 142 (2021) 48, 1, S. 103–123.

Franz Kafka: *Briefe an Felice und andere Korrespondenz aus der Verlobungszeit*. Hg. v. Erich Heller u. Jürgen Born. Frankfurt a. M. 1995.

Franz Kafka: *Der Proceß. Kritische Ausgabe*. Hg. v. Malcolm Pasley. Frankfurt a. M. 1990.

Franz Kafka: *Der Verschollene. Kritische Ausgabe*. Hg. v. Jost Schillemeit. Frankfurt a. M. 1983.

Franz Kafka: *Tagebücher. Kritische Ausgabe*. Hg. v. Hans-Gerd Koch, Michael Müller u. Malcolm Pasley. Frankfurt a. M. 1990.

Friedrich Kittler: *Philosophien der Literatur. Berliner Vorlesungen 2002*. Berlin 2013.

Gerhard Neumann: „Inszenierung des Anfangs: Zum Problem der sozialen Karriere in Kafkas *Prozeß*-Roman", in: Gerhard Neumann: *Kafka-Lektüren*. Berlin 2013, S. 24–37.

Gerhard Neumann: „Ritual und Theater. Franz Kafkas Bildungsroman *Der Verschollene*", in: Gerhard Neumann: *Kafka-Lektüren*. Berlin 2013, S. 159–183.

Martin Puchner: „Kafka's Antitheatrical Gestures", in: *The Germanic Review* 78, 3 (2003), S. 177–193.

Jost Schillemeit: „Das unterbrochene Schreiben. Zur Entstehung von Kafkas Roman *Der Verschollene*", in: Jost Schillemeit: *Kafka-Studien*. Hg. v. Rosemarie Schillemeit. Göttingen 2004, S. 211–223.

Jost Schillemeit: „Karl Roßmann und das Theater. Zur Genese eines Motivs in Kafkas Roman *Der Verschollene*", in: Jost Schillemeit: *Kafka-Studien*. Hg. v. Rosemarie Schillemeit. Göttingen 2004, S. 272–278.

Horst Seferens: „Das ‚Wunder der Integration'. Zur Funktion des ‚großen Teaters von Oklahama' in Kafkas Romanfragment *Der Verschollene*", in: *Zeitschrift für deutsche Philologie* 111 (1992), S. 577–593.

Oliver Simons: „Schuld und Scham. Kafkas episches Theater", in: Arne Höcker / Oliver Simons (Hg.): *Kafkas Institutionen*. Bielefeld 2007, S. 269–294.

Oliver Simons: „Kafkas Zeitsätze", in: Christof Hamann / Rolf Parr (Hg.): *Getaktete Zeiten. Von Kalendern und Zeitvorstellungen in Literatur und Film*. Berlin 2022, S. 265–274.

Philipp Theisohn: „Natur und Theater. Kafkas ‚Oklahama'-Fragment im Horizont eines nationaljüdischen Diskurses", in: *Deutsche Vierteljahrsschrift für Literaturwissenschaft und Geistesgeschichte* 82, 4 (2008), S. 631–653.

Rochelle Tobias: „A Doctor's Odyssey: Sickness and Health in Kaka's *Ein Landarzt*", in: *The Germanic Review* 75, 2 (2009), S. 120–131.

Erica Weitzman: „Almost Necessary: Kafka's Kantian Situation Comedy", in: *Modern Language Notes* 126, 3 (2011), S. 590–613.

Erica Weitzmann: *Irony's Antics. Walser, Kafka, Roth, and the German Comic Tradition*. Evanston 2015.

Vom Verschwinden der Gegensätze

Der Türhüter, die Flöhe und der „Mann vom Lande" in Kafkas *Vor dem Gesetz*[1]

Ulrich Stadler

Franz Kafka hat in einem Brief an Milena Pollak vom 16. November 1920 behauptet, er sei „der westjüdischeste" unter allen Westjuden.[2] Das hat ihn nicht daran gehindert, in einer bestimmten Phase seines Lebens den Anschluss an das Ostjudentum (oder das, was er dafür hielt)[3] zu suchen. Vom Herbst des Jahres 1911 an besuchte er häufig die Vorstellungen des jiddischen Theaters einer Lemberger Schauspieltruppe und befreundete sich mit dem Leiter Jizchak Löwy, den er „im Staub"[4] bewunderte – zum Verdruss seines Vaters, der mit der Religion und der Kultur des Ostjudentums nichts zu schaffen haben wollte. Viele Westjuden, aber auch viele Nicht-Juden verbanden mit dem Ostjudentum unreflektiert die Vorstellung außerordentlicher Frömmigkeit, großer Armut, fehlender Sesshaftigkeit und mangelnder Hygiene. Hermann Kafka machte darin keine Ausnahme. Den Umgang seines Sohnes mit den Schauspielern und Schauspielerinnen aus Lemberg quittierte der Vater, wie der Sohn in einer Tagebuchaufzeichnung vom 3. November 1911 festhielt, mit der unflätigen Bemerkung: „Wer sich mit Hunden zu Bett legt[,] steht mit Wanzen auf".[5] Franz Kafka war dermaßen verletzt, dass er noch acht Jahre später in seinem *Brief an den Vater* diesem vorhielt, den Schauspieler Löwy, ohne ihn überhaupt zu kennen, mit „Ungeziefer" verglichen und „automatisch das Sprichwort von den Hun-

1 Der vorliegende Beitrag ist die überarbeitete Fassung eines Kapitels aus meinem kürzlich erschienenen Buche *Der ewige Verschwinder. Eine Kulturgeschichte des Flohs* (Basel: Schwabe Verlag 2024).
2 Franz Kafka: *Briefe 1918–1920*. Hg. v. Hans-Gerd Koch. Frankfurt a. M. 2013, S. 369.
3 S. hierzu Gerhard Lauer: „Die Erfindung einer kleinen Literatur. Kafka und die jiddische Literatur", in: Manfred Engel / Dieter Lamping (Hg.): *Franz Kafka und die Weltliteratur*. Göttingen 2006, S. 125–143.
4 Franz Kafka: *Tagebücher*. Hg. v. Hans-Gerd Koch, Michael Müller u. Malcolm Pasley. Frankfurt a. M. 1990, S. 81.
5 Ebd., S. 223.

den und Flöhen bei der Hand"[6] gehabt zu haben. Das menschenverachtende Urteil hat dem Sohn zweifellos sehr zu schaffen gemacht, und dennoch ginge man fehl, wenn man annehmen würde, dass es ihm *gänzlich* fremd gewesen wäre.[7] Die Beziehung des Sohnes zum Vater ist jedenfalls trotz der verletzenden Äußerung nicht einfach erledigt gewesen, wie schon die Bezeichnung Hermann Kafkas als „Maß aller Dinge"[8] im selben Brief erkennen lässt. Zu bedenken ist ferner, dass Kafkas Buch *Ein Landarzt* die Widmung tragen sollte: „Meinem Vater".[9] Die hier zugrunde gelegte Fassung von *Vor dem Gesetz* erschien tatsächlich in jenem Buch; sie ist demnach – um ein Lieblingswort Kafkas zu verwenden – „förmlich" an den Vater adressiert gewesen!

Im Übrigen lassen sich Spuren trotziger Verteidigung des von Hermann Kafka als Ungeziefer verunglimpften Flohs auch in anderen Prosastücken nachweisen. Im *Bericht für eine Akademie* erwähnt der Erzähler, ein „gewesener Affe", sein „schmerzhaftes Flöhesuchen"[10] im Käfig auf dem Zwischendeck des Hagenbeck'schen Dampfers und erinnert sich an die Gemeinschaft mit den Schiffsleuten, die darüber geklagt hätten, „daß meine Flöhe auf sie überspringen; aber doch waren sie mir deshalb niemals ernstlich böse; sie wußten eben, daß in meinem Fell Flöhe gedeihen und Flöhe Springer sind; damit fanden sie sich ab".[11] Wie im Fell des Affen Rotpeter „Flöhe gedeihen",[12] so sind auch in Kafkas Erzählwerk Tiere, und zwar zumeist kleine Tiere, aktiv. Die Insekten, die beim Vater Kafka Ekel auslösten, erschienen dem Sohn als Lebewesen, denen er *auch* Sympathie entgegenbringen wollte. Die den Flöhen nachgesagte enge Beziehung zum Ostjudentum hat diese Sympathie noch verstärkt. Die gewaltige Sprungkraft, die Fähigkeit, unversehens und ohne Rücksicht auf bestehende soziale und biologische Unterschiede auf andere Wirte „überzuspringen", faszinierten ihn zusätzlich. Einer seiner berühmtes-

---

6   Franz Kafka: *Nachgelassene Schriften und Fragmente II.* Hg. v. Jost Schillemeit. Frankfurt a. M. 1992, S. 154.

7   Nach dem Besuch einer belanglosen Aufführung mit Löwy im Prager Nationaltheater am 16. Oktober 1911 notiert sich Kafka: „Außerdem gestand mir L. seinen Tripper; dann berührte mein Haar das seine als ich seinem Kopf mich zuneigte, ich bekam Furcht wegen immerhin möglicher Läuse" (Kafka: *Tagebücher*, S. 93).

8   Kafka: *Nachgelassene Schriften und Fragmente II*, S. 151.

9   Wie hartnäckig der Sohn bei den Verhandlungen mit dem Kurt Wolff Verlag auf jener Widmung bestand, hat Roland Reuß in seinem Nachwort zum Faksimile-Nachdruck von *Ein Landarzt* sehr deutlich gemacht (*Ein Landarzt. Kleine Erzählungen. Faksimilenachdruck der Erstausgabe des Buchdrucks von 1920.* Hg. v. Roland Reuß. Frankfurt a. M. / Basel 2006, S. *1–*24).

10 Franz Kafka: *Drucke zu Lebzeiten.* Hg. v. Wolf Kittler, Hans-Gerd Koch u. Gerhard Neumann. Frankfurt a. M. 1994, S. 300 u. 303.

11 Ebd., S. 306.

12 Ebd.

ten Texte, das 1914 entstandene Prosastück *Vor dem Gesetz*, räumt den Flöhen sogar eine wichtige Funktion ein, die freilich leicht übersehen wird.[13]

Kafka hat es als Bestandteil seines postum erschienenen *Prozeß*-Romans konzipiert, wo es ausführlich von Josef K. und dem Geistlichen im Dom-Kapitel kommentiert wird. Zu seinen Lebzeiten wurde die Erzählung sogar viermal auch als eigenständiger Text publiziert.[14] Das rechtfertigt es, sie auch ohne Rekurs auf den Roman zu betrachten.

Kafka hat seine Erzählung eine „Legende" genannt, die Kafka-Interpreten hingegen sprachen zumeist von einer Parabel. Zumindest die zweite Etikettierung ist fragwürdig. Alle Gattungen – es sind insgesamt über zwanzig Zuweisungen erwogen worden –[15] haben sich allerdings nur als begrenzt tauglich erwiesen. Den Interpreten der Erzählung droht es so zu ergehen wie dem „Mann vom Lande", der gewohnt ist, mit dem fassbar Handgreiflichen umzugehen und alles andere als unfasslich einzuschätzen. Zunächst glaubt dieser Mann, dass das Gesetz etwas Dinghaftes sei, das außerhalb von ihm liege. Diese Annahme, die möglicherweise seiner Herkunft „vom Lande" geschuldet ist,[16] stellt sich freilich als Irrtum heraus, den der Mann nicht oder jedenfalls zu spät bemerkt. Den Lesenden aber eröffnet *Vor dem Gesetz* die Chance, den Irrtum aufzudecken. Insofern besitzt die Erzählung eine gewisse Nähe zur Parabel; am ehesten jedoch sollte man für sie den Kafka'schen Ausdruck der Legende verwenden. Eine solche ist sie aber nicht in einem christlichen Sinne. Sie ist keine Geschichte von einem Heiligen. Eher verweist sie auf eine Vorstellung im Judentum, wonach ein Jude durch die Erfüllung der Gesetze (Mitzwot) sein Leben heiligen könne. Der Mann vom Lande legt offensichtlich großen Wert darauf, im Einklang mit, also *im* Gesetz zu leben. Insofern scheint er ein Jude, vielleicht sogar – gemäß dem oben genannten Klischee – ein besonders frommer Ostjude zu sein. Er kann jedenfalls sein Leben nicht in Übereinstimmung mit dem Gesetz bringen und bleibt *vor* dem Gesetz. Möglicherweise besteht hierin sogar eine Gemeinsam-

---

13 Im Folgenden wird der Text der kritischen Ausgabe von Franz Kafka: *Drucke zu Lebzeiten*. Hg. v. Wolf Kittler, Hans-Gerd Koch u. Gerhard Neumann. Frankfurt a. M. 1994, S. 267–269, zugrunde gelegt. In Anbetracht der Kürze des Prosastücks verzichte ich bei Zitaten aus *Vor dem Gesetz* auf weitere Seiten- und Zeilenangaben.

14 Harmut Binder behauptete in seinem Kommentar zu Kafkas Erzählungen: „Das Stück kann voll nur im Zusammenhang des *Prozeß*-Romans verstanden werden" (Hartmut Binder: *Kafka-Kommentar zu sämtlichen Erzählungen*. München 1982, S. 183). Was auch immer er unter einem „vollen Verstehen" verstanden haben mag, er verwischte, dass der Text in *Ein Landarzt* für die Leser ein anderer ist als der im *Prozess*.

15 S. Friedrich Schmidt: *Text und Interpretation. Zur Deutungsproblematik bei Franz Kafka. Dargestellt in einer kritischen Analyse der Türhüterlegende*. Würzburg 2007, S. 249, Anm. 1077.

16 Die Bezeichnung ‚Mann vom Lande' verwendet in aller Regel jemand, der *nicht* vom Lande kommt. Der Autor Kafka hat sich immer wieder die Aufgabe gestellt, den Gegensatz von Provinz und Metropole abzuarbeiten. Man denke etwa an *Das Schloss* mit seinem Landvermesser oder an Prosastücke wie *Ein Landarzt*, *Das nächste Dorf* und *Eine kaiserliche Botschaft*.

keit mit dem Türhüter, der immerhin einen „tatarischen Bart" hat, also Verbindungen zum Osten aufweist,[17] und gleichfalls „vor dem Gesetz" steht. Solche Zusammenhänge werden im Text nicht namentlich ausgeführt, sie müssen aber darum nicht ausgeschlossen werden. Generell hat es Kafka ja in seiner poetischen Prosa vermieden, direkt und ausdrücklich vom Jüdischen zu sprechen, nichtsdestoweniger hat er immer wieder Anspielungen auf eine innerjüdische Thematik gemacht. Es könnte also gut sein, dass die beiden Protagonisten etwas gemein haben, auch wenn sie hier in *Vor dem Gesetz* zunächst als Antagonisten auftreten. Was sie miteinander verbindet, wird im Laufe der

---

17 Zuweilen können sich eigene Lesefehler als Impulse für ein genaueres Textverständnis herausstellen. Ich las zunächst ‚tartarisch' statt „tatarisch". Nach einer Weile stellte ich fest, dass Kafka bei der Schreibweise des Worts in den Originalausgaben von *Vor dem Gesetz* uneinheitlich verfahren ist: In der Wochenschrift *Selbstwehr* und in der postumen Erstausgabe des Romans steht „tartarisch" (Franz Kafka: *Der Prozess*. Berlin 1925, S. 376), im Sammelband *Ein Landarzt* hingegen „tatarisch" (Franz Kafka: *Ein Landarzt. Kleine Erzählungen*. München / Leipzig 1920, S. 51). Die Herausgeber der kritischen Frankfurter Kafka-Ausgabe haben sich für „tatarisch" entschieden (Kafka: *Drucke zu Lebzeiten*, S. 268), im dazugehörigen Apparatband jedoch weisen sie nach, dass Kafka selber in die Handschrift von *Vor dem Gesetz* nachträglich noch ein „r" eingefügt hat (Franz Kafka: *Drucke zu Lebzeiten*. Apparatband. Hg. v. Wolf Kittler, Hans-Gerd Koch u. Gerhard Neumann. Frankfurt a. M. 1996, S. 330). – Auf Kafkas Hang zu vermeintlichen Fehlschreibungen möchte ich an anderer Stelle eingehen; hier sei nur so viel bemerkt: Beide Schreibweisen sind dem Autor wohl gleichermaßen als zutreffend erschienen. Die kleine Differenz in der Schreibweise ist freilich von großer Tragweite. ‚Tartarisch' verweist auf Mythologie und Religion, ‚tatarisch' auf Geografie und Ethnografie. Das berühmte *Gründliche mythologische Lexicon* Benjamin Hederichs interpretiert den Tartarus – etwas allzu flugs – christlich und lokalisiert ihn in der Hölle (vgl. Sp. 2289). Zugleich ist ‚Tartarei' aber auch der „fälschlich" geschriebene Name „für das mittlere Asien, die Heimat der gegen Westen heranstürmenden Tataren" (Der Große Brockhaus: *Handbuch des Wissens in zwanzig Bänden*. 15. Aufl. Leipzig 1928–1935, Bd. 18, S. 484). Beide Bezeichnungen zusammen genommen spiegeln Kafkas zutiefst ambivalente Haltung zum Judentum wider. Dessen authentische Ausprägung sah der Sohn in dem von seinem Vater verabscheuten Ostjudentum, das er mit der galizischen Welt und darüber hinaus mit dem osteuropäisch-asiatischen Raum verband. Der Türhüter mit dem ta[r]tarischen Bart bewacht demnach ein Gebiet, zu dem der Sohn den Zugang zumindest phasenweise in seinem Leben suchte, während der Vater Kafka eben dieses Gebiet schmähte. Der geografische Raum repräsentierte jedoch nicht nur eine Religion und eine Kultur, der Franz Kafka eine Zeit lang angehören wollte, sie war auch in seinen Augen mit Armut und einem Mangel an Hygiene verbunden und: Sie galt als ein Hauptverbreitungsgebiet der Flöhe! Es gibt jedenfalls eine verbreitete Tradition, wonach die Heimat der eigentlich heimatlosen Flöhe der tatarische Raum sei. Ein unbekannter Autor, der unter dem Namen „Zaunschliffer" bekannt geworden ist, behauptete, dass die Flöhe „keine bleibende / Städte noch beständige Wohnung" hätten; sie zögen „Horden=weise wie die streiffende Tattern [d. h. die Tataren] herum und lassen sich nur auf ein Zeitlang nieder". Der Türhüter mit seinem ta[r]tarischen Bart gehört wie der Fremde auf dem Dachboden mit seiner Mütze aus „Krimmerpelz", einem außerordentlich weichen Fell von der Halbinsel Krim (Franz Kafka: *Nachgelassene Schriften und Fragmente I*. Hg. v. Malcom Pasley. Frankfurt a. M. 1993, S. 271 f.), oder der seinem Tode entgegentanzende Kosak (Kafka: *Nachgelassene Schriften und Fragemente II*, S. 373) zu den Fremd-, Feind- und Selbstbildern aus dem osteuropäisch-asiatischen Raum, auf die sich Kafka in seiner Prosa mit Vorliebe bezog.

Geschichte noch deutlicher hervortreten. Dafür ist es aber erforderlich, den von Kafka vorgeschlagenen Begriff der Legende ernst zu nehmen und die Erzählung – in Übereinstimmung mit dem lateinischen Ursprung des Worts – als Text zu fassen, der mehrfach und genau zu lesen ist und den man sich so lesend aneignen *muss*.[18]

Die Erzählung favorisiert zunächst eine Lesart, die räumliche Verhältnisse zwischen Gegenständen und Personen nahelegt. Ein Mann steht vor einem Bauwerk, das außen mindestens einen bewachten Eingang, im Innern aber Säle mit gleichfalls bewachten Türen haben soll. Es wird als Gesetz bezeichnet, ohne dass dieses in irgendeiner Form inhaltlich bestimmt würde. Unklar ist, ob das Gesetz und der Bau identisch sind, ob dieser das Gesetz bedeutet oder ob es in ihm aufbewahrt wird. Und unklar bleibt auch, was der „Mann vom Lande" meint, wenn er den „Eintritt in das Gesetz" erbittet. Das vergeblich Begehrte hat demnach eine merkwürdig zwittrige Existenzform. Man weiß nicht, ob es in Stein gehauen oder immateriell ist. Schon mit dem ersten Wort der Erzählung, ja schon mit dem Titel wird dieser zwittrige Zustand unterstrichen. ‚Vor' ist eine Präposition, die Assoziationen an Räume hervorruft. Hieße es: ‚*Vor* dem Gerichtsgebäude steht ein Mann', so gäbe es keinen Zweifel an der materiellen Beschaffenheit der Lokalität. Ein Gesetz aber ist kein gegenständliches Objekt, das man anfassen, vor das man sich stellen oder in das man gar hineingehen könnte. Genau das aber begehrt und versucht der Mann vom Lande. Insofern wäre sein Wunsch von vornherein und grundsätzlich zum Scheitern verurteilt.

Nun ist die Präposition ‚vor' keineswegs nur räumlich zu verstehen. Sie kann ein zeitliches Verhältnis festlegen (zum Beispiel: ‚Die Frau ist *vor* dem vereinbarten Termin erschienen.') oder aber auch ursächliche sowie allgemeinere Modalverhältnisse signalisieren (‚Der Mann starb beinahe *vor* Angst.').[19] Diese funktionale Offenheit wie auch der Umstand, dass auch Präpositionen metaphorisch gemeint sein können, bringen es mit sich, dass wir zunächst weder Anstoß nehmen noch Verständnisschwierigkeiten bekunden, wenn wir den Satz hören: ‚Alle Menschen sind *vor* dem Gesetz gleich.' Auch die beiden Protagonisten in Kafkas Text scheinen diesen Satz zu kennen und keinen Anstoß an ihm zu nehmen. Der „Türhüter" behauptet, daß er „jetzt den Eintritt nicht gewähren könne", und präzisiert dann seine Meinung mit: „Es ist möglich (…), jetzt aber nicht." Der Mann vom Lande aber ist noch viel entschiedener dieser Auffassung, denn

---

18 Interessenten seien auf eine Anekdote verwiesen, in der gezeigt wird, dass auch Handlungen und Vorfälle die Funktion von lehrhaften Texten übernehmen können. Sie erzählt von einem Rabbi, der seine geliebten Söhne verliert und allein durch diesen Verlust etwas *lernt*: „[M]eine Söhne – und meine Lehrer! Ich habe euch gezeugt, aber ihr habt mir die Augen erleuchtet im Gesetz" (Johann Georg Heinzmann: „Aus dem Talmud", in: *Die Feyerstunden der Grazien*. 1. Bd. 2. Aufl. Bern 1784, S. 368 f.).

19 Johannes Erben: *Deutsche Grammatik. Ein Leitfaden*. Frankfurt a. M. 1969, S. 96.

er „denkt", dass „das Gesetz (…) doch jedem und immer zugänglich sein" soll. Freilich, so muss man an seinem Verhalten registrieren, fasst er diese Maxime eben nicht metaphorisch, sondern wortwörtlich auf. Die Erzählinstanz hingegen legt sich nicht auf eine Lesart fest, wenn sie einen Satz beginnt mit der Bemerkung: „Da das Tor zum Gesetz offensteht *wie immer* [Hervorh. U. S.]." Im Fortgang und insbesondere am Ende der Geschichte aber wird die räumliche Auslegung der Präposition ‚vor' in Verbindung mit der allseitigen und jederzeitigen Zugänglichkeit des Gesetzes als Fehllektüre des Mannes vom Lande kenntlich.

Den Lesern und Leserinnen hätte ein ausschließlich räumliches Verständnis der Präposition schon von Anfang an problematisch erscheinen können, denn wer im ersten Satz der Erzählung als *vor* dem Gesetz stehend ausgewiesen wird, ist nicht der Mann vom Lande, sondern der Türhüter! Dieser verbietet zwar den Zutritt, aber er argumentiert dabei gegenüber dem Einlass begehrenden Mann ziemlich ungeschickt. Er verrät, dass sein eigener Aufenthaltsort sich keineswegs im Innern des Gesetzes befindet, denn er schlägt ihm vor zu versuchen, *hineinzugehen*. (Wäre er selber ganz im Gebäude, dann müsste er ihn auffordern *hereinzukommen*.): „Wenn es dich so lockt, versuche es doch, trotz meines Verbotes hineinzugehen. Merke aber: Ich bin mächtig. Und ich bin nur der unterste Türhüter. Von Saal zu Saal stehn aber Türhüter, einer mächtiger als der andere. Schon den Anblick des dritten kann nicht einmal ich mehr ertragen."

Mit seinem zuletzt geäußerten Bekenntnis macht der Türhüter klar, dass auch er mit der Sichtbarkeit Probleme hat. Ohne sich dessen offenbar bewusst zu sein, hebt er den Gegensatz von Außen und Innen auf und ersetzt die starre Architektonik in eine abgestufte Übergänglichkeit. Wie der Mann vom Lande sich zu ihm, so verhält er sich zu den mächtigeren Türhütern. Damit ist aber die eigentümliche Wechselbestimmung der beiden Protagonisten noch nicht genügend erfasst.

Auch der Mann vom Lande trägt dazu bei, dass sich die harte Antithetik von Einlassbegehrendem und Einlassverwehrendem aufzulösen beginnt.[20] Solange er sich „rücksichtslos und laut" um einen Zugang bemüht, stößt er auf einen intransigenten Türhüter. Mit den Jahren aber wird er rein physisch immer kleiner und schwächer, während der Türhüter zugänglicher wird.[21] Schon bald bekommt der Mann einen „Schemel" und

---

20 Die Skepsis gegenüber allem Antithetischen liefert zugleich einen Kommentar zum Thema des vorliegenden Tagungsbandes. Kafka war ein leidenschaftlicher Theaterbesucher; er hat vollkommene Dialoge geschaffen, aber Theaterstücke zu schreiben, war nicht seine Sache. Das einzige Stück, das nicht zufällig einen Gruftwächter zur Hauptfigur haben sollte, blieb Fragment. Die entschiedene Ablehnung des Orchestergrabens zwischen Bühne und Publikum versperrte Kafka den Zugang zumindest zu konventionellen Formen des Theaters.

21 Kafka hat ein solches Wechselverhältnis an anderer Stelle abstrakt gefasst: Je stärker etwas gewollt wird, desto mehr wächst der Widerstand, mit dem der Wünschende konfrontiert wird; und umge-

darf sich seitwärts vor der Türe niedersetzen. Im Maße jedoch, wie sich der „Größenunterschied" zwischen den beiden Protagonisten „zu ungunsten des Mannes" verschiebt, verändern sich die Machtverhältnisse. Musste sich anfangs der Mann vom Lande bücken, so muss sich nun der Türhüter „hinunterneigen". Die körperliche Schwächung des Mannes geht also nicht einher mit einer geistigen oder psychischen Stärkung des Türhüters. Das Verhältnis zwischen den beiden modifiziert sich noch einmal, und zwar spielen dabei jetzt die Flöhe eine entscheidende Rolle.

Sie sitzen nicht direkt auf der Haut des Türhüters, sondern auf dessen Kleidung, genauer: auf dem „Pelzmantel"; noch genauer: im „Pelzkragen" dieses Mantels. Obwohl Kafkas Text, wie schon ersichtlich geworden ist, nicht realistisch in dem Sinne ist, dass er eine empirische Wirklichkeit rein abbilden würde, verlangt dieser Hinweis einige kulturwissenschaftliche und biologische Erläuterungen. Flöhe verlassen ihren Wirt, sobald dieser tot ist, das heißt sobald sein Körper und vor allem sein Blut erkalten. Dieser Umstand, der Flöhe zu einem der gefährlichsten Tiere der Menschheit gemacht hat, weil er dazu führte, dass sie von verseuchten, toten Ratten auf Menschen *übersprangen* und so die großen Pestepidemien auslösten, war Kafka bekannt. Der Autor hatte die Aufsätze des Biologen Jakob Johann von Uexküll in seiner Lieblingszeitschrift, der *Neuen Rundschau*, gelesen und war vertraut mit der Tatsache, dass Flöhe ein so genanntes ‚rezeptorisches Organ' besitzen, mit dem sie Wärme wahrnehmen können. Dass sie sich besonders gerne in einem Pelzkragen ansammeln, war bereits lange vor Uexküll entdeckt worden und hatte dazu geführt, dass auf der Haut oder um den Hals getragene (also Wärme speichernde) Flohpelze jahrhundertelang als Flohfallen benützt wurden, mit denen man angeblich die ungebetenen Gäste leicht einsammeln und fangen könne. Es ist also nicht verwunderlich, dass der Mann vom Lande die Flöhe gerade im Pelzkragen entdeckt. Verwunderlich hingegen ist, dass er seine Wahrnehmungskunst zu einer geradezu vermessenen Geste nützt: Er bittet „die Flöhe, ihm zu helfen und den Türhüter umzustimmen." Offensichtlich erwartet der Bittende, dass die Tiere in der Lage seien, den Türhüter zu beeinflussen, ihn abzulenken oder milde zu stimmen. Diese überspannt anmutende Erwartung verführt den Interpreten allzu leicht zu einem Fehlschluss: Er wird denken, dass der Mann vom Lande in hohem Maße verzweifelt gewesen sein muss, wenn er eine Bitte an derart winzige Tierchen heranträgt. Eine solche Schlussfolgerung ziehen hieße, sich einem Vorurteil anschließen, wonach ein sehr Kleines nichts weiter sein kön-

---

kehrt: Je schwächer der Wünschende wird, desto eher kommt ihm die bislang versagende Instanz entgegen: „Es ist nicht notwendig, daß Du aus dem Haus gehst. Bleib bei Deinem Tisch und horche. Horche nicht einmal, warte nur. Warte nicht einmal, sei völlig still und allein. Anbieten wird sich Dir die Welt zur Entlarvung, sie kann nicht anders, verzückt wird sie sich vor Dir winden." (Kafka, *Nachgelassene Schriften und Fragmente II*, S. 140).

ne als ein sehr Kleines. Die Flöhe *sind* zwar sehr klein, aber ihre Winzigkeit im Verbund mit ihrer einzigartigen Sprungkraft prädestiniert sie doch auch zu Zwischenträgern in einem produktiven Sinne; das heißt, die Winzlinge können sich mühelos zwischen dem Sichtbaren und dem Unsichtbaren bewegen und auf die Geschehnisse *vor* dem Gesetz wie auch auf die *im* Gesetz Einfluss nehmen. Darum sind sie Instanzen, die *wie* der Türhüter das Grenzgebiet beherrschen, in dem sich die Dichotomien von Materiellem und Nicht-Materiellem, von Draußen und Drinnen wie auch von Objekt und Subjekt aufzulösen beginnen. Der Mann vom Lande mag tatsächlich an „seinem Ende" angekommen sein und „nicht mehr lange" leben, aber in seiner Bitte an die Flöhe bekundet sich *mehr* als bloß ein Eingeständnis der eigenen Niederlage. Am Anfang der Geschichte, im zweiten Satz der Erzählung, hieß es, dass der Mann vom Lande den Türhüter um Eintritt in das Gesetz „bittet". Jetzt wiederholt sich dieser Vorgang, wenn auch leicht modifiziert: Statt des Türhüters werden nun die Flöhe bemüht. Die Wiederholung der Bitte verweist darauf, dass beide, Türhüter und Flöhe, etwas Gemeinsames haben. Schon der Umstand, dass jener einen „ta[r]tarischen Bart" trägt und diese den Ruf haben, wie die Tataren ohne bleibende Stätte und „beständige Wohnung" herumzustreifen,[22] verbindet beide miteinander. Gemeinsam ist ihnen auch, dass sie mit dem Jüdischen assoziiert werden. „Juden und Flöhe nämlich sind", so heißt es in einer Flohschrift von 1880, „die ungeduldigsten Geschöpfe auf der Welt".[23] Das Sprunghafte und das sehr Ungeduldige haben zur Folge, dass die Flöhe in Kafkas Geschichte zu schwellenkundigen Instanzen werden. Für sie existiert keine Trennwand zwischen Innen und Außen; sie sind überall und nirgends zu Hause. Wenn der Mann vom Lande seine Bitte an die Flöhe und nicht mehr an den Türhüter richtet, dann markiert dieser Austausch nicht nur etwas Gemeinsames der beiden Adressaten, sondern signalisiert auch eine langsame Abkehr von den sichtbaren Verhältnissen auf unsichtbare. In dem Manne dämmert nämlich die Einsicht, dass die verhindernde Instanz nicht etwas ihm gänzlich Fremdes ist, sondern *auch in ihm selber* gefunden werden könnte.

Die Erzählung *Vor dem Gesetz* nimmt damit einen neuen, einen letzten Anlauf. Stand ihr erster Teil im Zeichen der Vorherrschaft des Sichtbaren, so wird diese am Ende abgeschwächt, ja sogar beseitigt zugunsten des Unsichtbaren. Zu Beginn bückte sich der Mann, wie erinnerlich, um durch das Tor in das Innere zu „sehn". Ob er irgendetwas tat-

---

22 S. oben Anm. 17.
23 William Marshall: *Der Floh. Das ist des weiblichen Geschlechtes schwarzer Spiritus familiaris von literarischer und naturwissenschaftlicher Seite betrachtet durch W. A. L. Philopsyllus.* Weimar 1880, S. 22. Die Behauptung einer Gemeinsamkeit von Flöhen und Juden ist freilich auch geeignet gewesen, antisemitische Vorurteile zu hegen und zu nähren. Ähnliches gilt für die Redensart „nur keine jüdische Hast", die vermutlich auf Gepflogenheiten zurückgeht, wonach Juden ihre Toten rasch begraben.

sächlich gesehen hat, erfährt man nicht. Es wird lediglich mitgeteilt, dass das Tor offen stand „wie immer" und er am Türhüter ein wenig vorbeischauen konnte. Sein Wunsch aber hineinzusehen, löst eine verschärfte Machtdemonstration des Türhüters aus. Gegen Ende der Erzählung wiederholt sich ein letztes Mal der so oft angestrengte Blick, aber in *abgewandelter* Form. Der Mann vom Lande „weiß nicht, ob es um ihn wirklich dunkler wird, oder ob ihn nur seine Augen täuschen. Wohl aber erkennt er jetzt im Dunkel einen Glanz, der unverlöschlich aus der Türe des Gesetzes bricht."

Es hätte gar nicht des Hinweises auf das immer schwächer werdende Augenlicht des Sterbenden bedurft, um deutlich zu machen, dass hier kein empirischer Sehvorgang vorliegt. Etwas „Unverlöschliches" kann man nicht allein mit bloßen Augen erfassen. Dazu bedarf es mehr als nur eines optischen Vermögens. Statt von ,sehen' ist im Text darum von „erkennen" die Rede. Damit wird ein Doppeltes unterstrichen: Die Wahrnehmung ist eine innere, und der Wahrnehmungsvorgang ist erfolgreich verlaufen. Kafka hat einmal das „sich unendlich klein machen" als Vollendung bezeichnet.[24] Entsprechend ließe sich behaupten, dass der Mann vom Lande hier auch zu seiner Vollendung gelangt sei. Allerdings – so muss sogleich eingeschränkt werden – ist diese Vollendung auch identisch mit seinem physischen Ende! Die Erfüllung des Lebenswunsches vollzieht sich demnach für den Mann vom Lande auf geradezu sarkastische Weise; jedenfalls klingt der letzte Kommentar des Türhüters eher höhnisch, ja zynisch, wenn dieser den Sterbenden anbrüllt: „Hier konnte niemand sonst Einlaß erhalten, denn dieser Eingang war nur für dich bestimmt. Ich gehe jetzt und schließe ihn." Viele Leser und Hörer (nicht zuletzt auch Josef K. im *Prozess*-Roman!) haben an diesem Schluss der Erzählung besonders Anstoß genommen. Der Kommentar stehe – so wurde kritisiert – in offenem Widerspruch zur Behauptung der allseitigen und jederzeitigen Zugänglichkeit des Gesetzes. Solche Kritik verkennt freilich das volatile Spiel, das in dieser Geschichte mit der Präposition ,vor' getrieben wird und das die Gattungszuschreibung der Erzählung so schwierig, ja unmöglich macht. Der Eingang ins Gesetz steht offen – und zwar „wie immer" und für alle gleichermaßen, aber für jeden Einzelnen öffnet er sich nur, wenn dieser die *ihm speziell gemäße Einstellung* als Voraussetzung an den Tag legt. Der Mann vom Lande sieht sich nur ausgeschlossen, solange er etwas ihm Eigenes als fremd einschätzt und außerhalb von sich wähnt. Im Maße, wie seine physischen, psychischen und intellektuellen Fähigkeiten schwinden, verringert sich auch die Relevanz des äußerlich Sichtbaren und damit auch des Materiellen und Räumlichen. Die Chancen des Mannes, Sein und Sollen bei sich in Übereinstimmung zu bringen, steigen. Aber gleichzeitig sinken sie auch, denn sein Tod verhindert, ja besiegelt seine buchstäblich allerletzte Chance.

---

24   Kafka: *Nachgelassene Schriften und Fragmente II*, S. 133.

Im Gegensatz zu ihm hat sich der Türhüter äußerlich nicht verändert. Er scheint alterslos zu sein, was ja schon darauf hindeutet, dass man ihn weniger als einen lebendigen Menschen betrachten sollte; er ist eher ein inneres – im Mann vom Lande gleichfalls waltendes – Prinzip. Jetzt jedenfalls ist dieser Türhüter funktionslos geworden. Mit dem Tod *seines* Mannes hat er seine Schuldigkeit getan, er kann und muss gehen. Sobald er seinen erklärten Vorsatz durchgeführt und den Eingang verschlossen haben wird, gibt es keine Durchlässigkeit mehr: Der Zugang ist von nun an ein für alle Male versperrt. Und die Flöhe? Sie, die „Springer" und Meister der Übergänge und Korridore, sind mit dem Türhüter verschwunden. Sie wollen ja nur warmes Blut, der Mann vom Lande aber ist tot. Sein immer kleiner gewordener Überrest kann „weggeschafft" werden wie die Überreste, das „Zeug" eines gewissen Gregor Samsa.[25] Anders als dieser ist der Mann vom Lande zwar kein Insekt geworden, wohl aber dürfte er bei seinem Sterben noch seine Flohähnlichkeit entdeckt haben.

Literatur

Hartmut Binder: *Kafka-Kommentar zu sämtlichen Erzählungen*. München 1982.

Der Große Brockhaus: *Handbuch des Wissens in zwanzig Bänden*. 15. Aufl. Leipzig 1928–1935.

Johannes Erben: *Deutsche Grammatik. Ein Leitfaden*. Frankfurt a. M. 1968.

Benjamin Hederich: *Gründliches mythologisches Lexicon (…)*. Leipzig 1770.

Johann Georg Heinzmann: „Aus dem Talmud", in: *Die Feyerstunden der Grazien*. 1. Bd. 2. Aufl. Bern 1784, S. 368 f.

Franz Kafka: *Ein Landarzt. Kleine Erzählungen*. München / Leipzig 1920.

Franz Kafka: *Der Prozess*. Berlin 1925.

Franz Kafka: *Tagebücher*. Hg. v. Hans-Gerd Koch, Michael Müller u. Malcolm Pasley. Frankfurt a. M. 1990.

Franz Kafka: *Nachgelassene Schriften und Fragmente II*. Hg. v. Jost Schillemeit. Frankfurt a. M. 1992.

Franz Kafka: *Nachgelassene Schriften und Fragmente I*. Hg. v. Malcom Pasley. Frankfurt a. M. 1993.

Franz Kafka: *Drucke zu Lebzeiten*. Hg. v. Wolf Kittler, Hans-Gerd Koch u. Gerhard Neumann. Frankfurt a. M. 1994.

Franz Kafka: *Drucke zu Lebzeiten*. Apparatband. Hg. v. Wolf Kittler, Hans-Gerd Koch u. Gerhard Neumann. Frankfurt a. M. 1996.

Franz Kafka: *Briefe 1918–1920*. Hg. v. Hans-Gerd Koch. Frankfurt a. M. 2013.

Gerhard Lauer: „Die Erfindung einer kleinen Literatur. Kafka und die jiddische Literatur", in: Manfred Engel / Dieter Lamping (Hg.): *Franz Kafka und die Weltliteratur*. Göttingen 2006, S. 125–143.

William Marshall: *Der Floh. Das ist des weiblichen Geschlechtes schwarzer Spiritus familiaris von literarischer und naturwissenschaftlicher Seite betrachtet durch W. A. L. Philopsyllus*. Weimar 1880.

---

25   Kafka: *Drucke zu Lebzeiten*, S. 198.

Roland Reuß: „Zum Faksimilenachdruck von Franz Kafka: Ein Landarzt", in: *Ein Landarzt. Kleine Erzählungen. Faksimilenachdruck der Erstausgabe des Buchdrucks von 1920.* Hg. v. Roland Reuß. Frankfurt a. M. / Basel 2006, S. *1–*24.

Friedrich Schmidt: *Text und Interpretation. Zur Deutungsproblematik bei Franz Kafka. Dargestellt in einer kritischen Analyse der Türhüterlegende.* Würzburg 2007.

Otto Philipp Zaunschliffer [?]: *Des galanten Frauenzimmers Curieuse Flöh=Jagt (…) von Simplicismo Spring ins Feld.* Schwarzwald o. J. [ca. 1691].

Die Fliege im Glas

‚Theater' in Kafkas *Brief an den Vater*

MARTEN WEISE

„mein Vater, die letzte Instanz"[1]

Die spezifisch väterliche Macht ist nicht zu trennen von der Repräsentation der Macht des Vaters, auch wenn sie eine kritische ist.

Das gilt auch für einen der Väter der Literaturgeschichte in der Moderne, um den es vielleicht am meisten rumort. Die Rede ist von dem Vater, an den, über den und – auf diesem Aspekt liegt hier der Schwerpunkt – *von dem aus* Kafka schreibt: „Für mich als Kind war aber alles, was Du mir zuriefst", so heißt es in dem 1919 verfassten *Brief an den Vater*, dessen Wortwahl an dieser Stelle die alttestamentarische Szene der abrahamitischen Gottesanrufung *in nuce* enthält, „geradezu Himmelsgebot" (NSF II, S. 155). Das Zurufen des Vaters mag für den erwachsenen Sohn verstummt sein, es hallt jedoch nach und insbesondere seine die Zeit überdauernde Wirkung hat es keineswegs verloren. Der Vater ist im *Brief* das „Alpha und das Omega, der Erste und der Letzte, der Anfang und das Ende",[2] und darin nicht einer, sondern eine diffuse Vielfalt von Bestimmungen, die den Sohn ergreifen und durchdringen, sich aber ihrerseits der Bestimmbarkeit entziehen. Der Ruf des Vaters, so ließe sich präzisieren, überdauert nicht lediglich die Zeit, er strukturiert und generiert sie geradezu.[3]

---

1   Franz Kafka: „Brief an den Vater", in: Franz Kafka: *Nachgelassene Schriften und Fragmente II*. Hg. v. Jost Schillemeit. Frankfurt a. M. 1992, S. 149. Im Folgenden wird der von Kafka selbst so nicht betitelte *Brief an den Vater* im Fließtext zitiert mit dem Sigle NSF II.

2   *Die Bibel. Einheitsübersetzung der Heiligen Schrift. Altes und Neues Testament*. Hg. im Auftrag der Bischöfe Deutschlands, Österreichs, der Schweiz, des Bischofs von Luxemburg, des Bischofs von Lüttich, des Bischofs von Bozen-Brixen. Augsburg 1991, Offb 22,13–14.

3   Die hier vorgelegten Ausführungen ließen sich in Anschluss an die Psychoanalyse Sigmund Freuds ausweiten, worauf an dieser Stelle aus Platzgründen verzichtet werden muss: In den Beschreibungen der Urhorde in *Totem und Tabu* ist der Vatermord nicht nur der Anfang einer ödipal konstituier-

Hier, so die im Folgenden diskutierte These, entspringt der eigenwillige Modus des Sprechens des Textes und des Erscheinens im Text – eine vom Vater ausgehende, abgründige Inszenierung der Welt des Sohnes, die dieser im literarischen Sprechen zu durchdringen und zu überwinden versucht: „Wenn ich (…) selbstständig werden will, muß ich etwas tun, was möglichst gar keine Beziehung zu Dir hat" (NSF II, S. 209). Während der Vater noch in der Gegenwart des *Briefes* eine Machtposition einnimmt, die – so lässt sich der *Brief* durchaus lesen – kritisch ausgestellt wird, erscheint der Versuch des Sohnes, sich von der Schauanordnung des Vaters zu lösen, dennoch zunehmend aussichtslos. Weil sie gleichzeitig der unhintergehbare Horizont seiner eigenen Wahrnehmung ist und damit die Grenzen seiner Vorstellung markiert, verstrickt er sich immer nur noch weiter in ihr.

Kafka, der in Bezug auf den *Brief* selbst davon gesprochen hat, dass er das „Rütteln der Fliege an der Leimrute"[4] sei, setzt sich in seinem Text mit der Frage auseinander, ob und inwiefern der Fliege der Ausweg aus dem Fliegenglas gezeigt werden kann, wie es in Anlehnung an den Satz Ludwig Wittgensteins formuliert werden kann.[5] Einfach einen Schritt zurückzutreten und die Situation nüchtern von außen zu betrachten, ist nicht möglich, so die unmissverständliche Denkrichtung im *Brief*. Der Fliege obliegt also die Aufgabe, sich aus der ihr auferlegten „Versuchsanordnung"[6] selbst zu befreien. Eine eindeutige Antwort auf die Frage, ob der Fliege dies glücken kann oder misslingen muss, fällt schwer, denn weder affirmiert der Sohn die väterliche Inszenierung vollkommen, noch löst er sich vollständig von ihr. Dieser unentschiedene Schwebezustand – auf der Schwelle zum Vater und von ihm fort[7] –, so soll auf den nachfolgenden Seiten diskutiert werden, kann als ‚Theater' beschrieben werden.

---

ten Kultur- und Sozialgeschichte. Mord und Auferstehung des Vaters als Idealbild und Vorstellung wird explizit als Szene benannt, womit die Rahmenbedingungen von Vor- und Darstellung in einem weiteren Sinne als eine dem Theorietext inhärente Frage nach dem Theater verhandelt wird: „Die Szene der Überwältigung des Vaters, seiner größten Erniedrigung, ist hier zum Material für eine Darstellung seines höchsten Triumphes geworden." (Sigmund Freud: „Totem und Tabu", in: Sigmund Freud: *Gesammelte Werke*. Bd. IX. Hg. v. Anna Freud, Edward Bibring u. Ernst Kris. 3. Aufl. Frankfurt a. M. 1961, S. 180.) Kafka bearbeitet diesen Komplex auf gewissermaßen umgekehrtem Wege, nämlich über die den Theoremen des literarischen Textes inhärente Frage nach dem Theater.

4   Franz Kafka: *Briefe an Milena*. 14. Aufl. Frankfurt a. M. 2011, S. 165 (Brief v. 31. 7. 1920).
5   „Was ist dein Ziel in der Philosophie? – Der Fliege den Weg aus dem Fliegenglas zeigen.", in: Ludwig Wittgenstein: *Philosophische Untersuchungen. Kritisch-genetische Edition*. Hg. v. Joachim Schulte. Frankfurt a. M. 2001, § 309.
6   Walter Benjamin: *Benjamin über Kafka. Texte, Briefzeugnisse, Aufzeichnungen*. Hg. v. Hermann Schweppenhäuser. Frankfurt a. M. 1981, S. 18.
7   Von einem Schwebezustand bei Kafka spricht auch Joseph Vogl, insbesondere in Bezug auf *Das Schloß*. Vgl. Joseph Vogl: *Über das Zaudern*. Zürich / Berlin 2007, S. 81.

Der *Brief an den Vater* schlägt dabei weder *einen* Begriff *des* Theaters vor, noch verhandelt er *eine* universalisierbare Theorie der Vaterschaft. Das Schreiben Kafkas präsentiert vielmehr eine Auseinandersetzung mit den Möglichkeiten literarischen Schreibens, die den Anspruch von Selbstbegründung mit einem vom Vater ausgehenden Problem für das Sprechen und seine Voraussetzungen konfrontiert. Dass der Mensch bei Kafka von Haus aus auf der Bühne steht, wie es Walter Benjamin festgehalten hat,[8] zeigt sich hier als paternale Ausgangssituation für die Darstellungsmöglichkeiten der Welt des Sohnes auch dann noch, wenn er sich von dieser zu lösen versucht. Theater als Modalität vermisst im *Brief* den „Horizont der Verstrickung"[9], den der Vater für die Darstellung bedeutet.

1 Zeugnis oder Literatur

„In Deinem Lehnstuhl regiertest Du die Welt."

(NSF II, S. 152)

Bei Kafkas *Brief an den Vater* handelt es sich um einen bewegenden und aufwühlenden, ja geradezu verstörenden Text. Er zeichnet das Bild der Kindheit und Jugend eines Sohnes, der durch die „Erziehungsmittel" (NSF II, S. 148) seines Vaters gezeichnet ist und von den hoffnungslosen Versuchen des Erwachsenen, sich von der unergründlichen Herrschaftsinstanz, der „für alles maßgebende[n] Person" (NSF II, S. 153) des Vaters, zu befreien. Er wurde im November 1919 während eines Erholungsaufenthalts in Želízy, in der Nähe von Prag geschrieben und, auch wenn das ursprünglich vorgesehen war, Hermann Kafka nie übergeben, wobei die Gründe hierfür im Dunkeln liegen (vgl. NSF II, S. 55–61). Der *Brief* stellt eine gegenseitige Entfremdung und mancherlei Kränkung dar und geht auch auf Misshandlungen ein, von denen besonders die Pawlatschenszene sich einprägt: Weil der Sohn – wohl im Kleinkindalter – in der Nacht trotz Drohungen des Vaters nicht aufgehört hatte, um Wasser zu bitten, trug ihn dieser vor den Hauseingang und ließ ihn dort für eine nicht näher bestimmte Zeit lang stehen. Auch wenn der Sohn

---

8   Vgl. Benjamin: *Benjamin über Kafka*, S. 22.

9   Marten Weise: „Die unmöglich-mögliche Logik der Vertretung. Zum Theater in *Der Proceß*", in: *Thewis. Onlinezeitschrift der Gesellschaft für Theaterwissenschaft. Ausgabe 2017: Kafka und Theater*; online unter: https://www.theater-wissenschaft.de/artikel-die-unmoeglich-moegliche-logik-der-vertretung/#post-12885-endnote-ref-16 [Stand: 15. 3. 2023].

die haarsträubende Handlung des Vaters im Nachhinein nicht als „unrichtig" charakterisiert, spricht er von einem „innern Schaden", den er durch diesen Vorfall erlitten habe:

> „Das für mich Selbstverständliche des sinnlosen Ums-Wasser-bittens und das außerordentlich Schreckliche des Hinausgetragen-werdens konnte ich meiner Natur nach niemals in die richtige Verbindung bringen. Noch nach Jahren litt ich unter der quälenden Vorstellung, daß der riesige Mann, mein Vater, die letzte Instanz fast ohne Grund kommen und mich in der Nacht aus dem Bett auf die Pawlatsche tragen konnte und daß ich also ein solches Nichts für ihn war." (NSF II, S. 149)

Aufgrund der Beschreibungen eines in diesem Vater-Sohn-Verhältnis sich Bahn brechenden „Gefühl[s] der Nichtigkeit" (NSF II, S. 150) beim Sohn, das vermittelt über die Geistes- und Sozialgeschichte autoritärer Vaterschaftsvorstellungen sowohl auf persönlicher als auch kollektiver Ebene eine breite Palette der Anschlussfähigkeit mit sich bringt, entfaltet der *Brief* als Zeugnis eine starke Wirkung.[10] Interessanterweise hat jedoch schon Max Brod ihn in den Zusammenhang der literarischen Texte Kafkas gestellt, indem er seine Veröffentlichung in der *Neuen Rundschau* (1952) und dann in *Hochzeitsvorbereitungen auf dem Lande* (1953) bewirkte, ohne gleichwohl darauf zu verzichten, in seinem Kommentar auf den Briefcharakter und die biografische Dimension hinzuweisen und diese in den Vordergrund zu rücken.[11] Die detailreichen Schilderungen des von einer autoritären Vaterfigur gepeinigten Sohnes legen eine biografische Herangehensweise an den Text zwar durchaus nahe, andererseits weist er ein sehr ausgeprägtes Maß an Konstruktion und Komposition auf. Kafka selbst schreibt an Milena, dass der *Brief* „doch zu sehr auf sein Ziel hin konstruiert"[12] sei und er „beim Lesen alle advokatorischen Kniffe [verstehe], es ist ein Advokatenbrief".[13] Über den darin liegenden Hinweis auf die Gemachtheit des Textes hinaus, so Daniel Weidner, ist seine „literarische Gestaltung so wenig wegzudiskutieren (…) wie seine ursprünglich ‚außerliterarische' Absicht", weswegen er dem *Brief* einen „fiktional-faktualen Zwitterstatus"[14] attestiert. Während man heute vielleicht von einer Auto-Fiktion sprechen würde, die problemlos eine Diskussion

---

10 Wie stark diese Wirkung ist, wurde mir deutlich, als ich den Text im Wintersemester 2021/22 in einem Seminar an der Goethe-Universität Frankfurt a. M. mit Studierenden diskutierte. Ihnen möchte ich für die Möglichkeit zum Austausch über diesen Text, ihre Überlegungen und Impulse danken, die Eingang in diesen Aufsatz gefunden haben.

11 Max Brod: *Über Franz Kafka*. Frankfurt a. M. 1966, S. 22.

12 Kafka: *Briefe an Milena*, S. 75 (Brief v. 23.6.1920).

13 Ebd., S. 85 (Brief v. 4./5.7.1920).

14 Daniel Weidner: „<Brief an den Vater>", in: Manfred Engel/Bernd Auerochs (Hg.): *Kafka-Handbuch. Leben – Werk – Wirkung*. Stuttgart/Weimar 2010, S. 293–301, 294.

des Textes als Literatur rechtfertigen würde, so gibt doch Kafka selbst in einem anderen Zusammenhang einen Hinweis, der für den Umgang mit diesem Zwitterstatus durchaus hilfreich ist: „Ich habe kein literarisches Interesse, sondern bestehe aus Literatur, ich bin nichts anderes und kann nichts anderes sein."[15]

Der Vater, von dem aus Kafkas Schreiben stattfindet, so ließe sich an diese Bemerkung zur Verschaltung von Literatur und Leben anschließen, ist weder lediglich sein eigener noch nur irgendeiner. Es handelt sich beim Vater im *Brief* vielmehr um einen kollektiven Vater, dessen Einflussnahme nicht erst bei psychischer oder körperlicher Gewalt einsetzt, sondern der die Selbstverortung und -beobachtung, kurzum die Möglichkeiten des Sprechens und der Darstellung überhaupt, durchdringt. Mehr als nur Adressat oder Thema des *Briefes* ist der Vater als vorgängiger Einschnitt zu begreifen: Der Vater entzieht sich zwar der Bestimmbarkeit, zieht jedoch eine ganze Reihe von Bestimmungen nach sich, denen der Sohn ausgesetzt ist. Sie sind Anlass für die „Absicht, das Gefängnis in ein Lustschloß für sich umzubauen" (NSF II, S. 209), stehen ihr jedoch zugleich auch im Wege. „Hier hinauskommen zu wollen, hat deshalb etwas von Wahnsinn und jeder Versuch wird fast damit gestraft." (NSF II, S. 209) Die Verheißung des Austritts aus dem ‚Unglücksverhältnis' verdeutlicht, dass der *Brief* bei einem vorgängigen Angesprochensein durch ein Außen ansetzt, das sich der Darstellung entzieht. Und hier wird es paradox. Denn gerade weil der *Brief* den Vater zum Schweigen bringt und letztlich sogar in seinem Namen spricht, entfaltet sich von ihm aus eine paternale Schauanordnung, welche – so ist der zuvor genannte vorgängige Einschnitt zu verstehen – sowohl das Sprechen des Sohnes als auch ‚die Literatur' zur Kenntnis nehmen muss. Der Sohn, in dessen Brief dem Vater zu einem Auftritt verholfen wird, begreift den Vater als unhintergehbaren Ausgangspunkt des eigenen Sprechens und als vorgängige und ordnungsstiftende Instanz, auf die er lediglich antworten kann. Dabei wird zugleich durchsichtig, dass neben der von diesem vorgängigen Außen gegebenen Bestimmungen nicht einfach eine neue Ordnung behauptet werden kann: „Wenn ich (…) selbstständig werden will, muß ich etwas tun, was möglichst gar keine Beziehung zu Dir hat." (NSF II, S. 209) Genau hier liegt das Problem: Der Vater als Grenzfall zum Außerliterarischen wird im *Brief* zum unhintergehbaren Ausgangspunkt der Darstellung erhoben, der sich zu entziehen keine einfach zu lösende Aufgabe darstellt, weil schließlich sogar noch die Idee der Selbstbefreiung und Unabhängigkeit aufs Engste mit ihm verbunden ist.

Wer der Versuchung einer biografischen Interpretation des *Briefes an den Vater* widersteht – oder zumindest den biografisierenden Reflex in Bezug auf diesen Text nicht

---

[15] Franz Kafka: *Briefe an Felice und andere Korrespondenzen aus der Verlobungszeit.* Hg. v. Erich Heller u. Jürgen Born. Frankfurt a. M. 1970, S. 444 (Brief v. 14.8.1913).

weiterverfolgen möchte – und ihn als primär literarischen Text begreift, mag vielleicht der Vermutung nachgehen, dass er einen Modus „unzuverlässigen Erzählens"[16] aufführt. Die Erzählinstanz – der Sohn – wäre vor diesem Hintergrund als Teil einer hierarchischen oder zumindest ungleichen Verteilung von Wissen zu beschreiben. Dieser Erzählinstanz könnte dann ein beschränkter und ungenügender oder vielleicht sogar irreführender Gebrauch von Erzählung attestiert werden. Das ist zunächst eine wichtige Beobachtung, denn es ist nicht unerheblich für den *Brief*, dass der Vater darin selbst nicht zu Wort kommt. Der Vater ist eine aus den Grenzen der Welt des Sohnes hervorgebrachte Figur, über die Leser:innen schlechthin nichts anderes wissen können, als was sie von der Erzählinstanz des *Briefes* geboten bekommen. Auch wenn das in Bezug auf einen Brief naheliegend und die Feststellung einer internen Fokalisierung[17] hier gewissermaßen redundant ist: Es ist dennoch wichtig festzuhalten, dass der Vater in diesem Text weder auftritt noch das Recht erhält, in einer anderen denn der Perspektive des Sohnes dargestellt zu werden. Der Vater entsteht als Effekt des kindlichen Standpunktes und ist dabei Ungenauigkeiten und Verzerrungen ausgesetzt, die bis hin zur Falschdarstellung oder gar Manipulation reichen.

2 Ein undeutliches Gesamtbild

> „Ich stand ja in allem meinem Denken unter Deinem schweren Druck, auch in dem Denken, das nicht mit dem Deinen übereinstimmte und besonders in diesem." (NSF II, S. 152)

Den Modus des Erzählens im *Brief* als ‚unzuverlässig' zu charakterisieren, bringt allerdings eine Reihe von Problemen mit sich. Denn trotz der formalen und narratologischen Perspektivierung erhält dabei die psychologisierende Interpretation weiterhin ein übergroßes Gewicht, wäre doch hierbei die Vermutung ins Feld zu führen, dass der Sohn das Ziel verfolgt, sich als Opfer eines grauenhaften und belastenden Vaters darzustellen, um möglichst gut wegzukommen, sei es bewusst oder unbewusst. Es wäre somit in der Er-

---

16   Für eine detaillierte Analyse des Konzepts der unzuverlässigen Erzählung vgl. Wayne C. Booth: *The Rhetoric of Fiction*. Second Edition. Chicago 1983; Ansgar F. Nünning: „Reconceptualizing Unreliable Narration: Synthesizing Cognitive and Rhetorical Approaches", in: James Phelan / Peter Rabinowitz (Hg.): *A Companion to Narrative Theory*. Malden 2005, S. 89–107.

17   Vgl. Gérard Genette: *Die Erzählung*. Aus dem Franz. v. Andreas Knop. München 1998, S. 132–138.

zählinstanz des *Briefes* etwas am Werk, das einer adäquateren Darstellung des Vaters im Weg steht. Hieran unmittelbar anknüpfend lässt sich festhalten: Eine so etikettierte Lesart birgt das Risiko der Vermutung, dass der ‚Unzuverlässigkeit' der Erzählinstanz eine stabile und eindeutig darstellbare Welt gegenübergestellt werden könne. Im speziellen Falle von Kafkas *Brief* und seiner Entstehungs- und Rezeptionsgeschichte[18] mag dies verlockend und unter bestimmten Bedingungen sogar naheliegend sein. Es führt aber nicht sonderlich weit. Vielmehr verweist die auch für diesen Weg unvermeidbare Auseinandersetzung mit der Konstruktionslogik des *Briefes* auf etwas anderes als ‚Unzuverlässigkeit'. Selbst in Max Brods Charakterisierung als „Selbstbiographie"[19] führt der Weg über die Beschreibung perspektivischer Verzerrungen hin zu der Bestandsaufnahme, dass „aus scheinbar ganz geringfügigen Aperçus (...) ein Bau getürmt [wird], dessen Komplikation gar nicht zu überblicken ist, ja der sich zum Schluß ausdrücklich um die eigene Achse dreht, sich selbst widerlegt und dennoch aufrechterhalten bleibt."[20]

Den wesentlichen Einwand gegen eine Beschreibung der Erzählinstanz als ‚unzuverlässig' wirft jedoch die Frage auf, ob überhaupt noch von ‚Unzuverlässigkeit' die Rede sein kann, wenn Einschränkungen, Verzerrungen und Perspektivverschiebungen durch die Erzählinstanz selbst fortlaufend offengelegt und ausgestellt werden. Hier lässt sich ansetzen, um die besondere Darstellungsform des *Briefes* in den Blick zu nehmen, die sich der Form nach als Theater fassen lässt. Der *Brief* ist sehr zuverlässig darin, seine eigene ‚Unzuverlässigkeit' zur Schau zu stellen. Wo sie angekündigt wird, nicht unvermittelt kommt oder nicht erst aufgedeckt werden muss, kann von ‚Unzuverlässigkeit' im engeren Sinne doch eigentlich nicht gesprochen werden. Das lässt sich im *Brief* nicht erst dann feststellen, wenn die von Brod als Selbstwiderlegung charakterisierte Stelle herangezogen wird, an der der Sohn einen möglichen Einwand des Vaters formuliert, dabei die Position des Vaters einnimmt und ein mögliches Kalkül des gesamten *Briefes* offenlegt, dabei aber vor allem die eigene Perspektive in Schwebe versetzt. Auf diese Stelle soll im nachfolgenden Abschnitt ausführlicher eingegangen werden.

Der *Brief* enthält bereits von Beginn an Passagen zur Perspektive und Reflexionen zur Beschränktheit seitens der Erzählinstanz, die vom bloßen Umstand der Ich-Erzählung bis hin zu der Offenlegung reichen, nicht alles vollständig wahrheitsgemäß wiederzugeben. Da wären etwa die fortlaufenden Verweise auf das Scheinen und Erscheinen, die Darstellung und Verstellung, die den Text kennzeichnen. Die eigene Rede zu einem gewissen Grad in Frage stellend, heißt es: „Wenigstens schien es mir so." (NSF II, S. 152). Die Erzählstimme räumt gleich zu Beginn ein: Die Antwort auf die Frage des Vaters,

---

18 Vgl. dazu Weidner: „<Brief an den Vater>", S. 293–296.
19 Brod: *Über Franz Kafka*, S. 23.
20 Ebd., S. 24.

warum der Sohn behaupte, sich vor ihm zu fürchten, sei deswegen unvollständig, „weil auch im Schreiben die Furcht und ihre Folgen mich Dir gegenüber behindern" und „die Größe des Stoffs über mein Gedächtnis und meinen Verstand weit hinausgeht" (NSF II, S. 143). Demzufolge ließen sich die Mittel der väterlichen Erziehung der ersten Jahre, an die sich zu erinnern heute unmöglich sei, „vorstellen durch Rückschluß" (NSF II, S. 148), das heißt ableiten aus der Beobachtung des gegenwärtigen Umgangs des Vaters mit seinem Enkel. Später ist davon die Rede, dass eine Beschreibung der weiteren Kreise des Einflusses des Vaters und des Kampfes gegen ihn „ins Unsichere [käme] und (…) konstruieren [müsste]" (NSF II, S. 182). Während das ‚Ich' im Brief den Bezugsrahmen für diese Äußerung bildet, wird dieser Abwägung jedoch nur eine grobe Andeutung von Wahrheitsversicherung, bestem Wissen und Gewissen oder eines bloßen So-Seins gegenübergestellt, das es zu schützen gilt oder das unterlaufen werden kann. Denn es sei nicht ein „Mangel an Beweisen" daran schuld, dass „das Gesamtbild hie und da etwas undeutlich werden sollte" (NSF II, S. 184). Für den Sohn hingegen stehen die Dinge wesentlich komplizierter und verwickelter da. In der Nacherzählung müsse deswegen sogar zu dem Mittel gegriffen werden, Tatsachen zu verschweigen, „die das Bild unerträglich kraß machen könnten" (NSF II, S. 184).

Was die Ausführungen des Sohnes verdeutlichen, ist weniger, dass auch diese hier transparent gemachten Einschränkungen noch Teil eines Manipulationsversuchs sein könnten, mit der das Ziel einer bestimmten Darstellung des Verhältnisses zwischen Vater und Sohn verfolgt wird und für den der Verweis auf eine verborgene und unerträgliche, ja unaussprechliche Wahrheit der ultimative ‚advokatorische Kniff'[21] ist. Die Schilderungen des Sohnes stellen vielmehr heraus, dass er sich der Verstelltheit der eigenen Perspektive bewusst ist und sich in dieser ganzen Angelegenheit überhaupt nichts einfach darstellen lasse, gerade weil er dem Einfluss und den Auswirkungen des väterlichen Sprechens auf sein eigenes Sprechen nicht entgehen kann: Während sich dem Vater immer alles einfach darstellt und er sich selbst als unverstellt gibt, identifiziert der Sohn jene Unverstelltheit als einen „versteckten Ausdruck" dafür, „dass zwischen uns etwas nicht in Ordnung ist" (NSF II, S. 145). Hier wieder die Wogen zu glätten, festzulegen, was ist und was war und worauf man sich einigen kann, ist weitaus schwieriger, als es der vielleicht versöhnlich anmutende Schluss des Briefes anklingen lässt. Zwar ist dort davon die Rede, dass „etwas der Wahrheit so sehr Angenähertes erreicht [ist], daß es uns beide ein wenig beruhigen und Leben und Sterben leichter machen kann." (NSF II, S. 217) Weil aber aufs Ganze gesehen die Perspektive eines Sohnes zur Geltung kommt, der gegenüber der „rätselhafte[n] Unschuld und Unangreifbarkeit" (NSF II, S. 161) seines

---

21   Vgl. Kafka: Briefe an Milena, S. 85 (Brief v. 4. / 5. 7. 1920).

übermächtigen Vaters „vollständig wehrlos" (NSF II, S. 155) ist, stellt sich weiterhin die Frage, worin „das Gelingen des ganzen Briefes" (NSF II, S. 199) besteht, wenn es schon nicht darin liegt, (mittels des Schreibens) die Stelle des Vaters einzunehmen:[22] Schenkt man den Ausführungen des Sohnes Glauben, so liegt dieses „Gelingen" in der Plausibilisierung der gescheiterten Heiratsversuche des Sohnes – den gescheiterten Versuchen, selbst Vater zu werden (NSF II, S. 199). Aber die Erzählung des Scheiterns kann selbst nicht gelingen, ohne ihrerseits das eigene Scheitern auszustellen.

> „Aber da ich keines Dinges sicher war, von jedem Augenblick eine neue Bestätigung meines Daseins brauchte, nichts in meinem eigentlichen, unzweifelhaften, alleinigen, nur durch mich eindeutig bestimmten Besitz war, in Wahrheit ein enterbter Sohn, wurde mir natürlich auch das Nächste, der eigene Körper unsicher" (NSF II, S. 194–195).

Hier wird deutlich, dass ‚Unzuverlässigkeit' für die Erzählinstanz anzunehmen auch deswegen unangebracht ist, weil hier nicht nur nicht etwas sicher Geglaubtes – ein eindeutiges und zuverlässiges Verhältnis der Erzählinstanz zu einem angenommenes So-Sein – kollabiert oder scheitert. Es ist vor allem das für eine solche Annahme nötige Idealbild einer vermögenden Erzählinstanz, die hier nicht vorausgesetzt werden kann. Die Erzählinstanz ist durch die Abhängigkeit von der paternalen Ordnung gekennzeichnet, die sie weder vollständig affirmieren noch schlichtweg hinter sich lassen kann. Sie erscheint vor einem väterlichen Gericht, das ein unhintergehbares und undurchsichtiges theatrales Gefüge markiert, welches der ‚advokatorische Kniff' nicht auszuhebeln im Stande ist. Dadurch entsteht die Ausgangslage des Briefes, dass nichts in einem von der Erzählinstanz selbst eindeutig bestimmten Besitz ist. Kein Ding kann ihr eigentlich, unzweifelhaft oder sicher sein, weswegen sich nicht nur punktuell oder als Sonderfall, sondern sehr grundsätzlich ein undeutliches Gesamtbild ergibt. Weil es Zuverlässigkeit somit gar nicht geben kann, scheint hier eher die Beschreibung eines „prekären Erzählens" passend.[23] Den *Brief* durchzieht eine „Generalklausel der Unbestimmtheit", die Adorno zufolge in der Lektüre der Texte Kafkas auf das „Prinzip der Wörtlichkeit" verpflichtet.[24]

---

22 Vgl. Gilles Deleuze / Felix Guattari: *Kafka. Für eine Kleine Literatur.* Aus dem Franz. v. Burkhart Kroeber. Frankfurt a. M. 1976, S. 15–23.

23 Lukas Gloor: *Prekäres Erzählen. Narrative Ordnungen bei Robert Walser, Franz Kafka und Theodor Fontane.* Paderborn 2020, S. 233 f.

24 Theodor W. Adorno: „Aufzeichnungen zu Kafka", in: Theodor W. Adorno: *Gesammelte Schriften.* Bd. 10.1: *Kulturkritik und Gesellschaft I: Prismen / Ohne Leitbild.* Hg. v. Rolf Tiedemann. Frankfurt a. M. 1997, S. 254–289, 257 f. An die These zur „Generalklausel der Unbestimmtheit" anknüpfend, vgl. zu einer „Sumpflogik" der Darstellung, die das Vorgehen der „Darstellung selbst auf den Prüfstand setzt und die nach dem Prinzip der Entstellung" operiert: Julia Schade: „Asphalt übers

Auf dieses gilt es im Anschluss zurückzukommen, weil der Ruf des Vaters nicht nur Ausgangspunkt und Horizont des Sprechens des Sohnes ist. Er ist eine Instanz, die der *Brief* sowohl anruft als auch in einem sehr spezifischen Sinne konstruiert.

3 Ein Dialog zwischen Vater und Sohn

Auch wenn der Sohn hervorhebt, dass der Vater ihm „schon früh das Wort verboten" (NSF II, S. 159) habe, ein wirklicher Austausch mit ihm also niemals möglich gewesen sei, lässt sich am *Brief* – neben der Uneindeutigkeit, ob ein Brief dieses Verbot befolgt oder unterläuft – ein für die Lektüre des Textes überaus bedeutender Aspekt feststellen. Er ist auffällig dialogisch konstruiert und bringt immer wieder Überlegungen und Begrifflichkeiten ins Spiel, die mit dem Dialog in Verbindung gebracht werden können. Zwar ist eine direkte Anrede für einen Brief zunächst wenig überraschend, die wirklich sehr große Zahl direkter Adressierungen des Vaters ist dennoch auffällig. Das kleine Wort ‚Du' und seine Beugungen erhalten im Text eine solch auffällige Präsenz, dass sich etwas überspitzt formulieren ließe: Kein Satz kommt ohne den Vater aus. Von sich sprechen kann der Sohn nur vermittelt über den Vater. Fortlaufend ist die Rede von seinen Annahmen oder Einwürfen, von seiner Meinung in dieser oder jener Angelegenheit. Diese vorgängige Gegenrede des Vaters kann mit Joseph Vogl als „ungelöste Fragwürdigkeit" und ihre Ausstellung als „dramatisches Zaudern vor der dramatischen Tat bezeichnet" werden.[25] Sie steht am Anfang eines Theaters, das sich „als ein den Göttern abgerungener Zeit-Raum, als demonstrativ unterbrochenes Tun konstituiert."[26] Die väterliche Zäsur ist durch ein eigentümliches Fortleben in Bezug auf das im *Brief* thematisierte Verhältnis zwischen Vater und Sohn gekennzeichnet.

Gleich zu Beginn des *Briefes* wird auf eine Unterbrechung des Dialogs verwiesen, die sich fortlaufend in ihn einschreibt oder seinen Beginn gewissermaßen unendlich verschiebt. Die „ungelöste Fragwürdigkeit" kann nicht aufgelöst werden. Denn während der *Brief* die ausführliche Antwort auf eine Frage sein soll, bringt er zuallererst die Frage

Moor – Odradeks Sumpflogik oder das Ausbrechen aus der Totschlägerreihe", in: *Thewis. Onlinezeitschrift der Gesellschaft für Theaterwissenschaft. Ausgabe 2017: Kafka und Theater*; online unter: https://www.theater-wissenschaft.de/artikel-asphalt-uebers-moor-odradeks-sumpflogik-oder-das-ausbrechen-aus-der-totschlaegerreihe/#post-12889-endnote-6 [Stand 15. 3. 2023].

25   Vogl: *Über das Zaudern*, S. 28.
26   Vgl. ebd., S. 26.

ins Spiel, ob zu antworten überhaupt möglich ist, und kündigt damit bereits an, dass er lediglich die Unmöglichkeit einer Antwort verhandeln wird.

> „Liebster Vater,   *Schelesen*
> Du hast mich letzthin einmal gefragt, warum ich behaupte, ich hätte Furcht vor Dir. Ich wußte Dir, wie gewöhnlich, nichts zu antworten, zum Teil eben aus der Furcht, die ich vor Dir habe, zum Teil deshalb, weil zur Begründung dieser Furcht zu viele Einzelheiten gehören, als daß ich sie im Reden halbwegs zusammenhalten könnte. Und wenn ich hier versuche Dir schriftlich zu antworten, so wird es doch nur sehr unvollständig sein, weil auch im Schreiben die Furcht und ihre Folgen mich Dir gegenüber behindern und weil überhaupt die Größe des Stoffs über mein Gedächtnis und meinen Verstand weit hinausgeht." (NSF II, S. 143; Hervorh. i. O.)

Mit dem Anfang des *Briefes* korrespondiert die am Ende formulierte fiktive Widerrede des Vaters gegen die Ausführungen des Sohnes, welcher die dialogische Konstellation wesentlich verkompliziert. Der darin vollzogene Perspektivwechsel ist zunächst einmal deswegen auffällig, weil er in Kontrast steht zu den „Zurechtweisungen, wo man als dritte Person behandelt, also nicht einmal des bösen Ansprechens gewürdigt wurde; wo Du also etwa formell zur Mutter sprachst, aber eigentlich zu mir, der dabei saß" (NSF II, S. 162).

Die Widerrede des Vaters, die ihm vom Sohn in direkter Rede in den Mund gelegt wird, formuliert den Einwand, dass er mit der Milde im Urteil über den Vater das Kalkül verfolge, diesen zwischen den Zeilen als Angreifer darzustellen, selbst aber nur aus Gründen der Selbstverteidigung gehandelt zu haben. Gerade aber weil der Sohn eine eigene Verantwortung im Kampf mit dem Vater von sich weist und damit seine Abhängigkeit vom Letzteren bestätige, müsse auch der *Brief* das Ziel verfehlen, „ein Stück selbstständig von Dir weggekommen" (NSF II, S. 192) zu sein. Der Vater sagt:

> „Du hast es Dir nämlich in den Kopf gesetzt, ganz und gar von mir leben zu wollen. Ich gebe zu, daß wir miteinander kämpfen, aber es gibt zweierlei Kampf. Den ritterlichen Kampf, wo sich die Kräfte selbstständiger Gegner messen, jeder bleibt für sich, verliert für sich, siegt für sich. Und den Kampf des Ungeziefers, welches nicht nur sticht, sondern gleich auch zu seiner Lebenserhaltung das Blut saugt." (NSF II, S. 215)

In der gesamten, eine gewisse Eigendynamik entfaltenden Passage betont der Vater anschließend die Abhängigkeit des Sohnes von sich. Dem Kampf – und damit auch dem Dialog – zweier selbstständiger Individuen stellt er ein parasitäres Leben des Sohnes gegenüber. Zum einen wird damit noch eine gewisse performative Ebene des *Briefes*, allein durch Benennung der Situation einer Freisetzung des Sohnes den Weg zu bereiten, in den Einflussbereich der Inszenierung des Vaters zurückgezogen. Der letzte Satz des Vaters lautet: „Wenn ich nicht sehr irre, schmarotzest Du an mir auch noch mit diesem Brief als solchem." (NSF II, S. 216) Zum anderen aber – und das ist hier ungleich gewichtiger – kommt dieser Einwand nicht vom Vater, sondern von der Erzählinstanz selbst, wie gleich nachfolgend auf die wörtliche Rede der Vaterfigur im *Brief* auch noch einmal hervorgehoben wird: Böse angesprochen, so ist an dieser Stelle festzuhalten, wird der Sohn nicht vom Vater, sondern von der von ihm entworfenen Vaterfigur. Das vermeintlich direkte Gegenüber im Dialog ist nicht ohne eine wechselseitige Stellvertretung[27] zu denken, wie auch aus den Hinweisen der Erzählinstanz abgeleitet werden kann, dass den Beziehungen des Vaters „Verkennung" und „Mißverstehn" stets innewohnen (NSF II, S. 179; 199). Von diesen ist aber auch der Sohn nicht frei.

Das Ende des *Briefes*, so scheint jedoch an dieser Stelle besonders bedeutsam, wendet sich auf den Anfang zurück. Ein vom Vater erlerntes „Selbstmißtrauen" (NSF II, S. 216), eine beinahe paranoische „Selbstbewertung" (NSF II, S. 196) begleitet die Auseinandersetzung mit der Frage, warum er nicht antworten könne auf die Frage des Vaters, warum er Furcht vor ihm habe. Nun könnte man sagen, es ist nicht der Vater, der dem *Brief* eine Widerrede gegenüberstellt – oder wie es der Sohn anschließend noch betont: „eine Korrektur" (NSF II, S. 217) –, sondern vielmehr dieser selbst: Er steht sich selbst im Weg. Der Vater existiert von Anfang an nur als eine von dieser Erzählinstanz bestimmte Figur. Aber das führt nicht weit genug. Der Vater war ja den Aussagen und dem Modus des Sprechens der Erzählinstanz zufolge der Ausgangspunkt dafür, dass sich für sie ein grundsätzlich undeutliches Gesamtbild ergibt. Sohn und Erzählinstanz sind deckungsgleich. Jener Vater, der scheinbar unangreifbar und allmächtig die Bühne der Inszenierung des Sohnes eröffnet – wie sich etwa noch mal daran festmachen lässt, dass sich sein Unterricht und sein Erziehungstalent vor allem auf das richtige Benehmen bei Tisch, also eine soziale Choreografie richtet (vgl. NSF II, S. 155) –, ist seinerseits Ergebnis oder Effekt der Erzählinstanz. Wenn man nicht gleich schon sagen möchte, dass sich hier etwas im Kreis zu drehen beginnt, ließe sich zumindest festhalten, dass die somit vollzogene Ausstellung der Vaterdarstellung diesen profaniert oder – an dieser Stelle wohl noch wichtiger – dass der Kampf, von dem hier explizit die Rede ist, zwischen zwei Gespenstern stattfindet.

---

27 Vgl. Jacques Derrida: „Before the law", in: Jacques Derrida: *Acts of Literature*. Hg. v. Derek Attridge. New York / London 1992, S. 181–220. Vgl. außerdem Rüdiger Campe: „Kafkas Institutionenroman: ‚Der Proceß', ‚Das Schloß'", in: Rüdiger Campe / Michael Niehaus (Hg.): *Gesetz. Ironie. Festschrift für Manfred Schneider*. Heidelberg 2004, S. 197–208. Vgl. jüngst: Kathrin Trüstedt: „Execution Without Verdict: Kafka's (Non-)Person", in: *Law Critique* 26 (2015), S. 135–154.

Vor diesem Hintergrund stellt sich noch mal die Frage, was für eine Art Dialog sich hier eigentlich ereignet. Wenngleich nämlich sich eine dialogische Beziehung zum Vater durch die formale Struktur ergibt, tritt dieser ja im Kontext des zuvor beschriebenen undeutlichen Gesamtbildes auf, das auf die paternale Ordnung zurückzuführen ist. Hier ließe sich einerseits feststellen: Der Vater bringt im *Brief* jene Mysteriösität und Unberechenbarkeit für den Sohn mit, die in Carl Schmitts politischer Theorie den Souverän dazu befähigt, den Ausnahmezustand zu verhängen: „Du bekamst für mich das Rätselhafte, das alle Tyrannen haben, deren Recht auf ihrer Person, nicht auf dem Denken begründet ist." (NSF II, S. 152) Zugleich bleibt klar, dass der Vater repräsentiert wird, selbst dann noch, wenn etwas getan werden soll, das möglichst in keinerlei Beziehung zu ihm steht. Dass dabei also andererseits Einwände des Vaters antizipiert werden und seine „Gegnerschaft" (NSF II, S. 154) stets auf die eine oder andere Weise aufgefangen wird, ließe sich auch so erklären, dass die Adressierung an den ‚epistolarischen Vater'[28] als Reflexionsraum für ein Verständnis des Dialogs zu begreifen wäre, in dem die Begegnung und Konfrontation mit einem sich entziehenden Gegenüber erfolgt.

4 Theater im *Brief an den Vater*

Weil nicht nur der Sohn eine Figur der väterlichen Bühne ist, sondern auch er den Vater und sein Gericht entwirft, das ihm vermeintlich vorausgeht, lohnt abschließend ein Blick auf die im *Brief* immer wieder thematisierte Frage der Schuld. Wenngleich hiermit zunächst nur auf die Notwendigkeit einer weiteren Auseinandersetzung mit einem ‚Theater der Schuld' bei Kafka hingedeutet werden kann,[29] so ist es auch für die hier entwickelten Überlegungen bereits von großer Bedeutung, dass die Erzählinstanz immer wieder darauf besteht, dass es im Verhältnis zwischen Vater und Sohn keine Schuld der Subjekte gebe (vgl. NSF II, S. 144 f.). Dass bei Kafka eine essentielle Schuld den literarischen Raum stiftet, wie es Maurice Blanchot dargelegt hat,[30] eröffnet die Möglichkeit, eine Form von schuldloser Schuld als Auseinandersetzung mit einem sich entziehenden Handlungsspielraum zu begreifen: jenseits der Idee von sich selbst initiierenden und

28 Vgl. Marjanne E. Goozé: „Creating Neutral Territory: Franz Kafka's Purloined Letter to His Father", in: *Journal of the Kafka Society of America* 11, 1 / 2 (1987), S. 28–39.

29 Vgl. zu Schuld und Scham als Grundlage für Kafkas episches Theater: Oliver Simons: „Schuld und Scham. Kafkas episches Theater", in: Arne Höcker / Oliver Simons (Hg.): *Kafkas Institutionen*. Bielefeld 2007, S. 269 –293.

30 Vgl. Maurice Blanchot: *L'espace littéraire*. Paris 1955, S. 76.

stiftenden Subjekten. Vor diesem Hintergrund ist die Äußerung des Sohnes, dass er vor dem Vater das Selbstvertrauen verloren und gegen ein grenzenloses Schuldbewusstsein eingetauscht habe (vgl. NSF II, S. 184), auch als eine über die Distribution der Darstellung zu verstehen. Weil die Frage, wer nun eigentlich wem das Erscheinen verdankt, nicht abschließend beantwortet werden kann – die Schuld somit als wechselseitig zu begreifen ist –, ergibt sich ein Schwebezustand, der die initiierte und gestiftete Darstellung aussetzt und auf das „Du" verweist, das Vater und Sohn füreinander sind.

Anstelle eines Auswegs der Fliege aus dem Glas – also die Bestrebung, zunächst einmal ‚Ich' zu werden – steht bei Kafka also vielmehr zur Diskussion, ob sich diese Bestrebung außerhalb des Fliegenglases überhaupt einlöst. Die Fliege ist mehr als nur Anschauungsgegenstand, weil sie aus dem Glas herausschaut und ihre Situation beschreibt, ohne dass nun diese Perspektive deswegen zu favorisieren wäre. Die Unsicherheit, wer hier eigentlich wen inszeniert oder wem vorausgeht, wer die Ordnung oder den Rahmen der Darstellung stiftet, hinterfragt die aufklärerische Moderne und ihre Vorstellungen einer stabilen oder stabilisierbaren Darstellung.[31]

Zusammenfassend kann festgehalten werden: Was für ein Sohn im *Brief* welchem Vater gegenübertritt, wird durch den von ihm inszenierten Dialog und die darin ausgestellte unmögliche Konfrontation in eine große Unsicherheit gestürzt. Diese Unsicherheit ist für die Frage, wie die Repräsentation der Macht des Vaters vor sich geht, überaus folgenreich. Wenngleich der Vater zunächst als übermächtig erscheint, wird deutlich, dass er Teil eben jener Inszenierung ist, deren Entstehung auf ihn selbst zurückgeführt wird. An diesem Entzug des Ursprungs ist das Theater Kafkas anzusiedeln: Das Du, das in der fiktiven Widerrede des *Briefes* spricht (der Vater), wendet sich an ein Du (den Sohn), ohne selbst mehr zu sein als das Du eben jenes Sohnes.[32] Hier von einer *mise en abyme* zu sprechen, ist deswegen naheliegend, weil sich diese Aufzählung fortsetzen ließe. Somit wird die Anfänglichkeit und Ursprünglichkeit des Vaters in Zweifel gezogen. Genauso wenig wie es ein selbstständiges Ich des Sohnes gibt, das sich von den ihm auferlegten Einschränkungen lösen kann, wäre eine solche Beschreibung mit Blick auf den Text noch für den Vater zu treffen. Somit wird deutlich, dass der Vater Teil an einer Macht hat, derer nicht einmal er Herr ist. Die für das Sprechen des Sohnes und die Erzählinstanz vorausgesetzte Ordnung des Vaters wird ausgesetzt, aber nicht überwunden. Immer wieder kommt die Rede auf den Vater zurück. Schließlich muss auch festgestellt

---

31   Vgl. dazu Leon Gabriel: „Die Täuschung der Parabel: Das Schweigen der Sirenen am Abgrund der Erzählungen", in: *Thewis. Onlinezeitschrift der Gesellschaft für Theaterwissenschaft. Ausgabe 2017: Kafka und Theater*; online unter: https://www.theater-wissenschaft.de/artikel-die-taeuschung-der-parabel-das-schweigen-der-sirenen-am-abgrund-der-erzaehlungen/ [Stand 15.3.2023].

32   Vgl. hierzu auch Paul North: *The Yield. Kafka's Atheological Reformation.* Stanford 2015, S. 165–174.

werden, was sich bereits zu Beginn der Auseinandersetzung andeutete: Vom Vater kann nicht gesprochen werden, ohne dass er mitspricht.

Literatur

Theodor W. Adorno: „Aufzeichnungen zu Kafka", in: Theodor W. Adorno: *Gesammelte Schriften.* Bd. 10.1: *Kulturkritik und Gesellschaft I: Prismen / Ohne Leitbild.* Hg. v. Rolf Tiedemann. Frankfurt a. M. 1997, S. 254–289.

Walter Benjamin: *Benjamin über Kafka. Texte, Briefzeugnisse, Aufzeichnungen.* Hg. v. Hermann Schweppenhäuser. Frankfurt a. M. 1981.

Maurice Blanchot: *L'espace littéraire.* Paris 1955.

Wayne C. Booth: *The Rhetoric of Fiction.* Second Edition. Chicago 1983.

Max Brod: *Über Franz Kafka.* Frankfurt a. M. 1966.

Rüdiger Campe: „Kafkas Institutionenroman: ‚Der Proceß', ‚Das Schloß'", in: Rüdiger Campe / Michael Niehaus (Hg.): *Gesetz. Ironie. Festschrift für Manfred Schneider.* Heidelberg 2004, S. 135–154.

Gilles Deleuze / Félix Guattari: *Kafka. Für eine Kleine Literatur.* Aus dem Franz. v. Burkhart Kroeber. Frankfurt a. M. 1976.

Jacques Derrida: „Before the law", in: Jacques Derrida: *Acts of Literature.* Hg. v. Derek Attridge. New York / London 1992, S. 181–220.

Die Bibel. Einheitsübersetzung der Heiligen Schrift. Altes und Neues Testament. Hg. im Auftrag der Bischöfe Deutschlands, Österreichs, der Schweiz, des Bischofs von Luxemburg, des Bischofs von Lüttich, des Bischofs von Bozen-Brixen. Augsburg 1991.

Sigmund Freud: „Totem und Tabu", in: Sigmund Freud: *Gesammelte Werke.* Bd. IX. Hg. v. Anna Freud, Edward Bibring u. Ernst Kris. 3. Aufl. Frankfurt a. M. 1961.

Leon Gabriel: „Die Täuschung der Parabel: Das Schweigen der Sirenen am Abgrund der Erzählungen", in: *Thewis. Onlinezeitschrift der Gesellschaft für Theaterwissenschaft.* Ausgabe 2017: *Kafka und Theater;* online unter: https://www.theater-wissenschaft.de/artikel-die-taeuschung-der-parabel-das-schweigen-der-sirenen-am-abgrund-der-erzaehlungen/ [Stand 15. 3. 2023].

Gérard Genette: *Die Erzählung.* Aus dem Franz. v. Andreas Knop. München 1998.

Lukas Gloor: *Prekäres Erzählen. Narrative Ordnungen bei Robert Walser, Franz Kafka und Theodor Fontane.* Paderborn 2020.

Marjanne E. Goozé: „Creating Neutral Territory: Franz Kafka's Purloined Letter to His Father", in: *Journal of the Kafka Society of America* 11, 1 / 2 (1987), S. 28–39.

Franz Kafka: „Brief an den Vater", in: Franz Kafka: *Nachgelassene Schriften und Fragmente II.* Hg. v. Jost Schillemeit. Frankfurt a. M. 1992, S. 143–217.

Franz Kafka: *Briefe an Felice und andere Korrespondenzen aus der Verlobungszeit.* Hg. v. Erich Heller u. Jürgen Born. Frankfurt a. M. 1970.

Franz Kafka: *Briefe an Milena.* 14. Aufl. Frankfurt a. M. 2011.

Paul North: *The Yield. Kafka's Atheological Reformation.* Stanford 2015.

Ansgar F. Nünning: „Reconceptualizing Unreliable Narration: Synthesizing Cognitive and Rhetorical Approaches", in: James Phelan / Peter Rabinowitz (Hg.): *A Companion to Narrative Theory.* Malden 2005, S. 89–107.

Julia Schade: „Asphalt übers Moor – Odradeks Sumpflogik oder das Ausbrechen aus der Totschlägerreihe", in: *Thewis. Onlinezeitschrift der Gesellschaft für Theaterwissenschaft.* Ausgabe 2017: *Kafka und Theater;*

online unter: https://www.theater-wissenschaft.de/artikel-asphalt-uebers-moor-odradeks-sumpflogik-oder-das-ausbrechen-aus-der-totschlaegerreihe/#post-12889-endnote-6 [Stand 15. 3. 2023].

Oliver Simons: „Schuld und Scham. Kafkas episches Theater", in: Arne Höcker / Oliver Simons (Hg.): *Kafkas Institutionen*. Bielefeld 2007, S. 269–293.

Kathrin Trüstedt: „Execution Without Verdict: Kafka's (Non-)Person", in: *Law Critique* 26 (2015), S. 135–154.

Joseph Vogl: *Über das Zaudern*. Zürich / Berlin 2007.

Daniel Weidner: „<Brief an den Vater>", in: Manfred Engel / Bernd Auerochs (Hg.): *Kafka-Handbuch. Leben – Werk – Wirkung*. Stuttgart / Weimar 2010, S. 293–301.

Marten Weise: „Die unmöglich-mögliche Logik der Vertretung. Zum Theater in *Der Proceß*", in: *Thewis. Onlinezeitschrift der Gesellschaft für Theaterwissenschaft. Ausgabe 2017: Kafka und Theater*; online unter https://www.theater-wissenschaft.de/artikel-die-unmoeglich-moegliche-logik-der-vertretung/#post-12885-endnote-ref-16 [Stand 15. 3. 2023].

Ludwig Wittgenstein: *Philosophische Untersuchungen. Kritisch-genetische Edition*. Hg. v. Joachim Schulte. Frankfurt a. M. 2001.

Kafka geht ins Kabarett

MANFRED WEINBERG

Im Folgenden geht es um Franz Kafkas Vorliebe für kleine theatrale Formen wie Kabarett, Tingeltangel, Varieté, Chantant etc. – etwas, was zum herkömmlichen Bild dieses Autors so ganz und gar nicht zu passen scheint. Im Vorwort zum Sammelband *Franz Kafka im interkulturellen Kontext* habe ich das Klischee des einsamen, melancholischen, gar depressiven, jedenfalls zutiefst unglücklichen Menschen und Schriftstellers Franz Kafka eine „der sicher falschesten Vorstellungen von einem Autor des 20. Jahrhunderts"[1] genannt. Einen ersten Hinweis, dass der einsame und depressive Kafka jedenfalls nicht das ganze Bild ist, kann vielleicht eine Fotografie geben, die Kafka mit Albert Ehrenstein, Otto Pick und Lise Weltsch 1913 in einer Flugzeug-Attrappe im Wiener Prater zeigt.[2] Ich sehe auf ihr drei Menschen, die sich zwar zu dieser Fotografie entschlossen haben, sich aber sichtlich unwohl fühlen. Kafka hingegen scheint mir entspannt und durch die Situation alles andere als befremdet.

Vom Klischee weicht auch der Brief ab, den Kafka an Max Brod am 29. März 1908 schrieb, in dem er ihn dazu einlädt, „statt unseres geplanten Nachtlebens von Montag zu Dienstag ein hübsches Morgenleben [zu] veranstalten", sich „um 5 Uhr oder ½ 6 bei der Marienstatue [zu] treffen – bei den Weibern kann es uns dann nicht fehlen – und ins Trokadero oder nach Kuchelbad [zu] gehn oder ins Eldorado."[3] Eine Tour durch Bars und Bordelle, Weiber inklusive.

Zu den Retuschen am gängigen Kafka-Bild gehört sicher auch Max Brods Überlieferung, dass Kafka beim Vorlesen seiner Texte so heftig gelacht habe, dass er „weilchenweise nicht weiterlesen konnte".[4] Die ach so fleißige Kafka-Forschung hat dies als Auftrag verstanden, sich nun auch über die Komik im Werk Franz Kafkas herzumachen, in

---

1   Steffen Höhne / Manfred Weinberg: „Vorwort", in: Steffen Höhne / Manfred Weinberg: (Hg.): *Franz Kafka im interkulturellen Kontext.* Wien / Köln / Weimar 2019, S. 7–24, 8.

2   Vgl. die Fotografie u. a. online unter: https://austria-forum.org/af/Wissenssammlungen/Essays/Literatur/Kafkas_Wien [Stand: 15. 3. 2023].

3   Franz Kafka: *Briefe 1900–1912.* Hg. v. Hans-Gerd Koch. Frankfurt a. M. 1999, S. 82.

4   Max Brod: *Franz Kafka. Eine Biographie.* Frankfurt a. M. 1962 [Erstausgabe 1952], S. 217.

einem Gestus allerdings, der das Komische ganz in das herkömmliche Kafka-Bild integrierte, statt sich wirklich von ihm herausfordern zu lassen.

Oder: Kann man sich Kafka als Juror eines Schönheitswettbewerbs vorstellen? Mit den Brüdern Brod besuchte er jedenfalls am 30. Juli 1910 das sogenannte Hippodrom, in dem ein „Damenwettbewerb"[5] stattfand, bei dem die schönsten Damen von den männlichen Gästen gekürt wurden, die zusammen mit der Garderobenkarte den entsprechenden Stimmzettel ausgehändigt bekamen.

Irritiert zeigt sich auch der Kafka-Biograf Reiner Stach. Im ersten Band seiner Kafka-Biografie schreibt er von dem, was sich „[g]anz zuunterst auf der Werteskala der bürgerlichen Kunstrezeption" finde: der „Kolportage- vulgo Schundroman, daneben all jene Darbietungen, die mehr oder minder eindeutig ins Reich der Sensationen gehören"[6] wie Kunstschützen oder Trapez- sowie Hungerkünstler. Man meint, seinen Widerwillen mitlesen zu können, wenn er schreibt: „Gerade in solchen – häufig genug dubiosen – Grenzbereichen von Kunst und Show scheint sich Kafka jedoch außerordentlich wohl gefühlt zu haben."[7] So habe Kafka die Landesjubiläumsausstellung von 1908 wohl gleich mehrmals besucht. Um es ein wenig akzeptabler zu machen, verweist Stach darauf, dass Kafka dort unter anderem erste Tonfilme gesehen habe (Achtung: zukünftige Kunst!), muss aber zugeben, dass Kafka auch ein „eigens errichtetes abessinisches Dorf [besucht habe], in dem einige Dutzend ‚Ausstellungsneger' ihre heimatlichen Gesänge vorführten, sowie eine Teezeremonie mit importierten japanischen Geishas."[8] Stach weiter:

„Die ‚Tänze der Neger', schrieb Kafka später an Felice Bauer, seien ihm verständlicher als beispielsweise das enervierende Singen und Händeklatschen, mit dem sein Vater ein Enkelkind belustigte. Das meinte er durchaus ernst. Das Exotische eröffnete schöne utopische Ausblicke, und unterhaltsam war es außerdem."[9]

Nur im Utopischen vermag Stach also eine Berechtigung für das zu finden, was ihn ganz offensichtlich befremdet. Immerhin gibt er eine kurze Zusammenfassung, die hier als Einführung in mein Thema ganz zitiert sei:

---

5   Hartmut Binder: *Gestern abend im Café. Kafkas versunkene Welt der Prager Caféhäuser und Nachtlokale.* Prag 2021, S. 402.
6   Reiner Stach: *Kafka. Die frühen Jahre.* Frankfurt a. M. ²014, S. 368.
7   Ebd.
8   Ebd.
9   Ebd., S. 369. Stach bezieht sich auf Kafkas Brief vom 23. Februar 1913, in: Franz Kafka: *Briefe 1913–1914.* Hg. v. Hans-Gerd Koch. Frankfurt a. M. 1999, S. 105.

„Chantant, Varieté, Cabaret – für die Vergnügungsorte, an denen derartiges [vermeint-
lich seichte Unterhaltung; M. W.] geboten wurde, gab es eine Reihe vorzugsweise fran-
zösischer Begriffe, und allein die Reklameinserate, die täglich in den Prager Zeitungen erschienen, zeigten ein erstaunliches Kaleidoskop von Unterhaltungsnummern.
Es gab Chansonetten mit ausgebildeter Stimme neben Possenreißern, Witzeerzählern
und schwadronierenden Conférenciers, es gab satirische und ‚pikante' Szenen, ‚indi-
sche' Tänzerinnen und farbige Sängerinnen, Striptease-Nummern, die als ‚Schleiertän-
ze' angekündigt wurden, einaktige Varietéoperetten und japanische Artisten, und gelegentlich konnte man auch Wiener Berühmtheiten bestaunen wie die Chansonette Mela
Mars (…) oder den Schauspieler und stilbildenden Kabarettisten Egon Friedell, der auf
Plakaten ohne seinen Doktortitel angekündigt wurde."[10]

Wie irritiert Reiner Stach davon ist, dass Kafka sich in dieser Welt wohlfühlte, zeigt sich
daran, dass er seinen Widerwillen auf Max Brod verschiebt, dem er in seiner Kafka-Biografie ja immer wieder einmal Schlechtes nachsagt. Hier:

„Dem kompositorisch geübten und mit musikalisch differenziertem Gehör ausgestatte-
ten Max Brod müssen in den Prager Varietés die Ohren geklungen haben – sollte man
meinen. Seine damaligen ironischen Äußerungen wie auch seine Erinnerungen deuten
jedoch darauf hin, dass er außerhalb der seriösen Theater- und Konzertsäle die Rolle des
Kritikers abstreifte und in einen anderen Modus der Wahrnehmung wechselte: etwa wie
ein Erwachsener in einer Kindervorstellung, wo er sich eher der Atmosphäre hingibt als
den aus seiner Sicht gar nicht kritikwürdigen dramaturgischen und musikalischen Leis-
tungen. Auch darin unterschied er sich sehr auffallend von Kafka, der ein und denselben, ebenso aufmerksamen wie ernsten Blick auf alles richtete, was ihm begegnete, und
der daher auch mit mittelmäßigen Schauspielern und einfach gestrickten Lieder ‚mitge-
hen' konnte, sofern sie ihn zur Identifikation einluden"[11].

Anders als ernst kann Stach sich Kafka nicht vorstellen. Nun wäre es natürlich völlig un-
sinnig, den einsamen und ernsten Franz Kafka durch den belustigten Kabarettgänger
ersetzen zu wollen. Wenn Kafka am 5. Dezember 1914 in sein Tagebuch schreibt: „Ein
Bild meiner Existenz (…) gibt eine nutzlose, mit Schnee und Reif überdeckte, schief in
den Erdboden leicht eingebohrte Stange auf einem bis in die Tiefe aufgewühlten Feld am

---

10   Ebd.
11   Ebd., S. 370.

Rande einer großen Ebene in einer dunklen Winternacht",[12] dann ist dem nichts von seiner existenziellen und depressiven Wucht zu nehmen. Wie passt dazu aber der sich prächtig im Kabarett amüsierende Kafka? Im Tagebuch reflektiert Kafka einmal über die ‚besten Stellen' seines Werks, bei denen es sich immer darum handle,

„dass jemand stirbt, dass es ihm sehr schwer wird, dass darin für ihn ein Unrecht und wenigstens eine Härte liegt und dass das für den Leser wenigstens meiner Meinung nach rührend wird. Für mich aber, der ich glaube auf dem Sterbebett zufrieden sein zu können, sind solche Schilderungen im geheimen ein Spiel, ich freue mich ja in dem Sterbenden zu sterben, nütze daher mit Berechnung die auf den Tod gesammelte Aufmerksamkeit des Lesers aus, bin bei viel klarerem Verstande als er, von dem ich annehme, dass er auf dem Sterbebett klagen wird, und meine Klage ist daher möglichst vollkommen, bricht auch nicht etwa plötzlich ab wie wirkliche Klage, sondern verläuft schön und rein. Es ist so, wie ich der Mutter gegenüber immer über Leiden mich beklagte, die beiweitem nicht so groß waren wie die Klage glauben ließ. Gegenüber der Mutter brauchte ich allerdings nicht soviel Kunstaufwand wie gegenüber dem Leser."[13]

Der Eintrag relativiert vordergründig die Inhalte Kafka'scher Klagen, deren Intensität schon der Mutter gegenüber der Größe des Leids nicht entsprochen habe. So auch noch heute, wobei er nun deutlich mehr Kunstaufwand treibe. Noch wichtiger aber ist, dass er dadurch die „guten und stark überzeugenden Stellen"[14] seines Werks erläutern will, und zwar im Zusammenhang mit dem Sterben, das ihm, wie er glaubt, leicht werden wird, während der Leser klagen werde (und zwar im Sinne einer wirklichen Klage), während seine Klage „schön und rein" verlaufe, also Kunst sei. In dieser Kunst aber ist die Dichotomie von Freude und Leid aufgehoben, wie es in Kafkas Texten ohnehin keine Dichotomien mehr gibt – oder noch genauer: Es gibt Dichotomien, aber sie sind sozusagen nicht stabil, wobei ich hier eher Ulrich Stadler als Gerhard Neumanns Rede vom „gleitenden Paradox"[15] folge. In seiner Studie *Kafkas Poetik* schreibt Stadler vom „Vexierbild als Modell",[16] das er an späterer Stelle so zusammenfasst: „Das Verhältnis der beiden Bilder zueinander lässt sich (…) nicht hierarchisch darstellen, und es lässt sich

---

12   Franz Kafka: *Tagebücher*. Hg. v. Hans-Gerd Koch, Michael Müller u. Malcolm Pasley. Frankfurt a. M. 1990, S. 705.
13   Ebd., S. 708.
14   Ebd.
15   Gerhard Neumann: „Umkehrung und Ablenkung: Franz Kafkas ‚Gleitendes Paradox'", in: *Deutsche Vierteljahrsschrift für Literaturwissenschaft und Geistesgeschichte* 42 (1968), S. 702–744.
16   Siehe das entsprechende Kapitel in Ulrich Stadlers Studie: *Kafkas Poetik*. Zürich / Berlin 2019, S. 110–129.

erst recht nicht synthetisieren. Vielmehr gilt für jene Bilder, daß sie sich, obwohl sie sich gegenseitig bedingen, auch gegenseitig ausschließen."[17] Kafkas große Ernsthaftigkeit und seine Unterhaltungslust lassen sich nicht hierarchisch darstellen (oben die Lebensklage und die große Kunst und unten das Kabarett), sie lassen sich aber auch nicht synthetisieren, da sie tatsächlich widersprüchlich bleiben. Beide Dinge bedingen einander und schließen sich aus. Die Auflösung ist Kafka mit all seinen Widersprüchen, die für ihn keine sind und doch welche sind. Wenn dem aber so ist, muss in dem vermeintlich Hohen etwas Freudiges entdeckbar sein (das ist mit dem oben erwähnten Lachen Kafkas beim Lesen seiner Texte zumindest schon angesprochen), und im Unterhaltsamen muss Kafka etwas Existentielles und Ernstes gefunden haben. Dann wäre er nicht dem Seichten ernst gegenübergetreten, sondern Kunst und Kabarett hätten sich ihm zu einem Vexierbild zusammengefügt, das gleichwohl kein Ganzes ergibt.

Solche Reflexionen sind nun zunächst aber noch einmal zu ‚erden' und vorzustellen, was Kafka sich da überhaupt in Kabaretts, Varietés, Tingeltangels und Chantants angeschaut hat. Dazu zitiere ich ausführlicher aus Hartmut Binders in vieler Hinsicht schwergewichtigem Buch *Gestern abend im Café. Kafkas versunkene Welt der Prager Kaffeehäuser und Nachtlokale*, das 2021 erschienen ist. Gegenüber einem ersten Band Binders zu diesem Thema aus dem Jahr 2000 ist es um zwei Drittel erweitert. Helmut Böttiger hat das Buch im *Deutschlandfunk Kultur* kurzerhand unter dem Titel *Kafka im Bordell*[18] besprochen. Roland Reuß hat in der *FAZ* geschrieben: „Die Fülle der neuen Dokumente, die Binder präsentiert, ist verblüffend", und das Buch als „Segen"[19] gefeiert. Bernd Noack hat sich in der NZZ dagegen allen Ernstes an Lenka Reinerovás banal-belangloses *Traumcafé einer Pragerin*[20] erinnert gefühlt – ein weiteres Beispiel, dass bei Kafka die Klischees höher im Kurs stehen als die Wirklichkeit.

Ich zitiere ausführlicher Hartmut Binder:

„Am 13. März 1909 schrieb Kafka an Max Brod, er gehe am Abend mit Freunden ins Varieté, um sich zu unterhalten. Was er dort sah, läßt sich besonders gut rekonstruieren,

---

17 Ebd., S. 131.
18 Helmut Böttiger: „Kafka im Bordell", Deutschlandfunk Kultur, 8. 11. 2021; online unter: https://www.deutschlandfunkkultur.de/hartmut-binder-gestern-abend-im-cafe-kafka-im-bordell-100.html [Stand: 15. 3. 2023].
19 Roland Reuß: „Bericht über eine Faszination", in: *Frankfurter Allgemeine Zeitung*, 30. 9. 2021; online unter: https://www.buecher.de/shop/prag/gestern-abend-im-caf/binder-hartmut/products_products/detail/prod_id/48120083/ [Stand: 15. 3. 2023].
20 Vgl. Bernd Noack: „In einem ‚Traumcafé' ist alles wahr – auf Suche nach der versunkenen Welt der Prager Kaffeehäuser", in: *Neue Zürcher Zeitung*, 29. 10. 2021; online unter: https://www.nzz.ch/reisen/auf-der-suche-nach-der-versunkenen-welt-der-prager-kaffeehaeuser-ld.1650574 [Stand: 15. 3. 2023].

weil sich das zugehörige Programmheft erhalten hat. Die Veranstaltung wurde wie üblich mit einem Marsch eröffnet, dem die *Sisters Letine* mit humorvoll vorgetragenen akrobatischen Künsten folgten. Anschließend führte Miss Sylvia mit zwei kleinen Mohren, nach Auffassung des *Prager Abendblattes* wahre Springteufel, ausgefallene Tänze vor.

Danach traten *The three Arleys* auf (…). Es handelte sich dabei um zwei Männer und eine Frau, die mit ihren fünf Foxterriers ein akrobatisches Potpourri veranstalteten, auf Fahrrädern, aber auch am Boden, wo die Tiere Saltos schlugen oder über eine Brücke hinwegsetzten, die von einem Mithund und zwei Artisten gebildet wurde. Es folgten *The five Lunds*, drei junge Damen und zwei Herren, die auf Posaunen, Trompeten, einem Piston und einem Xylophon die Ohren des Publikums strapazierten. Als letzter vor der Pause und als einer der Höhepunkte des Abends kam Launceston Elliott (…) auf die Bühne, der die gleichen beeindruckenden Proben seiner Körperkraft gab wie schon im Januar 1905. (…)

Nach der Pause wurden die Besucher durch die Ouvertüre zu *Raymond* von Ambroise Thomas auf das weitere Geschehen eingestimmt, das zunächst die *Rigoletto brothers* auf der Bühne sah, die Zwillinge Charles und Henry aus Amerika, die als Leitervoltigeure, Jongleure, Zauberkünstler, Handakrobaten und Musikclowns so gefielen, daß sie im November und Dezember 1912 wiederkamen. Anschließend zeigte die Verwandlungstänzerin Miss Carma in fünf verschiedenen Kostümen ihr Können – ihre Kreationen verkörperten unter anderem *Krieg* und *Frieden* –, bevor Marc Turc (…) mit seiner Theorie über das Verhältnis von Lachen und Krankheit Heilkünstlern ins Handwerk pfuschte. Turc verkörperte die humoristische Variante der Jongleurskunst und verbrämte sein Können mit allerlei heiterem Schnickschnack, etwa indem er mit dem Revolver nach Flöhen schoß.

Ein weiterer Höhepunkt des Programms war der von Madame Marci und Mr. Marck dargebotene dramatische Sketch *Le boudoir des fauves*".[21]

Dessen Handlungsgang ist in einer Beilage zum Programmheft beschrieben. Ich beschränke mich hier allerdings auf die Angabe, dass es sich um eine Szene mit einer „exzentrische[n] Weltdame" handelt, die sich den Luxus erlaubt, Löwen zu halten. Diese erhält jeden Abend Besuch von einem „Professor der Tierbändigerkunst". Als „Madame" sich zurückzieht, zeigt der Professor einige Kunststücke mit zwei dressierten Löwen, wobei die eine Löwin „alle Befehle und Übungen aus[führt]",[22] während die andere „Zirkusclowns nach[ahmt], indem sie nichts von den Befehlen wissen will und sogar das Ge-

---

21   Binder: *Gestern abend im Café*, S. 274–276.
22   Ebd., S. 276.

genteil davon tut." Als der Professor den Löwen befiehlt, sich zurückzuziehen, „weigert sich die eine Löwin, da sie verlangt, höflich gebeten zu werden, wenn sie gehorchen soll. ‚Seien Sie so liebenswürdig, ich bitte Sie!' sagt hierauf der Professor zu ihr, indem er sich respektvoll verneigt – – und sie geht hinaus." Eine zweite Szene zeigt zwei andere Löwen, in denen plötzlich „wieder die alte Löwennatur" erwacht, „doch stets bändigt sie der Professor durch die faszinierende Macht seines Blicks."[23] Hartmut Binder resümiert:

> „Der Reiz der Nummer lag keineswegs in der Dressur als solche, denn Löwenbändige-
> rinnen waren (…) schon mehrmals im *Théâtre Variété* aufgetreten, sondern in dem Um-
> stand, daß die Zuschauer den Eindruck hatten, die Löwen würden allein durch Blick-
> kontakte im Zaum gehalten. Ein kleiner Film und ein Marsch beendeten auf übliche
> Weise das Programm."[24]

Nur am Rande sei vermerkt, dass Kafka beabsichtigte, die Dressur von Tigern zum Ge-genstand einer Erzählung zu machen.[25] Roland Reuß hat im Übrigen in seiner Rezen-sion von Binders Studie in der *FAZ* gerade den Fund dieses Programmhefts hervor-gehoben, weil sich durch dessen „Details (…) nun besser ablesen [lasse], welche Filter durchlief, was in Kafkas klare Sprache einmündete."[26]

Man kann Reiner Stachs Irritation ja verstehen: Für dergleichen Oberflächliches soll sich Kafka begeistert haben? An Felice Bauer schrieb er am 6. Juli 1913:

> „Wir, Max, seine Frau, sein Schwager, Felix und ich, waren in einem Chantant, in das
> meine Frau nicht hingehen dürfte. Ich habe im allgemeinen sehr viel Sinn für solche
> Sachen, glaube sie von Grund aus, von einem unabsehbaren Grund aus zu erfassen und
> genieße sie mit Herzklopfen, gestern aber versagte ich außer gegenüber einer tanzenden
> und singenden Negerin fast gänzlich."[27]

Was aber heißt, dass er „solche Sachen" „von einem unabsehbaren Grund aus" zu erfas-sen meinte? In einem Brief aus Zürau an Elsa und Max Brod liest man, nachdem ihm Frau Brod über einen Besuch im Kabarett Lucerna berichtet hatte:

---

23 Ebd., S. 277.
24 Ebd.
25 Vgl. ebd., S. 256.
26 Reuß: „Bericht über eine Faszination".
27 Franz Kafka: *Briefe 1913–1914*. Hg. v. Hans-Gerd Koch. Frankfurt a. M. 2001, S. 231.

„Liebe Frau Elsa, Sie wundern sich, dass es Ihnen nicht gelingt, den Sinn der ‚Lucerna‘ herauszusagen? Darüber kann man sich doch nur freuen. Das, was dort geschieht, geschieht gewissermaßen auf einer Fensterbrüstung der Menschheit; hält man sich zu lange dort oben auf, muß man fallen; aber dann ist es doch besser, herein ins Zimmer zu fallen, als hinaus ins Leere.“[28]

Kafka sieht in den Szenen des Kabaretts (und dies nicht obwohl, sondern gerade weil sie seichte Unterhaltung sind) etwas, das einen Ausblick auf die ganze Menschheit bietet, etwas sozusagen Überwältigendes, das einen fallen lässt: entweder (und besser) ins Zimmer zurück, also in die geordneten und bekannten Verhältnisse, oder in die Leere des Ungefassten, die aber eben – auf „einer Fensterbrüstung der Menschheit“ stehend – sozusagen in Reichweite und das offensichtlich Entscheidende ist, dessen Sinn sich jedoch nicht „heraussagen“ lässt. Beides – das Geformte und das Ungeformte – muss also für Kafka in diesen Szenen angelegt sein, was sicher etwas anderes ist als der ernste Blick Kafkas auf unterhaltende Sketche. Hartmut Binder schreibt: „Offenbar sah Kafka in Kabarettproduktionen, (…) eine verkappte, nämlich ins Humoristische verzerrte Darstellung äußersten menschlichen Leides.“[29] Allerdings lässt sich nach dem vorhin Ausgeführten gleich hinzufügen, dass solches Leid der Freude des Komischen und Humoristischen nicht als Gegensatz gegenübersteht, sondern mit ihm wiederum ein Vexierbild bildet.

Am 16. März 1912 hat Kafka in seinem Tagebuch einen Besuch im *Kabarett Lucerna*, von dem Hartmut Binder festhält, dass es sicher „zu den bevorzugten Vergnügungsstätten Kafkas“[30] gehört habe, beschrieben. Dabei ist beachtenswert, dass sich diese Beschreibung mitten zwischen der Aufmunterung, „[m]orgen, heute eine größere Arbeit an[zufangen], die ungezwungen nach meinen Fähigkeiten sich richten soll. Ich werde nicht von ihr ablassen, so lange ich nur kann. Lieber schlaflos sein, als so hinzuleben“,[31] und dem Verweis findet: „Gelesen ‚aus dem Leben eines Schlachtenmalers‘ [eine ‚Selbstbiografie‘ von Albrecht Adam; M. W.] Flaubert zufrieden vorgelesen.“[32] Dazwischen heißt es:

„Kabaret Lucerna. Einige junge Leute singen jeder ein Lied. Ist man frisch und hört zu, so wird man durch einen derartigen Vortrag eher an die Folgerungen erinnert, welche

---

28 Franz Kafka: *Briefe 1914–1917*. Hg. v. Hans-Gerd Koch. Frankfurt a. M. 2005, S. 339.
29 Binder: *Gestern abend im Café*, S. 329.
30 Ebd., S. 293.
31 Kafka: *Tagebücher*, S. 407.
32 Ebd., S. 409.

der Text auf unser Leben erlaubt, als dies durch den Vortrag geübter Sänger geschehen kann. Denn die Kraft der Verse wird durch den Sänger keinesfalls vergrößert, sie behalten ihre Selbständigkeit und tyrannisieren uns mit dem Sänger der nicht einmal Lackstiefel hat, dessen Hand vom Knie einmal nicht loswill und wenn sie muß, noch ihren Widerwillen zeigt, der sich möglichst rasch auf die Bank hinwirft um die Menge kleiner ungeschickter Bewegungen, die er dafür aufbieten muß, möglichst wenig sehen zu lassen. – Liebesszene im Frühling in der Art der Photographieansichtskarten. Treue, das Publikum rührende und beschämende Darstellung. – Fatinizza, Wiener Sängerin. Süßes inhaltsvolles Lachen. Erinnerung an Hansi. Ein Gesicht mit unbedeutenden, meist auch zu scharfen Details vom Lachen zusammengehalten und ausgeglichen. Unwirksame Übermacht über das Publikum, die man ihr zusprechen muß, wenn sie an der Rampe steht und in das gleichgültige Publikum lacht. – Dummer Tanz der Degen mit fliegenden Irrlichtern, Zweigen, Schmetterlingen, Papierfeuern, Totenkopf. – 4 Roking Girls. Eine sehr schön. Kein Teaterzettel nennt ihren Namen. Sie war die äußerste rechts vom Zuschauerraum. Wie sie beschäftigt die Arme warf, wie die dünnen langen Beine mit zarten spielenden Knöchelchen in besonders fühlbar stummer Bewegung waren, wie sie das Tempo nicht einhielt wie sie aber durch kein Erschrecken in ihrem Beschäftigtsein sich stören ließ, was für ein sanftes Lächeln sie hatte im Gegensatz zu dem verzerrten der andern, wie ihr Gesicht und Haar fast üppig war im Vergleich zur Magerkeit des Körpers, wie sie den Musikanten ‚langsam‘ zurief auch für ihre Mitschwestern. Ihr Tanzmeister, ein junger auffallend angezogener magerer Mensch stand hinter den Musikanten und winkte rythmisch mit einer Hand weder von Musikanten noch von den Tänzerinnen beachtet und selbst mit seinen Blicken im Zuschauerraum. – Warnebold, feurige Nervosität eines kräftigen Menschen. In Bewegungen manchmal ein Witz, dessen Macht einen erhebt. Wie er nach der Ankündigung der Nummer mit großen Schritten dem Klavier zueilt.“[33]

Es ist hier leider kein Raum für das, was Ulrich Stadler sinngemäß eine ‚minutiöse Lektüre‘[34] genannt hat. Nur einige Bemerkungen: Zunächst ist offensichtlich, dass Kafkas Zusammenfassung des Abends einen ganz anderen Duktus hat als die eher objektive Beschreibung Hartmut Binders eines anderen Besuchs im Varieté. Kafka schreibt über De-

---

33 Ebd., S. 407–409.
34 Den Begriff verwendet Stadler nicht. Er ergibt sich aber, wenn er angibt, methodisch verfahren zu sein „wie Kafka selber; d. h. ich ging wie dieser von den Details aus“ (Stadler: *Kafkas Poetik*, S. 11). Das Kafka'sche Erzählverfahren beschreibt Stadler im Kapitel „3.5 Minutiös verfahren“ (ebd., S. 129–144).

tails, vor allem über Gesten, denen ja schon Walter Benjamin[35] eine besondere Bedeutung für das Erzählen Kafkas zugeschrieben hat. Er erinnert an die „Folgerungen (…), welche der Text [eines Liedes; M. W.] auf unser Leben erlaubt", wobei die Verse – eben weil es sich nicht um einen geübten Sänger handelt – ihre Selbständigkeit behaupten und die Zuhörer tyrannisieren, was durch ungeschickte Bewegungen wiederum noch weiter verstärkt zu werden scheint. Dem vermeintlich Unvollkommenen wird somit eine durchschlagendere Wirkung zugeschrieben als dem künstlerisch Perfektionierten. Eine „Liebesszene im Frühling" nennt Kafka eine „das Publikum rührende und beschämende Darstellung", was bei ihm eben auch wieder kein einfacher Widerspruch ist. Die Wiener Sängerin Fatinizza erinnert ihn an Hansi, seine in der Weinstube Trocadero kellnernde frühe Freundin, von der Max Brod einmal als „Germania der deutschen Reichspostmarken"[36] gesprochen und Kafkas Aussage kolportiert hat, „ganze Kavallerieregimenter seien über ihren Leib geritten".[37] Auch hier finden sich Widersprüche, die aber Kafka wohl gerade als angemessene Beschreibung erschienen, wie der von der „[u]nwirksame[n] Übermacht". Kafka weiß für sich im Übrigen sehr genau zu unterscheiden, welcher Darbietung er einen solchen besonderen Effekt zuschreibt – der Tanz der Degen entfaltet diese Wirkung jedenfalls nicht. Besonders angetan hat es ihm eine der „4 Roking Girls"; er bietet aber wiederum keine Gesamtcharakteristik der Nummer, sondern geht im Detail auf das Verhalten und die Wirkung dieses einen Girls ein, auf die Unzulänglichkeiten ihres Tanzes; auch hier formuliert er Widersprüchliches und Unauflösbares wie die „stumm[e] Bewegung" ihrer dünnen Beine. Allen solchen Darbietungen schreibt Kafka dabei das Potential zu, einen machtvoll zu erheben. Zusammenfassend lässt sich also erst einmal sagen, dass er in seinem Bericht aus dem Kabarett nicht jeweils die ganze Nummer beschreibt, sondern sich an wirksame Details hält, denen er eine Macht zuschreibt, wie sie gemeinhin eben nur großer Kunst zugestanden wird.

Solche Mächtigkeit wird wohl besonders deutlich bei einer Tagebuchaufzeichnung vom 26. Dezember 1911 über Flora Krug, die zur Lemberger Theatertruppe um Jizchak Löwy gehörte und dort nicht nur im Haupt-, sondern auch im Vorprogramm auftrat, gelegentlich auch als Herrenimitatorin, weshalb sie durchaus im Zusammenhang mit dem Kabarett Erwähnung finden kann. Kafka notiert: „Der Tränenglanz in den Augen der Frau Klug beim Singen einer gleichmäßig welligen Melodie, in welche die Zuhörer ihre Köpfe hängen lassen, schien mir in seiner Bedeutung weit über das Leid, über das Thea-

---

35 Vgl. Walter Benjamin: „Franz Kafka. Zur zehnten Wiederkehr seines Todestages", in: Walter Benjamin: *Gesammelte Schriften*. Hg. v. Rolf Tiedemann u. Hermann Schweppenhäuser. Frankfurt a. M. 1977, Bd. 2, S. 409–438.

36 Max Brod: *Über Franz Kafka*. Frankfurt a. M. 1966, S. 104

37 Ebd. und Kafka: *Briefe 1900–1912*, S. 87.

ter, über die Sorgen des ganzen Publikums ja über meine Vorstellungskraft hinauszugehen."[38] Schon am 1. November 1911 hatte er geschrieben: „Ich glänzte, wenn sie sang, ich lachte, während sie auf der Bühne war, ich sang die Melodien mit, später die Worte, ich dankte ihr nach einigen Vorstellungen."[39] Hier begegnen wir wieder dem vermeintlich anderen Kafka, den man sich über all die um ihn herum versammelten Klischees so schwer vorstellen kann – einem Kafka, der im Kabarett lacht und mitsingt und sich bei der Sängerin bedankt und der sich übrigens später ein Autogrammfoto der Sängerin beschaffen wird. Roland Reuß hat in seiner Rezension von *Gestern im Café* vermerkt, dass Binder dabei „eine Grundannahme der Kafka-Forschung"[40] korrigiert habe. Den Aufzeichnungen im ersten Oxforder Quartheft am 5. Oktober 1911, die sich auch schon auf Flora Klug bezogen hatten, hat Kafka eine Postkarte mit Foto von ihr beigelegt, von der Binder nachweisen kann, dass diese erst 1916 in Prag gedruckt wurde. Kafka hat sie also erst fünf Jahre später eingelegt, was deutlich macht, von wie langer Dauer die Wirkung des Gehörten und Gesehenen auf ihn war.

Den außerordentlichen Effekt erzielt im Vortrag, auf den sich die Eintragung vom 26. Dezember 1911 bezieht, eine „gleichmäßig wellig[e] Melodie", die gerade weil sie nicht stärker profiliert ist, über das Leid, über das Theater, über die Sorgen des Publikums sowie über Kafkas Vorstellungskraft hinausgeht. Die schwache Profilierung ermöglicht offenbar erst eine „Leere des Ungefassten", um eine schon zitierte Formulierung wieder aufzunehmen, als Voraussetzung der exorbitanten Wirkung.

Am 6. Januar 1912 heißt es im Tagebuch über die gleiche Flora Klug, „daß sich hier ein Mensch zur Schau stellt, der ein paar Witze und Lieder herausgefunden hat, die sein Temperament und alle seine Kräfte auf das vollkommenste vorführen".[41] Die enorme Wirkung, die er spürt, lässt Kafka daraus resultieren, dass die vorgetragenen Lieder das Temperament eines Menschen und alle seine Kräfte auf das Vollkommenste vorführten. Zuletzt argumentiert er also mit einer Wahrhaftigkeit, die bei ihm aber nicht im Widerspruch zur Lüge steht und die nicht nur Effekt einer hochkomplexen Kunst ist, sondern die auch ein anspruchsloses Couplet übermitteln kann. Im Übrigen hat er – noch einmal sei es gesagt – ganz offensichtlich ein Gelingenskriterium: Zur Darstellung Zigmund Feinmanns im Drama *Vicekönig* notierte er ebenfalls am 6. Januar 1912, die „,Eindrucksfähigkeit' für das ihm hier begegnende Jüdische sei ihm verloren gegangen, weil die darauf bezüglichen Aussagen ,zu gleichförmig' seien und in ein Jammern ausarte-

---

38 Kafka: *Tagebücher*, S. 320.
39 Ebd., S. 217.
40 Reuß: „Bericht über eine Faszination".
41 Kafka: *Tagebücher*, S. 350.

ten, das auf vereinzelte kräftigere Ausbrüche stolz"[42] sei. Solch bloßes Jammern vermag eben nicht zu leisten, was die kunstvolle oder vermeintlich kunstlose Klage gelegentlich zu leisten vermag.

In einem Tagebucheintrag vom 20. Februar 1911, in dem er auch von seiner Lektüre der Jugendbriefe Heinrich von Kleists berichtet (ein Hinweis mehr, dass Kafka die Sphären des künstlerischen High und Low eben nicht trennte), schreibt er über Mela Mars, die, wie vorhin zitiert, auch Reiner Stach in seiner Kafka-Biografie erwähnt:

> „Mella [sic] Mars in der ‚Lucerna'. Eine witzige Tragödin, die gewissermaßen auf einer verkehrten Bühne so auftritt, wie sich Tragödinnen manchmal hinter der Bühne zeigen. Beim Auftreten hat sie ein müdes, allerdings auch flaches leeres altes Gesicht, wie dies für alle bewussten Schauspieler ein natürlicher Ablauf ist. Sie spricht sehr scharf auch ihre Bewegungen sind so von dem durchgebogenen Daumen angefangen, der statt der Knochen harte Sehnen zu haben scheint. Besondere Wandlungsfähigkeit ihrer Nase durch die wechselnden Lichter und Vertiefungen der ringsherum spielenden Muskeln. Trotz der ewigen Blitze ihrer Bewegungen und Worte pointiert sie zart."[43]

Auch dies müsste man einer minutiösen Lektüre unterziehen, die vor allem auf die Widersprüche (und doch nicht Widersprüche) einer „witzige[n] Tragödin", eines „natürliche[n] Ablauf[s]" bei „alle[n] bewussten Schauspielern" sowie einer zarten Pointierung trotz der „ewigen Blitze ihrer Bewegungen und Worte" einzugehen hätte.

Am 29. September 1911 heißt es im Tagebuch zunächst über Rudolf Vašata:

> „Sänger Vasata [sic]. So schlecht, dass man sich in seinem Anblick verliert. Aber weil er ein starker Mensch ist, hält er doch mit einer sicher nur mir zum Bewußtsein kommenden tierischen Kraft die Aufmerksamkeit des Publikums halbwegs gesammelt. – Grünbaum wirkt mit der angeblich nur scheinbaren Trostlosigkeit seiner Existenz. – Odys Tänzerin. Steife Hüften. Richtige Fleischlosigkeit. Rote Knie passen mir zum Tanz ‚Frühlingsstimmung'."[44]

Auch hier findet sich die gleiche Struktur des Widersprüchlichen (und doch nicht Widersprüchlichen): Vašata als „schlechter Sänger" und „starker Mensch" mit „tierischer Kraft"; Grünbaum mit einer „nur scheinbaren Trostlosigkeit seiner Existenz".

---

42 Binder: *Gestern abend im Café*, S. 176; Kafka: *Tagebücher*, S. 349.
43 Kafka: *Tagebücher*, S. 148.
44 Ebd., S. 44.

All das hat deutliche Spuren in Kafkas Werk hinterlassen. Schon einer seiner ersten, nicht erhaltenen Schreibversuche trug den Titel *Der Gaukler*, was, wie Hartmut Binder anmerkt, „im *Prager Tagblatt* Spaßmacher und Zauberkünstler meinte".[45] Es gibt ein Erzählfragment von 1910, in dem ein Trapezkünstler eben im Varieté und nicht im Zirkus auftritt. In einem undatierten Tagebucheintrag Kafkas, aus der Zeit zwischen Frühjahr 1909 und Frühjahr 1910, schreibt Kafka über japanische Gaukler, „die auf einer Leiter klettern, die nicht auf dem Boden aufliegt, sondern auf den emporgehaltenen Sohlen eines halb Liegenden und nicht an der Wand lehnt, sondern nur in die Luft hinausgeht"[46] und fertigt eine zugehörige Zeichnung an. In einem Tagebucheintrag vom 29. Mai 1914 heißt es:

> „[I]ch fühle die Grenze menschlicher Bemühungen und mache auf meiner Höhe aus eigenem Antrieb und plötzlich mich überkommendem Geschick das Kunststück eines vor vielen Jahren von mir bewunderten Schlangenmenschen, indem ich mich langsam zurückbeuge – eben versucht der Himmel aufzubrechen, um einer mir geltenden Erscheinung Raum zu geben, aber er stockt – den Kopf und Oberkörper zwischen meinen Beinen durchziehe und allmählich wieder als gerader Mensch auferstehe."[47]

Es folgt – allerdings ohne Fragezeichen – die Frage: „War es die letzte Steigerung, die Menschen gegeben ist."[48] Also auch hier wird das Kunststück des Schlangenmenschen mit einer „letzten Steigerung, die Menschen gegeben ist", zusammengebracht. Im April 1914 hat Kafka in einem Brief an Felice Bauer im Verweis auf seine gerade im *Berliner Tagblatt* erschienene Verlobungsanzeige geschrieben, dass der Hinweis auf einen Empfangstag in der Familie der Braut ihm den Eindruck mache, „als stünde da, daß F. K. am Pfingstsonntag eine Schleifenfahrt im Varieté aufführen werde".[49]

Für den Affen Rotpeter im *Bericht für eine Akademie* von 1917, der ja als Varietékünstler berühmt wird, hat es auf den Prager Bühnen eine reale Vorlage gegeben: den im *Théâtre Variété* im September 1908 und April 1909 auftretenden drei Jahre alten Schimpansen Peter, der sich auf der Bühne wie ein Mensch zu benehmen wusste und dort etwa Rad fuhr. Am 20. September 1909 erschien in der *Deutschen Zeitung Bohemia* ein Artikel über diesen Affen unter dem Titel „Bei Konsul Peter. Ein Interview", wobei bemerkens-

---

45   Binder: *Gestern abend im Café*, S. 265.
46   Kafka: *Tagebücher*, S. 14.
47   Ebd., S. 527 f.
48   Ebd, S. 528.
49   Kafka: *Briefe 1914–1917*, S. 38.

wert ist, dass Fragment gebliebene Vorstufen des *Berichts für eine Akademie* auch in der Form eines Interviews gehalten waren.[50]

Franz Kafka hat im Juni 1922 eine Vorstellung der Wiener jüdischen Bühne besucht. Hartmut Binder führt aus:

> „Als Kafka dann im September 1922 mit der Niederschrift der *Forschungen eines Hundes* begann, in der sieben Musikhunde sich in unanständigen Posen zur Schau stellen – die *Wiener jüdische Bühne* bestand aus sieben Schauspielern –, scheint er auf dieses drei Monate zurückliegende Zusammentreffen mit dem Wiener Ensemble zurückgegriffen, in seiner produktiven Einbildungskraft möglicherweise jedoch zusätzlich die elf Jahre zurückliegende Begegnung mit der Lemberger Theatertruppe reaktiviert zu haben, die sein Selbstbild in ähnlicher Weise verändert hatte, wie dies der Hauptfigur seiner Erzählung bei Anblick der sieben tanzenden Volksgenossen geschieht."[51]

Kafka verfasste weiterhin ein kleines Erzählbruchstück über den sogenannten Eisenkönig, eigentlich Siegmund Breitbart, der mit der bloßen Hand Nägel in Holzblocke einschlagen und Eisenketten mit den Zähnen zerbeißen konnte. Felix Weltsch befragte den Eisenkönig zu seiner Stellung zum Judentum und berichtete darüber im April 1923 in der von ihm herausgegebenen Zeitschrift *Selbstwehr*.[52] In der Erzählung *Erstes Leid* von 1924 wird die Kunst des Trapezkünstlers so ausgezeichnet: „[B]ekanntlich ist diese hoch in den Kuppeln der großen Varietébühnen ausgeübte Kunst eine der schwierigsten unter allen, Menschen erreichbaren".[53] So ließe sich fortfahren.

Nun könnte man diesen thematischen Anregungen durch Kabarett und Varieté unschwer Anregungen aus ganz anderen Bereichen zur Seite stellen – und sie damit für eher beliebig halten. Anders verhält es sich meiner Ansicht nach aber aus einer strukturellen resp. poetologischen Perspektive. Aus dieser lässt sich „Kafkas Poetik" durchaus in die Nähe von Szenen im Kabarett rücken. Eine Verbindung von Varieté-Nummern und dem eigenen Schreiben hat Kafka im Übrigen nach der oben ausführlich zitierten Darstellung eines seiner Besuche im Kabarett Lucerna selbst gezogen, wenn er schreibt: „Notwendigkeit über Tänzerinnen mit Rufzeichen zu reden. Weil man so ihre Bewegung

---

50 Vgl. Binder: *Gestern abend im Café*, S. 270.
51 Ebd., S. 202.
52 Vgl. ebd., S. 283.
53 Franz Kafka: „Erstes Leid", in: Franz Kafka: *Drucke zu Lebzeiten*. Hg. v. Wolf Kittler, Hans-Gerd Koch u. Gerhard Neumann. Frankfurt a. M. 1996, S. 317–321, 317.

nachahmt, weil man im Rythmus bleibt und das Denken dann im Genusse nicht stört, weil dann die Tätigkeit immer am Schluß des Satzes bleibt und besser weiterwirkt."[54]

Mir scheint, dass so einiges im Werk Franz Kafkas strukturell den beschriebenen Kabarett-Nummern gleicht: Ist nicht etwa das Gespräch mit dem Bankdirektor und dem Italiener im Dom-Kapitel des *Prozesses* der reinste (wenn auch vornehmlich verbale) Slapstick? Gilt das nicht auch für das Prügler-Kapitel in diesem Roman? Haben nicht auch viele Szenen im *Amerika*-Roman eine solche Qualität? Die Musikhunde in den *Forschungen eines Hundes* habe ich schon genannt. *Josefine die Sängerin* ließe sich gleichfalls nennen; die Erzählung von ihr beginnt bekanntlich: „Unsere Sängerin heißt Josefine. Wer sie nicht gehört hat, kennt nicht die Macht des Gesanges. Es gibt niemanden, den ihr Gesang nicht fortreißt",[55] wobei die Erzählung die besondere Qualität von Josefines Gesang ja dann in Frage stellt. Auch diesbezüglich ließe sich leicht fortfahren; allerdings wäre die Aussagekraft solcher bloß benannten (und nicht minutiös gelesenen) Texte und Textpassagen recht gering.

Um es zu resümieren: Wenn es einen Einfluss des Theatralen auf Kafka und sein Schreiben gab, dann scheint er mir tatsächlich weniger vom „kanonischen ,europäischen' Theater" auszugehen, sondern eher vom „,minoritären' jüdischen Theater" – von beiden war im *Call for Papers* zum Workshop, aus dem der vorliegende Sammelband hervorging, die Rede –, aber eben auch von Theatralem in Tingeltangel, Varieté und Kabarett. Die Voraussetzung dazu bildet allerdings der spezifische Blick Kafkas auf diese theatralen Szenen, der sich einesteils auf Details konzentriert, andererseits diese Szenen ins abgründig Existenzielle hin öffnet, was aus meiner Sicht wenig mit dem von Reiner Stach propagierten ebenso „aufmerksamen wie ernsten Blick" Kafkas auf derlei zu tun hat, sondern vielmehr damit, dass er die zehnte oder leichte Muse des Kabaretts nicht in einen Widerspruch (und doch Widerspruch) zur großen Kunst bringt, sondern ihre sozusagen schwächere Profilierung gerade als Möglichkeit des Ausblicks in die existenzielle Schwere der Leere des Ungefassten versteht – ein allemal spezifisch Kafka'sches Verständnis von vermeintlich seichter Unterhaltung.

---

54 Kafka: *Tagebücher*, S. 309.
55 Franz Kafka: „Josefine, die Sängerin oder das Volk der Mäuse", in: Kafka: *Drucke zu Lebzeiten*. S. 350–377, 350.

Literatur

Walter Benjamin: „Franz Kafka. Zur zehnten Wiederkehr seines Todestages", in: Walter Benjamin: *Gesammelte Schriften*. Hg. v. Rolf Tiedemann u. Hermann Schweppenhäuser. Frankfurt a. M. 1977, Bd. 2, S. 409–438.

Hartmut Binder: *Gestern abend im Café. Kafkas versunkene Welt der Prager Caféhäuser und Nachtlokale*. Prag 2021.

Helmut Böttiger: „Kafka im Bordell", Deutschlandfunk Kultur, 8. 11. 2021; online unter https://www.deutsch-landfunkkultur.de/hartmut-binder-gestern-abend-im-cafe-kafka-im-bordell-100.html [Stand: 15. 3. 2023].

Max Brod: *Franz Kafka. Eine Biographie*. Frankfurt a. M. 1962 [Erstausgabe 1952].

Max Brod: *Über Franz Kafka*. Frankfurt a. M. 1966.

Steffen Höhne / Manfred Weinberg: „Vorwort", in: Steffen Höhne / Manfred Weinberg (Hg.): *Franz Kafka im interkulturellen Kontext*. Wien / Köln / Weimar 2019, S. 7–24.

Franz Kafka: *Tagebücher*. Hg. v. Hans-Gerd Koch, Michael Müller u. Malcolm Pasley. Frankfurt a. M. 1990.

Franz Kafka: „Erstes Leid", in: Franz Kafka: *Drucke zu Lebzeiten*. Hg. v. Wolf Kittler, Hans-Gerd Koch u. Gerhard Neumann. Frankfurt a. M. 1996, S. 317–321.

Franz Kafka: „Josefine, die Sängerin oder das Volk der Mäuse", in: Franz Kafka: *Drucke zu Lebzeiten*. Hg. v. Wolf Kittler, Hans-Gerd Koch u. Gerhard Neumann. Frankfurt a. M. 1996, S. 350–377.

Franz Kafka: *Briefe 1900–1912*. Hg. v. Hans-Gerd Koch. Frankfurt a. M. 1999.

Franz Kafka: *Briefe 1913–1914*. Hg. v. Hans-Gerd Koch. Frankfurt a. M. 2001.

Franz Kafka: *Briefe 1914–1917*. Hg. v. Hans-Gerd Koch. Frankfurt a. M. 2005.

Gerhard Neumann: „Umkehrung und Ablenkung: Franz Kafkas ‚Gleitendes Paradox'", in: *Deutsche Vierteljahrsschrift für Literaturwissenschaft und Geistesgeschichte* 42 (1968), S. 702–744.

Bernd Noack: „In einem ‚Traumcafé' ist alles wahr – auf Suche nach der versunkenen Welt der Prager Kaffeehäuser", in: *Neue Zürcher Zeitung*, 29. 10. 2021; online unter: https://www.nzz.ch/reisen/auf-der-suche-nach-der-versunkenen-welt-der-prager-kaffeehaeuser-ld.1650574 [Stand: 15. 3. 2023].

Roland Reuß: „Bericht über eine Faszination", in: *Frankfurter Allgemeine Zeitung*, 30. 9. 2021; online unter: https://www.buecher.de/shop/prag/gestern-abend-im-caf/binder-hartmut/products_products/detail/prod_id/48120083 / [Stand: 15. 3. 2023].

Reiner Stach: *Kafka. Die frühen* Jahre. Frankfurt a. M. 2014.

Ulrich Stadler: *Kafkas Poetik*. Zürich / Berlin 2019.

Ein dubioses Genre?

Franz Kafka und die Operette

STEFFEN HÖHNE

1 Vorbemerkungen

Wenn man mit Blick auf die Operette ironisch von einem dubiosen Genre spricht, das aus unterschiedlichen Gründen schon zu Kafkas Zeit in Verruf geraten war, dann ist damit insbesondere ein Verweis auf das Wiener Dreigestirn intendiert, also Karl Kraus, Egon Friedell und schließlich Hermann Broch, die maßgeblich Anteil hatten an jenem „unablässigen Spiel von Etikettierung und Distanzierung,"[1] letztlich Abqualifizierung einer trivialisierten und kommerzialisierten Inszenierungspraxis und eines rein der Unterhaltung dienenden „Wert-Vakuum"-Produkts.[2]

Theodor W. Adorno sprach mit dem Duktus pädagogischer Bevormundung des Publikums und mit Anspielung auf den sich seit dem 18. Jahrhundert entwickelnden, disziplinierenden Theaterreformdiskurs Anfang der 1930er-Jahre von einer „Gemeinschaftskunst", die man den Menschen „aufredet und die sie langweilt, weil sie sich entspannen wollen und leibhaft genießen, was ihnen doch die eigentliche Kunst, wie lange nun schon, verbot."[3] Verboten wird, darauf bezieht sich Adornos Aussage, jegliche Art von verbaler wie nonverbaler Mitwirkung jenseits konzentrierter Aufmerksamkeit. Diesem Ideal von Passivität entzog und entzieht sich allerdings die Unterhaltungskultur, in der Aktivitäten auch körperlicher Mitwirkung während der Aufführung nicht nur er-

---

1   Kaspar Maase: *Grenzenloses Vergnügen. Der Aufstieg der Massenkultur 1850–1970.* Frankfurt a. M. 1997, S. 23.

2   Hermann Broch: „Hofmannsthal und seine Zeit", in: Hermann Broch: *Schriften zur Literatur 1. Kritik.* Hg. v. Paul Michael Lützeler. Frankfurt a. M. 1975, S. 111–284, 271.

3   Theodor W. Adorno: „Arabesken zur Operette", in: Theodor W. Adorno: *Musikalische Schriften VI.* Hg. v. Rolf Tiedemann. Frankfurt a. M. 1984, S. 516–519, 516.

laubt, sondern sogar erwünscht sind. Entsprechend fungiert die Operette in Adornos Diktion als Gegenmodell zu hoher Kunst und bildet einen „Bodensatz der Geschichte" von „flüchtiger Zeitlichkeit", die die „negative Ewigkeit des musikalischen Theaters in sich" enthalte.[4]

Befasst man sich also mit dem Thema Operette, so ist man mit normierenden Zuschreibungen eines seit dem 18. Jahrhundert vor allem in den Darstellenden Künsten sich herausbildenden und verfestigenden Kulturbegriffs konfrontiert, der zwischen hoch- und populärkulturellen Varianten (bzw. E- und U-Musik) dichotomisiert und der zu kulturindustriell konnotierten Blockaden führte, die offenbar den Blick auf das Genre Operette insgesamt, aber auch den Blick auf Kafkas Interesse an populären Formaten lange verstellten. Es ist sowohl der kulturwissenschaftlichen Öffnung als auch neuen inszenatorischen Zugängen zu verdanken,[5] die eine Rekontextualisierung des Genres insbesondere in Deutschland ermöglichten. Verwiesen sei auf den bereits in dritter Auflage erschienenen Band *Das kulturelle Gedächtnis der Wiener Operette. Regionale Vielfalt im urbanen Milieu* (2021) von Moritz Csáky.[6]

In diesem Rahmen gerät mit Kafka ein Autor in den Blick, der sich offenbar als Rezipient populärer Formate der Darstellenden Kunst weder um die Werturteile des Wiener Dreigestirns noch um Vorbehalte vor kulturindustriellen Zugriffen kümmerte und der mit seinem Rezeptionsverhalten zumindest partiell normative ästhetische Dichotomien wie authentisch-unecht, originell-epigonal, tief-oberflächlich ignorierte. Manfred Weinberg liefert in diesem Band im Anschluss an Hartmut Binder[7] einige überzeugende Beispiele, an die die Überlegungen zu Kafka als Besucher von Operetten anknüpfen können. Der Fokus sei dabei zunächst auf die Ebene der Aneignung und damit auf den Zuschauer Kafka gelenkt. In einem zweiten Schritt geht es um ein selektives und kompositorisches Verfahren, mit dem vorgefundene Bilder und Motive – gleichwohl verfremdet und verrätselt – dem eigenen literarischen Universum eingegliedert werden.

Was hat Kafka an der Operette fasziniert bzw. welche Werke hat er nachweislich gesehen? Dabei muss man zunächst von einem eher begrenzten Textkorpus ausgehen. Neben zwei Erwähnungen von Operetten im Werk, wobei die eine im *Verschollenen* nicht

---

4   Ebd., S. 516.
5   Erwähnt sei nur Barry Kosky, der zwischen 2012 / 13 und 2021 / 22 als Intendant und Chefregisseur der Komischen Oper Berlin sich um die Aufwertung der Operette verdient gemacht hat. Unter seiner Leitung wurde das Haus mehrfach ausgezeichnet, u. a. als Opernhaus des Jahres und mit dem International Opera Award.
6   Zuvor unter: *Ideologie der Operette und Wiener Moderne. Ein kulturhistorischer Essay.* Wien 1996, 2. Aufl. 1998.
7   Vgl. Hartmut Binder: *Gestern abend im Café. Kafkas versunkene Welt der Prager Kaffeehäuser und Nachtlokale.* Prag 2021.

näher spezifiziert wird, findet man lediglich acht oder neun Werke, die Kafka tatsächlich besucht hat. Hinzu kommen aber weitere Revuen, Vaudevilles, Liederabende etc., die sich – Ausdruck der wichtigen Rolle von populärer Unterhaltung im Alltag vieler Menschen – ebenfalls dem musikalischen Unterhaltungsgenre, wenn auch nicht immer gattungstechnisch eindeutig, zuordnen lassen.[8]

Eine weitere methodische Schwierigkeit ergibt sich aus den in der Regel kaum vorhandenen Informationen zu den Aufführungen selbst, also der performativen Wirkung, handelt es sich bei der Operette doch um eine Gattung, die „ihre Substanz vor allem aus der Darstellung bezieht."[9] Man ist auf Selbst- und Fremdaussagen Kafkas und seiner Freunde und Bekannten angewiesen sowie auf die vorhandenen Libretti nebst weiterer Texte wie Besprechungen, wobei sich Letztere auf die Premieren beziehen und eben nicht auf die Vorstellungen, die Kafka gesehen hat. Bei Kafkas Selbstaussagen handelt es sich zudem um zum Teil sehr viel später erinnerte Niederschriften wie der Besuch am 4. 12. 1910 im Berliner Metropoltheater, der eine Erwähnung erst am 24. 10. 1912 in einem Brief an Felice findet, wobei hier zudem unklar ist, ob es sich um eine Aufführung von Jacques Offenbachs *Pariser Leben* oder um die Ausstattungsrevue *Hurra!! Wir leben noch* gehandelt hat. Eher vage bleiben auch konkrete Erwähnungen, so die einer Melodie in der *Beschreibung eines Kampfes*, der zweiten expliziten Nennung im Werk:

„Als wir in die Ferdinandstraße kamen, bemerkte ich, daß mein Bekannter eine Melodie aus der ‚Dollarprinzessin' zu summen begann; es war leise, aber ich hörte es ganz gut. Was sollte das? Wollte er mich beleidigen? Nun ich war sofort bereit, auf diese Musik zu verzichten und auf den ganzen Spaziergang überdies. Ja warum sprach er denn nicht mit mir?"[10]

Kafka kontrastiert hier eine bewusst mnemotechnische Erinnerungsstrategie mit dem unreflektiert einsetzenden Ohrwurm als „Melodie oder Teil einer solchen, die sich,

---

8   Zum Thema Kafka und die Operette vgl. Moritz Csáky: „Kafka, die Operette und die Musik des jiddischen Theaters", in: Steffen Höhne / Alice Stašková (Hg.): *Franz Kafka und die Musik.* Köln / Weimar / Wien 2018, S. 35–61; Steffen Höhne: „Kafka und die Kulturindustrie. Dargestellt am Beispiel der Operette", in: *Brücken. Zts. für Sprach-, Literatur- und Kulturwissenschaft* 26, 2 (2018 / 19), S. 99–119. Allgemein zum Verhältnis Kafkas zur Musik vgl. Steffen Höhne: „Kafka, Kunst, Musik – eine intensive Wirkungsbeziehung", in: Höhne / Stašková (Hg.): *Franz Kafka und die Musik*, S. 63–82.

9   Heike Quissek: *Das deutschsprachige Operettenlibretto. Figuren, Stoffe, Dramaturgie.* Stuttgart / Weimar 2012, S. 293.

10   Franz Kafka: *Nachgelassene Schriften und Fragmente I.* Hg. v. Malcolm Pasley. Frankfurt a. M. 1993, S. 125. Es handelt sich um *Die Dollarprinzessin. Operette in drei Akten* v. A. F. Willner u. F. Grünbaum, Musik v. Leo Fall. Wien 1907.

meist für einen begrenzten Zeitraum, so in das Gedächtnis einprägt, dass man ständig an sie denkt."[11] Dabei handelt es sich möglicherweise um die Melodie „Wir tanzen Ringelreih'n, einmal hin und her."[12] Gerade dieses Lied wie auch der Wortwitz des Librettos insgesamt mit „Lautmalereien wie ‚Wir sind Tip, wir sind Top, Snib, Snob'" trugen zum weltweiten Erfolg Leo Falls bei.[13] Allerdings ist einzukalkulieren, dass die *Dollarprinzessin* weitere, sehr populäre Stücke enthielt, unter anderem den Walzer *Das sind die Dollarprinzessen, die Mädchen aus purem Gold*, ferner die F-Dur-Melodie *Will sie dann lieben, treu und heiß* sowie das Duett *Bin dir gut*,[14] wir also nicht sicher sein können, welche Melodie der Bekannte des Erzählers summt.

2 Kafka als Besucher von Operetten

Ausgangspunkt für eine Analyse von Kafkas Auseinandersetzung mit dem Genre ist zunächst ein Brief an Max Brod (7. oder 21. April 1908) nach einem Besuch von Karl Joseph Millöckers *Der Vice-Admiral*, zu dem er vermerkt:

> „Ich war beim ‚Viceadmiral' und ich behaupte, daß man, wenn ein Stück geschrieben werden muß, nur bei Operetten lernen kann. Und selbst wenn es einmal oben gleichgültig und ohne Ausweg wird, fängt unten der Kapellmeister etwas an, hinter der Meerbucht schießen Kanonen aller Systeme ineinander, die Arme und Beine des Tenors sind Waffen und Fahnen und in den vier Winkeln lachen die Choristinnen, auch hübsche, die man als Seeleute angezogen hat."[15]

Auch wenn eine solch isolierte Äußerung nicht überbewertet werden sollte und man auch nicht von einer direkten, gar kausalen Wirkung auf das Werk ausgehen darf, so weist der Verfasser selbst auf die Funktion der Operette als kulturelles und soziales Er-

---

11   Martine Borgschulze: „Ohrwurm", in: Nicolas Perthes / Jens Ruchatz (Hg.): *Geschichte und Erinnerung. Ein interdisziplinäres Lexikon.* Reinbek b. Hamburg 2001, S. 424.

12   Der Librettist war offenbar vom Ringelreigentanz aus Engelbert Humperdincks Hänsel und Gretel inspiriert. In der Operette heißt es: „Hans: / Wir tanzen Ringelreih'n / Einmal hin und her – Daisy: / Dem Hänsel und der Gretel / Fällt das gar nicht schwer!" (*Die Dollarprinzessin*, S. 42).

13   Vgl. Martin Trageser: *Millionen Herzen im Dreivierteltakt. Die Komponisten des Zeitalters der ‚Silbernen Operette'.* Würzburg 2020.

14   Vgl. Bernard Grun: *Kulturgeschichte der Operette.* Berlin 1967, S. 361 f.

15   Franz Kafka: *Briefe 1900–1912.* Hg. v. Hans-Gerd Koch. Frankfurt a. M. 1999, S. 83. Bezeichnenderweise vermerkt Kafka die Handlung, nicht die Musik, bspw. nicht den Walzer ‚Gehen wir in den Garten', „eine der schönsten Walzermelodien der Wiener Schule" (Grun: *Operette*, S. 308).

fahrungsmaterial, welches strukturelle Relevanz für das literarische Werk besitze. Aber was lässt sich nun laut Kafka aus der Operette lernen? Hierzu können einige Charakteristika der Darstellenden Kunst, insbesondere des Musiktheaters, weiterhelfen:

Kafka weist mit seiner Äußerung explizit auf einen gerade für die Operette typischen Synkretismus. Durch Vernetzung unterschiedlicher ästhetischer Ausdrucksformen (Musik, Tanz, Akrobatik, Licht etc.) bildet die Operette in ihrer Formsprache einen kulturellen und ästhetischen Synkretismus heraus, der zu einem einheitlichen Ganzen, einer Integration unterschiedlicher kultureller Traditionsbestände (Exotismen in Thematik, Kostümierung, Melodik, Takt, Tonart, Harmonik, Instrumenten, Dynamik und Rhythmik) sowie unterschiedlicher kultureller und ästhetischer Ausdrucksformen beiträgt, um ein alle Sinne ansprechendes ‚totales‘ Erlebnis zu erzielen. Ebenfalls erfolgt ein Hinweis auf die kommunikations-, identifikations- und distinktionsfähigen Inhalte (Handlungsformen, Ideen), die erst die Basis für interaktive, gemeinschaftsbildende Erfahrungen bieten. Und drittens erkennt Kafka die kollektivierende Dimension, die sich im gemeinsamen Vollzug der Inszenierung ergibt und in der Gefühle von zumindest temporärer Gemeinschaft und Zusammengehörigkeit entstehen. In der Operette geht es gerade nicht um kontemplativ-konzentrierte Aufmerksamkeit, sondern im Gegenteil um ein Eintauchen in die Aufführung bzw. eine immersive Erfahrung. Dies funktioniert natürlich nur, wenn es sich um eine gelungene Inszenierung handelt. Kafka, der am 31.1.1912 mit einer dezidierten Vorfreude[16] in das *Neue Deutsche Theate*r ging, um sich Jacques Offenbachs *Orpheus in der Unterwelt* mit Max Pallenberg als Jupiter anzusehen, verließ diese Veranstaltung, wie er im Tagebuch vermerkt, vorzeitig: „Die Aufführung war so schlecht, Beifall und Lachen um mich im Stehparterre so groß, daß ich mir nur dadurch zu helfen wußte, daß ich nach dem 2. Akt weglief und dadurch alles zum Schweigen brachte."[17] Offenbar eine durch unter anderem unkontrolliertes Lachen hervorgerufene Resonanzblockade,[18] die dem Operetten-Besucher Kafka die Inszenierung verdarb. Zu klamaukartig durfte es also auch nicht sein.

Was Kafka goutierte, das zeigen seine Erwartungen an und Erfahrungen mit Operetten, ist eine diesem Genre typische, planmäßig erzeugte Einzigartigkeit, mit der eine Durchbrechung der Alltagsroutinen, ein Ab- bzw. Eintauchen in eine neue, vom Alltag differierende, teilweise diese transzendierende Welt eröffnet wird. Das Populäre erscheint als Möglichkeit, soziale Inklusion zu ermöglichen, und dies bei einem Autor, der

---

16 „Als ich damals ins Teater gieng, war mir wohl. Wie Honig schmeckte ich mein Inneres. Trank es in ununterbrochenem Zug. Im Teater vergieng es gleich." Franz Kafka: *Tagebücher*. Hg. v. Hans-Gerd Koch, Michael Müller u. Malcolm Pasley. Frankfurt a. M. 1990, S. 368.

17 Ebd.

18 Vgl. Hartmut Rosa: *Resonanz. Eine Soziologie der Weltbeziehung*. Berlin 2022, S. 132.

sich seiner sozialen Isolation immer gewärtig war. „Was habe ich mit Juden gemeinsam? Ich habe kaum etwas mit mir gemeinsam und sollte mich ganz still, zufrieden damit daß ich atmen kann in einen Winkel stellen."[19]

3 Operettenmotive in Kafkas Werk

Als Teil der populären Künste stellt die Operette einen Fundus an Themen, Bildern und Fantasien bereit, über die nicht nur das Publikum zu einer Art von Gemeinschaft verbunden wurde, sondern auch Anregungen für eine literarische Aneignung zu postulieren wären. Aus den Kafka bekannten Operetten seien hier zwei Themen vorgestellt, die Motivik des modernen Amerika und die des Geschlechterkampfes, die – so die These – Relevanz für das Werk besitzen.

3.1 Das moderne Amerika

Schaut man zunächst auf die in der *Beschreibung eines Kampfes* erwähnte *Dollarprinzessin*, deren synkretistischer Charakter schon durch die ‚falsche' Syntagmatik zwischen der US-amerikanischen Währung und einem europäischen Adelstitel verdeutlicht wird, so wird der Betrachter bereits mit dem Titel auf das moderne, technikorientierte wie kapitalistisch organisierte Amerika als Gegenentwurf zum traditionsverhafteten Europa verwiesen. Bei dieser Operette handelt es sich um eine Variation von Shakespeares *The Taming of the Shrew* (*Der Widerspenstigen Zähmung*), nur dass die Handlung vom Renaissance-Padua in das moderne Amerika verlegt wird und anstelle der Katharina Alice Couder, anstelle von Petruchio Fredy Wehrburg agieren. Kurz zum Inhalt:

Bei dieser im 1. Akt in die New Yorker Luxusvilla John Couders, Präsident eines Kohletrusts und Multimillionär, verlegten Handlung geht es um die gewünschte Heirat mit einer Aristokratin. Couder bewundert den europäischen Adel, weshalb er seinen Bruder Tom und seinen Neffen Dick nach Europa schickt. Couders Tochter Alice propagiert als Geschäftsführerin Arbeit und Geld als Ideale, Männer zum Beispiel kaufe man sich bei Bedarf. Bei Couder wiederum arbeitet der verarmte Freiherr Hans von Schlick als Stallbursche, der Couders Nichte Daisy Reitunterricht gibt. Dieser verliebt sich in seine Schülerin, die aber das Verhältnis rein platonisch betrachtet. Auf Hans' Empfehlung

---

19   Kafka: *Tagebücher*, S. 622 (Eintragung v. 8. 1. 1914).

wird sein Freund Fredy Wehrburg, ebenfalls aus altem europäischem Adel, Privatsekre-
tär von Alice, der sich natürlich in die Amerikanerin verliebt. Zudem bringen Couders
Bruder und Neffe Tom und Dick als Ehefrau für Couder eine russische ‚Gräfin‘ aus Europa mit, die Hans und Fredy aus früherer Zeit als Tänzerin Olga bekannt ist, aber das
Geheimnis bewahren, sodass Couder auf seine russische Gräfin hereinfällt.

Die Handlung im 2. Akt spielt im Wintergarten von John Couders Luxusvilla. Die
wie ihr Vater streng materialistisch eingestellte Alice ist, ohne es zu zeigen, in Fredy
verliebt, während Couder, den ‚aristokratischen‘ Reizen erlegen, sich mit Olga verloben
möchte. Nach Couders Ankündigung äußert auch Alice emotionslos und geschäftsmä-
ßig ihren Wunsch zur Heirat mit Fredy, was dieser ungeachtet einer lukrativen Mitgift,
die von Couder sogar noch verdoppelt und dann verzehnfacht wird, ablehnt. Die mate-
rialistische New Yorker Gesellschaft betrachtet dies als Affront, das Fest endet mit einem
Missklang, woraufhin Fredy seine Stelle bei Couder kündigt und die Stadt verlässt. Hans
von Schlick und Couders Nichte Daisy einigen sich dagegen, eine enthaltsame Pro-for-
ma-Ehe einzugehen und verlassen ebenfalls New York.

Der 3. Akt spielt in einem Landhaus in Kanada, wo Fredy durch Spekulation und
Arbeit eine erfolgreiche Ölraffinerie aufbauen konnte. Allerdings würde er die Dollarprinzessin Alice gerne wiedersehen, weshalb er mit Couder in geschäftlichen Kontakt
tritt und diesen nebst Gattin Olga und Tochter Alice nach Kanada einlädt. Zeitgleich
sind Daisy und Hans von Schlick, längst ein richtiges Ehepaar, bei Fredy zu Besuch, sodass es ein großes Wiedersehen gibt. Couder hat seiner Nichte längst die Heirat mit seinem früheren Stallburschen verziehen und ist eher in Sorge, wie er sich von seiner rus-
sischen Gräfin trennen kann, die aber letztlich gegen eine stattliche Summe Abfindung
in die Scheidung einwilligt. Und auch Alice ist reifer geworden, sodass einer Verlobung
mit Fredy nichts mehr im Wege steht und das Fest, wenn auch nur mit zwei Paarungen,
nachgeholt werden kann.

Ins Auge fällt zunächst der Einsatz technischer Neuerungen wie ein Automobil auf
der Bühne gleich in der 1. Szene oder der auch musikalische in Form von Schreibma-
schinen. Die Eröffnungsnummer vom „Schreibmaschinenmädel“ wird zum eingängigen
‚Tiktiktak‘ der Maschinen gesungen. Angesichts solcher ‚Ohrwürmer‘ wie „Wir sind Tip,
wir sind Top, Snib, Snob“ sowie „spritziger moderner Musik“,[20] die zum Erfolg der *Dollarprinzessin* beitrugen, fällt einem unweigerlich Adornos Warnung vor den Nebenwir-
kungen der Operette ein: „[W]ir kommen“, so der U-Musik-kritische Philosoph, „unters
Auto, weil wir's unachtsam summen.“[21] Zumindest wird Kafkas belegter Technik-Affi-

---

20   Trageser: *Millionen Herzen im Dreivierteltakt*, S. 79.
21   Adorno: „Arabesken zur Operette“, S. 517. Mit etwas Fantasie ließe sich dies auf den Konflikt zwi-
     schen dem Erzähler und seinem Bekannten in Kafkas *Beschreibung eines Kampfes* übertragen.

nität, zum Beispiel in Briefen an Felice[22] oder in Erinnerungen Max Brods,[23] im Stück entsprochen. Ferner konstituiert die *Dollarprinzessin* Bilder von sozialer Informalität, Mobilität und Durchlässigkeit[24] und greift damit gängige Amerika-Vorstellungen bzw. Stereotype auf: Schon die Schreibmaschinenmädel in der fordistischen Büroorganisation fungieren als Repräsentanten der industriellen arbeitsteiligen amerikanischen Wirtschaft mit individuellen Aufstiegsversprechen: „Ein echtes Selfmademädel | Von echter Yankeeraß',"[25] für das eine dezidiert materialistische Orientierung charakteristisch ist: „Ein wahres Selfmademädel | Hier in der neuen Welt, | Die hat in Herz und Schädel | Verlangen nur nach Geld!"[26] Mit der Adaption des *pursuit of happiness* wird zudem ein zentrales Attribut des *American dream* bzw. *creed*, verdichtet im Ideologem *from rags to riches* (vom Tellerwäscher zum Millionär) aufgerufen,[27] den auch die weiteren Akteure propagieren wie der seinen in Amerika ohnehin obsoleten europäischen Adel karikierende „Hans Heinrich Baron von, zu und auf Schlick": „Bin jetzt ja | In Amerika | will es keck probieren, | Glück zu attackieren."[28]

Es dürfte nicht schwerfallen, diese Erwartungen und Erfahrungen, die die Akteure in der *Dollarprinzessin* auf Amerika projizieren, mit denen Karl Roßmanns im *Verschollenen* in Einklang zu bringen, der bereits durch seinen Onkel in New York auf das amerikanische Leben, den *American Way of Life*, vorbereitet wird. Auf die Bemerkung Karls bei einem Gang durch den Betrieb, dass es der Onkel „wirklich weit gebracht" habe, entgegnet dieser:

> „Und alles habe ich vor dreißig Jahren selbst eingerichtet, mußt Du wissen. Ich hatte damals im Hafenviertel ein kleines Geschäft und wenn dort im Tag fünf Kisten abgeladen waren, so war es viel und ich gieng aufgeblasen nachhause. Heute habe ich die drittgrößten Lagerhäuser im Hafen und jener Laden ist das Eßzimmer und die Gerätkammer der fünfundsechzigsten Gruppe meiner Packträger."[29]

---

22 Vgl. Kafka: *Briefe 1900–1912*, S. 275 u. 300.

23 Vgl. Max Brod: *Über Franz Kafka*. Frankfurt a. M. 1974, S. 92. Zu Kafkas (und Brods) Technik-Affinität vgl. Peter Demetz: *Die Flugschau von Brescia. Kafka, d'Annunzio und die Männer, die vom Himmel fielen*. Wien 2002.

24 Vgl. Derek B. Scott: *German Operetta on Broadway and in the West End, 1900–1940*. Cambridge 2019, S. 246.

25 *Die Dollarprinzessin*, S. 4.

26 Ebd., S. 5.

27 Zu dieser ,Amerika'-Ideologie vgl. Richard Münch: *Die Kultur der Moderne. Bd. 1: Ihre Grundlagen und ihre Entwicklung in England und Amerika*. Frankfurt a. M. 1986. Mit Bezug auf die US-amerikanische Kulturpolitik vgl. Steffen Höhne: „Amerika, Du hast es besser? Grundlagen von Kulturpolitik und Kulturförderung in kontrastiver Perspektive", in: Steffen Höhne (Hg.), *„Amerika, Du hast es besser"? Kulturpolitik und Kulturförderung in kontrastiver Perspektive*. Leipzig 2005, S. 9–44.

28 *Die Dollarprinzessin*, S. 6.

29 Franz Kafka: *Der Verschollene*. Hg. v. Jost Schillemeit. Frankfurt a. M. 1983, S. 67 f.

Der in der *Dollarprinzessin* manifeste, stereotypisierte Antagonismus Europa – Amerika[30] wird um Russland / Osteuropa-Stereotype wie das der Kosaken und eine damit verbundene archaische Unkonventionalität verbunden.[31] Auf dieser Folie verläuft der materialistisch grundierte Geschlechterreigen, der von den Zuwanderern wie den Einheimischen gleichermaßen internalisiert wird und mit dem zugleich eine ironische Abkehr von der romantisch-idealistischen Vorstellung von Liebe erfolgt.[32] Die Gestaltung von Beziehungen erscheint als modernes Beziehungsmanagement, in dem die Ehe als auszuhandelndes Geschäft bzw. Vertrag fungiert[33] und in dem die „Dollarprinzessen" als unabhängige, materiell orientierte, frei von Emotionen handelnde, auf Herrschaft bzw. Dominanz bestehende Typen eingeführt werden: „Das sind die Dollarprinzessen, | Die Mädchen aus purem Gold, | Mit Schätzen ungemessen. | Sie haben das Glück im Sold!"[34] Ehe erscheint als Akquise[35] bzw. Auktion, auf der immer mehr geboten wird, gleichwohl manchmal vergeblich, wie der potentielle Brautvater erfahren muss, und womit dann letztlich tradierte europäische Rollenmuster eine Bestätigung erfahren.

> „Couder: Wird schon mit sich reden lassen!
> Fünf Millionen ist die Mitgift! (…)
> Zwanzig! – Dreißig! – Noch nicht? – Fünfzig!
> Uff, der legt mich schön herein! –
> Fredy: Sechzig, siebzig, achtzig, hundert! –
> Danke sehr, ich sage nein!"[36]

In der US-amerikanischen Gesellschaft, so wie sie in der Operette geschildert wird, werden Männer wie Frauen gleichermaßen akquiriert, so beispielsweise die Selfmademädel an der Schreibmaschine. Insbesondere die moderne Frau, verkörpert in Alice Couder, eine emanzipierte Amerikanerin, erhält „Züge sozialer und vitaler Dominanz, verbun-

---

30 Vgl. *Die Dollarprinzessin*, S. 16 f. Siehe insbesondere die Europa-Stereotype, S. 18.

31 Vgl. *Die Dollarprinzessin*, S. 24 u. 35. Im zweiten Akt kommt es, eine Travestie der Amazonen-Motivik, zum Auftritt eines Kosakinnen-Chores.

32 Vgl. auch die Persiflage eines Goethe-Gedichts: „Ein Röslein auf der Heide war | ja nie recht mein Geschmack | Blondzöpfchen, blaues Augenpaar, | Das find' ich alle Tag: | Ein Rößlein auf der Weide ja, | Ein Füllen zügellos, | Dem keiner je sich wagte nah, | So was, das ist famos!" (*Die Dollarprinzessin*, S. 11)

33 Vgl. *Die Dollarprinzessin*, S. 41 f.

34 Vgl. ebd., S. 45.

35 So heißt es zum Selfmade-Mädel: „Und kommt die Laune just ihr, | Den Eh'stand zu probiren, | So sagt sich, Du mußt Dir | Ein Mannsbild akquirier'n!" (*Die Dollarprinzessin*, S. 53).

36 Ebd., S. 55.

den mit der Neigung zu Verrücktheiten und luxurierenden Bedürfnissen."[37] Allerdings spielt die Operette nicht nur mit einem neuen Frauenbild, auch der „Mann muss es schon zu etwas bringen, damit ihn die reiche Frau heiratet."[38] Über die Traditionen des (verarmten) Landadels, dessen symbolisches Kapital wertlos erscheint, setzt man sich in Amerika ohne Weiteres hinweg.

In Wien erreichte das Werk zwar zunächst nur 80 Aufführungen, in Berlin dann über 500 (zum Teil von Robert Stolz dirigiert), im Londoner West End schaffte *Die Dollarprinzessin* es mit 428 Aufführungen auf Platz 11 der Rangfolge, am Broadway gelangte sie mit 288 Aufführungen unter die Top Twenty bzw. auf Platz 7 der Rangfolge.[39]

Die Amerika-Motivik bzw. der in der Operette konzipierte Amerika-Komplex haben Kafka offenbar beeindruckt, was zumindest die nachträgliche Nennung des Titels in der zweiten Fassung der *Beschreibung eines Kampfes* belegt. Dennoch ist eine gewisse Zurückhaltung angebracht, was ein unmittelbares Aufgreifen der Operette im Werk angeht. Für den *Verschollenen* zum Beispiel, in dem das moderne Amerika die Kulisse bildet,[40] dürften weitere Quellen wie die Reiseberichte von Arthur Holitscher und František Soukup,[41] Beiträge von Nathan Birnbaum,[42] der *David Copperfield* von Charles Dickens[43] oder regelmäßige Berichte aus dem *Prager Tagblatt* oder der *Bohemia* sicher von größerer Bedeutung gewesen sein. Andererseits bieten Operetten wie die *Dollarprinzessin* eine weitere Facette zu einem ohnehin vorhandenen, bisher kaum berücksichtigten medialen Fundus, auch wenn das affirmative Amerika-Bild der Operette konträr zum *Verschollenen* konzipiert ist, befindet sich Kafkas Roman doch eher in der Tradition der *American-creed*-kritischen Literatur eines F. Scott Fitzgerald oder auch Nathanael West, dessen Lemuel Pitkin[44] durchaus Analogien, wenngleich viel radikaler ausgestaltet, zum Scheitern Karl Rossmanns aufweist.[45]

---

37 Reiner Stach: *Kafkas erotischer Mythos. Eine ästhetische Konstruktion des Weiblichen.* Frankfurt a. M. 1987, S. 95.

38 Trageser: *Millionen Herzen im Dreivierteltakt*, S. 79.

39 Vgl. Scott: *German Operetta*, S. 317 f.; Trageser: *Millionen Herzen im Dreivierteltakt*.

40 Vgl. Hartmut Binder: *Kafka. Der Schaffensprozeß.* Frankfurt a. M. 1983, S. 87.

41 Vgl. ebd., S. 76.

42 Vgl. Mark H. Gelber: „Amerikanismus, Jiddisch, Judentum und Interkulturalität: Nathan Birnbaum und Franz Kafka", in: Steffen Höhne / Manfred Weinberg (Hg.): *Franz Kafka im interkulturellen Kontext.* Wien / Köln / Weimar 2019, S. 87–96.

43 Vgl. Kafka: *Tagebücher*, S. 840 f.

44 Vgl. Nathanael West: *Eine glatte Million oder Die Demontage des Lemuel Pitkin.* Zürich 2011.

45 Vergleichbare Amerika-Stereotype greift die *Kino-Königin* auf, eine Operette, von der eine Werbekarte Kafkas an seine Schwester Ottla vom 25. März 1913 überliefert ist (Franz Kafka: *Briefe 1913–1914*. Hg. v. Hans-Gerd Koch. Frankfurt a. M. 1999, S. 445). Auch hier findet man Referenzen auf abweichende Moral- und Sittlichkeitsvorstellungen bzw. auf Keuschheit und Prüderie: „Wir trinken keinen Alkohol | Und sind bei Damen nie frivol, | Besonders in der Sittlichkeit | Sind wir von

3.2 Das Motiv des Geschlechterkampfs

Die Forschung hat im Hinblick auf Kafkas Selbstwahrnehmung eine „Bedrohung der Schriftstellerexistenz und der mit ihr assoziierten inneren Freiheit" durch die Bindung an eine Frau konstatiert.[46] Akzeptiert man ferner als die drei das literarische Werk strukturierenden Grundfiguren bei Kafka neben Angst auch Kampf und Tausch,[47] dann dürfte zumindest ein zweites Motiv, welches für die Operette charakteristisch erscheint, faszinierend gewirkt haben: das Tableau der Geschlechterbeziehungen bzw. des Geschlechterkampfes, die eng mit der Amerika-Motivik verbunden sind, was gerade Karl Rossmann immer wieder erfahren durfte.[48] Hierzu sei zunächst die Operette *Miss Dudelsack* von Fritz Grünbaum und Heinz Reichert vorgestellt, die Kafka Ende Februar 1911 im Reichenberger Theater sah.[49] Zunächst der Inhalt:

Der 1. Akt eröffnet mit einer Testamentseröffnung, da der Besitzer von Schloss Humbersdale, Sir Francis Mc. Humbers, seit 16 Jahren verschollen ist, zu der die erbberechtigten Mitglieder der Familien Mc. Humbers und Summerset eingeladen sind. Der Erwerb des Erbes ist selbstverständlich an Bedingungen in Form von Hochzeiten geknüpft, die zunächst aussichtslos erscheinen, da John Jack Mc. Humbers und Lady Kitty Somerset, das laut Erbe erwählte Paar, andere Personen lieben: Miß Dudelsack (Mary) bzw. Harry Mortons. Der 2. Akt in einem englischen Seebad bringt Johns Verzicht auf das Erbe, inzwischen ist der verschollene Sir Francis wieder aufgetaucht, der das Geschehen beobachtet. Der 3. Akt, im Park hinter Schloss Humbersdale, bringt Aussprache und Auflösung, Miss Dudelsack erweist sich als legitime Tochter von Sir Francis, der das Vermögen zusteht, weshalb einer Ehe mit John Jack nichts im Wege

---

Unerbittlichkeit"! (*Die Kino-Königin. Operette in drei Akten* v. Georg Okonkowski u. Julius Freund. Musik v. Jean Gilbert. Berlin, S. 7). Vgl. auch: „Man flirtet Nicht zum Zeitvertreib, | Hier nimmt der Mann sich nur ein Weib! | Weil es schon in der Bibel steht, | Damit die Rasse fortbesteht." (S. 8). Und auch der Bezug auf den US-amerikanischen Materialismus fehlt nicht: „Das Geld regiert die Welt! Monney – Monney – Monney – Monney" (S. 34). Allerdings wissen wir nicht, ob Kafka diese Operette tatsächlich näher kannte.

46 Jürgen Daiber: „Väter, Frauen, Mäuse und Schwindelanfälle. Zur Ambivalenz des Angstmotivs bei Franz Kafka", in: Jürgen Daiber: *Literatur und Todesangst. Strategien poetischer Bewältigung.* Münster 2020, S. 175–205, 191. Daiber verweist in Anschluss an Walter Benjamin auf die negative Konnotation des Sexuellen und den Konnex von „gleichzeitigem Begehren, ängstlicher Abstoßung und anziehender Lust" bei Kafka (ebd., S. 192).

47 Vgl. Peter-André Alt: *Franz Kafka. Der ewige Sohn. Eine Biographie.* München 2005, S. 564.

48 Man denke nur an die Begegnung Karls mit der US-Amerikanerin Klara Pollunder im 3. Kapitel des *Verschollenen.*

49 Vgl. Kafka: *Tagebücher,* S. 940. *Miß Dudelsack. Operette in drei Acten* von Fritz Grünbaum und Heinz Reichert. Musik von Rudolph Nelson. Berlin [o. J.].

steht. Auch Lady Kitty kann – an keinerlei Verpflichtung gebunden – ihren Harry Mortons heiraten.

Wie auch in der *Dollarprinzessin* dominieren ökonomische Prinzipien bzw. Macht-dispositive die Geschlechterbeziehungen, ein Thema, dem sich die Kafka-Forschung schon längst gewidmet hat.[50] Auseinandersetzungen bzw. Verwicklungen zwischen den Geschlechtern dürften ohnehin zu den zentralen Motiven der Wiener Operette gezählt werden. Hierzu zunächst ein Beispiel aus *Miss Dudelsack*, in der die Titelfigur Mary sich als eine pubertierende, kommunikativ undiplomatisch agierende Person, die sich typischen bildungsbürgerlichen Anforderungen an junge Frauen („Französisch und Kla-vier | Sind sehr zuwider mir"[51]) widersetzt, präsentiert:

„Ich bin das Fräulein Dudelsack,

Red' von der Leber weg,

Ich hab den Kopf voll Schabernack

Und's Herz am rechten Fleck.

Ich bin das Fräulein Dudelsack

Und paßt mir jemand nicht,

Bin ich voll Takt und voll Geschmack

Und – sags ihm ins Gesicht!"[52]

Es handelt sich offenbar um einen verweigerten bildungsbürgerlichen Lebenslauf, der sich den Sozialisationserwartungen entzieht:

„Ich war im Institut,

Wo man so nobel tut,

Doch ehe noch zwei Jahre aus,

Da war ich wieder schon zu Haus

In meinen lieben Bergen,

Trallala, tralalala

Da tobe ich mich aus.

Ich kenne aber auch

---

50 Vgl. hierzu neben der Monografie von Stach (*Kafkas erotischer Mythos*) die Überblicksartikel von Vivian Liska: „Kafka und die Frauen", in: Bettina von Jagow / Oliver Jahraus (Hg.): *Kafka-Hand-buch. Leben – Werk – Wirkung*. Göttingen 2008, S. 61–71, Elizabeth Boa: „Figurenkonstellationen: Väter / Söhne – Alter Egos – Frauen und das Weibliche", in: Manfred Engel / Bernd Auerochs (Hg.): *Kafka-Handbuch. Leben – Werk – Wirkung*. Stuttgart / Weimar 2010, S. 467–483.

51 *Miß Dudelsack*, S. 9.

52 Ebd., S. 10. Man kann hier ebenfalls ein Alter Ego der Klara Pollunder erkennen.

Im Hochwald jeden Strauch,
Der Nordwind ist mein bester Freund,
Und wenn die Tante Sonne scheint,
Da kann ich mir nicht helfen,
Trallala, tralalala
Da bin ich niemand feind."[53]

Antipodisch konzipiert zum aktivistisch-selbstbestimmten, naturorientierten Anspruch Marys und den bürgerlichen Erwartungen entsprechend steht die passive, tradierten Rollenmodellen entsprechende Olympia: „Oh, ich kann mit allem dienen, | Was den Männern wohl gefällt: | Bildung, Herz, verschämte Mienen, – | Alles hab ich, nur kein Geld."[54] Ein weiteres, auf rationalen Werten basierendes Rollenmodell wird mit Harry und Kitty eingeführt:

„Mit Faust und Ellenbogen,
Mit Ziffern in der Hand,
So kommt modern gezogen,
Der neue Mensch ins Land.
Nie hab ich was gegeben
Aufs Walten des Geschicks:
Ich konstruier' mein Leben,
ein Ingenieur des Glückes."[55]

Harry erweist sich zwar nicht als ein *Schmied seines Glücks*, wohl aber als ein kaufmännisch ambitionierter „Ingenieur des Glücks" mit Attitüden des Neureichen,[56] der den Wert von Immobilien durchaus zu schätzen weiß:

„Und da ich bei Ihnen die Schätze vermute,
Verborgen in Feldern und Hain,
So greif ich mit trotziger Hand nach dem Gute,
Ein Räuber des Glücks zu sein!"[57]

---

53 Ebd., S. 10 f.
54 Ebd., S. 13.
55 Ebd., S. 18.
56 „So eine Million, | Das ist doch etwas schon, | Da kann man arrogant sein | Und braucht auch nicht galant sein!" (Ebd., S. 31)
57 Ebd., S. 19.

Allerdings erweist sich Kitty ebenfalls als clevere Geschäftsfrau, die nicht auf materielle Gegenleistungen verzichtet: „Nun eine Summe, eine runde, | Ich denke hunderttausend Pfunde!"[58] Das Primat des Geldes gegenüber der Liebe bildet ein Grundmotiv rationaler Lebensgestaltung, welches über die Gefühle gestellt wird. Entsprechend reagieren sowohl Mary als auch Harry auf die Erbschaftsbedingung mit Verzicht. Mary:

> „Ich soll ihm raten!
> Gerade ich? ---
> Mag's sein!
> Ich steh' als Freundin zur Disposition,
> Wozu da noch lang überlegen?
> Hier ist die Freiheit und da die Million –
> Greif' zu nach dem goldnen Segen!
> Da steht die Schloßfrau, wundermild,
> Wie Du Dirs lang gedacht!"[59]

Und Harry rät Kitty:

> „Wozu sich da den Kopf zerbrechen?
> Da ist doch klar wie zwei mal zwei.
> Sie geben ihm Ihr Eh'versprechen
> Und er gibt Ihnen Geld wie Heu!"[60]

Versteht man das Feld, auf dem die Akteure agieren, als „ein Netz objektiver Beziehungen", die sich aus der Relation zwischen Herrschaft und Unterordnung ergeben, dann erscheint jede Position als Ergebnis einer Verteilung der unterschiedlichen Kapital- bzw. auch Machtsorten.[61] Neben das ökonomische Kapital, dessen Logik Harry folgt, [62] tritt konkurrierend das kulturelle Kapital in Form von Schönheit, welche von Kitty akzentuiert wird.[63] Drittens verweist John Jack auf die Bedeutung des an Geburt gekoppel-

---

58 Ebd., S. 21.
59 Ebd., S. 34.
60 Ebd., S. 35.
61 Vgl. Pierre Bourdieu: *Die Regeln der Kunst. Genese und Struktur des literarischen Feldes.* Aus dem Franz. v. Bernd Schwibs u. Achim Russer. Frankfurt a. M. 1999, S. 365–371.
62 „Ich blende die Menge mit goldner Spange – | Halli – ich bin der Herrscher der Welt." (*Miß Dudelsack,* S. 39)
63 „Ich bin die Schönheit, und also sieg' ich! | Auf wiegenden Schwingen des Liebreizes flieg' ich | Hoch über Macht, über Glanz, über Gold – | Voilà, ich bin die Herrin der Welt –" (Ebd., S. 40).

ten sozialen Kapitals in Form von Adel: „Ich allein bin von den Edeln, | Brauche weder Glanz noch Geld, | Bin der Abgott aller Mädeln, | Bin, hurra! der Herr der Welt!"[64] Ausgehandelt wird per legitimer gesellschaftlicher Wertschätzung das symbolische Kapital. Liebe verläuft somit nach strategischen Regeln bzw., so Kitty, als Schachspiel:

„Mein Lieber, im Schachspiel des Lebens, /
Da setzen wir fest uns zur Wehr. […]
Futsch ist der Bauer, gelungen der Schlag!
Siehst Du nun, was eine Dame vermag --? –
Doch nimm Dich in acht, sonst verlierst du das Feld,
Ist Dir erst die Falle gestellt."[65]

Läuft das Schachspiel noch nach erwartbaren Regeln ab, wie ja auch die kaufmännische Welt, so kommt es mit der patriarchal-männerbündischen Welt der Offiziere, die Liebe nur als Form von Kampf versteht, zusätzlich zum Einsatz von regelunterlaufender Gewalt, welche in die unbeschwert naturverbundene Welt Marys einbricht, die allerdings – anders als die Kafka'schen Protagonisten – bereit ist, die Herausforderung anzunehmen, wie ihre durchaus frivol zu verstehenden Verse andeuten: „Prahle nur! auf eins zwei drei | Blas ich dir die Kraft entzwei, | Bin ich erst in Deiner Kammer, | Gibt's ein Ach- und Wehgeschrei!"[66] Hierauf repliziert der Leutnant John Jack:

„Paß' auf mein Kind, dann pack ich Dich
Und küss' und küss' Dich fürchterlich
Und Du, Du senkst die Lider
Und gibst den Kuß mir wieder."[67]

---

64 Ebd., S. 40.
65 Ebd., S. 45.
66 Ebd., S. 28. Offenkundig ist hier eine Assoziation mit dem Simson-Stoff (Buch der Richter, 13–16) zu erkennen, der auch in der Kafka zumindest bekannten *Kino-Königin*, deren Protagonistin den bezeichnenden Namen Delia trägt, aufgegriffen wird. Hier eine einschlägige Passage: „Es ist die Frau zur Siegerin geschaffen, | Geist und stolze Schönheit | Das sind starke Waffen, | Damit siegt sie über jeden Mann | Zwingt sicher ihn in ihren Bann! | (…) | Mir soll er nicht lange widersteh'n, | Werd' bald ihn mir zu Füßen seh'n!" (*Die Kino-Königin*, S. 13) Und wenn dies nicht passieren sollte, „dann werde ich ihn einfach, einfach massakrieren." (Ebd., S. 14). Zur Kenntnis der Operette s. die Bildpostkarte an Ottla Kafka vom 25. 3. 1919, vgl. Franz Kafka: *Briefe 1913–1914*. Hg. v. Hans-Gerd Koch. Frankfurt a. M. 1999, S. 445.
67 *Miß Dudelsack* S. 28.

215

Es dürfte nicht weiter schwerfallen, Motive wie das des Brautpreises in Kafkas Werk wiederzufinden. Im *Landarzt* strukturiert das explizit erwähnte Kaufpreis-Motiv in Verbindung mit dem Motiv der Gewalt zwischen den Geschlechtern[68] die weitere Handlung: „‚Du fährst mit', sage ich zu dem Knecht, ‚oder ich verzichte auf die Fahrt, so dringend sie auch ist. Es fällt mir nicht ein, dir für die Fahrt das Mädchen als Kaufpreis hinzugeben.'"[69] Und auch im *Schloß*-Roman findet man eine Reihe von Passagen, die sich dem Motiv des Geschlechterkampfes zuordnen lassen, zumindest findet man Anklänge an den Widerstreit zwischen männlicher Kraft und weiblicher List, ohne das komplexe soziale wie erotische Tableau im Roman darauf reduzieren zu wollen. Als Beispiel sei hier der Geschlechtsakt hinter dem Tresen angeführt:

> „[S]ie umfaßten einander, der kleine Körper brannte in K.'s Händen, sie rollten in einer Besinnungslosigkeit, aus der sich K. fortwährend aber vergeblich zu retten suchte, paar Schritte weit, schlugen dumpf an Klamms Tür und lagen dann in den kleinen Pfützen Bieres und dem sonstigen Unrat, von dem der Boden bedeckt war. Dort vergiengen Stunden, Stunden gemeinsamen Atems, gemeinsamen Herzschlags, Stunden, in denen K. immerfort das Gefühl hatte, er verirre sich oder er sei soweit in der Fremde, wie vor ihm noch kein Mensch, eine Fremde, in der selbst die Luft keinen Bestandteil der Heimatluft habe, in der man vor Fremdheit ersticken müsse und in deren unsinnigen Verlockungen man doch nichts tun könne als weiter gehn, weiter sich verirren. Und so war es wenigstens zunächst für ihn kein Schrecken, sondern ein tröstliches Aufdämmern, als aus Klamms Zimmer mit tiefer befehlend-gleichgültiger Stimme nach Frieda gerufen wurde."[70]

Verhandlung von Erotik und Sexualität erfolgen auf der offenen Bühne, an der unter anderem die Gehilfen, wie der wütende K. erkennen muss,[71] Anteil nehmen, wobei nicht zuletzt Frieda für eine entsprechende Aufdeckung sorgt:

---

68 „Doch kaum war es [Rosa] bei ihm, umfaßt es der Knecht und schlägt sein Gesicht an ihres. Es schreit auf und flüchtet sich zu mir; rot eingedrückt sind zwei Zahnreihen in des Mädchens Wange. (…) ‚Nein', schreit Rosa und läuft im richtigen Vorgefühl der Unabwendbarkeit ihres Schicksals ins Haus; ich höre die Türkette klirren, die sie vorlegt; ich höre das Schloß einspringen; ich sehe, wie sie überdies im Flur und weiterjagend durch die Zimmer alle Lichter verlöscht, um sich unauffindbar zu machen. (…) noch höre ich, wie die Tür meines Hauses unter dem Ansturm des Knechtes birst und splittert, (…)." Franz Kafka, *Drucke zu Lebzeiten*. Hg. v. Wolf Kittler, Hans-Gerd Koch u. Gerhard Neumann. Frankfurt a. M. 1994, S. 254 f.
69 Ebd., S. 254.
70 Franz Kafka: *Das Schloß*. Hg. v. Malcolm Pasley. Frankfurt a. M. 1982, S. 68 f.
71 Vgl. ebd., S. 70.

„Ich bin beim Landvermesser! Ich bin beim Landvermesser!' Nun wurde Klamm allerdings still. Aber K. erhob sich, kniete neben Frieda und blickte sich im trüben Vormor-
genlicht um. Was war geschehn? Wo waren seine Hoffnungen? Was konnte er nun von
Frieda erwarten, da alles verraten war? Statt vorsichtigst entsprechend der Größe des
Feindes und des Zieles vorwärtszugehn hatte er sich hier eine Nachtlang in den Bier-
pfützen gewälzt, deren Geruch jetzt betäubend war."[72]

Die öffentliche Präsentation geschlechtlicher Beziehungen ist auch für die Operette charakteristisch, bei der zudem – wie im Theater insgesamt – dem Chor, seiner Kommen-
tarfunktion gemäß, die Rolle der Auflösung, in diesem Fall erbschaftsrechtlich komplizierter Verwicklungen, zukommt. Letztlich wird in *Miß Dudelsack* ein Beziehungsmodell
propagiert, welches auf Kommandoregeln basiert, wodurch die Welt des Militärischen
in die Welt von auf dem Tauschprinzip basierender Liebe und Ehe diffundiert und diese
zugleich diszipliniert:

„Offizier, jetzt parier'! Leutenant, nimm die Braut!
Auf Kommando ins Liebesgefecht!
Auf Kommando verlobt, auf Kommando getraut,
Dieser Witz ist, bei Gott! garnicht schlecht!"[73]

Und letztlich folgt das genretypische Happy End in Form eines „ich liebe Dich!"[74]
 Ähnlich brachial und nicht frei von Disziplinierungs- und Domestizierungsforde-
rungen bezüglich der Unterordnung des Weiblichen in die patriarchalische Welt erscheint die Brautwerbung in der *Dollarprinzessin*, eine amerikanisierte Analogisierung
mit dem Rodeo, bei dem sich Fredy Wehrburg, hier in der Schlussarie, als Lasso schwin-
gender Cowboy inszeniert:

„Ich schmachte nicht wie Tasso,
Schwing' lieber meinen Lasso
Und mach' mir ein Plaisirchen,
Zu hetzen scharf das Tierchen.
Schwupps sitzt am Hals die Schlinge,
Mit der ich es bezwinge –
Ein Ruck – nun ist's gescheh'n um dich:

---

72 Ebd., S. 69 f.
73 *Miß Dudelsack*, S. 34.
74 Ebd., S. 64.

Ich biege dich!
Und hat sich dann das Schätzchen
Ergeben ins Geschick,
Sich abgewöhnt die Mätzchen,
Beugt folgsam das Genick –
Ja dann – ja dann – ja dann –"[75]

Frauen seien zudem als extreme Individualistinnen gleich Pferden zu dressieren bzw. zu mustern, die Ehe selbst wird zur disziplinierenden Dressur mit durchaus frivoler Intention.[76] Im „Lied des Fredy" heißt es entsprechend:

„Nur die Amerikanerin,
Sie ist mein Ideal!
Ein Überweib, exzentrisch,
Voll Launen, wetterwendisch,
So eine möcht' ich zügeln
Und kunstgerecht mir striegeln!
Die Widerspenst'ge zähmen,
Das Wilde ihr benehmen,
Ihr zeigen, was ein Mann imstand'
Mit starker Hand!
Kann wickeln um den Finger
Ich sie dann wie ich will,
Pariert sie dem Bezwinger
In unbedingtem Drill –
Ja dann – ja dann – ja dann –"[77]

Die Regieanweisungen unterstreichen (hier kursiv) den erfolgreich abgeschlossenen Disziplinierungsprozess:

„Alice (*hingerissen*): O nimm mich hin, geliebter Mann! (*Fliegt ihm an den Hals*)

Fredy (*drückt sie an sich und legt ihr Köpfchen an seine Brust*): Und hat sich dann das Schätzchen | Ergeben ins Geschick, | Sich abgewöhnt die Mätzchen, | Beugt folgsam das

---

75   *Die Dollarprinzessin*, S. 11.
76   Vgl. ebd., S. 23.
77   Ebd., S. 12.

Genick – | Ja dann – ja dann – ja dann – | Will dich nun lieben treu und heiß, (*Kniet vor ihr*) | Wie nur mein Herz zu lieben weiß, | Will auf den Händen sie tragen, | Und nie nach einer andern jemals fragen!

Beide: Will Dir dann sagen: ‚Süßer Schatz, | Zu deinen Füßen ist mein Platz. (*Erhebt sich.*) | In Deinen Augen, himmlisch hold | Fand ich, [was ich gewollt.]

(Während des Nachspieles will Alice niederknieen, Fredy verhindert es und dreht sie in seinen Arm und küßt sie.)"[78]

Es dürfte außer Frage stehen, dass Werke wie die hier vorgestellten, in denen sich Bündel kollektiver Fantasien und Projektionen im Hinblick auf das Weibliche finden, letztlich eine patriarchalische Ideologie affirmieren bzw. bestätigen. Und hier lassen sich, so die These, durchaus Bezüge zur misogynen Welt Kafkas ziehen. Denn Kafka nahm Anteil an „einem breiten Strom ästhetischer, insbesondere literarischer Präsentationen des Weiblichen",[79] der gerade von den Operetten-Librettisten aufgegriffen bzw. konstituiert wird. Als Hintergrund lässt sich der einsetzende Zerfall traditioneller Geschlechterrollen in der Moderne und damit angstbesetzte Formen von Sexualität ansehen, die ein kulturelles wie soziales Erfahrungspotenzial bildeten, das auch Kafka beeinflusste.

Für Kafka, dessen kompliziertes Verhältnis zu Frauen, das sich in dem unauflöslichen Konflikt nach einem intensiven Bedürfnis nach Intimität und der Unmöglichkeit, diese umzusetzen, vorausgesetzt werden darf, bedeutete der Besuch derartiger Operetten möglicherweise eine Form von Entlastung. Wie in der Operette mit ihrem Fundus von kollektiven Mythen werden auch in Kafkas Werk die charakteristischen misogynen Konnotationen[80] in geradezu spielerischer Weise unterlaufen. Gerade bei einem Autor, bei dem Sexus und Eros weniger als „Gefühls- denn als Machtphänomene beunruhigen",[81] dürfte ein Genre wie die Operette, in der ein spielerischer Ausgleich zwischen Eros und Macht, zwischen männlichen und weiblichen Sozialstrategien[82] gelingt und jegliche erotische Entfremdung sich in intimen Beziehungen auflöst, eine gewisse Faszi-

---

78 Ebd., S. 65.
79 Stach: *Kafkas erotischer Mythos*, S. 60.
80 Vgl. Liska: „Kafka und die Frauen", S. 62.
81 Stach: *Kafkas erotischer Mythos*, S. 12. Hierauf verweist insbesondere die zitierte Stelle aus dem *Schloß*, aber auch der Züraer Aphorismus Nr. 7: „Eines der wirksamsten Verführungsmittel des Bösen ist die Aufforderung zum Kampf. Er ist wie der Kampf mit Frauen, der im Bett endet." Franz Kafka: *Nachgelassene Schriften und Fragmente II.* Hg. v. Jost Schillemeit. Frankfurt a. M. 1992, S. 114.
82 Vgl. Stach: *Kafkas erotischer Mythos*, S. 15.

nation ausgeübt haben. Und, was ebenfalls zu bedenken ist, die Zeit der Ehe selbst bleibt in der Operette ausgeblendet.[83]

Eine weitere Affinität lässt sich in Formen weiblicher Performance in der Operette erkennen: Positur, Gesang, Überredungskunst, non- und paraverbale Verlockungen weisen auf das von Kafka verwendete Sirenen-Motiv.[84] Allerdings konzipiert Kafka anders als die hier vorgestellten Operetten seinen „Entwurf von Weiblichkeit (…) als störende, sowohl dissoziierende wie dissoziierte Kraft", die „das männliche Ich erodiert."[85] Entsprechend erscheint das Weibliche in der Operette nur scheinbar als eine Gegenmacht, wird diese im Finale doch diszipliniert und domestiziert, die patriarchalische Ordnung somit bestätigt. Wird bei Kafka die Begegnung der Geschlechter als Kampf, in der der vermeintlich Überlegene (Josef K., K.) schließlich doch unterliegt, geschildert, so ist zumindest in den hier untersuchten Operetten die Frau die letztlich Unterlegene, ein Ausgleich erfolgt per weiblicher Unterordnung. Dass den Frauen bei Kafka zugewiesene Widerstandspotenzial, welches im Werk das hierarchisch gegliederte System des Gerichts, des Schlosses und anderer Instanzen permanent unterläuft, wird in der Operette neutralisiert, der Status quo bürgerlicher Wertvorstellungen und herrschender gesellschaftlicher Regeln bestätigt.

4 Fazit

Zum Abschluss sei ein resümierender Blick auf Funktion und Rolle der Wiener Operette geworfen, für die sich einige übergreifende Charakteristika finden lassen:

- Mit der kulturellen Grenzüberschreitung zwischen Geschlechtern, sozialen Schichten, Ethnien etc. rezipiert und konstruiert die Wiener Operette den spezifischen k.-u.-k.-Orientalismus mit seiner identitätsstrategischen wie zivilisatorisch-missionarischen Orientierung, von dem auch Kafkas Werk nicht frei ist, wenngleich ein unmittelbarer Habsburg-Bezug bei den von Kafka nachweislich gesehenen Operetten nicht vorliegt.[86]

---

83   Vgl. Albert Gier: Wär' es auch nichts als ein Augenblick. *Poetik und Dramaturgie der komischen Operette.* Bamberg 2014, S. 275.

84   Vgl. den Sirenen-Text, Franz Kafka: *Nachgelassene Schriften und Fragmente II.* Hg. v. Jost Schillemeit. Frankfurt a. M. 1992, S. 40–42.

85   Stach: *Kafkas erotischer Mythos,* S. 52.

86   Vgl. Csáky: *Das kulturelle Gedächtnis der Wiener Operette*; als Beispiel für den auch von Kafka aufgegriffenen k.-u.-k.-Orientalismus vgl. Boris Blahak: „Der Schreiber als Seismograph einer Zeitenwende. Reflexe einer mitteleuropäischen Endzeitstimmung in Franz Kafkas Romanfragment ‚Der

- Erotik lässt sich als zentrales Thema identifizieren, Gefühle wie Eifersucht oder Frustration werden durch Komik entschärft, Verführung verläuft auch unter Verdrehung der zeitgenössischen Geschlechterrollen als Spiel, wobei die patriarchalische Ordnung der Geschlechter wie in der *Dollarprinzessin* wieder hergestellt wird. Dies kontrastiert auffällig dem todernsten Kafka'schen (oder kafkaesken) Kampf der Geschlechter.
- Die Operette mit ihrer Märchenmotivik kennt „Figuren, denen grundsätzlich alles gelingt, deren Wünsche immer in Erfüllung gehen",[87] deren Konflikte gelöst werden, eine Erfahrung, die antipodisch zu Kafkas Helden wie Karl Rossmann, Josef K. oder K. gelesen werden darf.
- Komik und Absurdität fungieren „als Manifestation einer Weltsicht, die sich der Unvollkommenheit des Daseins, der nicht absoluten, sondern nur der relativen Geltung von Werten und Prinzipien bewußt ist".[88]
- In der Operette sind die „Regeln des Alltags" außer Kraft gesetzt, das Leben zeigt sich „als ewiges Karnevalsfest",[89] dessen entlastender oder eskapistischer Wirkung sich offenbar auch Kafka nicht entziehen wollte.

Nun darf kein kausaler Zusammenhang zwischen den von Kafka gesehenen Operetten und dem literarischen Werk unterstellt werden, wohl aber unterläuft offenkundig Kafkas Umgang mit populärkulturellen Formaten wie der Operette scheinbar dominante, normative ästhetische Konzepte. Kafka entzog sich einer auf Distinktion setzenden, kulturelles Kapital akkumulierenden, bildungsbürgerlichen Rezeptionshaltung. Bei ihm scheint eine Mischung aus a) einer auf das Spektakuläre orientierten Rezeption vorzuliegen mit Interesse an konventioneller Bühnenkomik und musikalischen Zugnummern und b) einer „sekundär spektakulären" bzw. „snobistischen" Rezeption,[90] die sich der Hierarchisierung der Theatermittel und Gattungen verweigert, aber Ambiguitätstoleranz und ironische Distanz zum Bühnengeschehen behauptet. Insofern darf man Max Brods Einschätzung, was Kafkas Aneignungsmethodik angeht, uneingeschränkt zustimmen:

> „In allem, womit er in Berührung kam, suchte Kafka das Bedeutende, das aus dieser Welt der Wahrheit stammte. Daher war er der beste Zuhörer. Der beste Frager. Der beste Leser und Kritiker. Wie fern von seiner Betrachtungsweise war all das, was man ‚Niveau',

Verschollene"', in: Peter Becher / Steffen Höhne / Marek Nekula (Hg.), *Kafka und Prag. Literatur-, kultur-, sozial- und sprachhistorische Kontexte*. Köln / Weimar / Wien 2012, S. 231–252.
87 Gier: ‚Wär' es auch nichts als ein Augenblick', S. 191.
88 Ebd.
89 Ebd., S. 359.
90 Stefan Kleie: *Der Rosenkavalier und die Spektakelkultur der Moderne. Werkpolitik, Rezeption, Analysen*. Dresden 2019, S. 323.

‚literarische Marke', ‚Rangunterschied' nennt. Überall stieß er auf das Wesentliche. (…)
zu organischer Gestalt gediehene Einzelheiten in einer Operette, einem konventionellen
Film konnten ihn zu Tränen rühren."[91]

Literatur

a) Libretti

Die Dollarprinzessin. Operette in drei Akten v. A. M. Willner u. Fritz Grünbaum. Musik v. Leo Fall. Wien 1907.
Miß Dudelsack. Operette in drei Acten v. Fritz Grünbaum u. Heinz Reichert. Musik v. Rudolph Nelson. Berlin
[o. J.; Uraufführung 1909].
Die Kino-Königin. Operette in drei Akten v. Georg Okonkowski u. Julius Freund. Musik v. Jean Gilbert. Berlin
[o. J.; Uraufführung 1912].

b) Texte von Franz Kafka

Briefe 1900–1912. Hg. v. Hans-Gerd Koch. Frankfurt a. M. 1999.
Briefe 1913–1914. Hg. v. Hans-Gerd Koch. Frankfurt a. M. 1999.
Das Schloß. Hg. v. Malcolm Pasley. Frankfurt a. M. 1982.
Der Verschollene. Hg. v. Jost Schillemeit. Frankfurt a. M. 1983.
Drucke zu Lebzeiten. Hg. v. Wolf Kittler, Hans-Gerd Koch u. Gerhard Neumann. Frankfurt. a. M. 1994.
Nachgelassene Schriften und Fragmente I. Hg. v. Malcolm Pasley. Frankfurt a. M. 1993.
Nachgelassene Schriften und Fragmente II. Hg. v. Jost Schillemeit. Frankfurt a. M. 1992.
Tagebücher. Hg. v. Hans-Gerd Koch, Michael Müller u. Malcolm Pasley. Frankfurt a. M. 1990.

c) Weitere Quellen und Forschungsliteratur

Theodor W Adorno: „Arabesken zur Operette", in: Theodor W. Adorno: *Musikalische Schriften VI.* Hg. v.
Rolf Tiedemann. Frankfurt a. M.1984, S. 516–519.
Peter-André Alt: *Franz Kafka. Der ewige Sohn. Eine Biographie.* München 2005.
Hartmut Binder: *Kafka. Der Schaffensprozeß.* Frankfurt a. M. 1983.
Hartmut Binder: *Gestern abend im Café. Kafkas versunkene Welt der Prager Kaffeehäuser und Nachtlokale.*
Prag 2021.

---

91   Brod: Über Kafka, S. 51.

Boris Blahak: „Der Schreiber als Seismograph einer Zeitenwende. Reflexe einer mitteleuropäischen Endzeitstimmung in Franz Kafkas Romanfragment ‚Der Verschollene‘", in: Peter Becher / Steffen Höhne / Marek Nekula (Hg.): *Kafka und Prag. Literatur-, kultur-, sozial- und sprachhistorische Kontexte*. Köln / Weimar / Wien 2012, S. 231–252.

Elizabeth Boa: Figurenkonstellationen: Väter / Söhne – Alter Egos – Frauen und das Weibliche, in: Manfred Engel / Bernd Auerochs (Hg.), *Kafka-Handbuch. Leben – Werk – Wirkung*. Stuttgart / Weimar 2010, S. 467–483.

Martine Borgschulze: „Ohrwurm", in: Nicolas Pethes / Jens Ruchatz (Hg.): *Geschichte und Erinnerung. Ein interdisziplinäres Lexikon*. Reinbek b. Hamburg 2001, S. 424.

Pierre Bourdieu: *Die Regeln der Kunst. Genese und Struktur des literarischen Feldes*. Aus dem Franz. von Bernd Schwibs u. Achim Russer. Frankfurt a. M. 1999.

Hermann Broch: „Hofmannsthal und seine Zeit", in: Hermann Broch: *Schriften zur Literatur 1. Kritik*. Hg. v. Paul Michael Lützeler. Frankfurt a. M. 1975, S. 111–284.

Max Brod: Über Franz Kafka. Frankfurt a. M. 1974.

Moritz Csáky: „Kafka, die Operette und die Musik des jiddischen Theaters", in: Steffen Höhne / Alice Stašková (Hg.): *Franz Kafka und die Musik*. Köln / Weimar / Wien 2018, S. 35–61.

Moritz Csáky: *Das kulturelle Gedächtnis der Wiener Operette. Regionale Vielfalt im urbanen Milieu* [vorher u. d. T. *Ideologie der Operette. Ein kulturhistorischer Essay*]. 3. Aufl. Wien 2021.

Jürgen Daiber: „Väter, Frauen, Mäuse und Schwindelanfälle. Zur Ambivalenz des Angstmotivs bei Franz Kafka", in: Jürgen Daiber (Hg.): *Literatur und Todesangst. Strategien poetischer Bewältigung*. Münster 2020, S. 175–205.

Peter Demetz: *Die Flugschau von Brescia. Kafka, d'Annunzio und die Männer, die vom Himmel fielen*. Wien 2002.

Mark H. Gelber: „Amerikanismus, Jiddisch, Judentum und Interkulturalität: Nathan Birnbaum und Franz Kafka", in: Steffen Höhne / Manfred Weinberg (Hg.): *Franz Kafka im interkulturellen Kontext*. Wien / Köln / Weimar 2019, S. 87–96.

Albert Gier: *Wär' es auch nichts als ein Augenblick. Poetik und Dramaturgie der komischen Operette*. Bamberg 2014.

Bernard Grun: *Kulturgeschichte der Operette*. Berlin 1967.

Franz Hadamowsky / Heinz Otte: *Die Wiener Operette. Eine Theater- und Wirkungsgeschichte*. Wien 1947.

Steffen Höhne: „Amerika, Du hast es besser? Grundlagen von Kulturpolitik und Kulturförderung in kontrastiver Perspektive", in: Steffen Höhne (Hg.): *„Amerika, Du hast es besser"? Kulturpolitik und Kulturförderung in kontrastiver Perspektive*. Leipzig 2005, S. 9–44.

Steffen Höhne: „Kafka und die Kulturindustrie. Dargestellt am Beispiel der Operette", in: *Brücken. Zts. für Sprach-, Literatur- und Kulturwissenschaft* 26, 2 (2018 / 19), S. 99–119.

Steffen Höhne: „Kafka, Kunst, Musik – eine intensive Wirkungsbeziehung", in: Steffen Höhne / Alice Stašková (Hg.), *Franz Kafka und die Musik*. Köln / Weimar / Wien 2018, S. 63–82.

Stefan Kleie: *Der Rosenkavalier und die Spektakelkultur der Moderne. Werkpolitik, Rezeption, Analysen*. Dresden 2019.

Vivian Liska: „Kafka und die Frauen", in: Bettina von Jagow / Oliver Jahraus (Hg.): *Kafka-Handbuch. Leben – Werk – Wirkung*. Göttingen 2008, S. 61–71.

Kaspar Maase: *Grenzenloses Vergnügen. Der Aufstieg der Massenkultur 1850–1970*. Frankfurt a. M. 1997.

Richard Münch: *Die Kultur der Moderne. Bd. 1: Ihre Grundlagen und ihre Entwicklung in England und Amerika*. Frankfurt a. M. 1986.

Heike Quissek: *Das deutschsprachige Operettenlibretto. Figuren, Stoffe, Dramaturgie*. Stuttgart / Weimar 2012.

Hartmut Rosa: *Resonanz. Eine Soziologie der Weltbeziehung*. Berlin 2022.

Derek B. Scott: *German Operetta on Broadway and in the West End, 1900–1940*. Cambridge 2019.

Reiner Stach: *Kafkas erotischer Mythos. Eine ästhetische Konstruktion des Weiblichen*. Frankfurt a. M. 1987.

Martin Trageser: *Millionen Herzen im Dreivierteltakt. Die Komponisten des Zeitalters der ‚Silbernen Operette‘.* Würzburg 2020.

Nathanael West: *Eine glatte Million oder Die Demontage des Lemuel Pitkin.* Zürich 2011.

In Kafkas Sprachkolonie

Über Peter Stamers Inszenierung *In the Penal Colony*

Krassimira Kruschkova

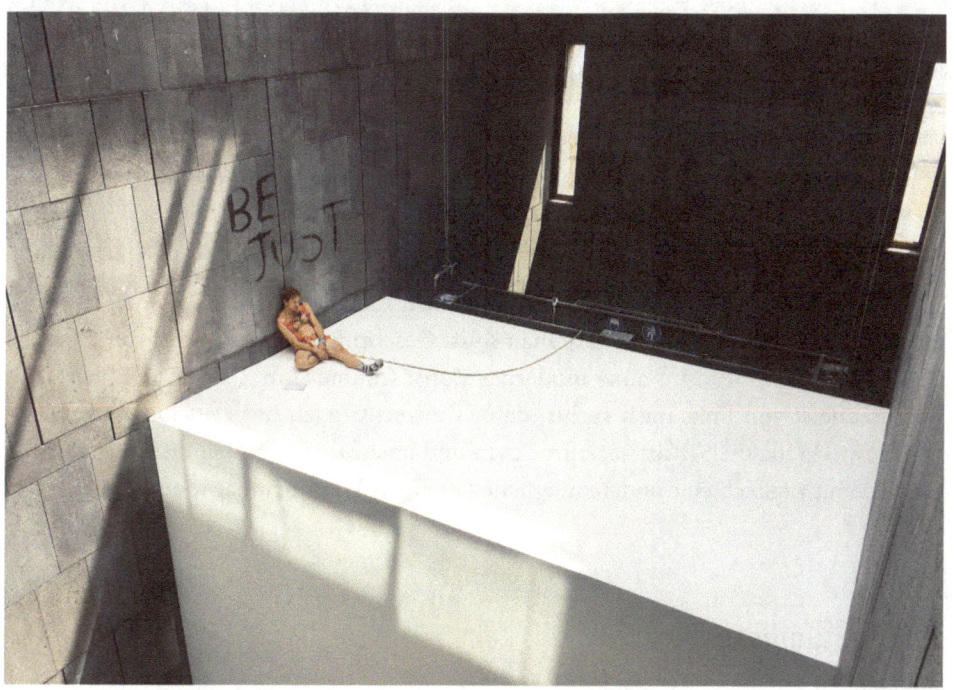

Abb. 1: In the Penal Colony, *mumok (2019)*
Foto: Peter Stamer

Abb. 2: In the Penal Colony, *mumok (2019)*
Foto: Ilya Noé

„*BE JUST*", schreibt Frank Willens gegen Ende der Inszenierung *In the Penal Colony* mit einem nassen Schwamm – mit dem man sonst Geschriebenes wegwischt – an die hohe Graubasalt-Wand des Museums moderner Kunst (mumok) in Wien. Die Buchstaben werden zuerst von links nach rechts, dann von rechts nach links nochmals geschrieben / gewischt, da die Schrift auszutrocknen und unsichtbar, unlesbar zu werden droht. Oder: damit zugleich eine andere mögliche Leseinstruktion sichtbar wird: *JUST BE*.

1 Eigentümlich

Die Aufschrift *BE JUST / JUST BE* – als zugleich figurative und buchstäbliche Anweisung – adressiert *just* die Theaterspannung zwischen narrativem Nachvollzug und realem Vollzug. „*Let it be*" (The Beatles) ‚posaunt' dann Frank Willens mit dem Mund, ganz beiläufig, während sich seine Figur gerade fürs ‚not-being' entscheidet: Die Uneinlösbarkeit fiktiv / real suspendiert die theatrale Suspense ‚to-be-or-not-to-be' und wendet sie ins Performancesituative.

Die 55-minütige englischsprachige Inszenierung *In the Penal Colony* (2019) von Peter Stamer, der Kafkas Erzählung *In der Strafkolonie* (entstanden 1914, veröffentlicht 1919) adaptiert und sowohl Regie als auch Szenografie übernimmt, ist ein Solo für den Performer, Tänzer und Choreografen Frank Willens. Ilya Noé berät dramaturgisch, Zoran Docmanovič agiert als Maschinen-Operator. Die Aufführung findet im großen Luft- und Aufzugsschacht des mumok statt. Der Luftschacht dient als Bühne, der Aufzugsschacht als Auditorium. Angekettet wie ein Gefangener, aber auch „[w]ie ein Hund"[1] (Kafkas animalische Verkettungen ziehen sich durch so viele Texte), zieht Frank Willens seine lange und laute (fiktionale) Fessel-Leine, die er gleich (real) als Sicherheitsgurt brauchen wird, zunächst durchs Erdgeschoss-Foyer, beginnt dort seine Ansprache und fährt dann im Laufe des Abends mit einem nur für technische Arbeiten bestimmten offenen Museumslift in Form einer Stahlkiste den Luftschacht hoch und runter. Während der ersten längeren und etwas lauten Liftfahrt hinauf spricht Willens über ein Megafon wie an einem Exerzierplatz (auch aus real-akustischen Gründen).

Abb. 3 u. 4: ‚Weißer Kubus' und Aufzugsanlage mit ‚Logen' im mumok

---

1   „‚Wie ein Hund!' sagte er, es war, als sollte die Scham ihn überleben", lautet der letzte Satz seines unabgeschlossenen Romans *Der Proceß* (Franz Kafka: *Der Proceß*. Hg. v. Malcom Pasley. Frankfurt a. M. 1990, S. 312). Zur Darstellungsproblematik der Scham(röte) vgl. Hans-Thies Lehmann: „Das Welttheater der Scham", in: *Merkur* 45, September 1991, H. 510 / 511, S. 824–839.

Der offene Stahl-Lift, in dem die Inszenierung größerenteils stattfindet, wird mit Kafkas Exekutionsapparat assoziiert, wobei die Inszenierung selbst zu jenem „eigentümliche[n] Apparat" wird, zu dem auch Kafkas Text selbst geworden ist: *In der Strafkolonie* beginnt mit den Worten: „Es ist ein eigentümlicher Apparat", um Seiten später – auf Kafkas aufschiebende Erzählstruktur komme ich später zurück – das Apparat-Verfahren zu konkretisieren: „Dem Verurteilten wird das Gebot, das er übertreten hat, mit der Egge auf den Leib geschrieben"[2] (um hier nur einen Teil von Kafkas andauernder, penibel ausführlicher Apparat-Beschreibung einzuführen). *„Like a full-body tatoo"*[3], wird Frank Willens während der Aufführung hinzufügen. Die Apparatur wird zum Teil dessen, was sie schreibt und beschreibt – so werde ich im Folgenden auf das manchmal grammatikalisch notwendige *in* vor dem Erzählungs- wie dem Inszenierungstitel *In der Strafkolonie / In the Penal Colony* verzichten, da dies sowohl die textuelle als auch performative ‚Eigentümlichkeit' der je spezifischen Text- bzw. Inszenierungsapparatur ausmacht. Dabei bezieht sich ‚eigentümlich' gerade auf die Unauflösbarkeit zwischen Eigen(tlich)em und Uneigen(tlich)em. [4]

Als weitere Spielfläche dient ein weißer Kubus, der – architektonisch und skulptural – im Luftschacht stecken geblieben zu sein scheint. 2002 wurde Heimo Zobernig beauftragt, durch eine künstlerische Intervention einen Umbau des mumok vorzunehmen und die zwei getrennten Ausstellungsflügel mit einem zusätzlichen Raum zu verbinden. So schuf er einen *Weißen Kubus* als ‚Brücke' vom Architektonischen ins Skulpturale. Nun schwebt die Inszenierung *In the Penal Colony* auch buchstäblich zwischen *white cube* und *black box*, zwischen Ausstellung und Darstellung. Das Publikum, das zunächst im Foyer von Frank Willens / Kafkas Offizier angesprochen wird, begibt sich übers Treppenhaus oder den gläsernen Aufzug zu den drei gläsernen Stockwerken bzw. ‚Logen' / ‚Galerien' der Aufzugsanlage: Kafkas Offizier, der dem alten Kommandanten treu bleibt, erklärt: „Der Kommandant hat es natürlich verstanden, aus solchen Sitzungen eine Schaustellung zu machen. Es wurde eine Galerie gebaut, die mit Zuschauern immer besetzt ist." (232)

---

2   Franz Kafka: „In der Strafkolonie", in: Franz Kafka: *Drucke zu Lebzeiten*. Hg. v. Hans-Gerd Koch, Wolf Kittler u. Gerhard Neumann. Frankfurt a. M. 1994, S. 203–248, 203 u. 210. Im Folgenden Seitenangaben im Text in Klammern.

3   Im Folgenden sind alle Zitate aus dem Inszenierungs-Script *kursiv*. Diese Zitate werden nur dann eingeführt, wenn sie von Kafkas Text abweichen bzw. wenn das Englische das Regiekonzept betont. Eine Videoaufzeichnung der Performance ist zu finden online unter: https://peterstamer.com/in-the-penal-colony/ [Stand 15. 3. 2023].

4   Vgl. dazu Gerald Posselt: „Die Gewalt der Tropen. Sprache, Schrift und Einschreibung bei Kafka und Nietzsche", in: Emmanuel Alloa / Miriam Fischer (Hg.): *Leib und Sprache. Zur Reflexivität verkörperter Ausdrucksformen*. Weilerswist 2013, S. 157–182, 166.

Das Publikum *In the Penal Colony* kann dabei stets die „Galerie" wechseln, das Treppenhaus rauf- und runtergehen, um das Geschehen nach Belieben zu verfolgen: Stets behauptet ja *In der Strafkolonie* der Offizier die Öffentlichkeit und Transparenz des Strafverfahrens: „Und nun kann jeder durch das Glas sehen, wie sich die Inschrift im Körper vollzieht." (215) Oder: „Und nun treten Sie an die Brüstung" (234) – was das mumok-Publikum auch tatsächlich tut. Oder (bezüglich der Urteilszeichnung): „... ich zeige sie Ihnen aus dieser Entfernung, dann werden Sie alles gut sehen können." (217)

Zurück zur Instruktion „*BE JUST*" (in Kafkas Text: „Sei gerecht!" [238]), die eine Sprachkolonne *In der Strafkolonie* auslöst, eine Auflistung, eine List der Liste, eine doppelte Verkettung (diese mit der Fessel-Leine bereits eingeführte Ketten-Konstellation wird uns weiterhin begleiten) – *gerecht*: unbefangen, begründet, loyal, sachlich, rechtmäßig, und zugleich *gerecht*: angemessen, adäquat, äquivalent, geeignet, zustehend, entsprechend, also auch entgegnend, gegenlesend, verantwortlich; gerade indem *In der Strafkolonie* das Recht auf Antwort, Entgegnung, Gegenrede, Einspruch, Widerspruch abgesprochen wird. Kafkas Erzählapparat voller Gegenlektüren wirft stechend scharf und peinlich gründlich Gründe und Begründungen ins Abgründige – wie die Leiche des Delinquenten nach der Exekution „in die Grube" (220) geworfen wird, die vom Anfang an offen steht. In seinen konzeptuellen Überlegungen führt der Regisseur Peter Stamer das doppelte Verfahren der Kryptografie so ein (und performativ aus):

> „Dabei erfolgt die Kryptographierung des Körpers doppelt: einerseits als Texträtsel, welches der Delinquent erst im Laufe der Zeit auf seinem Körper entziffern kann, andererseits als eine zwölf Stunden dauernde Beschriftungsfolter, die unweigerlich in die Grube, die Gruft, in die Krypta führt. Der Kryptograf ist damit immer beides, ein Lese- und ein Schreibapparat des Todes."[5]

Anfangs also – der Luftschacht, die Grube. Hinein werden Gründe und Blicke und Leichen der Lektüre geworfen. Kafkas Forschungsreisender sitzt „am Rande einer Grube, in die er einen flüchtigen Blick warf" (205): da, wo auch wir, Zuschauer*innen, als Teil der Recherche, der „Residency", des „Arbeitsprozesses" – wie die Inszenierung gedacht und im Rahmen vom ImPulsTanz-Festival auch angekündigt wurde[6] – Forschungen anstellen, uns Nachforschungen stellen und dabei immer am Rande einer Grube stehen geblieben sein werden, in unserem gläsernen Aufzugsschacht, in Nachstellung: in einem

---

5   Peter Stamer: *Über-Maschine. Überlegungen zu Kafkas Strafkolonie*; online unter: https://peterstamer.com/in-the-penal-colony/ [Stand 15.3.2023].

6   Vgl. online unter: https://www.mumok.at/de/events/peter-stamer-atde-frank-willens-deus [Stand 15.3.2023].

problematischen Als-ob(-Nach)-Vollzug, in Ergründung, in „Kritik als verdeckter Ermittlung"[7].

Da werden wir grübeln am Rande von Kafkas unergründlicher Grube. Und gerade
die Liquidierung der Gründe – schwammnass liquid, geschmolzen, nicht fließend – wird
uns den gläsernen Boden unter den Füssen entziehen und jene Abgründe *In der Strafkolonie* öffnen, die keine Lektüre zu schließen vermag, sofern sie möglichst gerecht, entsprechend Kafka entgegnet: also stets neu, wieder und wider, gegen den Strich und den
Stich seines nadelspitzen Schrei(b)apparats der Strafe aus Sprache. Dieser Apparat, dessen Strafschrift der Delinquent erst „auf seinem Leib" (211) erfahren wird, strafft grau-
sam aporetisch-poetisch die Haut, die Oberfläche jeder Lese-Sicht – bis sie reißt.

2 Intraaktiv

Zurück zum vor- und rückwärts gewischten „*BE JUST*" als Instruktion und Gegenlektü-
re – aber für wen? Einerseits für Kafkas Protagonisten *In der Strafkolonie*, den Offizier,
denn „Sei gerecht!" lautet ja sein selbst gewähltes Urteil, das zunächst auf einem Blatt
steht, das der Forschungsreisende nicht lesen, nicht entziffern kann. Der Offizier nimmt
freiwillig den Platz des Verurteilten ein, um dem Reisenden – mit dem er fast die ganze
Erzählung lang seinen ‚dialogischen', persuasiven Monolog führt – die Vorzüge des ‚eigentümliche[n] Apparat[s]' (das mit dem Urteilsblatt als Schriftvorlage versehen wird)
vorzuführen. Nur erweist es sich als unmöglich, dem Urteil „Sei gerecht!" gerecht zu
werden, die exakte Exekution scheitert: „Die Egge schrieb nicht, sie stach nur (…); kein
Zeichen der versprochenen Erlösung war zu entdecken; was alle anderen in der Maschine gefunden hatten, der Offizier fand es nicht." (244 f.)

Kafkas Apparat gerät außer Kontrolle, Körper und Schrift werden desartikuliert – in
Peter Stamers Inszenierung desartikulieren sie einander. Versuchen wir, ansatzweise,
Text- und Inszenierungsapparatur im Sinne von Karen Barads *Agentiellem Realismus* zu
lesen, der „Performativität (…) als schrittweise Intraaktivität"[8] versteht, so schreitet
die Inszenierung des scheiternden Apparats buchstäblich und figurativ Kafkas und mu-
moks Höhen und Tiefen Schritt für Schritt ab, wobei die agierenden und zuschauenden
Körper und Blicke *intraaktiv* einander fortlaufend neu adressieren, rekonfigurieren und
ins Potentielle wenden, sofern „Intra-Aktion eine fortlaufende Rekonfiguration sowohl

---

7   Vgl. Alexander Kluge: „Kritik als verdeckte Ermittlung", in: Alexander Kluge: *Verdeckte Ermittlung.
     Ein Gespräch mit Christian Schulte und Rainer Stollmann.* Berlin 2001, S. 43–49.
8   Karen Barad: *Agentieller Realimus.* 2. Aufl. Berlin 2017, S. 98.

des Wirklichen als auch des Möglichen [ist], die das Tätigsein aus seiner traditionellen humanistischen Umlaufbahn befreit."[9]

Dabei intra-agiert Stamers Inszenierungsapparatur mit Kafkas ‚eigentümliche[m] Apparat' und der mumok-Maschinerie, die zu diesem Apparat wird. Laut Barad sind „Apparate (...) keine statischen Laboreinrichtungen, sondern eine dynamische Menge von erweiterbaren Praktiken, die schrittweise verfeinert und neu konfiguriert werden", sodass in Forschungsprozessen (mit Kafka – in ‚Forschungsreisen') „Menschen die Bühne nicht als vorgeformte, schon existierende Subjekte betreten, sondern als Subjekte, die durch die materiell-diskursiven Praktiken, an denen sie sich beteiligen, intraaktiv mitstrukturiert werden."[10]

Auch wir, Zuschauer*innen, sind also – materiell und diskursiv – nicht nur mitten in der Inszenierungsapparatur, wir sind Teil dieser Apparatur, die wir (und ihre Konfigurationen uns) ins Werden wenden, denn, so Barad mit Niels Bohr, „Apparate sind materielle (Re-)Konfigurationen oder Diskurspraktiken, die materielle Phänomene in ihrem Werden hervorbringen (und deren Teil sind)."[11] Gerade dieses atmende Werden prägt ein unergründlich ethisches *being-just* in Peter Stamers Inszenierung der Ab-Gründe und ganz explizit beim Finale, zu dem ich noch komme –, „da die Möglichkeit dafür, was die Welt werden mag, in der Pause ausgerufen wird, die jedem Atemzug vorausgeht, bevor ein Augenblick ins Sein tritt und die Welt neu gemacht wird, weil das Werden der Welt etwas zutiefst Ethisches ist."[12]

In diesem Sinne wendet sich in der geteilten Performance-Situation das Ästhetische ans und ins Ethische – in der paradoxen Interferenz der (szenischen) Parallelwelten, in denen wir wie auch der Performer und der Maschinen-Operator, beide fast gleich angezogen / ausgezogen, so ‚eigentümlich' zusammengehören, in der präzisen Unschärfe unserer Welten mit ihren Parallelrhythmen. Es ist eine Wendung, die nicht nur das Werden-zu-Jemandem / Etwas markiert – Frank Willens wird zum Offizier, der Maschinen-Operator Zoran Docmanovič in seiner stummen Präsenz zu Kafkas Verurteiltem, aber auch zu Kafkas Soldaten, die Aufzugsanlage zur Exekutions-„Galerie" (die der Museumskontext nochmals doppelt), der mumok-Lift zum Folterapparat, wir zu Exekutionsbesucher*innen etc. Vielmehr ist es eine Wendung an / in ein mögliches – als Apostroph / Auslassung und zugleich als Apostrophe / Anrede angerufenes – Mit-Werden, das jedem Atemzug vorausgeht, als würde es den Anfang stets aufschieben, verzögern, verspäten. Nun ist es wichtig, gemeinsam mit dem Regisseur festzuhalten:

---

9   Ebd., S. 86 f.
10   Ebd., S. 67 u. 69 f.
11   Ebd., S. 98.
12   Ebd., S. 101.

„Gleichzeitig findet nicht nur auf der temporalen Ebene eine Suspendierung statt, sondern auch auf der räumlichen Verweisebene. Wenn die Figur des Offiziers die Tötungsmaschine in ihren grausamen Details beschreibt, bleibt die Rede ambivalent, weil sie sowohl auf die lediglich in seiner Erzählung ausgeführte Konstruktion der Maschine verweist als auch immer die gegebene, im Hier und Jetzt seiende Theatersituation miteinbezieht."[13]

Peter Stamer adaptiert Kafkas ‚dialogischen Monolog' zu einem ‚Theatermonolog', behält dabei den zentralen erzählerischen Impuls der Verzögerung und der Aufschiebung, und wendet es (auch mit Jacques Derridas *différance* als Temporisation und Verräumlichung [*espacement*] gedacht) in *moments of suspense*, in eine Prozedur der Suspendierung – gerade durch die doppelte Adressierung der Zuschauer*innen als Theater- und Exekutionsbesucher*innen:

„Über diese Adressierungen wird immer wieder Spannung erzeugt, indem wichtige Ereignisse zwar angekündigt (‚*You will understand in a moment*'), aber zeitlich immer aufgeschoben werden. Mit solchen *moments of suspense* produziert der dramatische Text ‚cliff-hanger', die das Ende, die Katastrophe, den Zusammenbruch der Maschine und damit das Ende der Aufführung hinausschieben. (…) Das Schauen im Theater, das immer auch eine Zwangssituation darstellt, in der man die Augen offenhalten muss, um überhaupt wahrnehmen zu können, stellt sich nun der räumlichen Bedingtheit des eigenen Körpers. Und das ist das, was den Zeugen ausmacht: er schaut auch mit seinem Körper, der Stimmung seiner Nervenzellen, der Anspannung seiner Muskeln, dem Schlag seines Herzens."[14]

Lauter Apparaturen also, Herzschläge, Atemzüge, Aufzüge, für Performer und Zuschauer*innen, die ihre Frequenzen *intraaktiv* und *idiorrhythmisch*[15] aneinander abstimmen. Da die Inszenierung Kafkas Erzählung eben monologisch transkribiert, übernimmt Frank Willens in seinem ‚Solo mit Maschinen-Operator' auch die Beschreibung der finalen Folter-Szene, dessen Anfang hier im deutschen Original bereits zitiert wurde und die *In the Penal Colony* paradox in Ich-Form stattfindet, gerade in der drastischen Körperlichkeit der Textur:

---

13   Stamer: *Über-Maschine. Überlegungen zu Kafkas Strafkolonie.*
14   Ebd.
15   Zur Idiorrhythmie des Zusammenlebens vgl. Roland Barthes: *Comment vivre ensemble. Simulations romanesques de quelques espaces quotidiens. Notes de cours et de séminaires au Collège de France, 1976–1977.* Paris 2002.

„The harrow is not writing but only stabbing, and the bed is not rolling my body, but lifting me, quivering, up into the needles. But at that point the harrow is already moving me upwards and to the side, with my skewered body – just as it does it in the twelfth hour. Blood flows out in hundreds of streams, not mixed with water – the water tubes also fail to work this time. Then the last thing malfunctions and my body does not come loose from the needles. My blood streams out, I hang over the pit without falling. Help me! Help me! Help me!"[16]

In Peter Stamers Text-Adaption übernimmt und verdreifacht Frank Willens den Hilferuf von Kafkas Reisendem, als sich am Ende der Apparat mit dem Offizier darin seiner Kontrolle entzieht: „‚Helft doch!' schrie der Reisende zum Soldaten und zum Verurteilten hinüber" (245). Folgen wir den Schluss-Regieüberlegungen weiter – von Kafka über „Austin über Derrida bis heute":

„Die Mechanik der Lese- und Schreibmaschine, der großen Tötungsmaschine, der kryptografischen Apparatur wendet sich am Ende gegen den Protagonisten, der sie so wunderbar zu beherrschen geglaubt hat. (…) Der Protagonist ist sein eigener Richter, er fällt sein eigenes Urteil, er macht mit sich kurzen Prozess, das Theatergesetz befolgend, wonach der Tod auf dem Theater einem performativen Sprechakt gleicht. In ihm vollzieht der Sprecher, indem er sie ausspricht, eine Handlung; die Verkündigung der Rede fällt mit der Vollstreckung der Tat in eins. Das ist die eigentliche Kryptografie der Theatermaschine, ihr eingeschriebenes Rätsel."[17]

3 Tropisch

Erweist „sich die rhetorische Strategie, die der Offizier gegenüber dem Forschungsreisenden propagiert, als eine Rhetorik der Taktiken und Finten, der bewusst kalkulierten Missverständnisse und der überraschenden Angriffe"[18], so kämpft der Offizier mit der figurativ-performativen Sprachgewalt, an der er schließlich stirbt, wie der Ich-Erzähler in Heinrich von Kleists Text *Über das Marionettentheater* (auch darauf komme ich zurück) mit dem Bären, der auf seine Finten auch nicht reagiert. So scheitern Figuren, Autoren, Ich-Erzähler, wiewohl ihnen eine Geschichte darüber gelingt – was sich zwi-

---

16 Siehe Fßn. 3.
17 Stamer: *Über-Maschine. Überlegungen zu Kafkas Strafkolonie.*
18 Posselt: „Die Gewalt der Tropen", S. 169.

233

schen rhetorischer Finesse und Finte und performativen Tatzen-Griffen ereignet, glückt, insofern es misslingt. Misskalkuliert. Mit Missverständnissen zu kalkulieren, ist ein todernster Sprechakt. Der Offizier, der an seinem spektakulären Spekulieren sterben wird, verrät zuvor dem Forschungsreisenden seinen Plan, den Kommandanten zu täuschen: „Er natürlich wird es vollständig mißverstehen und in seinem Sinne deuten. Darauf gründet sich mein Plan." (232)

Verhängnisvolle Spekulationen auch in *Über das Marionettentheater*, wo „erröten" (so Kleist), mit „bluten, vielleicht" (so Paul de Mans Kleist-Lektüre[19]) korrespondiert. Dieses ‚blutige' *Marionettentheater* veranstaltet Tänze mit Tatzen und Prothesen, hier ist „das Paradies verriegelt" und – wenn überhaupt – nur „von hinten irgendwo" zu betreten.[20] Als wäre dieses Betreten auch ein palindromatisch-wischendes Rückwärts-Lesen, zugleich Tilgen, Aussetzen des Textes – „ein wenig zerstreut", so Kleists Text-Finale: „Mithin, sagte ich ein wenig zerstreut, müßten wir wieder von dem Baum der Erkenntnis essen, um in den Stand der Unschuld zurückzufallen?"[21] Ein Essen vielmehr als Ausspucken, als Umstülpen der Prozedur, der Apparatur. Kafkas Offizier erklärt dem Forschungsreisenden, was um die sechste Exekutionsstunde geschieht:

> „Hier in diesen elektrisch geheizten Napf am Kopfende wird warmer Reisbrei gelegt, aus dem der Mann [der Verurteilte; K. K.], wenn er Lust hat, nehmen kann, was er mit der Zunge erhascht. Keiner versäumt die Gelegenheit. Ich weiß keinen, und meine Erfahrung ist groß. Erst um die sechste Stunde verliert er das Vergnügen am Essen. Ich knie dann gewöhnlich hier nieder und beobachte diese Erscheinung. Der Mann schluckt den letzten Bissen selten, er dreht ihn nur im Mund und speit ihn in die Grube." (219)

Frank Willens kostet diese verstörend-ironische, ausstülpend-ausspuckende Kafka-Szene in einer langen Zäsur aus, indem er ewig stumm bleibt und die Zunge ausführlichst im und um den Mund dreht. Als verschlage ihm beim Verschlingen, Reiskorn für Reiskorn, ein Wortbrei die Sprache, als buchstabiere er sie *just* mit / als Zunge eben, als *lingua*. Kafkas *Strafkolonie* befindet sich in den Tropen: „‚Diese Uniformen sind doch für die Tropen zu schwer', sagte der Reisende" (204), *In der Strafkolonie* ist – klimatisch und

---

19   Paul de Man: „Ästhetische Formalisierung: Kleists ‚Über das Marionettentheater'", in: Paul de Man: *Allegorien des Lesens*. Aus dem Amerik. v. Werner Hamacher u. Peter Krumme. Frankfurt a. M. 1988, S. 205–233, 221.

20   Heinrich von Kleist: „Über das Marionettentheater", in: Heinrich von Kleist: *Sämtliche Werke und Briefe*. 2 Bde. Hg. v. Helmut Sembdner. 7., erg. u. revidierte Aufl. München 1984, Bd. 2, S. 338–345, 342.

21   Ebd., S. 345.

rhetorisch – tropisch[22]. Tropen sind unkontrollierbar, so stirbt der Offizier daran. In der Tropen-Kolonie ist es heiß und feucht, die Inskriptionen auf der „wetware"[23] der Körper (auch die Museumswand wäre nach Barad ein agentieller Körper) verdunsten, Schwamm drüber. Die schmelzenden, liquiden Instruktionen sind zugleich nicht liquide, nicht zahlungsfähig, insolvent: keine Währungsäquivalenz mehr, keine Verbindlichkeit und Verbindung mehr zwischen Strafverfahren und Urteil wie zwischen Signifikat und Signifikant. Wie viel Unverbindlichkeit verlangt und verträgt aber die Strafe der Sprache?

Keine disziplinierende Fessel-Leine mehr, kein verbindliches Referenz-Tau mehr (mit einem „Tau" wird ganz am Ende *In der Strafkolonie* gedroht) in dieser tauend-feuchten Liquidierungsökonomie der Tropen-Kolonie, zugleich flüssig und nichtflüssig, wasserscheu. Wie Kafka als Sprach-Schwimmer, der zugleich nicht schwimmen kann: Zur Frage, wie es möglich ist, dass der Inhaber des Weltrekords im Schwimmen gar nicht schwimmen kann, so in einem Fragment, entstanden wahrscheinlich am 28.8.1920 in Prag, notiert Kafka etwa zwei Monate später: „Ich kann schwimmen wie die andern, nur habe ich ein besseres Gedächtnis als die andern, ich habe das einstige Nicht-schwimmen-können nicht vergessen. Da ich es aber nicht vergessen habe, hilft mir das Schwimmen-können nichts und ich kann doch nicht schwimmen."[24]

Als wollte er auf jenes insolvente Vergessen in Nietzsches Text *Ueber Wahrheit und Lüge im aussermoralischen Sinne* erinnern, der uns weiterbegleiten wird: „[D]ie Wahrheiten sind Illusionen, von denen man vergessen hat, dass sie welche sind, Metaphern, die abgenutzt und sinnlich kraftlos geworden sind, Münzen, die ihr Bild verloren haben und nun als Metall, nicht mehr als Münzen in Betracht kommen".[25]

Kein Zufall, dass Peter Stamer gerade diesen Text von Nietzsche adaptiert und wieder als ein Solo für Frank Willens inszeniert. Für seine Inszenierung *On truth and lie in an extra-moral sense* (Premiere: 2015 im Tanzquartier Wien) entwirft Stamer wieder selbst die Szenografie als Bewegung von Performer und Publikum in Relation zu einem

---

22 Vgl. Posselt: „Die Gewalt der Tropen", S. 167.
23 Nach Peter Stamer funktioniert Kafkas Apparat, „indem er die ‚software', die Zeichnung, auf welcher das Urteil geschrieben steht und mit welcher die Maschine gefüttert wird, unmittelbar und ohne papierene Umwege auf die ‚wetware' des Körpers einschreibt." (Stamer: *Über-Maschine. Überlegungen zu Kafkas Strafkolonie*.)
24 Franz Kafka: *Nachgelassene Schriften und Fragmente II*. Hg. v. Jost Schillemeit. Frankfurt a. M. 1992, S. 334.
25 Friedrich Nietzsche: „Ueber Wahrheit und Lüge im aussermoralischen Sinne", in: Friedrich Nietzsche: *Kritische Studienausgabe*. Hg. v. Giorgio Colli u. Mazzino Montinari. 2. Aufl. Berlin/München 1988, Bd. 1, S. 873–890, 880 f.

anderen Kubus, einer (Bühnen-)Bretter-Skulptur, einem Gittergerüst.[26] Und wieder sind es vor allem mehrere Museumsorte (unter anderem auch mumok) neben einigen Theaterräumen, in denen die Inszenierung stattfindet.[27]

Kafkas Schriftverhängnis („‚Es ist sehr kunstvoll‘, sagte der Reisende ausweichend, ‚aber ich kann es nicht entziffern‘" [217]) wie Stamers Leichengrube der Blicke, geworfen in den Museumsluftschacht, könnten wir in Nietzsches Sinne von Grabungen und Ergründungen in Kunst und Wissenschaft lesen: Während die Wissenschaft, so Nietzsches Text, „ewig in diesen Schachten mit Erfolg zu graben haben und alles Gefundene zusammenstimmen […] und sich nicht widersprechen" wird, leidet der „intuitive Mensch", der Künstler-Philosoph, „heftiger, *wenn* er leidet: ja er leidet auch öfter, weil er aus der Erfahrung nicht zu lernen versteht und immer wieder in dieselbe Grube fällt, in die er einmal gefallen."[28]

Abb. 5: On truth and lie in an extra-moral sense, *mumok (2016)*
Videostills: Peter Stamer

---

26   Vgl. unterschiedliche Videoaufzeichnungen, Text- und Bildmaterial von *On truth and lie in an extra-moral sense*; online unter: https://peterstamer.com/on-truth-and-lie-in-an-extra-moral-sense/ [Stand 15. 3. 2023].

27   Vgl. dazu Krassimira Kruschkova: „Über Wahrheit und Lüge im Sinne künstlerischer Forschung", in: Arno Böhler / Susanne Valerie Granzer (Hg.): *Philosophy on Stage. Philosophie als künstlerische Forschung.* Wien 2018, S. 157–173, und Krassimira Kruschkova: „‚When we speak of all these things…‘ Nietzsche On Stage", in: *Scores #6 no / things,* Tanzquartier Wien 2017; online unter: http://www.tqw.at/sites/default/files/Scores_6_Kern_Web_FINAL.pdf [Stand 15. 3. 2023].

28   Nietzsche: „Ueber Wahrheit und Lüge", S. 885 u. 889 f. (Hervorh. i. O.).

In Kafkas tropischer Kolonie wäre Nietzsches ‚Heer-Wahrheit' zuhause: „Was ist Wahrheit? Ein bewegliches Heer von Metaphern, Metonymien, Anthropomorphismen".[29] So fordert Kafkas Offizier den Reisenden spekulativ auf, das Heer zu mobilisieren: „[M]achen Sie mit der Wahrheit Lärm" (234). Die zahlungsunfähigen Wahrheiten, die keine Äquivalenz mehr darstellen, machen viel Lärm um nichts, sie sind viel zu laut, lauter metallische Posaunenklänge, *„Let it be"*-Posaunen, diesmal gar nicht nach den Beatles. Auch auf Kafkas und Nietzsches Tropen-Instrumente komme ich später zurück. Wichtig ist nun die Verspätung, die Aufschiebung, die auf Nichts, auf Mangel, Hunger und ausgespuckten Wortbrei hinauswill.

Antonin Artaud, der neben Kleist, Nietzsche und Kafka unter der Sprachqual, unter dem Nicht-schwimmen-können-nicht-Verlernen litt und „unter der Sonne der Folter"[30] schrieb, suchte mit seinem *Theater der Grausamkeit* „dem, was man Kultur nennt, Vorstellungen abzugewinnen, deren lebendige Kraft mit der des Hungers untrennbar eins ist".[31] Dabei denkt Artaud *Grausamkeit* „im Sinne dieser heftigen Unerbittlichkeit und äußersten Verdichtung der Elemente".[32] Weitere Verdichtungen also und wieder Verkettungen also, lauter gleitende Signifikanten-Ketten und Signifikate am Ausgleiten unter der Sonne der Tropen: Auf die Frage, warum er hungert, erklärt wiederum Kafkas Hungerkünstler: „‚Weil ich', sagte der Hungerkünstler, hob das Köpfchen ein wenig und sprach mit wie zum Kuß gespitzten Lippen gerade in das Ohr des Aufsehers hinein, damit nichts verloren ginge, ‚weil ich nicht die Speise finden konnte, die mir schmeckt.'"[33]

Der betont-artikulierte Breigenuss *In the Penal Colony* buchstabiert und desartikuliert zugleich einen lust- und listenvollen Entzug. Die hedonistische Askese von Kafkas sich selbst geradestellenden, justierenden Justiz-Texten (*In der Strafkolonie* entsteht beispielsweise zu der Zeit, als das Beenden des Romans *Der Prozess* scheitert) geht hart ins Gericht mit dem eigenen erlesenen Gericht, um sich an einem affirmativen Verzicht entlangzubewegen.

---

29 Ebd., S. 313. An dieser Stelle der Performance *On truth and lie in an extra-moral sense* könnte Frank Willens Blabla-Geste der Hände über den Kopf (siehe Bildabfolge) – Nietzsche Frage-Antwort-Rhetorik folgend – einen unsinnigen Dialog markieren oder gerade die große Klappe der Metaphern, die die Dinge auffrisst, als wären sie Pac-Man in einem Computerspiel. (Der Name leitet sich von der japanischen Lautmalerei *paku paku* für „wiederholt den Mund öffnen und schließen" ab. Spielprinzip: Die Spielfigur Pac-Man muss Punkte in einem Labyrinth fressen, während sie von Gespenstern verfolgt wird.) Oder anders: Welche Realitäts-Gespenster verfolgen die Sprache, während sie mit Metaphern zu punkten versucht?

30 Heiner Müller: „Artaud, die Sprache der Qual", in: Heiner Müller: *Material. Texte und Kommentare.* Hg. v. Frank Hörnigk. Leipzig 1989, S. 20.

31 Vgl. Antonin Artaud: *Das Theater und sein Double.* Übers. v. Gerd Henniger. Frankfurt a. M. 1979.

32 Ebd., S. 131.

33 Franz Kafka: „Der Hungerkünstler", in: Kafka: *Drucke zu Lebzeiten,* S. 333–349, 349.

4 Afformativ

Zurück also zur grausamen Paradoxie der Affirmation *In der Strafkolonie* und zur For-matentscheidung *In the Penal Colony*: „Von Figurenrede im klassischen Sinne kann nicht mehr gesprochen werden; eher kommt dem Schauspieler die Rolle eines Textträgers zu, der den Diskurs der Erzählung unmittelbar vor- und in die Vorstellungswelt der Zu-schauer hineinträgt."[34]

Wir könnten Peter Stamers Inszenierung mit ihrem multiplen Kalkül des Apostrophs und der Apostrophe eine Lecture-Performance nennen – oder vielleicht eher eine Lec-ture-*Afformance* – mit Werner Hamachers Begriff der gleichzeitigen performativen Set-zung und Entsetzung. In *Die Geste im Namen. Benjamin und Kafka* schreibt Hamacher vom *Afformativ* als eine „Ermöglichung, die in keiner Form ihre Erfüllung finden kann, als Ermöglichung und Verunmöglichung, als Handlung und zugleich Nichthandlung: als Afformativ der Sprache".[35] Dabei ist der *Afformativ* „nicht *aformativ*, nicht die Negation des Formativen".[36] So erforscht die Lecture-*Afformance In the Penal Colony* die Konsti-tution des Szenischen, seine nicht einfach performative Formationsbedingung, gerade indem sie verunmöglicht, was sie selbst erst ermöglicht, indem sie ‚apostrophisch' aus-setzt, was sie anspricht.

Abermals zurück zur Selbstinstruktion des Offiziers „BE JUST": Eine Spielinstruk-tion *BE JUST / JUST BE* zugleich für den Performer Frank Willens selbst, der seine Rede bei Kafka an den Reisenden, in der Inszenierung direkt an uns, *just* Anwesenden, adres-siert, indem er sein Sprechen in beiden Fällen zugleich stets anhält, um den ‚Gesprächs-partner' anzuhalten, das Gesagte unbedingt recht zu verstehen, wobei er ihn / uns gerade vom problemlosen Verstehen abhält. *Entferntes Verstehen*, könnten wir mit Hamachers

---

34 Stamer: *Über-Maschine. Überlegungen zu Kafkas Strafkolonie.*
35 Werner Hamacher: „Die Geste im Namen. Benjamin und Kafka", in: Werner Hamacher: *Entferntes Verstehen. Studien zu Philosophie und Literatur von Kant bis Celan.* Frankfurt a. M. 1998, S. 280–323, 323.
36 Werner Hamacher: „Afformativ, Streik", in: Christiaan L. Hart Nibbrig (Hg.): *Was heißt „Darstel-len"?* Frankfurt a. M. 1994, S. 340–374, 346 / 360. Hamacher präzisiert weiter seinen Neologismus und lässt ihn „die Konstitution der Sprache selber" denken, die „nicht nur ein Sprachakt unter anderen, sondern der Performativ, der par excellence ist und dennoch, seiner Vor-Struktur, seiner Bedeutungsfremdheit und seiner möglichen Figuralität wegen, suspendiert bleiben muß und alle dependierenden Performativa suspendiert hält", die dann „nicht mehr einfach als Performativ, son-dern als dessen Formations-Bedingung und als „Entsetzung" gedacht werden". (Vgl. Werner Ha-macher: „Lectio: De Mans Imperativ." *Entferntes Verstehen*, S. 151–194, 190.) Vgl. dazu – in Bezug auf das Theater – Hans-Thies Lehmann: *Postdramatisches Theater.* Frankfurt a. M. 1999, S. 459–461.

bereits zitiertem Buchtitel sagen. Oder auch: ausgelassene Ansprache, ,Apostrophie', geglücktes Ermöglichen des Verunmöglichens, Aufschub im Vollzug.

Das retardierende, aufschiebende Moment prägt, wie bereits angedeutet, die Bewegung von Kafkas Erzählung. Aufgeschoben ist fast aufgehoben, nicht ganz. Wie Kleists *Über das Marionettentheater*, das „ein wenig zerstreut" endet, rechnet *In der Strafkolonie* stets mit einer Zerstreutheit, Geistesabwesenheit der Figuren und der Lektüre unter der tropischen Sonne: „„Die Egge?', fragte der Reisende. Er hatte nicht ganz aufmerksam zugehört, die Sonne verfing sich allzustark in dem schattenlosen Tal, man konnte schwer seine Gedanken sammeln." (206) „Es sah nicht aus, als ob der Offizier zugehört hätte." (236)

So geistesabwesend scheint auch der Maschinen-Operator Zoran Docmanovič zu sein, der *In the Penal Colony* – sichtbar fürs Publikum – mal als Kafkas Verurteilter, mal als der Soldat figurativ adressiert wird, wobei er in (nonverbaler) performativer Anrede auch seine technischen *Cues* von Frank Willens erhält. Docmanovič bleibt während des ganzen Abends stumm und fremd – eine mögliche Text-Assoziation dazu: „[D]er Offizier sprach französisch und französisch verstand gewiß weder der Soldat noch der Verurteilte." (207) Und zugleich scheint es, als lauschte der Maschinen-Operator in seiner zerstreuten Aufmerksamkeit, in seinem *entfernten Verstehen*, dem Geschehen mit dem ganzen Körper, ganz nach Kafkas synästhetischem Gestus des Verurteilten: „Es geschieht ja nichts weiter, der Mann fängt bloß an, die Schrift zu entziffern, er spitzt den Mund, als horche er. Sie haben gesehen, es ist nicht leicht, die Schrift mit den Augen zu entziffern; unser Mann entziffert sie aber mit seinen Wunden." (220 f.)

„Meine Gedanken sind Wunden in meinem Gehirn. Mein Gehirn ist eine Narbe", skandiert eine andere körper-anagrammatische Textmaschine mit, die *Hamletmaschine*.[37] Oder noch eine weitere von Heiner Müller: „[E]r sieht mit den Füßen", so die *Bildbeschreibung*.[38] Oder wieder Kleist – mit seiner buchstabierenden Formulierung „als ob man's mit Fingern lese" (*Amphitryon*), die wiederum an Hans Bellmers anagrammatische Zeichnung mit den Augenfingern *Child with seeing hands* erinnert etc. Zurück also zum anagrammatischen Körper-Apparat, mit dem gelesen und entziffert wird, indem er wörtlich zum Medium wird – zurück zu seinen Instruktionen:

Nachdem er sein „*BE JUST*" an die Wand malt und so wörtlich und nicht nur sprichwörtlich das Unheil seiner Figur heraufbeschwört und zugleich jede figurative Eindeutigkeit an die Wand spielt, fordert Frank Willens vehement das Publikum auf (indem er Kafkas Aufforderung des Offiziers an den Reisenden wieder verdreifacht): „*Read that! Read that! Read that!*" Abermals ist die Instruktion mehrfach zu lesen, figurativ und

---

37 Heiner Müller: „Hamletmaschine", in: Müller: *Material*, S. 41–49, 47.
38 Heiner Müller: „Bildbeschreibung", in: Müller: *Material*, S. 8–14, 9.

real, zugleich für Kafkas Exekutionsbesucher*innen und für uns, Zuschauer*innen, die die Performance mit exekutieren. Sie ist an uns gerichtet, damit wir – *being just / just being* – sie nochmals / anders richten, zurechtrücken, zu ihrem Recht rücken und teilen, statt zu beurteilen, statt darüber zu richten. Denn es ist eine Instruktion des Offiziers auch für den Forschungsreisenden, dessen Position wir (auch) einnehmen.

Wir werden dergestalt nicht nur adressiert, sondern auch fiktionalisiert, spekulativ vereinnahmt, wie die Haltung des Forschungsreisenden vom Offizier vorkalkuliert wird, auch wenn er sich damit verkalkuliert. So adressiert die Inszenierung die Ambivalenz von Forschungsethik und Publikumsteilhabe. Einerseits behauptet Kafkas Forschungsreisender, „er reise nur mit der Absicht, zu sehen, und keineswegs etwa, um fremde Gerichtsverfassungen zu ändern" (222), andererseits „daß er zu dieser Exekution eingeladen worden war, schien sogar darauf hinzudeuten, daß man sein Urteil über dieses Gericht verlangte." (222)

5 Nutzlos

In the Penal Colony ist eine Verkettung der Wendungen: der Publikumswendungen (als Willens zum Beispiel vom eingeschlafenen Delinquenten spricht, der dafür *gerecht* bestraft werden soll, wendet er sich direkt ans Publikum: „*What did you do?*") sowie der *intraaktiven* Subjekt / Objekt-Körperwendungen (als die Rede vom Körper des Verurteilten ist, den der „eigentümliche Apparat" wendet, damit er überall beschrieben werden kann, dreht Willens eine Leiter, die ihm als Bühnenapparatur hochhilft): Wendung um Wendung, Redewendung um Redewendung, schwindelerregend, zugleich Taumel und Täuschung erregend, figurative Angsthöhen und reale Höhenangst. Fast wie ein Trapezkünstler – erinnern wir uns an Kafkas Erzählung *Erstes Leid* – balanciert Frank Willens über der Museumsluftschachtgrube, nachdem die Stahlkiste des Museumslifts ihn hochgehievt hat. Dabei ist in Peter Stamers ortsbezogener und auch postkoloniale Diskurse problematisierender *In the Penal Colony* der Stahllift vorgefundene architektonisch-technische Reinigungsapparatur und zugleich grausamer Apparat der Reinigungsideologien *In der Strafkolonie* (1914 / 1919). Gefahr im Aufzug.[39]

---

39 Vgl. dazu das jüngste Live-Hörstück von Peter Stamer *Gefahr im Anzug*, Uraufführung am 30. Juli 2022 bei der interdisziplinären Kunst-Reihe *Unter dem Pflaster* in Berlin, kuratiert von Frauke Havemann und Peter Stamer; online unter: https://peterstamer.com/gefahr-im-anzug-2022/ [Stand 15. 3. 2023].

Putzobsessionen zugleich geschichtsideologischer und inszenierungstechnischer Art – nicht nur die BE-JUST-Lettern werden gewischt, auch den *Weißen Kubus*, der gegen Ende zur Bühne, zum Apparat wird, putzt der Performer vorsichtig – schließlich war die Museumsgenehmigung, Zobernigs *Kubus* überhaupt zu benutzen, auch nicht eindeutig. Die Putzaktion ist auch narrativ nachvollziehbar: Willens wird in diesem Moment zu Kafkas Soldaten, der „damit beschäftigt [war], mit dem Hemd des Verurteilten die Maschine zu putzen." (224) Der subtile monologische Polylog der Inszenierung, in der der Akteur, aber auch das Publikum unentscheidbar mehrere Rollen / Perspektiven übernehmen, tauschen, täuschen, teilen, könnte der Unentscheidbarkeit des „eigentümliche[n] Apparat[s]" nicht gerechter sein. Ganz im Sinne von Kafkas Uneinlösbarkeit des „Eigentümlichen" auch zwischen Eigenem und Fremdem, Eigentlichem und Verfremdetem, *Verstehen* und *Entfernen*.

Diese Uneinlösbarkeit in Adressierung und Szenografie prägt das dramaturgische und szenische Konzept von Peter Stamer. So wird diese doppelte Situation – in der Theater und umso mehr, weil explizit, Performance immer schon oszilliert und die *In the Penal Colony* subtil multipliziert – von Anfang an von ihrer eigenen Störanfälligkeit definiert. „*Welcome visitors!*", lauten die ersten Worte von Willens, die wir bei Kafka nicht finden und die uns sofort doppelt ansprechen. Und gleich danach wird Kafkas Textstelle über die „kleinen" Apparat-Störungen, über *minor break-downs*, vorgezogen:

> „*Now, have a look at this apparatus. Up to this point I had to do some work by hand, but from now on the apparatus should work entirely on its own. Of course, break-downs do happen. I really hope none will occur today, but we must be prepared for it. The apparatus is supposed to keep going for twelve hours without interruption. But if any breakdowns do occur, they'll only be very minor, and we'll deal with them right away.*"

Zurück zur Forschungssituation auch als doppelt mögliche *break-down*-Situation: Was wir *In the Penal Colony* sehen, ist eine zweiwöchige Recherche (schließlich residiert Kafkas Forschungsreisender auch nur kurz *In der Strafkolonie*). Nochmals expliziter – in der Ankündigung von ImPulsTanz-Festival 2019 lesen wir: „Zur ‚Insel' ihrer zweiwöchigen Residency beim Festival wird den Künstlern die Architektur-Maschinerie des mumok mit Abstechern in die Ausstellungen *Vertigo* und *Pattern and Decoration*. Dort gestatten Stamer und Willens dem Publikum zweimal Einblick in ihren Arbeitsprozess."[40]

---

40 Online unter: https://www.mumok.at/de/events/peter-stamer-atde-frank-willens-deus [Stand 15. 3. 2023].

‚Schwindelerregende' Referenzen also auf zwei aktuelle mumok-Ausstellungen (*Vertigo* heißt tatsächlich die eine) fließen de facto in die Fiktion ein: Frank Willens behauptet zum Beispiel, eine der Kommandanten-Zeichnungen, die als Urteilsvorlage dienen, mit der dann der Körper des Verurteilten buchstäblich gezeichnet wird, können die Besucher*innen in der Ausstellung *Pattern and Decoration* im Untergeschoß vorfinden: „*I want to encourage you to go and see it*", setzt Willens unbeirrt seine Aufforderung an uns fort (auch ganz im Sinne der Festival-Kooperation mit dem Museum). Und explizit um *decorations*, um figurative Verzierungen geht es in der Urteilsvorlage: „*The essential script moves around the body only in a narrow belt. The rest of the body is reserved for decoration.*" Dabei erschweren gerade die Verzierungen die Lektüre des Forschungsreisenden: „Nun begann der Offizier die Aufschrift zu buchstabieren und dann las er sie noch einmal im Zusammenhang. „‚Sei gerecht! – heißt es', sagte er, ‚jetzt können Sie es doch lesen.' (…) ‚Mag sein', sagte der Reisende, ‚ich glaube es, daß es dort steht.'" (238)

Auch der schwindelige Theaterglaube kann kein Urteil (*sentence*), keinen Satz, keine Lektüre beglaubigen und doch gehört er per se zu den agentiell-realistischen, materiell-diskursiven Praktiken des Theaters. Sein „eigentümliche[r] Apparat" samt seiner diskursiven wie materiellen Auseinander-Setzung, seinem *falling apart* am Ende von Kafkas Text und Stamers Inszenierung wird zum Part und Partner, in Karen Barads Sinne der *Intraaktion* Subjekt / Objekt.[41] Barad setzt sich intensiv mit der Dekonstruktion von Jacques Derrida auseinander, der wiederum Kafka liest:

„In seinem Text *Préjugés*, dessen Untertitel *Vor dem Gesetz* schon auf Kafkas gleichnamige Parabel verweist, entwickelt Jacques Derrida die These, dass in deren Zentrum das Rätsel eines Gesetzes stehe, zu dem man keine Beziehung des Wissens hat. Er formuliert, dass es das Spezifikum von Literatur sei, dass sie konstitutiv ihr ‚Gesetz', ein sich dem Wissen entziehendes Objekt, nicht kenne."[42]

Auch der Verurteilte *In der Strafkolonie* kennt die Urteilsschrift nicht, er spricht auch kein Französisch. Dabei bezieht sich der Offizier mehrfach auf die Unkenntnis des Ur-

---

41 Vgl. Barad: *Agentieller Realismus*, S. 69 f.
42 Nikolaus Müller-Schöll: „‚Theater des Unsichtbaren'. Kafka, Hugo von St. Viktor, Walter Benjamin, Ali Eyal" (im vorliegenden Band, S. 33); vgl. auch Jacques Derrida: *Préjugés. Vor dem Gesetz*. Aus dem Franz. v. Detlef Otto u. Axel Witte. Wien 1992, S. 72. Vgl. dazu auch Nikolaus Müller-Schölls Vortrag „Die kritische Distanz" am 9. 12. 2016 im Tanzquartier Wien im Rahmen der Reihe *Die Haut der Kritik*, kuratiert von Krassimira Kruschkova; online unter https://mediathek.tqw.at/tanzquartier-wien-online-archiv?tx_tqwmediathek_pi1%5Baction%5D=detail&tx_tqwmediathek_pi1%5Bcontroller%5D=Video&tx_tqwmediathek_pi1%5Bvideo%5D=716&cHash=884f543410b4ac-95c11e095ef1e1d71a [Stand 15. 3. 2023].

teils: „Es wäre nutzlos, es ihm zu verkünden. Er erfährt es ja auf seinem Leib" (211): Paradox genug, dass die Ambivalenz von Theater-Konfigurationen wie Wort / Leib, Verkündung / Erfahrung, nützlich / nutzlos, Vollzug / Entzug kaum gerechter formuliert werden könnte. Unnütz, untunlich und doch vollzogen die Bühnentaten – auch im ethischen Sinne jenes ,Untunlichen'[43], dem Sophokles' Antigone gerecht zu sein versucht.

Genauso ambivalent ist die Nutzökonomie der Zuschauenden, der ,Forschungsreisenden' – wobei die Spezifik performativer Forschung gerade darin besteht, dass sie dem Publikum kein Forschungsergebnis präsentiert, vielmehr *just* mit dem Publikum den Forschungsprozess vollzieht (und wo, wenn nicht bei Kafka, sind Prozesse mehrfach zu vollziehen): Auf die Bitte des Offiziers, ihm argumentativ gegen den neuen Kommandanten zu helfen, erwidert der Reisende: „[D]as ist ganz unmöglich. Ich kann Ihnen ebensowenig nützen als ich Ihnen schaden kann." (231) Und doch sagt der Offizier: „Aber zugestanden, daß Sie recht haben, ist es dann nicht notwendig, zur Erhaltung dieses Verfahrens alles, selbst das möglicherweise Unzureichende zu versuchen?" (231 f.)

Der Glaube im Theater, jene Ambivalenz des ,als ob' ist – gerade als *ganz unmöglich, nutzlos, unzureichend* – prozess-konstitutiv, als kenne das ,als ob' sein Theater-Gesetz eben nicht. Immer wieder bei Kafka und im Inszenierungs-Script noch direkter stellt sich die Frage nach dem Verstehen des Apparats, aber auch des ganzen Prozesses, der sich tropisch, „sehr kunstvoll" stets entzieht: „,Lesen Sie', sagte der Offizier. ,Ich kann nicht', sagte der Reisende. ,Es ist doch deutlich', sagte der Offizier. ,Es ist sehr kunstvoll', sagte der Reisende ausweichend, ,aber ich kann es nicht entziffern." (217)

Davor wird der Offizier den Reisenden rhetorisch gefragt haben: „Ist nun alles erklärt?" (213) *In the Penal Colony* vermehren sich die missbräuchlichen Adressierungen, die Klarheit zu erreichen behaupten, sie allerdings verweigern. Klar fürs Publikum sollten dabei unbedingt jene englischen Wörter sein, die in Kafkas Beschreibung des „eigentümliche[n] Apparat[s]" als katachrestische Stich-Wörter funktionieren (Nadel, Egge, Zeichner), so werden sie während der Aufführung ins Deutsche übersetzt und wiederholt: „*Do you understand the process? The harrow, die Egge – do you know what a harrow is? (…) Do you know what the inscriber is, der Zeichner? (…) Don't you want to come closer and see the needles, die Nadeln, for yourself?*"

So können sich die Zuschauer von Stockwerk zu Stockwerk bewegen, um den Stich-Wörtern besser zu folgen. Indem Willens wiederholt *sentence* als *das Urteil* übersetzt, öffnet er gerade die Wortambivalenz. Das Urteil ist eben ein Satz, es ist Sprache wie Rechtsprechung. Eine andere Übersetzungsstrategie der Inszenierung ist die spontane Aktualisie-

---

43 In Sophokles' *Antigone* – in Friedrich Hölderlins Übersetzung – sagt Ismene zu Antigone (I/1): „Gleich anfangs muß niemand Untunlichs jagen." (Sophokles: *Antigone*. Übers. v. Friedrich Hölderlin, bearb. v. Martin Walser u. Edgar Selge. Frankfurt a. M. 1989).

rung, die wir bereits von *On truth and lie in an extra-moral sence* kennen. Nur zwei Beispiele: Als Frank Willens von der vernachlässigten Pflicht des eingeschlafenen Delinquenten spricht: *„That's not a difficult duty"*, ergänzt er: *„It's not rocket science."* Oder zur Verfahrensbeschreibung des Beschriftungsprozesses fügt er eben *„a full-body tattoo"* hinzu.

Kafkas literarische *Tattoo*-Maschine wird hier zur Theatermaschine: Sie ist *„in principle much more artistic. You'll understand in a moment"*. Wieder Kafkas Aufschiebungsmanöver, die Sprünge im Verstehen. Die Instruktion *„BE JUST"* ist *artistic* (wie die Schriftvorlage des Urteils, des Satzes, des *sentence* eben „sehr kunstvoll" ist), gerade insofern sie sich in immer neuen Aufschiebungen ihrem eigenen Gesetz entzieht. Nass gewischt ist sie am Austrocknen, am *Unsichtbar*-Werden, um Nikolaus Müller-Schölls bereits eingeführte Lektüre von Kafkas *Vor dem Gesetz* mit Derrida *In the Penal Colony* fortzuführen:

> „Derridas Ausführungen zu *Vor dem Gesetz* entdecken an Kafkas Text Literatur als ein spezifisches Feld des Wissens, dem es eigen ist, dass sein Objekt, das, was in seinem Zentrum steht, als Bedingendes und Gegenstand, sich entzieht. Es bedarf, so führt Derrida aus, eines *Theaters des Unsichtbaren,* des Theaters als eines Ortes, an dem das Unsichtbare zur Erscheinung kommen kann. Kafkas Texte, so könnte man schließen, konstruieren ein solches Theater, setzen es in ihrem Schreiben in Szene."[44]

6 Außermoralisch

Gerald Posselt sieht in Kafkas „Gewalt der Tropen" zugleich ein „ermöglichendes Moment", das anstatt „den Prozess der Signifikation abzuschließen und zu fixieren", vielmehr „eine katachrestische, subversiv-aneignende und resignifizierende Gewalt [ist], die die Prozesse der Symbolisierung, Aneignung und Einverleibung zugleich vorantreibt und offenhält."[45] Diese doppelte Bewegung der Prozesse fokussiert auch Derridas Formulierung der Kata-

---

44 Nikolaus Müller Schöll: „Vorwort. Automobilität. Ein abreißender Anfang zum Thewis-Schwerpunkt Kafka und Theater", in: *Thewis. Onlinezeitschrift der Gesellschaft für Theaterwissenschaft. Ausgabe 2017: Kafka und Theater;* online unter: https://www.theater-wissenschaft.de/vorwort-automobilitaet-2/ [Stand 15.3.2023]. Vgl. dazu auch Nikolaus Müller-Schölls Aufsatz in diesem Band und ferner Müller-Schöll: „Das Dispositiv und das Unregierbare. Vom Anfang und Fluchtpunkt jeder Politik", in: Lorenz Aggermann / Georg Döcker / Gerald Siegmund (Hg.): *Theater als Dispositiv. Dysfunktion, Fiktion und Wissen in der Ordnung der Aufführung.* Frankfurt a. M. 2017, S. 67–87, 86 f.
45 Posselt: „Die Gewalt der Tropen", S. 182.

chrese – als eine „gewaltsame, erzwungene, missbräuchliche Inschrift eines Zeichens, die Auferlegung eines Zeichens auf einen Sinn, der kein eigenes Zeichen in der Sprache hat."[46]

Sprache ist Ermöglichung, nur insofern sie ihre Signifikation zu missbrauchen weiß – Sprachmissbrauch und Missverständnis sind das narrative und figurative Vehikel in Kafkas Erzählung. Die rhetorische Figur der Katachrese (zum Beispiel ‚Bein des Tisches‘, ‚Fuß des Berges‘ und also auch jene Teile von Kafkas Foltermaschine: ‚Bett‘, ‚Zeichner‘, ‚Egge‘), die Posselt ins Spiel bringt, könnte uns – mit wiederholtem Blick auf die Wörterbuch-Definition der Katachrese als ‚erblasste Bildlichkeit, gelöschte Metapher‘ – zurück zu Nietzsches *Ueber Wahrheit und Lüge im aussermoralischen Sinne* führen: zu jenen kraftlos gewordenen Metaphern, jenen Münzen, die „ihr Bild verloren haben und nun als Metall, nicht mehr als Münzen in Betracht kommen."[47] Kafka erzählt nun auch über die tropische Wahrheit-Lüge-Ambivalenz: „[M]achen Sie mit der Wahrheit Lärm" (234), fordert der Offizier auf, denn für ihn ist wohl die Lüge unausweichlich: „Hätte ich den Mann zuerst vorgerufen und ausgefragt, so wäre nur Verwirrung entstanden. Er hätte gelogen, hätte, wenn es mir gelungen wäre, die Lügen zu widerlegen, diese durch neue Lügen ersetzt und so fort. Jetzt aber halte ich ihn und lasse ihn nicht mehr." (213)

Zurück zu Frank Willens, der sein beiläufiges „*Let it be*" ‚posaunt‘, während er mit dem Lift wieder nach unten fährt, um auf den *Weißen Kubus* zu springen, als wollte er zugleich die vage Erlaubnis des mumok für die Nutzung des Kubus als Spielfläche ‚lippensummen‘. Es ist die letzte Aufführungsszene, in der der Apparat den Offizier zerfleischt. Frank Willens maschinell-entrückte, tänzerische Bewegungen auf dem *Weißen Kubus* erinnern hier an Kleists Marionette. Während er an der Sicherheitsschnur hängt, sichert Willens keine Verbindlichkeit zwischen Bewegung und Beweggrund. Seine mehrfach abwägenden Gesten mit halb ausgestreckten Armen könnten vage auf die Waage-Haltung der Justitia referieren: Jedes Wagnis einer Gestenlektüre dieser ambivalenten choreografischen Sequenz bliebe eben vage – auch im Sinne von Kafkas Gesten „ohne Bezugssystem", so Heiner Müller, „nicht orientiert auf eine Bewegung (Praxis), auf eine Bedeutung nicht reduzierbar, eher fremd als verfremdend, ohne Moral".[48]

So zuckt auch Willens Bewegung in ihrem referenzlosen Referieren, in ihrer ‚katatonischen‘ Unentscheidbarkeit, in der katachrestischen (mit Derrida: „gewaltsamen […] Auferlegung eines Zeichens auf einen Sinn"[49]) Katastrophe seiner Figur, die er hyste-

---

46 Jacques Derrida: „Die weiße Mythologie: Die Metapher im philosophischen Text", in: Jacques Derrida: *Randgänge der Philosophie*. Hg. v. Peter Engelmann. Aus dem Franz. v. Gerhard Ahrens et al. Wien 1988, S. 205–258, 246.

47 Nietzsche: „Ueber Wahrheit und Lüge", S. 881.

48 Heiner Müller: „Fatzer + Keuner", in: Müller: *Material*, S. 30–36, 31.

49 Siehe Fßn. 46.

risch lachend und zitternd apostrophiert. Schließlich geht es in dieser Schlussszene auch um jene komplexe *Intraaktion* in Kafkas Text-Bewegung zwischen Apparat und Körper, die der Offizier Seiten vorher ankündigt: „Zitternd sticht sie [die Egge] ihre Spitzen in den Körper ein, der überdies vom Bett aus zittert" (215). Die *Intraaktion* endet katastrophal: „Die Egge schrieb nicht, sie stach nur, und das Bett wälzte den Körper nicht, sondern hob ihn nur zitternd in die Nadeln hinein." (244) Als zitierte hier der zitternde Körper des Performers sich selbst, ironisch distanziert, in Gänsefüßchen gesetzt und doch mit Gänsehaut-Effekt. Das *Zittern* kommt *In der Strafkolonie* zehnmal vor.

Die ironische Distanz zwischen Körper und Text, die aber zugleich beides ineinander buchstabiert und desartikuliert, vermag *In the Penal Colony* die Kluft, die Gruft zwischen Gesagtem und Gemeintem, zwischen Gezeigtem und Gemeintem zu öffnen.[50] Die szenische Ironie unterminiert hier beiläufig die Entscheidbarkeit zwischen Buchstäblichem und Figurativem und hält sie in der Luftschacht-Schwebe, über der auch wir mit dem Performer hängen, als wäre dies der Grund einer haltlosen Zusammengehörigkeit (auch mit Kleists ‚Torbogenmetapher' gedacht). Hier nur beispielhaft der von Willens ironisch hinzugefügte letzte Satz zu Kafkas nostalgischer Offiziers-Beschreibung früherer Exekutionen, ein Augenzwinkern in Richtung aktueller Zusammengehörigkeitsdiskurse innerhalb von Performancekontexten: „How we all took in the expression of transfiguration on the martyred face! How we held our cheeks in the glow of this justice, finally attained and already passing away! What times we had, my friends! We don't have this anymore – we don't come together anymore!"

Peter Stamer problematisiert in dieser Arbeit explizit das Zusammenkommen differenter Perspektiven – ästhetisch und politisch, auch im postkolonialen Sinne. Dafür bietet Kafka Abgrund genug: „Sie sind den zweiten Tag auf der Insel, Sie kannten den alten Kommandanten und seinen Gedankenkreis nicht, Sie sind in europäischen Anschauungen befangen, vielleicht sind Sie ein grundsätzlicher Gegner der Todesstrafe im allgemeinen und einer derartigen maschinellen Hinrichtungsart im besonderen" (228), spekuliert der Offizier über die Position des Reisenden. Dabei vertritt er selbst gerade den europäischen Blick und vereinnahmt also – in einer prekären Stellvertretung – nicht nur den Blick des Tropisch-Unlesbaren, sondern auch den des Abendländisch-Referenzbezogenen. Kafkas bitter-aktuelle Textstelle nochmals – im Inszenierungs-Script:

> *„You didn't know the Old Commandant and his way of thinking. You are now on the island for a short time. You are trapped in a European way of seeing things. Perhaps you are*

---

50   Gerade diese Kluft-Öffnung ist nach Paul de Man (vgl. *Allegorien des Lesens*) die ironische Aufgabe des Lesens.

fundamentally opposed to the death penalty in general and to this kind of mechanical style of execution in particular."

Die spekulative Rhetorik der Stellvertretungen *In der Strafkolonie* wird durch die performative Ökonomie der Stellvertretungen *In the Penal Colony* potenziert. So könnten wir auch Bernhard Waldenfels' Überlegung zur eurozentrischen wie jeder Art ethnozentristischen Stellvertretung als Enteignung des Anderen in die traditionell-theatrale Rollenvertretung kippen, die wiederum in Performance – und ganz explizit *In the Penal Colony* – zur Kippfigur, zum Vexierbild wird und somit ihre enteignende Projektion destabilisiert, als eine Art zeitkritische Apostrophe.

> „Käme die Stellvertretung nicht einer Enteignung des Anderen gleich? (…) [W]enn wir von Anderem und Fremdem sprechen, sprechen wir vom Anderen her, gleichgültig, ob wir es wollen oder nicht. Somit entpuppt sich der Eurozentrismus wie jede Art von Ethnozentrismus als eine verdrängte Form der Stellvertretung."[51]

Kafkas komplexe Logik der Stellvertretung ermöglicht es der Inszenierung, das Differenzieren postkolonialer Diskurse auch ins posthumane Denken des Perspektivenwechsels zu kippen („a viewpoint is nothing if not a difference", so Eduardo Viveros de Castro[52]): ins Sprachlose, Animalische des Verurteilten, aber auch des ganzen „eigentümliche[n] Apparat[s]" einer Mensch-Ding-*Intraaktion* als Hinwendung zu einer mehr-als-menschlichen Welt.[53] Und zugleich ist es möglich, das Sprachlose hier in ein dekonstruktives Lachen zu überführen: „Ein breites, lautloses Lachen erschien nun auf seinem Gesicht und verschwand nicht mehr" (241), schreibt Kafka über den stumm bleibenden Verurteilten, und wir erinnern uns an jenes ambivalente Lachen, das verteilt und vereitelt, statt zu verurteilen, an Benjamins Lachen als „ein Chaos der Artikulation"[54] sowie an

---

51 Bernhard Waldenfels: „An Stelle von …", in: Kathrin Busch / Iris Därmann (Hg.), *„pathos". Konturen eines kulturwissenschaftlichen Grundbegriffs*. Bielefeld 2007, S. 33–50, 34 u. 48. Vgl. dazu auch Posselt: „Die Gewalt der Tropen", S. 159.

52 Eduardo Viveros de Castro: „Exchanging Perspektives. The Transformation of Objects into Subjects in Amerindian Ontologies", in: *Common Knowledge* 10, 3 (2004), S. 463–484, 474.

53 Vgl. dazu auch eine andere von Kafkas Apparat-Anekdoten: „Übrigens ist die Vorstellung ganz hübsch, daß in Berlin ein Parlograph zum Telephon geht und in Prag ein Grammophon, und diese zwei eine kleine Unterhaltung miteinander führen." (Franz Kafka: *Briefe an Felice und andere Korrespondenz aus der Verlobungszeit.* Hg. v. Erich Heller u. Jürgen Born. Frankfurt a. M. 1967, S. 266). Vgl. dazu Peter Stamers transmediales Erzählprojekt *WUNDERBAR*; online unter: https://gesamtausgabe-wunderbar.de/ [Stand 15. 3. 2023].

54 Walter Benjamin: *Gesammelte Schriften.* Bd. II.3. Hg. v. Rolf Tiedemann u. Hermann Schweppenhäuser. Frankfurt a. M. 1991, S. 956.

Derridas *Dissemination*, auch „ein wenig zerstreut", als „stets bereits geteilte Erzeugung des Sinns"[55]. Peter Stamer und Frank Willens schaffen es, dass wir *In the Penal Colony* lachen, in Kafkas Sinne.

7 Minoritär

Zurück zu Kafkas Grundgrube, in die letztlich jede Letzt- wie Erstbegründung fällt – in die Falle der Fehler, der kleinen Apparat-Störungen, jener *minor break-downs,* aber auch des Fehlens, der Auslassungen, der Apostrophe, des Undarstellbaren, auf die der Regisseur Peter Stamer setzt: „Auf die Exekutionsmaschine wird ständig referiert, sie ist im eigentlichen Sinne aber nicht aufgebaut. Die Grausamkeiten werden nicht dargestellt, treten aber dennoch deutlich vor Augen".[56]

Kafkas von Selbstzensur und -zäsur durchstochene, unvorstellbar grausame, sinnpausierende Kolonie ist von der Grausamkeit des Unvorstellbaren, Undarstellbaren, Unsichtbaren gezeichnet. Erinnern wir uns an Derridas Kafka-Lektüre eines *Theaters des Unsichtbaren* und auch an Kleists „unsichtbares Theater", so Goethes Formulierung,[57] die (unfreiwillig) ein Theater der Zukunft benennt und jede momentane szenische Sicht destabilisiert.[58] Zeitgenössische Theater- und Tanzperformances werden von derart unsichtbaren Figurationen stark geprägt, die die Vorstellung (im doppelten Sine) dem Publikum überantworten, um sie sogleich zu verunsichern. Es sind Arbeiten, die Abwesenheit markieren, Präsenz im Modus der Absenz choreografieren.[59] Es geht dabei, so Gilles Deleuze, der gemeinsam mit Felix Guattari auch in *Kafka. Für eine kleine Literatur*

---

55 Jacques Derrida: „Die zweifache Séance", in: Jacques Derrida: *Dissemination.* Aus dem Franz. v. Hans-Dieter Gondek. Wien 1995, S. 301.

56 Stamer: *Über-Maschine. Überlegungen zu Kafkas Strafkolonie.*

57 Vgl. Johann Wolfgang von Goethe: *Briefe.* Bd. 3. Hamburger Ausgabe. Hg. v. Karl Robert Mandelkow. München 1988, S. 53. Vgl. dazu Monika Meister: „Eves beschämte Rede und die Wendungen der Szene. Zum ‚unsichtbaren Theater' Kleists", in: Günther Emig (Hg.): *Erotik und Sexualität im Werk Heinrich von Kleists. Heilbronner Kleist-Kolloquien II.* Heilbronn 2000, S. 52–68.

58 Vgl. dazu Krassimira Kruschkova: „Als tanzten sie nach Kleists Choreographie", in: *Kleist-Jahrbuch* 2007, S. 183–194, 184.

59 Vgl. dazu Gerald Siegmund: *Abwesenheit. Eine performative Ästhetik des Tanzes.* Bielefeld 2006. Vgl. dazu auch Krassimira Kruschkova (Hg.): *Ob?scene. Zur Präsenz der Absenz im zeitgenössischen Tanz, Theater und Film.* Wien / Köln / Weimar 2005. Eine weitere besondere performative Kafka-Auseinandersetzung, deren Erörterung den Rahmen dieses Textes sprengen würde, ist Anne Jurens *Happy End* (2013); online unter: https://www.google.com/search?client=firefox-b-d&q=Anne+Jurens+Happy+End#fpstate=ive&vld=cid:e3531ae3,vid:aqWoogjEBJI [Stand 15.3.2023]. Für ihre Choreografie liest Anne Juren Kafkas *Amerika* und filtert nur das Bewegungsmaterial aus dem

für das Kleine, Minoritäre plädiert, für eine deterritorialisierte Sprache, um eine „liebe-volle Potentialität", um den liebevollen Möglichkeitsraum des „Minoritären"[60].

Kein Zufall auch, dass Peter Stamer 2015 einen Video-Essay *17 Letters to Deleuze* ent-wirft, indem er Deleuzes *Abécédaire* auseinander- und neu zusammenbuchstabiert.[61] Und um unsere Kleist-Kafka-Korrespondenz ein bisschen fortzusetzen: „Aber Kleist war unverbesserlich klein", schreibt Deleuze in Bezug auf Goethes Einwand Kleist gegenüber, „daß ein großer Autor auf der Höhe seiner Zeit sein müsse".[62] Es geht, so Deleuze und Guattari, um die Frage – und der Bezug zu Nietzsches und Kafkas Sprachgruben und -grabungen ist hier signifikant – wie

> „man der eigenen Sprache eine Literatur abzwingen [kann], die fähig ist, die Sprache auszugraben und sie freizusetzen auf eine nüchtern-revolutionäre Linie? Wie wird man in der eigenen Sprache Nomade, Fremder, Zigeuner? Kafka sagt: Indem man das Kind aus der Wiege stiehlt, indem man auf einem Seil tanzt."[63]

Oder, mit Deleuze, indem man versucht, ein „Fremder [zu] sein, *aber* in der eigenen Sprache [zu] stottern, *aber so*, daß man die Sprache selbst zu stottern bringt und nicht nur das Sprechen".[64] Oder, mit Heiner Müller, indem man „die Lücke im Ablauf, das Andere in der Wiederkehr des Gleichen, das Stottern im sprachlosen Text" sucht.[65] Frank Willens tanzender Körper stottert und balanciert auf dem hängenden ‚europä-isch-weißen' Kubus, als tanzte er auf Kafkas Seil. Und die Konzept-Überlegungen seines Regisseurs gewinnen heute an bitterer Aktualität:

> „Seit fast einer Dekade dominieren wirkmächtige Krisendiskurse die europäischen Zi-vilgesellschaften. Man scheint die derzeitigen Veränderungen, wie sie sich ökonomisch und sozial abzeichnen, als bedrohend für die eigene Identität zu empfinden. Die da-raus resultierenden Angstrhetoriken erschüttern unmittelbar die demokratische Kul-

---

Text – als eine Art Regieanweisungen, Instruktionen, die sie rekombiniert, ohne Text – in einer fra-gilen, repetitiven choreografischen Struktur.

60 Gilles Deleuze: „Ein Manifest weniger", in: Karlheinz Barck et al. (Hg.): *Aisthesis. Wahrnehmung heute oder Perspektiven einer anderen Ästhetik*. Leipzig 1990, S. 379–405, 404.

61 Der Video-Essay und der Text des Regisseurs sind zu finden online unter: https://peterstamer. com/17-letters-to-deleuze/ [Stand 15.3.2023].

62 Deleuze: „Ein Manifest weniger", S. 384.

63 Gilles Deleuze / Félix Guattari: *Kafka. Für eine kleine Literatur*. Aus dem Franz. v. Burkhart Kroeber. Frankfurt a.M. 1976, S. 28 f.

64 Gilles Deleuze: *Die Logik des Sinns*. Aus dem Franz. v. Bernhard Dieckmann. Frankfurt a.M. 1993, S. 391.

65 Müller: „Bildbeschreibung", S. 13 f.

tur, in welcher Prinzipien des agonistischen Pluralismus' [sic], der Toleranz gegenüber Anderen und der öffentlichen Streitfähigkeit zunehmend von Rufen nach autoritärer Führung und charismatischen Anführern abgelöst werden. Von einer irrationalen Zukunftsangst angetrieben, scheinen plötzlich wieder disziplinierende Maßnahmen en vogue zu werden, in welchen Forderungen nach der Wiedereinführung der Todesstrafe oder nach Menschenabschiebungen auf außereuropäische Inseln zu einer massiven Einschränkung von Menschenrechten zu führen drohen."[66]

Eine Drohung auch am Ende von Kafkas Erzählung: Als nach dem Tod des Offiziers der Reisende die tropische Insel verlassen will, folgen ihm der Verurteilte und der Soldat

„die Treppe hinab, schweigend, denn zu schreien wagten sie nicht. Aber als sie unten ankamen, war der Reisende schon im Boot, und der Schiffer löste es gerade vom Ufer. Sie hätten noch ins Boot springen können, aber der Reisende hob ein schweres, geknotetes Tau vom Boden, drohte ihnen damit und hielt sie dadurch von dem Sprunge ab." (248)

Zugleich auch anders: Das verbindliche Tau zwischen Bezeichnendem und Bezeichnetem ist in der Tropen-Kolonie ja gerissen, die Kluft zwischen Gesagtem, Gezeigtem, Gemeintem ist nicht zu überspringen. Diese letzte Flucht-Szene fehlt *In the Penal Colony*, die Frank Willens nach seiner tanzenden Fehl-Exekutionsszene mit dem Satz beendet: *„It's too much."* Auch dieses elliptische Finale – ein retardierender Exzess im Sinne des Verzichts, der Aufschiebung, der *différance*, des *Minoritären*, des *Unsichtbaren*… Von der Rede seines Vorredners glaubt Kafkas großer Schwimmer nicht viel zu wissen, „aber dieses Wissen genügt mir nicht nur, es ist mir sogar noch zuviel".[67] Auch das Publikum *In the Penal Colony* ist verunsichert – ist es zu Ende? Es dauert länger, bevor der ganz laute Applaus kommt. Als würde dieses *„It's too much"*-Finale die Unauflösbarkeit der Erzählung adressieren, für die Kafka mehrere Schlussvarianten hatte, mit denen er nie zufrieden war: Sprache als Strafe. In der Sprachkolonie. Und in einem Theater der Spekulation statt des Spektakels.

Die Ambivalenz der Instruktion *„BE JUST"* wischt jede allzu schnelle ästhetische wie ethische Präsenz-, aber auch Valenzbehauptung weg, sie wären *zu viel*. Schieben wir also – auch in Kafkas wie in Stamers Sinn fürs Ironisch-Elliptisch-Anekdotische – den Schluss dieses Versuchs mit einer Mini-Geschichte von Tim Etchells in seinem Text über Jérôme Bels *The show must go on* auf:

---

66 Peter Stamer: *In the Penal Colony*; online unter: https://peterstamer.com/in-the-penal-colony/ [Stand: 15. 3. 2023].

67 Franz Kafka: „Der große Schwimmer", in: Kafka: *Nachgelassene Schriften und Fragmente II*, S. 254–257, 257.

„A friend asks her students to write reports on performances they have seen. The only word they are not allowed to use is 'just'. No more: He just moves chairs around. No more: They just talk about food. No more: They just stand there. And instead: He moves chairs around. They talk about food. They stand there."[68]

Und noch eine Aufschiebung: Die „Residency" *In the Penal Colony* wurde an nur zwei Abenden fürs Publikum geöffnet, es ist an der Zeit, sie fortzusetzen. *The show must go on.*

Abb. 6, 7, 8, 9: In the Penal Colony
Fotos: Ilya Noé

68   Tim Etchells: „The show must go on"; online unter: http://www.jeromebel.fr/index.php?p=5&lg=-2&cid=202 [Stand 15.3.2023].

Literatur

Antonin Artaud: *Das Theater und sein Double*. Übers. v. Gerd Henniger. 2. Aufl. Frankfurt a. M. 1979.

Karen Barad: *Agentieller Realimus*. 2. Aufl. Berlin 2017.

Roland Barthes: *Comment vivre ensemble. Simulations romanesques de quelques espaces quotidiens. Notes de cours et de séminaires au Collège de France, 1976–1977.* Paris 2002.

Walter Benjamin: *Gesammelte Schriften*. Bd. II.3. Hg. v. Rolf Tiedemann u. Hermann Schweppenhäuser. Frankfurt a. M. 1991.

Eduardo Viveros de Castro: „Exchanging Perspektives. The Transformation of Objects into Subjects in Amerindian Ontologies", in: *Common Knowledge* 10, 3 (2004), S. 463–484.

Gilles Deleuze: „Ein Manifest weniger", in: Karlheinz Barck et al. (Hg.): *Aisthesis. Wahrnehmung heute oder Perspektiven einer anderen Ästhetik.* Leipzig 1990, S. 37–405.

Gilles Deleuze: *Die Logik des Sinns*. Aus dem Franz. v. Bernhard Dieckmann. Frankfurt a. M. 1993.

Gilles Deleuze / Félix Guattari: *Kafka. Für eine kleine Literatur.* Aus dem Franz. v. Burkhart Kroeber. Frankfurt a. M. 1976.

Jacques Derrida: „Die weiße Mythologie: Die Metapher im philosophischen Text", in: Jacques Derrida: *Randgänge der Philosophie*. Hg. v. Peter Engelmann. Aus dem Franz. v. Gerhard Ahrens et al. Wien 1988, S. 205–258.

Jacques Derrida: *Préjugés. Vor dem Gesetz.* Aus dem Franz. v. Detlef Otto u. Axel Witte. Wien 1992.

Jacques Derrida: „Die zweifache Séance", in: Jacques Derrida: *Dissemination*. Aus dem Franz. v. Hans-Dieter Gondek. Wien 1995.

Tim Etchells: „The show must go on"; online unter: http://www.jeromebel.fr/index.php?p=5&lg=2&cid=202 [Stand: 15. 3. 2023].

Johann Wolfgang von Goethe: *Briefe*. Bd. 3. Hamburger Ausgabe. Hg. v. Karl Robert Mandelkow. München 1988.

Werner Hamacher: „Afformativ, Streik." In: Christiaan L. Hart Nibbrig (Hg.): *Was heißt „Darstellen"?* Frankfurt a. M. 1994, S. 346–360.

Werner Hamacher: *Entferntes Verstehen. Studien zu Philosophie und Literatur von Kant bis Celan.* Frankfurt a. M. 1998.

Franz Kafka: *Briefe an Felice und andere Korrespondenz aus der Verlobungszeit.* Hg. v. Erich Heller u. Jürgen Born. Frankfurt a. M. 1967.

Franz Kafka: *Der Proceß*. Hg. v. Malcom Pasley. Frankfurt a. M. 1990.

Franz Kafka: *Nachgelassene Schriften und Fragmente II*. Hg. v. Jost Schillemeit. Frankfurt a. M. 1992.

Franz Kafka: „Der große Schwimmer", in: Franz Kafka: *Nachgelassene Schriften und Fragmente* II. Hg. v. Jost Schillemeit. Frankfurt a. M. 1992, S. 254–257.

Franz Kafka: „Der Hungerkünstler", in: Franz Kafka: *Drucke zu Lebzeiten*. Hg. v. Wolf Kittler, Hans-Gerd Koch u. Gerhard Neumann. Frankfurt a. M. 1994, S. 333–349.

Franz Kafka: „In der Strafkolonie", in: Franz Kafka: *Drucke zu Lebzeiten*. Hg. v. Hans-Gerd Koch, Wolf Kittler u. Gerhard Neumann. Frankfurt a. M. 1994, S. 203–248.

Heinrich von Kleist: „Über das Marionettentheater", in: Heinrich von Kleist: *Sämtliche Werke und Briefe*. 2 Bde. Hg. v. Helmut Sembdner. 7., erg. u. revidierte Aufl. München 1984, Bd. 2, S. 338–345.

Alexander Kluge: „Kritik als verdeckte Ermittlung", in: Alexander Kluge: *Verdeckte Ermittlung. Ein Gespräch mit Christian Schulte und Rainer Stollmann.* Berlin 2001, S. 43–49.

Krassimira Kruschkova (Hg.): *Ob?scene. Zur Präsenz der Absenz im zeitgenössischen Tanz, Theater und Film.* Wien / Köln / Weimar 2005.

Krassimira Kruschkova: „Als tanzten sie nach Kleists Choreographie", in: *Kleist-Jahrbuch* 2007, S. 183–194.

Krassimira Kruschkova: „„When we speak of all these things...' Nietzsche On Stage", in: *Scores #6 no / things*, Tanzquartier Wien 2017, S. 122–131; online unter: http://2009.tqw.at/sites/default/files/Scores_No6-Web. pdf [Stand: 15.3.2023].

Krassimira Kruschkova: „Über Wahrheit und Lüge im Sinne künstlerischer Forschung", in: Arno Böhler / Susanne Valerie Granzer (Hg.): *Philosophy on Stage. Philosophie als künstlerische Forschung*. Wien 2018, S. 157–173.

Hans-Thies Lehmann: „Das Welttheater der Scham", in: *Merkur* 45, September 1991, H. 510 / 511, S. 824–839.

Hans-Thies Lehmann: *Postdramatisches Theater*. Frankfurt a. M. 1999.

Paul de Man: „Ästhetische Formalisierung: Kleists „Über das Marionettentheater"", in: Paul de Man: *Allegorien des Lesens*. Aus dem Amerik. v. Werner Hamacher u. Peter Krumme. Frankfurt a. M. 1988, S. 205–233.

Monika Meister: „Eves beschämte Rede und die Wendungen der Szene. Zum ‚unsichtbaren Theater' Kleists", in: Günther Emig (Hg.): *Erotik und Sexualität im Werk Heinrich von Kleists. Heilbronner Kleist-Kolloquien II*. Heilbronn 2000, S. 52–68.

Heiner Müller: „Bildbeschreibung", in: Heiner Müller: *Material. Texte und Kommentare*. Hg. v. Frank Hörnigk. Leipzig 1989, S. 8–14.

Heiner Müller: „Fatzer + Keuner", in: Heiner Müller: *Material. Texte und Kommentare*. Hg. v. Frank Hörnigk. Leipzig 1989, S. 30–36.

Heiner Müller: „Hamletmaschine", in: Heiner Müller: *Material. Texte und Kommentare*. Hg. v. Frank Hörnigk. Leipzig 1989, S. 41–49.

Nikolaus Müller-Schöll: „Die kritische Distanz". Vortrag am 9.12.2016 im Tanzquartier Wien im Rahmen der Reihe *Die Haut der Kritik*, kuratiert von Krassimira Kruschkova; online unter: https://mediathek. tqw.at/tanzquartier-wien-online-archiv?tx_tqwmediathek_pi1 %5Baction%5D=detail&tx_tqwmediathek_pi1 %5Bcontroller%5D=Video&tx_tqwmediathek_pi1 %5Bvideo%5D=716&cHash=884f543410b4ac-95c11e095ef1e1d71a [Stand: 15.3.2023].

Nikolaus Müller-Schöll: „Das Dispositiv und das Unregierbare. Vom Anfang und Fluchtpunkt jeder Politik", in: Lorenz Aggermann / Georg Döcker / Gerald Siegmund (Hg.): *Theater als Dispositiv. Dysfunktion, Fiktion und Wissen in der Ordnung der Aufführung*. Frankfurt a. M. 2017, S. 67–87.

Nikolaus Müller-Schöll: „Vorwort. Automobilität. Ein abreißender Anfang zum Thewis-Schwerpunkt Kafka und Theater", in: *Thewis. Onlinezeitschrift der Gesellschaft für Theaterwissenschaft. Ausgabe 2017: Kafka und Theater*; online unter: https://www.theater-wissenschaft.de/vorwort-automobilitaet-2/ [Stand: 15.3.2023].

Friedrich Nietzsche: „Ueber Wahrheit und Lüge im aussermoralischen Sinne", in: Friedrich Nietzsche: *Kritische Studienausgabe*. Hg. v. Giorgio Colli u. Mazzino Montinari. 2. Aufl. Berlin / München 1988, Bd. 1, S. 873–890.

Gerald Posselt: „Die Gewalt der Tropen. Sprache, Schrift und Einschreibung bei Kafka und Nietzsche", in: Emmanuel Alloa / Miriam Fischer (Hg.): *Leib und Sprache. Zur Reflexivität verkörperter Ausdrucksformen*. Weilerswist 2013, S. 157–182.

Gerald Siegmund: *Abwesenheit. Eine performative Ästhetik des Tanzes*. Bielefeld 2006.

Sophokles: *Antigone*. Übers. v. Friedrich Hölderlin, bearb. v. Martin Walser u. Edgar Selge. Frankfurt a. M. 1989.

Peter Stamer: *17 Letters to Deleuze. A video essay*; online unter: https://peterstamer.com/17-letters-to-deleuze/ [Stand: 15.3.2023].

Peter Stamer: *In the Penal Colony*; online unter: https://peterstamer.com/in-the-penal-colony/ [Stand: 15.3.2023].

Peter Stamer: *On Truth and Lie in an Extra-moral Sense*; online unter: https://peterstamer.com/on-truth-and-lie-in-an-extra-moral-sense/ [Stand: 15.3.2023].

Peter Stamer: *Über-Maschine. Überlegungen zu Kafkas Strafkolonie*; online unter: https://peterstamer.com/in-the-penal-colony/ [Stand: 15. 3. 2023].

Peter Stamer: *WUNDERBAR, ein transmediales Erzählprojekt*; online unter: https://gesamtausgabe-wunderbar.de/ [Stand: 15. 3. 2023].

Bernhard Waldenfels: „An Stelle von …", in: Kathrin Busch / Iris Därmann (Hg.): *„pathos". Konturen eines kulturwissenschaftlichen Grundbegriffs*. Bielefeld 2007, S. 33–50.

Entstelltes Dasein

Max Brods *Amerika*-Dramatisierung, ihre Inszenierung und Rezeption

Dieter Heimböckel

1 Auf verlorenem Posten

„Zu welchem Urteil man auch immer über die inzwischen reiche Bühnengeschichte von Kafkas Werk kommen mag: Ohne die differenzierte Auseinandersetzung mit Brods Dramaturgie, mit ihrer Motivation, Ausrichtung und Rezeption sowie mit ihren Wirkungseffekten, wäre sie nur unzureichend erzählt."[1] Ich zitiere mich selbst. Ganz wohl ist mir dabei nicht. Es bleibt mir aber nichts anderes übrig, weil ich unmittelbar an einen erst jüngst publizierten Beitrag anschließen möchte, der mit dieser Äußerung endet. Ich schreibe gewissermaßen an diesem Text weiter, ohne es im Vorhinein beabsichtigt zu haben, das Projekt ist mir quasi in den Schoß gefallen, was schon für sich genommen eine eigene Geschichte wert wäre. Ich werde auf sie zurückkommen, mal sporadisch, mal ausführlicher, ganz zu Ende erzählen werde ich sie aber hier und in diesem Zusammenhang nicht. Im Zufälligen liegt das zugleich Unabgeschlossene der vorliegenden Ausführungen, weil sich in ihnen Beobachtungen an Einsichten reihen, die zunächst gar nichts miteinander zu tun haben, dann doch allerdings sich zueinander fügen, sodass schließlich eins zum anderen kam und kommt, sich bedingt, ohne sich eigentlich bedingt zu haben, und den Betrachter, das heißt mich, am Ende in der Zusammenschau überfordern. Sie müsste in jedem Fall ausführlicher behandelt werden, als es hier nun geplant sein darf.

---

1   Dieter Heimböckel: „Kafka für die Bühne. *Das Schloss* in der Dramatisierung von Max Brod", in: Dieter Heimböckel / Steffen Höhne / Manfred Weinberg (Hg.): *Interkulturalität, Übersetzung, Literatur. Das Beispiel der Prager Moderne.* Wien / Köln 2022, S. 119–136, 134.

Im Prinzipiellen hat sich nichts geändert. Wenn ich mit Blick auf Max Brods *Schloss*-Dramatisierung festgestellt habe, dass wir es auch in diesem Fall „mit einer für die Kafka-Rezeption nahezu typischen Gemengelage zu tun" haben, „bei der die nachträgliche Sortierung nicht sonderlich leichtfällt",[2] so gilt Entsprechendes für Brods *Amerika*-Dramatisierung ohne jede Einschränkung oder besser gesagt: Für sie gilt es erst recht.[3] Denn ich habe mir das Ausmaß der Sortierungsaufgabe nicht vorstellen können, nachdem ich meinte, dass die Unübersichtlichkeit bei Brods erster dramatischer Kafka-Adaption, was die Uneindeutigkeit der Reaktionen auf sie, ihre ästhetischen Voreingenommenheiten und Brods eigene, sich zum Teil widersprechende Umsetzungsstrategien betrifft, kaum noch zu überbieten seien. Knapp vier Jahre nachdem *Das Schloss* am Schlosspark-Theater Berlin unter der Regie von Rudolf Noelte uraufgeführt worden war, schien mir vor allem die Frage, ob mit Kafkas Theater, in diesem Fall der Dramatisierung und Bühnenadaption seiner Texte, seinem Werk ein Dienst erwiesen worden sei, schon nicht mehr so von Belang wie in der zum Teil kontrovers geführten Diskussion zur *Schloss*-Dramatisierung, bei der zwar vom eindringlichen Kafka die Rede war, von dem geglückten Wagnis, das man mit der Inszenierung eingegangen sei, aber eben auch davon, dass Brod Kafka „amputiert" und man sich an dem Dichter versündigt habe.[4] Nach allem, was sich aus der Forschung und anderen, bislang zur Verfügung stehenden Quellen zutage fördern ließ, hat sich mit der *Amerika*-Dramatisierung und ihrer Inszenierung durch Leonard Steckel am Schauspielhaus Zürich am 28. Februar 1957 das beim *Schloss* noch ausgewogen schlagende Pendel eindeutig zu Ungunsten der zweiten Bühnenübertragung Brods verschoben. Es soll sich dabei um einen glatten Misserfolg gehandelt haben:

> „Max Brod, der partout seinen mit dem ganzen Elend dieser Erde geschlagenen Dichter zur lichten Siegergestalt verklären will, macht sich an eine große Rettungsaktion des passiven Helden Karl Roßmann. Gewiß, der Amerika-Kafka reicht ihm einen Finger, aber Brod nimmt gleich die ganze Hand, und viel fehlt nicht, so amputiert er ihm den Arm." (Drews / *FAZ*)[5]

---

2   Ebd., S. 121.

3   Gemäß des von Brod eingeführten Titels, den er auch für seine Dramatisierung wählte, und der zur Aufführungszeit (1957) gängigen Rezeption wird im Folgenden, auch wenn von Kafkas Roman in einem heutigen Bezugsrahmen die Rede ist, die Titelformulierung *Amerika* und nicht, wie inzwischen üblich, *Der Verschollene* gewählt.

4   Heimböckel: „Kafka für die Bühne", S. 124.

5   Um den Fußnotenapparat zu entlasten und die publizistische Provenienz unmittelbar kenntlich zu machen, werden die Vorbesprechungen und Kritiken über die Inszenierungen der *Amerika*-Dramatisierung Max Brods hier und nachfolgend im Text nachgewiesen (Verf.-Name oder -Kürzel / *Zeitungsname*). Im Literaturverzeichnis bilden diese Beiträge eine eigene Rubrik, wobei ihnen zur besseren Orientierung jeweils die Kurzform voransteht.

Wolfgang Drews, Philosoph, Schriftsteller und seinerzeit Theaterkritiker unter anderem der *FAZ*, war und ist eine der maßgeblichen Stimmen in der Misserfolgs-Geschichte von Brods *Amerika*-Dramatisierung. Dass es so weit kommen konnte, dazu hat er nichts anderes beigetragen, als für eine führende deutsche Tageszeitung geschrieben zu haben und deswegen zur Kenntnis genommen worden zu sein: von der zeitgleichen Theater-kritik ebenso wie von der nachmaligen Forschung. So nahm der schon dem Titel nach vielsagende Beitrag *Brod statt Kafka* von Drews in einem der Zürcher Uraufführung ge-widmeten Artikel des *Spiegel* eine exponierte Stellung ein, indem der als Kritiken-Revue angelegte Text, der neben der *FAZ* auf Rezensionen der *Neuen Zürcher Zeitung*, der *Welt* und der *Süddeutschen Zeitung* Bezug nimmt, diese als repräsentativ für die allgemeine Aufnahme der Inszenierung vor- bzw. ausstellt:

> „Fast alle Kritiker, die an der Premiere teilnahmen, attestierten dem Max Brod seine unbestreitbaren und einzigartigen Verdienste, die er sich bei der Herausgabe nahezu der gesamten Kafka-Werke erworben hat. Erst nach dieser Reverenz kamen sie zur Sa-che – und freilich auch zu anderen Resultaten. Die ‚Frankfurter Allgemeine Zeitung‘ wählte als Überschrift: ‚Brod statt Kafka‘; ‚Die Welt‘ kam unter der Schlagzeile ‚Von Kaf-ka blieb nicht sehr viel übrig‘ zu dem Resultat: ›Amerika‹ oder die Mißhandlung Kafkas auf dem Theater.‘" (N. N. / *Spiegel*)

Der *Spiegel*-Artikel lässt andere für sich sprechen und hält sich mit Kritik selbst eher zu-rück, was sich in dem neutralen und für die Inszenierung nicht besonders aussagekräf-tigen Titel *Karl statt K.* zu erkennen gibt. Dafür fungiert er umso mehr als Sprachrohr für die vermeintlich mehr oder weniger einhellige Ablehnung des Brod-Stücks wie auch als ihr Multiplikator, auf den ein ausgewiesener Brod-Kritiker wie Herman Uyttersport umso beherzter zugriff, als sich ihm die Gelegenheit bot, Brods Editionspraxis mit des-sen Dramaturgie zur verrechnen:

> „Mit seiner eigenen Dramatisierung des Amerikaromans hat Brod die (…) Tendenz auf eine happy end-Lösung noch verschärft. Die maßgebenden deutschen Zeitungen haben das nach der Züricher Uraufführung Anfang März 1957 denn auch hervorgehoben. Sie haben diese Bearbeitung durchweg als mißglückt bezeichnet; beispielsweise sprach die Rhein-Neckar-Zeitung von einer *Kafka-Pleite in Zürich*; die ‚Welt‘ schrieb *Amerika oder die Mißhandlung Kafkas auf dem Theater*, die Frankfurter Allgemeine Zeitung formu-lierte: ‚Brod statt Kafka‘ und Hansres Jaobi beschrieb Brods Dramatisierung als eine un-zulässige Verstümmelung von Kafkas Geist und Werk (Rhein-Neckar-Ztg., Nr. 54, S. 2). In der Frankfurter Allgemeinen Ztg. erklärte W. Drews wörtlich: ‚Kafka hat dem Bear-beiter Brod einen Finger gereicht, aber Brod nimmt gleich die ganze Hand, und viel fehlt

nicht, so amputiert er ihm den Arm'. Die ‚Welt' äußerte u. a.: ‚Von Kafka blieb nicht sehr viel übrig'. (Vgl. zu dieser Übersicht auch den ‚Spiegel' vom 20. März 1957)."[6]

Abgesehen von kleinen Ungenauigkeiten in der Zitation geht Uyttersprot so vor, als würde er einen profunden Überblick über die zeitgenössische Theaterkritik maßgeblicher deutscher Zeitungen wiedergeben. Doch bei genauerer Betrachtung bilden lediglich drei Rezensionen die Grundlage seiner Einschätzung, wobei es sich bei dem Beitrag aus der *Welt* um einen mit dem Artikel aus der *Rhein-Neckar-Zeitung* fast identischen Text handelt. Ihr Verfasser ist jeweils Hansres Jacobi,[7] sodass hier also de facto nur zwei Meinungen rekapituliert werden, zugegebenermaßen Meinungen von einigem Gewicht, aber doch längst nicht so zu gewichten, als würde sich damit der Blick auf die sonstige Theaterfachwelt erübrigen. Vier Jahrzehnte später erfährt Brods Dramatisierung die erste (und meines Wissens bislang einzige) wissenschaftlich ausführlichere Würdigung, und zwar im Rahmen einer medienkomparatistischen Dissertation zu Kafkas *Amerika*-Roman, die die Verfasserin zum Anlass eines Exkurses über die „Uraufführung im Spiegel der Kritik" nimmt und in diesem Zusammenhang auch Wolfgang Drews zu Wort kommen lässt. Daneben werden zwar – und immerhin – vier weitere Rezensionen angeführt, freilich mit einem ähnlichen Ergebnis wie bei Uyttersprot, obwohl die um Differenzierung bemühten Ausführungen dafür „die damalige Unsicherheit mit Problemen der Adaption im allgemeinen, der Bearbeitung mit Romanvorlagen auf dem Theater im besonderen"[8] verantwortlich machen. Ihr auf der Grundlage der fünf Belege basierendes Fazit bleibt davon allerdings unberührt: „Den Geschmack des Publikums und der Kritiker traf die Aufführung der Brod'schen Adaption wohl eher nicht, möglicherweise, weil sie für den Laien zu unverständlich und für den Kafka-Kenner zu banal wirkte."[9]

Man könnte es sich daher genauso einfach machen wie ein Teil des seinerzeitigen Theaterfeuilletons in seiner Reaktion auf Brod bzw. dessen *Amerika*-Dramatisierung

---

6   H.[erman] Uyttersprot: „Franz Kafka und immer noch kein Ende. Zur Textgestaltungsfrage", in: *Studia Germanica Gandensia* 8 (1966), S. 173–246, 236 (Hervorh. i. O.).

7   Jacobi, Feuilletonmitarbeiter der *NZZ*, war als Literaturjournalist und Theaterkritiker auch für zahlreiche andere Zeitungen aktiv. Seine fast gleichlautenden Texte zur *Amerika*-Inszenierung erschienen nach den vorliegenden Unterlagen – freilich unter jeweils anderen Überschriften und jeweils unterschiedlich signiert – zunächst in der *Rhein-Neckar-Zeitung*, dann in der *Welt* und schließlich in der *Esslinger Zeitung*. Zu Jacobi vgl. Tobias Hoffmann-Allenspach: „Hansres Jacobi", in: Andreas Kotte (Hg.): *Theaterlexikon der Schweiz*. Zürich 2005, Bd. 2, S. 912, und die entsprechenden Nachweise im Literaturverzeichnis zu dem vorliegenden Beitrag.

8   Nicola Albrecht: „Amerika als Theateradaption", in: Nicola Albrecht: *Verschollen im Meer der Medien. Kafkas Romanfragment „Amerika". Zur Rekonstruktion und Deutung eines Medienkomplexes.* Heidelberg 2007, S. 81–108, 106.

9   Ebd., S. 107.

und ihn analog zu Kafka auf „verlorene[m] Posten" wähnen (N. N. / *Schweizer Wochenztg.*). Und im Grunde verhält es sich auch so, wenn man sich vergegenwärtigt, dass sich bis heute die Ansicht vom „durchschlagende[n] Misserfolg"[10] der Zürcher Premiere widerspruchslos gehalten hat. Warum sollte sich bei der Eindeutigkeit der Faktenlage überhaupt Widerspruch einstellen, zumal es bereits zu reichen scheint, nur den Dramentext zu kennen (was so ohne Weiteres gar nicht möglich ist[11]), um sich ein Urteil über „die kleinmütige Guckkastendramaturgie Max Brods"[12] zu erlauben. Aber schon in dieser Hinsicht war es auch möglich, ganz anderer Meinung zu sein und bei Brod prinzipiell ein ausgesprochenes Talent für Dramaturgie am Werk zu sehen.[13] Solche und ähnliche sich widersprechende Einschätzungen tragen innerhalb der Kafka-Rezeption zur eingangs erwähnten Gemengelage bei, die allerdings mit besonderem Blick auf die *Amerika*-Dramatisierung erst als solche identifiziert werden muss, ehe es zu einer Relativierung der in der Misserfolgsgeschichte liegenden Einseitigkeit kommen kann.

2 „[D]a liess sich wieder einmal Gerichtstag halten"

Die Rezeption der Brod'schen *Amerika*-Adaption fördert unterschiedliche Sachverhalte zutage, die hier im Einzelnen und für alle Bereiche gar nicht gewürdigt, allenfalls angedeutet werden können. Sie sagt (1) etwas über die Verfasstheit der seinerzeitigen Theaterkritik, über ihre ästhetischen Vorlieben und Prinzipien und darüber, wie sich die in

---

10 Roland Koberg: „Die verschollene Uraufführung", in: *Schauspielhaus Zürich Zeitung* #5, 7.3.2012, S. 13 f., 13.

11 Der Text liegt nur in wenigen Exemplaren vor. Er kam seinerzeit nicht in den Handel und wurde vom S. Fischer Verlag 1957 als „unverkäufliche[s] Manuskript" bei der Fotokopier- und Vervielfältigungsanstalt Walter Ruppert in Frankfurt a. M. in den Druck gegeben (Max Brod: *Amerika. Komödie in zwei Akten (16 Bildern) nach dem gleichnamigen Roman von Franz Kafka.* Frankfurt a. M. 1957, S. 1). Ein in Nuancen von der Fischer-Ausgabe abweichender Auszug des Stücks mit den ersten beiden Bildern erschien kurz nach der Inszenierung im *Forum* (vgl. Franz Kafka / Max Brod: „Amerika. Zwei Szenen aus der Dramatisierung des gleichnamigen Romans", in: *Forum* 1957, H. 4, S. 103–105). In den Buchhandel kam es allein in einer italienischen Übersetzung, u. z. 1960 in der Reihe *Il piccolo teatro Sansoni* als Bd. 4 (*America. Commedia di Max Brod tratta dal romanzo di Franz Kafka.* Traduzione di E. Müller. Firenze). Die Textgrundlage für den vorliegenden Beitrag bildet ein Exemplar aus dem Deutschen Literaturarchiv in Marbach.

12 Kurt Klinger: „Kafka auf der Bühne", in: *Newsletter of the Kafka Society of America* 7, 1 (1983) S. 56–70, 70.

13 Hans-Peter Bayerdörfer: „,Der bücherfreudige Hirtenknabe' – Max Brod und das Theater", in: Margarita Pazi (Hg.): *Max Brod 1884–1984. Untersuchungen zu Max Brods literarischen und philosophischen Schriften.* New York et al. 1987, S. 151–175, 152.

ihr bewegenden Akteure positionieren und wie sie sich zueinander verhalten. Sie gibt (2) Auskunft über den Stellenwert, den Kafkas Werk ganz allgemein im kulturellen Feld einnimmt und unter welchen Prämissen es wahrgenommen, verstanden und bewertet wird. Sie vermittelt (3) Einsichten über Prozesse der Meinungsbildung, ihre Auslese und Konzentration. Sie verdeutlicht (4) die Bedingtheit der Wissensvermittlung und die Notwendigkeit, die Kontexte und Parameter ihres Zustandekommens zu hinterfragen. Und sie legt (5) prinzipiell Zweifel an jedweder Äußerung nahe, sobald sie sich mit der Aura eines Alleinvertretungsanspruchs umgibt. Im Genre der Rezension und speziell der Theaterkritik mag das noch zulässig, wenn nicht sogar erwünscht sein; andernorts, wo es um Evidenz, Schlüssigkeit und Induktion geht, ist ein solcher Anspruch eher fehl am Platz, solange er nicht mit einem Vorbehalt versehen wird. Solange dies nicht geschieht, würde man sich an der Erzeugung von etwas beteiligen, was Kafka selbst einmal als „Gespenster"[14] und späterhin als „Konstruktionen" bezeichnete. Solche Konstruktionen, „die selbst in der Vorstellung in der allein sie herrschen, nur fast bis zur lebendigen Oberfläche kommen", müssten „mit einem Ruck überschwemmt werden",[15] damit sie nicht die Oberhand über das Denken gewännen, was leicht geschehen könne, weil die Welt eben aus lauter Konstruktionen bzw. Versatzstücken bestünde, die aber, so Roman Halfmann, „die Wirklichkeit nur unzureichend abdecken" würden, indem sie „allein in der Vorstellung" existierten und „zudem nur oberflächlich" beschreibbar wären. „Kafka erkennt die Welt, das Denken dieser Welt und also auch sich selbst als von Konstruktionen durchsetzt, die eine Scheinwirklichkeit, eine scheinbare, da oberflächliche und nur vorgestellte Wahrheit vorgaukeln."[16]

Es würde freilich eine eigentümliche Umkehrung bedeuten, würde man die Aufnahme von Brods *Amerika*-Version mit Kafka zu lesen beabsichtigen. Dazu wird es nachfolgend nicht kommen! Es sollte nur angedeutet werden, warum es gehen könnte, würde man sich an das vorliegende Sujet mit literarisch erprobten Mitteln begeben. Der Fall ist nämlich, in Kürze, der: dass es nachweislich mehr als 70 Besprechungen zu der Uraufführung und den Inszenierungen gibt, zu denen Brod mit seiner Dramatisierung des *Amerika*-Romans die Vorlage geliefert hat, und dass man die Zahl vermutlich noch weit höher veranschlagen muss, will man das tatsächliche Ausmaß der seinerzeitigen Presse-Reaktionen beziffern.[17] Sie sind jedenfalls ein Indiz für das immense Interesse an Kafka

---

14   Franz Kafka: *Tagebücher. Bd. 2: 1912–1914*. In der Fassung der Handschrift. Hg. v. Hans-Gerd Koch. Frankfurt a. M. 2008, S. 52.

15   Ebd., S. 205.

16   Roman Halfmann: *Nach der Ironie. David Foster Wallace, Franz Kafka und der Kampf um Authentizität*. Bielefeld 2012, S. 74 f.

17   Ein Großteil der Vorbesprechungen und Rezensionen befindet sich im Stadtarchiv Zürich. Dem Archiv sei an dieser Stelle ausdrücklich für die Unterstützung und Bereitwilligkeit gedankt, mit

und seinem Werk im deutschsprachigen Raum, nachdem er international schon längst zum Weltautor aufgestiegen war und es, gerade in Deutschland und Österreich, bedingt durch Nationalsozialismus und Krieg, zu einer merklichen Verzögerung seiner Rezeption kam und sein Werk nach 1945 gewissermaßen auf der Überholspur wahrgenommen und angeeignet wurde. So setzte die mit der Dramatisierung des *Prozess*-Romans durch Louis Barrault und André Gide 1947 einen Anfang machende und von Max Brod fortgeführte Adaption seines erzählerischen Œuvres für das Theater eine – eigentlich bis heute andauernde – Entwicklung in Gang, mit der man „sich seines epochalen Werks auch auf der Bühne zu versichern" begann.[18] Wenn seinerzeit eingefleischte und puristisch veranlagte Theaterkenner wie Heinz Beckmann genüsslich über die *Amerika*-Inszenierung herzogen und ihrer Freude darüber freien Lauf ließen, „daß weitere Bühnenbearbeitungen aus Franz Kafkas Werk wohl nicht mehr zu befürchten seien" (Beckmann / *Rhein. Merkur*), so hat sich dieser nicht nur in die imponierende Phalanx all derjenigen eingereiht, die eine Übertragung fürs Theater als medial und unter Gattungsgesichtspunkten für unangemessen gehalten haben; die weitere Entwicklung hat eine solche Position auch ad absurdum geführt. Kafka gehört heute zu den am meisten gespielten Nichtdramatikern auf deutschsprachigen Bühnen überhaupt.

Nun ist es mit zweierlei Maß gemessen, ob man Brods Dramatisierung den Stempel des Misslingens aufdrückt und wie man seinen Einfluss auf die angesprochene Bühnenentwicklung einschätzt. Denn das eine hat mit dem anderen so gut wie nichts zu tun. In der Retrospektive wird oft der Eindruck erweckt, als würde sich von der Produktion auf die Rezeption schließen lassen wie auch umgekehrt. Will heißen: Beide Dramatisierungen, nicht nur die *Amerika*-, sondern auch die *Schloss*-Bearbeitung Brods, hätten Kafka und seinem Werk geschadet oder wären zumindest wenig dienlich gewesen. Aber eher ist das Gegenteil der Fall: Sie haben seine (wörtliche zu nehmende) Popularität noch befördert, während sie dem Ansehen Brods, dem in einigen Rezensionen übel mitgespielt wurde, summa summarum eher abträglich waren. Und da sich Pejoratives eher einzuprägen pflegt als Lob, und es sich mehr und mehr eingebürgert hatte, Brods Rolle als Sachwalter und „treuer Mehrer seines", Kafkas, „Nachruhms"[19] nicht nur zu hinter-

---

der es mir das umfangreiche Konvolut, das u. a. auch Besprechungen zu der Aufführung des Brod-Stücks am Winterthurer Stadttheater enthält, zu Verfügung gestellt hat. Ohne diese Unterstützung wäre mein Beitrag in der vorliegenden Form nicht zustande gekommen (vgl. dazu auch Pkt. 4 meiner Ausführungen).

18   Hans-Peter Bayerdörfer: „Zurück zu ‚großen Texten'. Dramaturgie im heutigen Erzähltheater", in: Artur Pelka / Stefan Tigges (Hg.): *Das Drama nach dem Drama. Verwandlungen dramatischer Formen in Deutschland seit 1945.* Bielefeld 2011, S. 159–182, 159.

19   Friedrich Luft: „Kafka / Brod ‚Das Schloß', Schloßparktheater", in: Friedrich Luft: *Berliner Theater 1945–1961. Sechzehn kritische Jahre.* 2. Aufl. Velber b. Hannover 1962, S. 159–161, 159.

fragen, sondern ihm auch durchaus eigennützige Absichten zu unterstellen, ergriff man gleichsam die Gelegenheit beim Schopf und legte seine dramaturgischen Bemühungen als unqualifizierte Einmischung eines in ästhetischer Hinsicht vergleichsweise Minderbegabten aus. Wer Neigungen zum Wortspiel hatte, stufte Brods Umsetzung zur „brodlos[en]" Kunst (Drews / *FAZ*) herab oder sah „sofort, was bei der Bühnenbearbeitung über *Bord* ging, die ganze Ladung nämlich" (Beckmann / *Rhein. Merkur*). Weniger wortspielerisch Begabte griffen ihn frontal an, indem sie ihm vorwarfen, „mit erheblichem Uebergewicht den ganzen, trüben Unrat an mißlichen Kreaturen und deren widerliches Verhalten gegen Karl in seiner oft sehr dürftigen Bilderfolge vor uns ausgebreitet" (B. / *Zürichsee-Ztg.*) zu haben. In dem äußerlich Brod geltenden Vorwurf bekundet sich freilich eine Art Ressentiment gegen Kafka, das auch in solchen Fällen durchscheint, in denen nicht bei Brod, sondern in „der literarischen Vorlage" (M. G. / *Weltwoche*) der Grund für den Misserfolg der Inszenierung gesehen wurde, was aber grosso modo und auf längere Sicht nichts an der wahrgenommenen Tendenz änderte: „[S]chuldig gesprochen wurde immer Max Brod."[20]

Das wäre spätestens der Punkt, an dem sich Kafkas „Gespenster" ins Spiel bringen ließen. Denn wie schrieb schon ein zeitgenössischer Beobachter der Reaktionen auf die *Amerika*-Uraufführung in Zürich:

„Max Brods ‚Tragikomödie' nach dem Romanfragment ‚Amerika' (1927) von Franz Kafka hat anlässlich der Uraufführung im Zürcher Schauspielhaus die Scharen der Theaterfachleute mächtig in Bewegung versetzt – übrigens: begreiflicherweise. Denn da liess es sich doch wieder einmal reden und schreiben, da liess sich wieder einmal Gerichtstag halten." (H. B. / *Schaffhauser Nachr.*)

Ein anderer Rezensent ließ Ähnliches verlauten:

„‚Es gibt nur eines, was schlimmer ist, als dass über einen geredet wird: nämlich, dass nicht über einen geredet wird', pflegte Oscar Wilde nach einem umstrittenen Theaterstück zu sagen. Und darüber, dass die Uraufführung von ‚Amerika' etwa totgeschwiegen würde, kann sich das Zürcher Schauspielhaus wirklich nicht beklagen." (-n. / *Stadt und Land*)

Max Brods Stück sorgte bereits im Vorfeld der Uraufführung für einiges Aufsehen, wobei kein Geringerer als Carl Seelig, der Freund, Förderer und nachmalige Vormund Ro-

---

20 Koberg: „Die verschollene Uraufführung", S. 13.

bert Walsers, sich ausdrücklich für das Stück starkmachte, indem er unter anderem der zu erwartenden Kritik an der Romanadaption gegenzusteuern suchte und sich dabei auf Martin Buber berief (vgl. Seelig / *Tages-Anz.*),[21] während Max Brod es sich, wie schon bei der *Schloss*-Inszenierung,[22] nicht nehmen ließ, auf seine „Erfahrungen mit Kafka-Inszenierungen" aufmerksam zu machen und bei dieser Gelegenheit einige Grundzüge der Roman-Bearbeitung vorzustellen.[23] Entsprechend war in der Presse von einer „mit Spannung erwartete[n] Uraufführung" (Dannecker / *Weser-Kurier*), von einem Theaterereignis und „große[n] Abend" (Riess / *Zeit*) die Rede. Die mediale Aufmerksamkeit war jedenfalls außerordentlich. Insofern stimmte die oben zitierte Beobachtung, dass „Scharen der Theaterfachleute mächtig in Bewegung versetzt" worden seien, mit dem tatsächlichen Interesse an dem Stück überein.[24]

Im Nachhinein lässt sich eine weitere Einschätzung jedoch nicht mehr bestätigen. Denn ungeachtet der Vielzahl der Rezensionen hat die Kritik an dem Stück: dass es sich um einen „ausgesprochene[n] Mißerfolg" (B. / *Zürichsee-Ztg.*) gehandelt habe, seine Rezeption bis heute heute dominiert, während der durchaus beachtliche Anteil positiver Stimmen, die dem Stück „Bühnenwirksamkeit" und „Intensität" attestierten (-oe- / *Tages-Anz.*), seine Wirkung als fesselnd (Westecker / *Christ & Welt*) oder „äußerst anregend und aufwühlend" (hl. / *Arbeiter-Ztg.*) beschrieben und sich von der „Bearbeitung

---

21 Der Beitrag von Seelig wurde nach jetzigem Kenntnisstand dreimal publiziert: im *Tages-Anzeiger*, im *Landboten* und auszugsweise im Programmheft zur *Amerika*-Uraufführung des Zürcher Schauspielhauses (vgl. dazu die Nachweise im Literaturverzeichnis). Die Bedeutung, die in diesem Zusammenhang der Äußerung Martin Bubers beigemessen wurde, wird daran erkennbar, dass auch die stark gekürzte Version des Programmheftes sie zur Sprache brachte: „In Kenntnis der Kritik, die teilweise in akademischen Kreisen an den Kafka-Dramatisierungen geübt wird, haben wir vor einigen Monaten mit *Martin Buber*, der den Dichter noch persönlich kannte, privat darüber gesprochen. Wir waren erstaunt, von ihm eine grundsätzliche Billigung dieses Experiments zu hören. ‚Die selbstherrliche Jugend!' sagte er. ‚Muß sie denn immer den Richter spielen und sich gescheiter dünken? Kafka ist doch kein Monument, das man nicht anrühren darf! Ich verbürge mich für Max Brod, daß er eine solche Umgestaltung dichterisch geschmackvoll und im Geist von Kafka vornimmt.'" (Seelig / *Tages-Anz.*; Hervorh. i. O.)

22 Vgl. Heimböckel: „Kafka für die Bühne", S. 126 f.

23 Brod: „Erfahrungen" (zum Vorgehen Brods vgl. Pkt. 3 der vorliegenden Ausführungen). Ein weiterer Beitrag von Brod („Zum Problem des dramatischen Romans", in: *Schauspielhaus Zürich* 1956 / 57, S. 3–5) erschien im Programmheft zur Uraufführung des Stücks. Auf diesen Text wurde in den Rezensionen mehrfach Bezug genommen, u. a. in einer Besprechung der *Zürcher Woche*, die noch einmal die mediale Aufmerksamkeit dokumentiert, die die Inszenierung im Vorfeld hervorrief. „Es ist vor der Aufführung ziemlich viel und ziemlich propagandistisch darüber in der Presse geschrieben worden, ob und inwiefern ein Kafka-Roman und insbesondere ‚Amerika' überhaupt dramatisierbar sei." (P. Sd. / *Zürcher Woche*)

24 Entsprechend berichtete auch Gerhard Schön (*Bremer Nachr.*) darüber, dass das Premierenpublikum „von der Prominenz des schweizerischen und deutschen Theaters und der Theaterkritik durchsetz[t]" gewesen sei.

mit hohem Kunstverstand" (H. B. / *Schaffhauser Nachr.*) und der außerordentlichen Aufführung begeistert zeigten, ohne jede Resonanz geblieben ist. So habe das Schauspielhaus Zürich dem Werk nicht nur „einen Start" beschert, „wie es ihn sich besser nicht
wünschen konnte" (hl. / *Arbeiter-Ztg.*); mit dem *Prozess*, dem *Schloss* und nunmehr *Ame-*
rika sei „Kafka nachgerade zum posthumen Dramatiker geworden" (Müller-Ahremberg / *8 Uhr-Bl.*). Als hätten die Beteiligten unterschiedliche Stücke gesehen, lässt sich
ein größerer Bewertungsabstand zum „Unsinn der Dramatisierung" (ebs. / *Tat*) und der
„völlig unnötige[n] Bearbeitung" (m. sch. / *Woche*) nicht vorstellen. Was sich indes ein-
geprägt hat, ist die „Mißhandlung Kafkas auf dem Theater"; dass sich aber einmal mehr
gezeigt hatte, „wie sehr eine Kafka-Dramatisierung auf Interesse stößt und in wie weitem
Maße Kafka im Publikum ein Begriff geworden ist" (nk. / *Israelitisches Wochenbl.*), erweist sich als eine Auffassung, die, wie so viele vergleichbare Meinungen auch, förmlich
totgeschwiegen wurde.

Die weit ausgreifende und in diesem Fall gut dokumentierbare Resonanz auf die
Amerika-Inszenierung bietet insofern einen wenn nicht repräsentativen, so doch viel-
sagenden Ausschnitt über die seinerzeit kursierenden Kriterien, Vorlieben und Bewer-
tungsmaßstäbe der Theaterkritik in ihrer ganzen Heterogenität und Bandbreite. Sie
exemplarisch zu vertiefen, wäre bereits eine eigene (hier aber nicht zu leistende) Studie
wert. Mit Blick auf Brods Dramatisierung setzte sich dabei ein Trend fort, der sich schon
bei der *Schloss*-Adaption abgezeichnet hatte. Die Meinungen waren auch dieses Mal geteilt; Anerkennung und Ablehnung hielten sich erneut in etwa die Waage, zumal was die
Frage der Bühnentauglichkeit der Werke Kafkas betrifft. Mochte der eine in Brods Umsetzung ein „*fragwürdiges* Experiment" erblicken, das „auf unangemessene Weise simplifiziert" (-i- / *Luzerner Tagbl.*; Hervoh. i. O.), sah ein anderer in ihr ein „interessantes
Experiment, das nicht erfolglos unternommen wurde und mit seinen mannigfaltigen
Eindrücken für Wochen reichlich Gesprächs- und Diskussionsstoff liefert, nicht zuletzt
über das Verhältnis zwischen Kafkas Roman und Brods Bühnenstück" (nk. / *Israeliti-*
sches Wochenbl.). Bei dieser Diskussion handelte es sich aber mehr und mehr um eine
Kontroverse, in der es ums Prinzipielle ging, ob also Kafka auf die Bühne gehöre oder
nicht,[25] während Brods dramaturgische ‚Pionierarbeit', womöglich aufgrund der „Verdunkelung", die sein Schaffen allmählich umfing,[26] aufhörte, in ihr eine maßgebliche
Rolle zu spielen. Das war zu der Zeit der *Amerika*-Uraufführung, ob im Guten oder im

---

25 Vgl. Walter Gyssling: „Muß Kafka auf die Bühne?", in: *Theater der Zeit* 22 (1967), Nr. 23, S. III, so-
    wie Siegfried Melchinger: „Kann man Kafkas Romane aufs Theater bringen?", in: *Theater heute* 3
    (1968), S. 14–20.
26 Hans Mayer: „Max Brod und Franz Kafka", in: Hans Mayer: *Der Widerruf. Über Deutsche und Ju-*
    den. Frankfurt a. M. 1996, S. 357–371, 359.

Schlechten, wahrlich anders. Offensichtlich hatte Carl Seelig, der nach seiner Vorbesprechung der Inszenierung auch in die Rolle ihres Rezensenten schlüpfte und dabei nicht mit Kritik an der seiner Ansicht nach mitunter skizzenhaften Ausführung und dem unbefriedigenden Ende sparte, neben einem gewissen Gespür für das theatrale Potential des Romans zugleich die an Brods Dramatisierung geschulte Ein- und Weitsicht, welche Bedeutung das Theater als Interpret und Vermittler von Kafkas Werk einzunehmen imstande war. Denn mit dem Wunsch nach einer erweiterten Fassung des Stücks äußerte er auch die Hoffnung, dass andere Theater *Amerika* ebenfalls inszenieren würden, weil sich damit „nicht nur ein populärer Weg zu Franz Kafka" eröffne, „sondern auch ein Weg zur Kritik am unsozialen, lieblosen und materialistischen Verhalten eines Grossteils der heutigen Menschheit." (Seelig / *National-Ztg.*)[27]

3 Eine Chaplinade

Dass Brods *Amerika*-Bearbeitung in Zürich uraufgeführt wurde, ist vermutlich auf die Furore zurückzuführen, die seine *Schloss*-Dramatisierung unter der Regie von Leopoldt Lindberg am Schauspielhaus am 17. Oktober 1953 gemacht hatte. Mehrfach zogen die Rezensenten eine Parallele zu dem Stück und unterließen es nicht, auf dessen Vorzüge gegenüber der *Amerika*-Inszenierung hinzuweisen. Dabei nahm man es fallweise nicht so genau und glaubte anscheinend eine gewisse Folgerichtigkeit walten zu sehen, wenn, nachdem schon *Das Schloss* am Schauspielhaus „zur ersten Wiedergabe gelangt" (-oe- / *Tages-Anz.*) sei, es sich nun zum zweiten Mal der Uraufführung eines Kafka-Romans angenommen habe. Dies trifft nachweislich jedoch nicht zu, denn *Das Schloss* wurde erstmals am 12. Mai 1953 im Schlosspark-Theater Berlin aufgeführt, wie es auch keineswegs dem Sachstand entsprach, „daß keiner der Kritiker, die Brods Theaterfassung des ‚Amerika'-Romans in Zürich mitansahen", sich zu der Chaplin-Nähe des Stücks geäußert hätte, dass hier gleichsam „eine Art Chaplin-Film entstanden" (N. N. / *Spiegel*)

---

27 Die am 8. März 1957 in der Basler *National-Zeitung* veröffentlichte Rezension erschien, unter einem leicht modifizierten Titel, vier Tage später auch im *Badener Tagblatt*, hier allerdings mit dem Kürzel „C. S." (s. dazu die entsprechende Angabe im Literaturverzeichnis). Ein weiterer Beitrag von Seelig lässt sich nach dem Rezensionskonvolut des Stadtarchivs Zürich auch im Zürcher *Volksrecht* vom 2. März 1957 nachweisen. Er ist dort auf der Grundlage des *Schnellen Theaterbriefs*, eines seinerzeitigen Nachrichtendienstes für die deutschsprachigen Bühnen, jedoch nur in gekürzter Form und ohne Angabe des Titels wiedergegeben.

sei. Brod selbst hatte dazu in der Vorankündigung des Stücks die Spur gelegt,[28] damit allerdings nur noch einmal bekräftigt, was er seit der Erstveröffentlichung des Romans als eigentümlich für ihn erachtete, insofern er Szenen aufweise, „die unwiderstehlich an Chaplin-Filme erinnern, an so schöne Chaplin-Filme, wie sie freilich noch nicht geschrieben wurden – wobei man nicht vergessen möge, daß in der Zeit, in der dieser Roman entstand (vor dem Kriege!), Chaplin unbekannt oder vielleicht noch überhaupt nicht aufgetreten war."[29] Neben anderen nahm auch Carl Seelig die Chaplin-Anregung Brods dankbar auf, denn nie habe Kafka „szenischer und handlungsreicher gearbeitet wie hier, wo sich seine komödienhafte, Chaplins menschlichen Karikaturenstil vorwegnehmende Freude an der Buntheit des irdischen Lebens mit einem geistreichen Humor äussert, der alle Zeichen des dichterischen Genies aufweist." (Seelig / *National-Ztg.* u. *Badener Tagbl.*)

Es mutet zunächst ein wenig kühn an, Chaplin aus Kafkas Werk herauszulesen, besonders da es sich, was ja auch Brod nicht in Abrede stellte, um einen Anachronismus handelt. Der Vergleich musste aber sogleich etwas Einleuchtendes und für die Zeitgenossen unmittelbar Nachvollziehbares vermittelt haben, denn sonst hätte er nicht jenen Nachhall hervorgerufen, wie er ihn beispielsweise in Kurt Tucholskys Roman-Besprechung und Klaus Manns Begleittext zu einer *Amerika*-Edition gefunden hatte.[30] Darüber hinaus hatten Walter Benjamin und Theodor W. Adorno etwa zeitgleich, wenn auch je unterschiedlich, über Chaplin und am Film orientierte Darstellungstechniken bei Kafka nachgedacht und damit eine Diskussion verstetigt, die in rezenteren Arbeiten über Kafkas Verhältnis zum Film und sein kinematografisches Erzählen wieder aufgegriffen worden sind.[31] Was Brod an der *Schloss*-Inszenierung von Lindtberg besonders schätzte: dass sie sich stellenweise „nahezu filmischer Mittel bedient, die den Inhalt des

---

28 Vgl. Brod („Erfahrungen mit Kafka-Inszenierungen") und sein Plädoyer dafür, Kafkas Werk nicht auf Finsternis und Abgründigkeit zu reduzieren: „Denn Kafka ist im Grunde einfach, hell, er müht sich überall um äußerste Präzision, er bedarf keiner ornamental angespickten Rätsel-Schnörkeleien." Dieses Helle, so Brod weiter, werde in seinen Romanen aufs Zarteste variiert: Im *Prozess* finde es sich „nur in Andeutungen, die man zu lesen wissen muß, im ‚Schloß' wird es zu aggressivem Mut und in ‚Amerika' löst es sich zu immer strahlenderen Flocken, so daß eine Chaplinade (vor Chaplins Ruhmestaten) und der Stoff zu einer Wunderkomödie das Ergebnis sind." (Ebd.)

29 Max Brod: „Nachwort zur ersten Ausgabe [1927]", in: Franz Kafka: *Amerika. Roman.* Hg. v. Max Brod. Frankfurt a. M. 1987, S. 260–262, 262.

30 Vgl. Kurt Tucholsky: „Auf dem Nachttisch (1929)", in: Kurt Tucholsky: *Gesammelte Werke in 10 Bänden.* Hg. v. Mary Gerold-Tucholsky u. Fritz J. Raddatz. Reinbek b. Hamburg 1975, Bd. 7, S. 43–49, 44, und Klaus Mann: „Vorwort zu Franz Kafkas Roman ‚Amerika'", in: Klaus Mann: *Zweimal Deutschland. Aufsätze, Reden, Kritiken 1939–1942.* Hg. v. Uwe Neumann u. Michael Töteberg. Reinbek b. Hamburg 1994, S. 207–217, 214 f.

31 Vgl. Hanns Zischler: *Kafka geht ins Kino.* Reinbek b. Hamburg 1998, S. 83, und Peter-André Alt: *Kafka und der Film. Über kinematographisches Erzählen.* München 2009, S. 8–10.

Stückes mit dem ganzen Furioso abrollen lassen, in das Kafka sein erzählerisches Tempo manchmal steigert",[32] entsprach daher einem dramaturgisch-szenischen Konzept, das er sich im Grunde ebenso für die *Amerika*-Inszenierung wünschte. Die Reaktionen darauf waren allerdings, was nicht mehr verwundern dürfte, auch in dieser Hinsicht geteilt. Bei manch einem Rezensenten stieß Brods Ansinnen und dessen Umsetzung auf Ablehnung – bestimmte „Inszenierungselemente aus dem Film" hätten auf der Bühne einfach nichts zu suchen (m.sch. / *Woche*) –, andere konnten diesem Vorgehen durchaus etwas abgewinnen und sahen Brod und seinen Text als Impulsgeber dafür: „Der Handlung und dem Chaplinesken bleibt seine Regie nichts schuldig, und in Einzelzügen wie etwa den Geld zählenden Kassierern in der Kajüte des Kapitäns erreicht sie beklemmende Wirkung." (A. K. / *Neues Winterthurer Tagbl.*)

Im Großen und Ganzen liefert bereits Brods Nachwort zur Erstveröffentlichung von *Amerika* diejenigen Grundzüge, die für die inhaltliche Ausrichtung und das Verständnis des Dramas wesentlich sind. Er wich davon allenfalls in Nuancen ab, die Fabel und ihr Ausgang blieben davon unberührt. Als Auftakt einer „*Trilogie der Einsamkeit*",[33] die Brod zufolge der *Amerika*- zusammen mit dem *Prozess*- und dem *Schloss*-Roman bildet, sind auch in ihm „Fremdheit, Isoliertheit mitten unter den Menschen" das Grundthema. Ein von seinen Eltern verstoßener Junge, kindlich unschuldig und rührend naiv, muss sich in der Neuen Welt den „ungeheuren Widerständen" erwehren, die sich ihm entgegenstellen, und findet trotz aller Unbilden, „wie durch paradiesischen Zauber", die geradezu sehnlich gesuchte Erlösung, indem er „sein Ziel, sich im Leben als anständiger Mensch zu bewähren und die Eltern zu versöhnen",[34] am Ende erreicht. Diesen Plot verteilte Brod – einem Stationendrama nicht unähnlich – auf 16 Bilder, die sich hälftig über zwei Akte erstrecken. Der erste Akt beginnt mit der Heizer-Episode, der zweite mit Karls Beschäftigung im Hotel Occidental.

Insgesamt folgt Brod relativ getreu dem Handlungshergang der Romanvorlage.[35] Er behielt sich jedoch vor, Inhalt und Struktur medienspezifisch anzupassen und, wie schon bei der *Schloss*-Dramatisierung, dort Hand anzulegen, wo die „nicht vollendeten Episoden dem Roman etwas Unübersichtliches" geben, sodass durch das Drama „gewissermaßen die Gewichte des Romans zurechtgeschoben" würden.[36] Ein ähnliches Vorgehen brachte Brod auch für seine Arbeit an *Amerika* ins Spiel.

---

32 Brod: „Erfahrungen".
33 Brod: „Nachwort zur ersten Ausgabe [1927]", S. 261 (Hervorh. i. O.).
34 Ebd., S. 260 f.
35 Zu Brods Bearbeitung im Einzelnen und den daraus resultierenden Abweichungen von Kafkas Prätext vgl. Albrecht: „*Amerika* als Theateradaption", S. 81–104.
36 Max Brod: „Nachwort. Zur Dramatisierung von Kafkas ‚Schloß'", in: Max Brod: *Das Schloss. Nach Franz Kafkas gleichnamigem Roman.* Frankfurt a. M. 1964, S. 77–79, 79.

„Ich bin mir durchaus bewußt, daß es schwierig ist, die labyrinthischen Gänge der Kafkaschen Handlungsabläufe auf die Szene zu bringen. Aber ich möchte darauf aufmerksam machen, daß Franz Kafka keinen seiner drei Romane vollendet oder auch nur teilweise in einer für den Druck bestimmten, endgültigen Fassung hinterlassen hat. Oft
schlägt die Handlung einen Seitenweg ein, dem die Weiterführung fehlt. Läßt man nun
solche ins Blinde führende Seitenpfade ganz weg, so erlebt man das Erstaunliche, daß
sich das Hauptgeschehen plastisch sehr einfach und verständlich, ja mit dramatischer
Kraft hervorhebt."[37]

In seinem Beitrag zum Programmheft des Schauspielhauses Zürich greift er diese durch
die Dramatisierung hervorgerufene Notwendigkeit zur Erzeugung von Konzentration
und Kohärenz noch einmal auf.

„Die Bühnenfassung hat gegenüber der erzählenden Form meist den Nachteil, aber auch
den Vorzug der Kürze. Die Handlung muß auf ihre wesentlichsten Elemente gebracht
werden. Wo es in der epischen Darstellung Lücken gibt (ein Fall, der besonders in Kafkas unvollendeten drei Romanen wirksam wird), können sie im szenischen Duktus ergänzt werden."[38]

Man neigt heutigentags dazu, das Unvollendete bei Kafka als eine Weise zu fassen, mit
der es als „Schreibform"[39] behauptet wird, und nicht so wie bei Brod als ein Manko,
dem es abzuhelfen gilt. Und sicherlich stehen dem Theater genugsam Mittel und Wege
zur Verfügung, um das Fragmentarische angemessen in Szene zu setzen. Wie beim
Schloss war aber Brod, der Freund und in die Schriften von Kafka Eingeweihte, davon
beseelt, es bei der Unabgeschlossenheit nicht bewenden zu lassen und dem vordergründig Sinnlosen doch noch einen Sinn zu geben. Darauf lief letztendlich auch die Umgestaltung hinaus, die dem *Amerika*-Drama ein Ende bescherte, in dem sich abzeichnet,
dass der „junge Held in diesem ,fast grenzenlosen' Theater" nun tatsächlich „Beruf, Freiheit, Rückhalt, ja sogar die Heimat und die Eltern wie durch paradiesischen Zauber wiederfinden" konnte.[40] Mit dieser Aussicht gingen strukturstiftende Ergänzungen und
Verschiebungen einher, die den Gattungsanspruch einer Komödie zusätzlich stützten.
Dazu gehört zum einen Karls Flucht aus der Wohnung Bruneldas, die ihm mit Hilfe des

---

37   Diese Äußerung Brods ist durch Seelig (*Tages-Anz.*) überliefert.
38   Brod: „Zum Problem des dramatischen Romans", S. 5.
39   Andreas Kilcher: *Franz Kafka. Leben, Werk, Wirkung.* Frankfurt a. M. 2008, S. 76.
40   Brod: „Nachwort zur ersten Ausgabe [1927]", S. 261.

Studenten Mendel gelingt,[41] und zum anderen die Wiederbegegnung mit Therese (und nicht mit Fanny) im Naturtheater von Oklahoma, wodurch die freundschaftliche Nähe zwischen Karl und ihr ungeachtet all der Widrigkeiten, die ihm zuvor begegnet sind, zu einem genregemäßen Liebesglück angebahnt wird.

> „THERESE: (oben, sehr freundlich)
>   Nun, Karl, wie lange soll ich denn noch auf dich warten.
>   (Karl betritt entschlossen die Treppe. Therese verschwindet. Karl über die
>   Stufen ihr nach. Erst zögernd, dann mit plötzlichem Ruck schnell)
>   V o r h a n g“.[42]

Es blieb nicht aus, dass Brod sich mit seinem Vorgehen, auf das „Gestrüpphafte vieler Seitenpfade, die von der Haupthandlung abweichen, zugunsten des Grundgedankens" zu verzichten,[43] nicht nur Freunde machte und sich den Vorwurf unbotmäßiger Reduzierung und Vereinfachung einhandelte. „Kafkas von einem eigentümlich grüblerischen Kopf geschaffenes Romanfragment" sei durch „die Transponierung auf die Bühne auf unangemessene Weise simplifiziert" worden und habe „damit allzuviel an Gehalt und Subtilität" eingebüßt (-i- / *Luzerner Tagbl.*). Mehr oder weniger ungeteilt war vor allem das Ungenügen an der Umschreibung des Endes, das mit seiner religiös grundierten Erlösungsdramaturgie manch einem wie ein Kafka gezielt umdeutendes „Gnadentheater" (Drews / *FAZ*) vorkam.[44] Brod selbst hatte jedoch (was heute keiner weitere Erwähnung bedarf, aber seinerzeit manch einem Theaterrezipienten, der sich an Roman- und anderweitigen Adaptionen für die Bühne erst gewöhnen musste, noch ins Stammbuch zu schreiben war) auf den Umstand aufmerksam gemacht, dass es sich bei einer Dramatisierung, „auch wo sie möglichst treu, möglichst unaufdringlich sein will", immer um eine „Deutung des gegebenen Erzählungsablaufs" handelt.[45] Er hätte es sich und seinen Kritikern vielleicht einfacher machen können, wenn er dem Drama nicht die Rolle eines bescheidenen Dieners zugewiesen hätte, „um Einzelheiten zu verdeutlichen und mög-

---

41 Brod: *Amerika*. S. 151 f.
42 Ebd., S. 168.
43 Brod: „Erfahrungen".
44 Brod legt Karls Aufnahme in das Naturtheater als einen Akt der Gnade aus: „Seht doch", heißt es in der dafür einschlägigen Stelle aus dem Munde des Personalchefs, „wie viele Leute an unseren Plakaten vorbeigehen, ohne sie auch nur zu bemerken. Und unsere Aufforderungen, unsere Musik hören sie überhaupt nicht. Karl hat die Stimmen gehört, er hat die Werbungen gesehen, gelesen, verstanden. Das ist schon ein Anfang, ein Zeichen der Gnade. Er gehört zu uns. Er ist aufgenommen." (Brod: *Amerika*, S. 167)
45 Brod: „Erfahrungen".

lichst vielen Lesern den Zugang zu ihm [Kafka; Anm. D. H.] zu erleichtern", und zugleich mit dem Anspruch aufgetreten wäre, „das im Kern Geheimnisvolle der Kafka'schen Urform getreu in der ihr eigenen Sphäre" (Brod, zit. n. Seelig / *Tages-Anz.*) zu belassen. Darin scheint mir jedoch nicht so sehr ein Widerspruch, sondern vielmehr eine Überforderung der Form des Dramas zu liegen, insofern Verständlichkeit und das Enigmatische eine Symbiose einzugehen hätten, deren Umsetzung vor nicht unerheblichen ästhetischen Herausforderungen stünde. Brod zumindest hatte, was ihm eben nicht nur zum Nachteil gereichte, wenn man sich die Rezensionen in ihrer Gesamtheit vor Augen führt, mehr zur Verständlichkeit tendiert und die Auseinandersetzung eines naiven, aus dem Paradies gefallenen und sich wieder dorthin zurücksehnenden Jungen mit der „liebeleere[n] Welt"[46] ins Zentrum der Handlung gestellt.

Dass dieser eher ins Tragische gravitierende Plot schließlich den Stoff für eine Komödie abgibt, verwundert auf den ersten Blick, es hängt aber mit Brods seit der Erstveröffentlichung des Romans bekannten Lesart zusammen, wonach er „hoffnungsfreudiger und ‚lichter'" sei als alles, was Kafka „sonst geschrieben hat."[47] „Kafka hat in seinem Amerika-Buch", heißt es fast wortgleich in der Ankündigung des Zürcher Programmhefts, was die Ungebrochenheit seines Standpunkts unterstreicht, „die Farben etwas lichter gemischt als in den meisten seiner andern Werke", wobei es seine, Brods, Absicht sei, diese im Gegensatz zu der pessimistischen Weltschau weniger bekannte Seite Kafkas deutlicher in den Vordergrund zu rücken. Denn im Grunde behandle der Roman zwar „ernste Probleme", er tue dies aber „unter komödienhafter Oberfläche."[48]

Vielleicht ist es dieser, angesichts der bevorstehenden Inszenierung noch einmal klarer vor Augen tretenden und explizit benannten Mischung aus Ernsthaftigkeit und Komik zuzuschreiben, dass man sich, mutmaßlich in Übereinkunft mit Brod, seitens des Theaters dazu entschieden hat, das als Komödie angekündigte und schließlich auch unter dieser Gattungsbezeichnung veröffentlichte Stück im Programmheft des Schauspielhauses als „Tragikomödie" auszuweisen. Oder verbirgt sich dahinter die Konzession an eine Publikumserwartung, die in jenen Tagen – wem sollte man es verdenken, da es auch heute noch als ausgemacht gilt, dass es bei Kafka so gut wie nichts zu lachen gebe[49] – mit seinem Namen einen eher dem Abgründigen und Unheimlichen verschriebenen Autor assoziierte? Wie dem auch sei. Brods Dramatisierung kann unter anderem auch als ein

---

46 Brod: „Zur Dramatisierung von Kafkas ‚Schloß'", S. 79.

47 Brod: „Nachwort zur ersten Ausgabe [1927]", S. 260.

48 Brod: „Zum Problem des dramatischen Romans", S. 5.

49 Vgl. Ulrich Stadler: „Über das Lachen beim Lesen von Kafkas Prosa", in: Hans Richard Brittnacher / Thomas Koebner (Hg.): *Vom Erhabenen und vom Komischen. Über eine prekäre Konstellation.* Würzburg 2010, S. 107–114, 107.

Versuch verstanden werden, gegen dieses und auch durch seinen persönlichen Umgang mit Kafka nicht in Einklang zu bringende Vorurteil anzuschreiben und dem Komischen in seinem Werk einen Raum zu geben, dem man ihm bis dahin nicht zugestanden hatte und der erst in der jüngere Forschung mehr und mehr vermessen worden ist.[50] Zu ihr verhält sich Brods Stück nicht allein wie eine Pionierleistung, der, unabhängig von den Vorzügen und Schwächen seiner Dramatisierung im Einzelnen, mangels Kenntnis und Würdigung bis heute die Anerkennung versagt geblieben ist; es sensibilisiert unter produktionsästhetischen Gesichtspunkten auch für die kinematografischen Anteile im Werk Kafkas, indem es das Komische mit filmischen Mitteln und besonders mit den „bezaubernde[n] Züge[n] in der Art der Chaplinfilme" (Seelig / *Tages-Anz.*) zusammenzuführen sich bemüht.

Dieses Bemühen konnte nicht ohne Widerspruch bleiben, zumal in einer Zeit, in der man damit haderte, dass verfilmte Romane „für den Massenkonsum gang und gäbe" geworden seien. Bei Brods *Amerika*-Adaption handle es sich dementsprechend um eine „dramatische Kurzschrift" (H. B. / *Schaffhauser Nachr.*) mit dem Resultat einer sich dem Publikum kaum noch erschließenden, weil ebenso sinnlosen wie „dürftigen Bilderfolge" (B. / *Zürichsee-Ztg.*). Doch selbst in den Reihen der Kritiker gab es über die daraus entstehenden Effekte kein einhelliges Meinungsbild. Während Hansres Jacobi (*Esslinger Ztg.*) den „auseinanderfallenden Bilderboge[n]" bemängelte, „dessen Abfolge das schale Gefühl der Langeweile hinterließ", erzeugte die Inszenierung bei Franz Zillich, ungeachtet seiner Vorbehalte gegenüber der Textadaption an sich und der ‚Gnaden'-Deutung Brods, einen geradezu gegenläufigen, Rasanz und Kurzweiligkeit versprühenden Eindruck:

> „Unter der im übrigen meisterlich lenkenden, rastlos antreibenden Regie von *Leonard Steckel* jagt auf der Bühne Bild um Bild in unermüdlicher Hatz vorüber, eine recht eigentliche Revue im weitergeführten, expressionistisch aufgepeitschten Stil der zwanziger Jahre, in dem Wedekind und Brecht deutlich zu spüren sind. (Nicht Kafka.) Die fiebrige Begleitmusik von *Rolf Langnese* tut das ihre, um das Gepräge der Revue noch zu verstärken. Ebenso das schon allein umbautechnisch von *Teo Otto* grandios gelöste, in steter Wandlung sich überstürzende Bühnenbild." (Zillich / *Schweizer Rundschau*; Hervorh. i. O.)

Es bleibt dabei. Man müsste der Inszenierung beigewohnt haben oder zumindest über einen Inszenierungsmitschnitt verfügen, um sich einen eigenen Reim auf die Qualität der

---

50 Zum einseitigen Bild in der Kafka-Rezeption vgl. auch den Beitrag von Manfred Weinberg in diesem Band.

Aufführung machen zu können. Mit den vorliegenden Dokumenten gelingt das nicht, die Reaktionen liegen in ihren Beurteilungen einfach zu weit auseinander und erzeugen auch deshalb einen zuweilen diffusen Eindruck, weil man häufig, wie im Falle Zillichs, nach dem Prinzip von Pfui und Hui zwischen dem Text, den Brod lieferte, und der Bühnenumsetzung streng unterscheiden zu können glaubte. Es ist aber leicht vorstellbar, dass bei einer (überlieferten) Spielzeit von knapp zwei Stunden (vgl. Fabian / *FR*), auf die sich die Bilder verteilen, bei entsprechender Umsetzung und je nach Wahrnehmungsgewohnheit und -vorliebe sich das Gefühl einstellte, entweder eine „nach äußerlichen Gesichtspunkten willkürlich zusammengeschusterte, lose Folge von 16 Episoden" (D. / *Winterthurer Arbeiterztg.*) in „durchgehend viel zu rasch[em]" Tempo (M. G. / *Weltwoche*) oder „eine rasant[e] und lebendig[e] Bilderfolge" (Colberg / *Kasseler Post*) vorgeführt zu sehen. Wer sich der zweiten Meinung anschloss und dabei evtl. eine gewisse Affinität zum Kinematografischen besaß, schätzte dann umso mehr den im „besten Sinne zügig[en]" Inszenierungstakt – „das betrifft nicht nur die Qualitätssteigerung, sondern auch das Spieltempo, das Zeitgefälle eines unwirklich schnell abspulenden Filmes." Gerd Schön, der so Urteilende, wollte daraus aber kein Präjudiz aus der Dramatisierung hergeleitet wissen. „Niedergeschlagen" sei man vielmehr „von der Leichtfertigkeit, mit der Brod den tragischen Pessimismus Kafkas ins Positive" gewendet habe. Sein Fazit lautete daher: „‚Amerika' auf der Bühne ersetzt nicht die Lektüre des Buches, ja macht sie geradezu zur Pflicht." (Schön / *Bremer Nachr.*)

Bei einer weniger strengen Unterscheidung zwischen Textvorlage und Inszenierung, die andernfalls fast durchweg zu Ungunsten von Brod ausfiel, blieb Raum für die Erwähnung und Würdigung der filmischen und chaplinesken Anteile, die seiner Bearbeitung innewohnten, sogar dafür, dass er „die Chance einer echten Chaplinade, die in diesem Stoff liegt, dem Regisseur geschickt zugespielt" und Steckel „sie zu nutzen" gewusst habe (A. K. / *Winterthurer Tagbl.*). Dem Filmischen leistete Brod beispielsweise Vorschub durch die konsequente Anweisung von Schwarzblenden („Dunkel"), die jeweils zwischenszenisch vor und nach den Bildern (vor allem im zweiten Akt), aber mitunter auch innerszenisch den Text formal strukturieren. Die in der Aufführung dafür genutzten Übergänge zum Umbau der Bühne müssen dabei musikalisch so unterlegt worden sein, dass beim Zuschauer jedesmal „Assoziationen an den Stummfilm" (ebd.) wachgerufen wurden. Brods Dramatisierung macht aber auch explizit Angaben zum Einsatz von cineastischen und bildtechnischen Mitteln, indem er für das sechste Bild endlos vorüberziehende Autokolonnen und Frachtwagen „als Film" im Hintergrund oder aber die Fotografie von Karls Eltern „als überlebensgroße Projektion" ins Spiel bringt.[51] Beson-

---

51   Brod: *Amerika*, S. 57 u. 53.

ders angetan zeigte sich der offensichtlich für Details empfängliche Rezensent des *Winterthurer Tagblatts* von der „elektrische[n] Anlage in Karls Zimmer bei Onkel Jacob, auf der verschiedenfarbige Felder der Reihe nach aufleuchten und von den ausgedehnten Unternehmungen des reichen Mannes phantastisch künden." Sie habe zu den „[k]östliche[n] Einzelheiten" des mit „Meisterschaft und sprühender Laune" inszenierten Romans (A. K. / *Winterthurer Tagbl.*) gehört. Doch auch in diesem Fall geht die Anregung zu diesem medialen Element auf die Textvorlage Brods zurück.[52]

Die Abstellung auf filmisch-visuelle Reize und Impulse scheint bei Brod jedoch nicht als inszenatorische Beigabe, gleichsam als Ausweis theatraler Plurimedialität, angelegt gewesen zu sein, sondern ganz im Dienst der Chaplinade gestanden zu haben. Dafür spricht einerseits die Kontinuität, mit der er in seinen entsprechenden Verlautbarungen Kafkas *Amerika* zu Chaplins Filmen in Beziehung setzte, und andererseits und vor allem die Forciertheit, mit der er das Chaplineske, die grotesk-komischen wie auch die rührend-sentimentalen Züge, die darin liegen, in seiner Dramatisierung akzentuierte. Es lassen sich in diesem Zusammenhang nicht einmal annähernd alle diesbezüglichen Stellen angeben, sie sollen hier auch nicht typologisch erfasst oder in ihrer jeweiligen Eigenart präsentiert werden. Der Ort ihres Vorkommens ist wie bei den Angaben zu Film und Bild, das lässt sich jedoch verallgemeinernd sagen, die Regie- bzw. Bühnenanweisung, die Brod mal zu grotesken Überzeichnungen der Figuren nutz, mal dazu, Bewegungsabläufe und Verhaltensweisen, die der Stummfilm- und Chaplinzeit abgelauscht und bei Kafka „aus kameraähnlicher Perspektive" beschrieben sind,[53] zu evozieren. Das geschieht vorzugsweise bei solchen Szenen, in denen die liebeleere Welt, in der sich Karl bewegt, handgreiflich wird und sich seiner körperlich bemächtigt: so wie Green, der ihn „am Kragen" packt, „wie einen, den man hinausschmeißt", oder der Oberkellner, der Karl „beim Rockkragen" ergreift und ihn „so vor die an der Wand befestigte ‚Dienstordnung'" bringt, oder der Oberportier, der mit „sadistischer Brutalität Karls Arm fest umklammert" hält, „wobei er Karl schüttelt und in die Höhe zieht."[54] Man kennt solche Schüttel-Szenen zuhauf aus den einschlägigen Stumm- und Chaplinfilmen oder meint sich an sie erinnern zu können. Sie gehören zu ihrer Ikonografie wie der Polizist, der „den Stab unter den Arm" schiebt und „langsam ein Buch" hervorzieht,[55] oder gerade jene Verfolgungsszene aus Kafkas *Amerika*-Roman, die sich dort über zwei Seiten er-

---

52 Vgl. ebd., S. 32 f.
53 Alt: *Kafka und der Film*, S. 81.
54 Brod: *Amerika*, S. 51, 99 u. 107.
55 Ebd., S. 127.

streckt[56] und der Peter-André Alt in seinem Film-Buch ein ganzes Kapitel widmet,[57] während sie unter Brods Feder zwar zu wenigen Zeilen zusammenschrumpft, dabei aber dennoch die für das frühe Kino charakteristischen ruckartigen Haltungsänderungen und Richtungswechsel wie unter einem Brennglas in Szene setzt:

> „DELAMARCHE: Nun aber keinen Laut!
> (Schleppt ihn in den Hausflur, Karl schreit: Hilfe! – Der Polizist läßt
> vom Chauffeur ab, will Delamarche nach, Robinson stellt ihm ein
> Bein, Polizist stürzt, Robinson läuft davon. Der Polizist rappelt sich
> auf)".[58]

Wenn es noch weiterer Belege zur Verdeutlichung des Chaplinesken in Brods Dramatisierung bedürfte, könnte man auch die Szenen anführen, die das Rührend-Sentimentale besonders in der Beziehung zwischen Therese und Karl unterstreichen.[59] Nirgendwo sonst aber tritt dieser Zug deutlicher hervor als zu Beginn des sechzehnten und letzten Bildes, in dem Karl, im Anzug des Studenten Mendel, auf dem Weg in das Naturtheater von Oklahoma als eine Figur vorgestellt wird, die nun auch äußerlich zu Charlie mutiert ist: „Karl tritt auf, seinen Militärkoffer geschultert, in arg abgetragenem, beschädigtem Röckchen, das ihm gar nicht paßt."[60] Es braucht schon namentlich nicht viel Fantasie, Karl als Charlie zu imaginieren. Brod zumindest hat offensichtlich alles dafür getan, Kafkas Chaplinade *avant la lettre* in eine Version *post festum* zu überführen. Einem Vernehmen nach, auch solche Stimmen gab es, hat das „chaplineske Element" in der Zürcher Uraufführung allerdings gefehlt (Seelmann-Eggebert / *Darmstädter Echo*). Doch wie gesagt: Man müsste dabei gewesen sein. Eines aber ist sicher. An Max Brod lag es (dieses Mal) gewiss nicht.

---

56 Vgl. Franz Kafka: *Der Verschollen. Roman*. In der Fassung der Handschrift. Hg. v. Hans-Gerd Koch. 2. Aufl. Frankfurt a. M. 2013, S. 219–221.
57 Vgl. Alt: *Kafka und der Film*, S. 80–100.
58 Brod: *Amerika*, S. 131.
59 Vgl. ebd., S. 86 u. 89.
60 Ebd., S. 152.

Nachtrag

Am 14. April 2012, rund 55 Jahre nach der Welt-Uraufführung von Kafkas *Amerika*, bringt Frank Castorf den Roman in einer eigenen Bearbeitung auf die Bühne des Schauspielhauses in Zürich, und zwar in der Schiffbau-Halle. Die Hauszeitung des Schauspielhauses nimmt dieses Ereignis zum Anlass, mit Unterstützung eines Zeit- und Aufführungszeugen, des Schauspielers Hans-Joachim Frick, der seinerzeit den Liftboy Renell verkörperte, an die „umstrittene Uraufführung" zu erinnern. Danach befragt, wie es dazu gekommen sei, „dass diese Premiere ein durchschlagender Misserfolg war", konnte Frick auch keine Erklärung finden. Er habe zwar penibel über seine eigenen Auftritte Buch geführt, die Kritiken habe er aber nicht gesammelt. Dafür, ergänzt der Autor des Artikels, indem er mir zugleich einen zentralen Hinweis für das Zustandekommen und den Inhalt meines vorliegenden Beitrags lieferte, findet man die „Verrisse fast der kompletten deutschsprachigen Presse, vom ‚Spiegel' bis zu den ‚Oberösterreichischen Nachrichten'" im Zürcher Stadtarchiv. „‚Kafka-Pleite in Zürich' war noch eine der sachlicheren Überschriften. Und schuldig gesprochen wurde immer Max Brod."[61]

Nach diesem Hinweis, auf den ich durch Zufall gestoßen bin und den ich umso dankbarer aufgegriffen habe, als das Stadtarchiv Zürich tatsächlich und wie bereits erwähnt über ein ausgesprochen umfangreiches Konvolut mit Rezensionen zu der Aufführung verfügt, war ich nach dem Tenor des Artikels nicht darauf gefasst, mit einem Meinungsbild konfrontiert zu werden, wie es sich mir nach Durchsicht der Besprechungen dargestellt hat. (Ich erspare mir an dieser Stelle den nochmaligen Rekurs auf die zuhöchst unterschiedlichen Reaktionen auf das Stück und verweise auf die vorhergehenden Ausführungen.) Es stellte sich allerdings sehr schnell heraus, dass die Quelle meines Danks unter anderem auch diejenige sein würde, gegen die anzuschreiben ich mich anschickte, und zwar nicht so sehr in dem Sinne, in dem man eine Meinung als irrig zu entlarven oder jemanden eines Besseren zu belehren wünscht, sondern eher durch die Frage geleitet, wie es ungeachtet der anderslautenden und für jeden zugänglichen Quellenlage zu der beschriebenen Einseitigkeit in der Rezeptionsbeurteilung des Stücks kommen konnte. Ehrlich gesagt, weiß ich auch jetzt darauf keine schlüssige Antwort zu geben. Vermutlich ahnte Brod derlei, als er im Vorfeld der Inszenierung – und gleichsam in Vorwegnahme der später als maßgeblich rezipierten Kritik – nicht auf den Hinweis verzichten zu können meinte, „daß es *keine allgemeine Regel* gibt, nach der eine Dramatisierung

---

61 Koberg: „Die verschollene Uraufführung", S. 13 f.

epischer Themen a priori mißbilligt zu werden verdiente."[62] Genützt hat er ihm auf längere Sicht wenig, und dies umso weniger, als Brod aufgrund seiner Nähe zu Kafka und des Anspruchs, über intime, nur ihm zugänglich gemachte Deutungsoptionen zu verfügen, sich selbst den Vorwurf einseitiger Vereinnahmung gefallen lassen musste. Am entschiedensten hatte sich wohl Heinz Politzer, sein ehemals enger Mitarbeiter, dazu geäußert, als er Brod vorwarf, mit seinen Dramatisierungen zur „Entstellung der Gestalt, die Kafka seinem Werk gegeben hatte", beigetragen zu haben. „So hat es den Anschein, als sei Max Brod nicht der uneigennützige Herausgeber gewesen, den man Kafka gewünscht hätte. Zugleich mit dem Text von seines Freundes Schriften propagierte er seine eigenen Deutungen dieses Textes und verzerrte dessen Form, als er zwei von Kafkas Romanen auf die Bühne brachte."[63]

Durchaus im Fokus der Kritik, musste sich Frank Castorf eines solchen Vorwurfs nicht erwehren. Sein Fall ist mit dem Max Brods, der in Sachen Kafka ein spezieller ist, auch nicht vergleichbar. Trotzdem wurde unter Bezugnahme auf die „verschollene Uraufführung"[64] zwischen beiden eine Verbindung hergestellt. Dieses Vorgehen ist legitim, wenn es wie in diesem Fall darum geht, bestimmte Traditionslinien im eigenen Haus aufzuzeigen. Dass Brod dabei wieder auf verlorenem Posten stand, mag man als Laune einer Geschichte begreifen, an die man sich offenbar gewöhnt hat. Sie rückt ihn aber – ungewollt und als Betroffenen – wieder an den Freund, um den sich alles dreht, heran, wenn man sie mit jenem „Staunen" zur Kenntnis nimmt, mit dem Kafka, Walter Benjamin zufolge, „auf die fast unverständlichen Entstellungen des Daseins" geantwortet habe.[65]

---

62 Brod: „Zum Problem des dramatischen Romans", S. 4.
63 Heinz Politzer: *Franz Kafka. Der Künstler*. Frankfurt a. M. 1978, S. 461 f.
64 Koberg: „Die verschollene Uraufführung", S. 13.
65 Walter Benjamin: „Franz Kafka. Beim Bau der Chinesischen Mauer", in: Walter Benjamin: *Benjamin über Kafka. Texte, Briefzeugnisse, Aufzeichnungen*. Hg. v. Hermann Schweppenhäuser. Frankfurt a. M. 1981, S. 39–46, 41.

Literatur

a) Werke von Max Brod und Franz Kafka

Max Brod: *Amerika. Komödie in zwei Akten (16 Bildern) nach dem gleichnamigen Roman von Franz Kafka.* Frankfurt a. M. 1957.

Max Brod: „Erfahrungen mit Kafka-Inszenierungen", in: *Neue Zürcher Zeitung*, 26. 2. 1957.

Max Brod: „Zum Problem des dramatischen Romans", in: *Schauspielhaus Zürich* 1956 / 57 [Programmheft zu „Amerika"], S. 3–5.

Max Brod: *America. Commedia di Max Brod tratta dal romanzo di Franz Kafka.* Traduzione di E. Müller. Firenze 1960 (= Il piccolo teatro Sansoni, vol. 4).

Max Brod: „Nachwort. Zur Dramatisierung von Kafkas ‚Schloß'", in: Max Brod: *Das Schloss. Nach Franz Kafkas gleichnamigem Roman.* Frankfurt a. M. 1964, S. 77–79.

Max Brod: „Nachwort zur ersten Ausgabe [1927]", in: Franz Kafka: *Amerika. Roman.* Hg. v. Max Brod. Frankfurt a. M. 1987, S. 260–262.

Franz Kafka: *Tagebücher. Bd. 2: 1912–1914.* In der Fassung der Handschrift. Hg. v. Hans-Gerd Koch. Frankfurt a. M. 2008.

Franz Kafka: *Der Verschollen. Roman.* In der Fassung der Handschrift. Hg. v. Hans-Gerd Koch. 2. Aufl. Frankfurt a. M. 2013.

Franz Kafka / Max Brod: „Amerika. Zwei Szenen aus der Dramatisierung des gleichnamigen Romans", in: *Forum* 1957, H. 4, S. 103–105.

b) Vorbesprechungen und Kritiken zur Inszenierung der Amerika-Dramatisierung Max Brods

A. K. / *Neues Winterthurer Tagbl.* = A. K.: „Komödie nach Kafka. Uraufführung ‚Amerika' von Max Brod am Schauspielhaus Zürich", in: *Neues Winterthurer Tagblatt*, 2. 3. 1957.

B. / *Zürichsee-Ztg.* = B.: „Schauspielhaus Zürich: Amerika (Uraufführung, 28. Februar)", in: *Zürichsee-Zeitung*, 4. 3. 1957.

Beckmann / *Rhein. Merkur* = Heinz Beckmann: „Der säkularisierte Onkel. Franz Kafkas ‚Amerika' als Komödie in Zürich", in: *Rheinischer Merkur*, Nr. 10, 8. 3. 1957 (Wiederabdruck: „Der säkularisierte Onkel. Franz Kafka (Max Brod). AMERIKA", in: Heinz Beckmann: *Nach dem Spiel. Theaterkritiken 1950–1962.* München / Wien 1963, S. 173–175).

Colberg / *Kasseler Post* = Klaus Colberg: „Uraufführung im Zürcher Schauspielhaus: Das dritte Schauspiel nach Kafka: Amerika", in: *Kasseler Post*, 5. 3. 1957.

D. / *Winterthurer Arbeiterztg.* = D.: „‚Amerika'. Stadttheater Winterthur, Vorstellung vom 4. März", in: *Winterthurer Arbeiterzeitung*, 8. 3. 1957.

Dannecker / *Weser-Kurier* = Hermann Dannecker: „Kafka-Welt ohne Weite und Tiefe. Max Brods Dramatisierung des ‚Amerika'-Romans in Zürich uraufgeführt", in: *Weser-Kurier*, 4. 3. 1957.

Drews / *FAZ* = Wolfgang Drews: „Brod statt Kafka. ‚Amerika' in Zürich uraufgeführt", in: *Frankfurter Allgemeine Zeitung*, 4. 3. 1957.

ebs. / *Tat* = ebs. [d. i. Elisabeth Brock-Sulzer]: „Scheinbarer Kafka", in: *Die Tat*, 4. 3. 1957.

Elsner / Weltpresse = Hans Elsner: „Kafka-Uraufführung in Zürich. ‚Amerika', das Land der Erholung aus Einsamkeit", in: *Weltpresse* (Wien), 7. 3. 1957.

Fabian / *FR* = Walter Fabian: „‚Amerika'. Uraufführung des Brodschen Stückes nach Kafkas Roman", in: *Frankfurter Rundschau*, 8. 3. 1957.

H. B. / *Schaffhauser Nachr.* = H. B.: „Stadttheater. Max Brod: ‚Amerika'", in: *Schaffhauser Nachrichten*, 19. 3. 1957.

Jacobi / *Esslinger Ztg.* = Hansres Jacobi: „Uraufführung von ‚Amerika'. Kafka-Exekution am Zürcher Schauspielhaus", in: *Esslinger Zeitung*, 15. 3. 1957 [Artikel ist mit „H. J." gezeichnet].

Jacobi / *Rhein-Neckar-Ztg.* = Hansres Jacobi: „Kafka-Pleite in Zürich. Max Brods mißglückte ‚Amerika'-Dramatisierung", in: *Rhein-Neckar-Zeitung*, 5. 3. 1957.

Jacobi / *Welt* = Hansres Jacobi: „Von Kafka blieb nicht sehr viel übrig. ‚Amerika' bearbeitet von Max Brod", in: *Die Welt*, 12. 3. 1957 [Artikel ist mit „H. A. J." gezeichnet].

hl. / *Arbeiter-Ztg.* = hl.: „Amerika. Tragikomödie von Max Brod", in: *Arbeiter-Zeitung* (Schaffhausen), 14. März 1957.

-i- / *Luzerner Tagbl.* = -i-: „Dramatisierter Kafka. Uraufführung von ‚Amerika' am Zürcher Schauspielhaus", in: *Luzerner Tagblatt*, 9. 3. 1957.

M. G. / *Weltwoche* = M. G.: „‚Amerika'. Uraufführung der Tragikomödie von Max Brod nach dem gleichnamigen Roman von Franz Kafka am 28. Februar 1957", in: *Die Weltwoche*, 7. 3. 1957.

m. sch. / *Woche* = m. sch.: „Theater in Zürich", in: *Die Woche*, 1957, Nr. 11, 11.–17. März.

Müller-Ahremberg / *8 Uhr-Bl.* = Erich Müller-Ahremberg: „Posthume Dramatik: Kafka uraufgeführt. Sein von Max Brod dramatisierter Roman ‚Amerika' im Zürcher Schauspielhaus", in: *8 Uhr-Blatt* (München), 4. 3. 1957.

-n. / *Stadt und Land* = -n: „Zürcher Theaterbrief. Eine Uraufführung im Schauspielhaus", in: *Stadt und Land*, 7. 3. 1957.

nk. / *Israelitisches Wochenbl.* = nk.: „Max Brods ‚Amerika' im Zürcher Schauspielhaus", in: *Israelitisches Wochenblatt* (Zürich), 8. 3. 1957.

N. N. / *Schweizer Wochenztg.* = [N. N.:] „Kafka auf verlorenem Posten. Zur Brod-Premiere ‚Amerika' im Schauspielhaus Zürich", in: *Schweizer Wochenzeitung* (Zürich), 7. 3. 1957.

N. N. / *Spiegel* = [N. N.:] „K. statt Kafka", in: *Der Spiegel*, 20. 3. 1957.

-oe- / *Tages-Anz.* = -oe- [d. i. Walter Boesch]: „‚Amerika'. Uraufführung im Schauspielhaus", in: *Tages-Anzeiger* (Zürich), 2. 3. 1957.

P. Sd. / *Zürcher Woche* = P. Sd.: „Gescheitertes ‚Amerika'. Einige Bemerkungen zur Uraufführung des Brod-Kafkaschen Roman-Dramas", in: *Zürcher Woche*, 8. 3. 1957.

Riess / *Zeit* = Curt Riess: „Skurriles Amerika. Franz Kafkas Roman ‚Amerika' wurde dramatisiert", in: *Die Zeit*, 28. 3. 1957.

Schön / *Bremer Nachr.* = Gerhard Schön: „Tragikomisches Welttheater. Kafkas ‚Amerika' im Schauspielhaus Zürich uraufgeführt", in: *Bremer Nachrichten*, 5. 3. 1957.

Seelig / *Tages-Anz.* = Carl Seelig: „Die Dramatisierung von Kafkas Roman ‚Amerika'. Zur kommenden Aufführung im Schauspielhaus", in: *Tages-Anzeiger* (Zürich), 23. 2. 1957.

Seelig / *Landbote* = Carl Seelig: „Zu Max Brods Dramatisierung von Kafkas ‚Amerika'", in: *Der Landbote* (Winterthur), 26. 2. 1957.

Seelig / *National-Ztg.* = Carl Seelig: „Franz Kafkas ‚Amerika' als Komödie. Uraufführung der Bearbeitung von Max Brod im Schauspielhaus Zürich", in: *National-Zeitung* (Basel), 8. 3. 1957.

Seelig / *Badener Tagbl.* = Carl Seelig: „Franz Kafkas ‚Amerika' auf der Bühne. Uraufführung von Max Brods Komödie in Zürich", in: *Badener Tagblatt*, 12. 3. 1957 [Artikel ist mit „C. S." gezeichnet].

Seelig / *Schauspielhaus* = Carl Seelig: „Die Dramatisierung von Kafkas Roman ‚Amerika'", in: *Schauspielhaus Zürich 1956 / 57* [Programmheft zu *Amerika*], S. 11 f.

Seelmann-Eggebert / *Darmstädter Echo* = [Ulrich] Seelmann-Eggebert: „Max Brod war kein Kolumbus. Ur-aufführung der Kafka-Dramatisierung ,Amerika' im Schauspielhaus Zürich", in: *Darmstädter Echo*, 29. 3. 1957.

Westecker / *Christ & Welt* = Wilhelm Westecker: „Träume in der Tretmühle. Uraufführung von Franz Kafkas ,Amerika' im Züricher Schauspielhaus", in: *Christ & Welt*, 4. 3. 1957.

Zillich / *Schweizer Rundschau* = Franz Zillich: „Uraufführung im Zürcher Schauspielhaus. ,Amerika'. Tragi-komödie in 16 Bildern von Max Brod nach dem gleichnamigen Roman von Franz Kafka", in: *Schweizer Rundschau* (Zürich), Mai 1957.

c) Weitere Quellen und Forschungsliteratur

Nicola Albrecht: „*Amerika* als Theateradaption", in: Nicola Albrecht: *Verschollen im Meer der Medien. Kafkas Romanfragment „Amerika". Zur Rekonstruktion und Deutung eines Medienkomplexes.* Heidelberg 2007, S. 81–108.

Peter-André Alt: *Kafka und der Film. Über kinematographisches Erzählen.* München 2009.

Hans-Peter Bayerdörfer: „,Der bücherfreudige Hirtenknabe' – Max Brod und das Theater", in: Margarita Pazi (Hg.): *Max Brod 1884–1984. Untersuchungen zu Max Brods literarischen und philosophischen Schriften.* New York et al. 1987, S. 151–175.

Hans-Peter Bayerdörfer: „Zurück zu ,großen Texten'. Dramaturgie im heutigen Erzähltheater", in: Artur Pelka / Stefan Tigges (Hg.): *Das Drama nach dem Drama. Verwandlungen dramatischer Formen in Deutschland seit 1945.* Bielefeld 2011, S. 159–182.

Walter Benjamin: „Franz Kafka. Beim Bau der Chinesischen Mauer", in: Walter Benjamin: *Benjamin über Kafka. Texte, Briefzeugnisse, Aufzeichnungen.* Hg. v. Hermann Schweppenhäuser. Frankfurt a. M. 1981, S. 39–46.

Walter Gyssling: „Muß Kafka auf die Bühne?", in: *Theater der Zeit* 22 (1967), Nr. 23, S. III.

Roman Halfmann: *Nach der Ironie. David Foster Wallace, Franz Kafka und der Kampf um Authentizität.* Bielefeld 2012.

Dieter Heimböckel: „Kafka für die Bühne. *Das Schloss* in der Dramatisierung von Max Brod", in: Dieter Heimböckel / Steffen Höhne / Manfred Weinberg (Hg.): *Interkulturalität, Übersetzung, Literatur. Das Beispiel der Prager Moderne.* Wien / Köln 2022, S. 119–136.

Tobias Hoffmann-Allenspach: „Hansres Jacobi", in: Andreas Kotte (Hg.): *Theaterlexikon der Schweiz.* Zürich 2005, Bd. 2, S. 912; vgl. auch online unter: http://tls.theaterwissenschaft.ch/wiki/Hansres_Jacobi [Stand: 15. 3. 2023].

Andreas Kilcher: *Franz Kafka. Leben, Werk, Wirkung.* Frankfurt a. M. 2008.

Kurt Klinger: „Kafka auf der Bühne", in: *Newsletter of the Kafka Society of America* 7, 1 (1983), S. 56–70.

Roland Koberg: „Die verschollene Uraufführung", in: *Schauspielhaus Zürich Zeitung* #5, 7. 3. 2012, S. 13 f.

Friedrich Luft: „Kafka / Brod ,Das Schloß', Schloßparktheater", in: Friedrich Luft: *Berliner Theater 1945–1961. Sechzehn kritische Jahre.* 2. Aufl. Velber bei Hannover 1962, S. 159–161.

Klaus Mann: „Vorwort zu Franz Kafkas Roman ,Amerika'", in: Klaus Mann: *Zweimal Deutschland. Aufsätze, Reden, Kritiken 1939–1942.* Hg. v. Uwe Neumann u. Michael Töteberg. Reinbek b. Hamburg 1994, S. 207–217.

Hans Mayer: „Max Brod und Franz Kafka", in: Hans Mayer: *Der Widerruf. Über Deutsche und Juden.* Frankfurt a. M. 1996, S. 357–371.

Siegfried Melchinger: „Kann man Kafkas Romane aufs Theater bringen?", in: *Theater heute* 3 (1968), S. 14–20.

Heinz Politzer: *Franz Kafka. Der Künstler.* Frankfurt a. M. 1978.

Ulrich Stadler: „Über das Lachen beim Lesen von Kafkas Prosa", in: Hans Richard Brittnacher / Thomas Koebner (Hg.): *Vom Erhabenen und vom Komischen. Über eine prekäre Konstellation.* Würzburg 2010, S. 107–114.

Kurt Tucholsky: „Auf dem Nachttisch (1929)", in: Kurt Tucholsky: *Gesammelte Werke in 10 Bänden.* Hg. v. Mary Gerold-Tucholsky u. Fritz J. Raddatz. Reinbek b. Hamburg 1975, Bd. 7, S. 43–49.

H.[erman] Uyttersprot: „Franz Kafka und immer noch kein Ende. Zur Textgestaltungsfrage", in: *Studia Germanica Gandensia* 8 (1966), S. 173–246.

Hanns Zischler: *Kafka geht ins Kino.* Reinbek b. Hamburg 1998.

Autorinnen und Autoren

DAVID FUCHS (M. A.) ist wissenschaftlicher Mitarbeiter am Institut für deutsche Sprache, Literatur und für Interkulturalität der Universität Luxemburg und arbeitet an einer Dissertation zu Franz Kafkas Kunstreflexion. Forschungsschwerpunkte: Erzählliteratur um 1900; Literatur, Theater und Bildlichkeit; Franz Kafka. Jüngste Publikationen: „Ernst Jüngers *Sturm* als Kunstnovelle. Zur Gattungstradition und intertextuellen Kunstreflexion", in: *Jahrbuch zur Kultur und Literatur der Weimarer Republik* 20 / 21 (2020); „Hungerkunst als Zeitkunst. Zur Darstellungsproblematik ästhetischer Performanz in Franz Kafkas *Ein Hungerkünstler*", in: A. Kling / J. F. Lehmann.: *Kafkas Zeiten*. Würzburg 2023, S. 325–342.

DIETER HEIMBÖCKEL (Prof. Dr.) lehrt Literatur und Interkulturalität am Institut für deutsche Sprache, Literatur und für Interkulturalität der Universität Luxemburg. Forschungsschwerpunkte: Neuere deutsche Literatur vom 18. Jahrhundert bis zur Gegenwart; Interkulturalität; Literatur- und Kulturtheorie; Drama und Theater; Literatur und Wissen / Nichtwissen; Moderne. Jüngste Publikationen: „Lieber nicht. *Genosse Bartleby* – Genosse Idiot", in: J. Gerstner / J. Osthues (Hg.): *Erschöpfungsgeschichten. Kehrseiten und Kontrapunkte der Moderne*. Paderborn 2021, S. 119–137; (Hg. mit C. Zittel) Oskar Loerke: *Der Oger. Roman*. Düsseldorf 2021; (Hg. mit S. Höhne u. M. Weinberg) *Interkulturalität, Übersetzung, Literatur. Das Beispiel der Prager Moderne*. Wien / Köln 2022.

STEFFEN HÖHNE (Prof. Dr.) lehrt Kulturwissenschaft und -management am Institut für Musikwissenschaft der Hochschule für Musik Weimar und der Friedrich-Schiller-Universität Jena. Forschungsschwerpunkte: Kultur und Literatur Ostmitteleuropas im 19. und 20. Jahrhundert; Kulturpolitik. Jüngste Publikationen: (Hg. mit D. Heimböckel u. M. Weinberg) *Interkulturalität, Übersetzung, Literatur. Das Beispiel der Prager Moderne*. Wien / Köln 2022; „Der Kulturvermittler Josef Wenzig. Überlegungen zum spätbohemistischen Kulturtransfer", in: *Schnittstelle Germanistik. Forum für Deutsche Sprache, Literatur und Kultur des mittleren und östlichen Europas* 2.2 (2022), S. 29–52; (Hg. mit A. Corbea-Hoişie, O. Matychuk u. M. Winkler) *Handbuch der Literaturen aus Czernowitz und der Bukowina*. Stuttgart 2023.

KRASSIMIRA KRUSCHKOVA (Dr. habil.) lehrt Theater- und Tanzwissenschaft an der Akademie der bildenden Künste Wien sowie Performancetheorie und -praxis an der Universität für angewandte Kunst Wien. Forschungsschwerpunkte: Theater- und Literaturtheorie; Tanz des 20. und 21. Jahrhunderts; Performance-Kunst; Ästhetik. Jüngste Publikationen: „Together the parts – an artistic-performative gathering", in: *springerin. Hefte für Gegenwartskunst* (März 2023); „Choreographie ‚ob?scene'. Arkadi Zaides' *Archive* im Kontext zeitgenössischer Tanzperformance", online unter: https://www.corpus-web.net/choreographie-ob-scene.html [Stand 15.03.2023); (mit M. Hagner) „Die Lust am Text. Nachwort", in: Roland Barthes: *Die Lust am Text*. Göttingen 2021.

CLAUDIA LIEBRAND (Prof. Dr.) ist Lehrstuhlinhaberin für Allgemeine Literaturwissenschaft / Medientheorie am Institut für Deutsche Sprache und Literatur I der Universität zu Köln. Forschungsschwerpunkte: Europäische Literatur des 18. bis 20. Jahrhunderts, insbes. Literatur des 19. Jahrhunderts und der Klassischen Moderne; Film- und Medienwissenschaften, Mitherausgeberin des E. T. A. Hoffmann-Jahrbuchs. Jüngste Publikationen: *E. T. A. Hoffmann zum Vergnügen*. Stuttgart 2021; (Hg. mit Stefan Börnchen) *Lauschen und Überhören. Literarische und mediale Aspekte auditiver Offenheit*. Paderborn 2020; (Hg. mit Thomas Wortmann) *Zur Wiedervorlage. Eichendorffs Texte und ihre Poetologien*. Paderborn 2020.

VIVIAN LISKA (Prof. Dr.) ist Professorin für deutsche Literatur und Direktorin des Instituts für jüdische Studien an der Universität Antwerpen und seit 2013 Distinguished Visiting Professor an der Hebrew University, Jerusalem. Forschungsschwerpunkte: Deutsche Literatur der Moderne; Literaturtheorie; Deutsch-jüdische Denker und Autoren. Herausgeberin der Zeitschrift Arcadia (mit Vladimir Biti) und der Reihe Perspectives on Jewish Texts and Contexts. Jüngste Publikationen: *Fremde Gemeinschaft. Deutsch-jüdische Literatur der Moderne*. Göttingen 2011; *German-Jewish Thought and its Afterlife. A Tenuous Legacy Bloomington*. Indiana 2017; *Prekäres Erbe. Deutsch-jüdisches Denken und sein Fortleben*. Göttingen 2021.

NIKOLAUS MÜLLER-SCHÖLL (Prof. Dr.) lehrt Theaterwissenschaft am Institut für Theater-, Film- und Medienwissenschaft der Goethe-Universität Frankfurt am Main. Forschungsschwerpunkte: Politische und Polizeiliche Dramaturgie; Script-basiertes Theater; Theater der Potentialität; Der eine und der andere Brecht; Theaterarchitektur als gebaute Ideologie; Darstellen ‚nach Auschwitz'. Jüngste Publikationen: „Vom Drama zum Skript", in: *Internationale Zeitschrift für Kulturkomparatistik* 8 (2022), S. 37–56; „Derridas Gewürzmischung. Axiome, Übersetzung, Theater", in: C. Sauter / E. von der Osten (Hg.): *Was ist eine relevante Übersetzung. Arbeiten mit Derrida*. Bielefeld 2023, S. 161–183; „Theater für alle und keinen. Opportunismus und refraktäre Praxis in Brechts Theater nach 1937", in: Z. Feliszewski (Hg.): *Bertolt Brecht in Systemkonflikten. Produktion – Rezeption – Wirkung*. Göttingen 2023, S. 67–90.

Koku G. Nonoa (Dr.) ist Postdoktorand im Bereich der Literatur- und Kulturwissenschaft mit einer inter- und transdisziplinären Forschungsaffinität für Theater und Performance-Kunst am Institut für deutsche Sprache, Literatur und für Interkulturalität der Universität Luxemburg. Forschungsschwerpunkte: Theater / Performance; Grenzen; Migration; Institutionskritik. Jüngste Publikationen: „‚Aesthetics of Color – ein Kammerspiel‘: Eine institutionskritische und postkoloniale Annäherung", in: *Der Deutschunterricht. Beiträge zu seiner Praxis und wissenschaftlichen Grundlegung* 5 (2022), S. 49–58; „Eléonora Miano et son concept de l'identité frontière au théâtre", in: J. Borst et al. (Hg.): *Unerhörte Stimmen aus der Afro-Romania. Genderdiskurse im Kontext von Selbst- und Fremdwahrnehmung „nach" der Migration.* Hildesheim / Zürich / New York 2023, S. 37–62; (Hg. mit J. Heinicke) *Transkultureller Theaterschauplatz. Grenzen und die Odyssee Fliehender – Interdisziplinäre Überlegungen.* Esch-sur-Alzette 2023.

Iulia-Karin Patrut (Prof. Dr.) lehrt und forscht an der Europa-Universität Flensburg am Institut für Germanistik. Forschungsschwerpunkte: Deutschsprachige Texte in europäischen Kontexten (18.–21. Jahrhundert); Literatur- und kulturwissenschaftliche Theoriebildung; Darstellung von Minorisierten; deutsch-jüdische Literatur; Literatur und Inklusion / Exklusion. Jüngste Publikationen: (Hg. mit M. Bosshard): *Globalisierte Erinnerungskultur. Darstellungen von Nationalsozialismus, Holocaust und Exil in peripheren Literaturen.* Bielefeld 2020; „‚… Seine große Erschöpfung machte es begreiflich.‘ – Spielarten und Funktionen von Erschöpfung in Franz Kafkas *Das Schloß*", in: J. Gerstner / J. Osthues: *Erschöpfungsgeschichten. Kehrseiten und Kontrapunkte der Moderne.* Paderborn 2021, S. 139–158; (Hg. et al.): *Für ein Europa der Übergänge. Interkulturalität und Mehrsprachigkeit in europäischen Kontexten.* Bielefeld 2022.

Isolde Schiffermüller (Prof. Dr.) lehrt Neuere Deutsche Literatur an der Universität Verona. Forschungsschwerpunkte: österreichische Literatur; Literatur und Philosophie des 20. Jahrhunderts; Literatur- und Kulturtheorie. Monografien zu Adalbert Stifter (1996) und Franz Kafka (2011). Jüngste Publikationen: *Traumtexte. Zur Literatur und Kultur nach 1900.* Würzburg 2020; (Hg. mit A. Larcati) *Stefan Zweig, Politische Publizistik.* Neapel 2021 (= Cultura tedesca 61); (Hg. et al.) *Narrative des Humanismus in der Weimarer Republik und im Exil.* Paderborn 2023.

Oliver Simons (Prof. Dr.) lehrt am German Department der Columbia University in New York. Forschungsschwerpunkte: Literaturtheorien; Literatur und Wissen; Gattungstheorien und Gattungsgeschichte; Literaturgeschichte 18. bis 20. Jahrhundert. Jüngste Publikationen: „Werther's Pulse", in: *Goethe Yearbook* 27 (2020), S. 31–46; *Literary Conclusions. The Poetics of Ending in Lessing, Goethe, and Kleist.* Evanston 2022;

„Kafkas Zeitsätze", in: C. Hamann / R. Parr (Hg.): *Getaktete Zeiten. Von Kalendern und Zeitvorstellungen in Literatur und Film.* Berlin 2022, S. 265–274.

ULRICH STADLER (Prof. Dr.) lehrte von 1982 bis 1987 an der Universität Genf und danach bis zu seiner Emeritierung im Jahre 2004 am Deutschen Seminar der Universität Zürich. Forschungsschwerpunkte: Novalis; Literatur und Kultur um 1900; Franz Kafka. Jüngste Publikationen: *Kafkas Poetik.* Zürich 2019; „,Aufbauende Zerstörung der Welt'. Kafkas poetische Prosa und die kubistischen Arbeiten Picassos", in: D. Heimböckel / S. Höhne / M. Weinberg (Hg.): *Interkulturalität, Übersetzung, Literatur. Das Beispiel der Prager Moderne.* Wien / Köln 2022, S. 93–117

SARAH STOLL (Dr. des.) ist PostDoc-Fellow am Franz Rosenzweig Minerva Forschungszentrum an der Hebräischen Universität in Jerusalem, wo sie an ihrem neuen Buchprojekt zu Kafkas Gedichten arbeitet. Forschungsschwerpunkte: Jüdische Philosophie; Franz Kafka; Paul Celan. Jüngste Publikationen: „Kafka's ,Assistants' – The Castle In-Between World- and Yiddish Theater", in: *Dibur Literary Journal* (February 2023), S. 73–93; „Engste Bühne. Zerstörte Gegenwart. *Der Gruft-Wächter* – ein episches Drama", in: A. Kling / J. F. Lehmann: *Kafkas Zeiten.* Würzburg 2023, S. 185–208.

MANFRED WEINBERG (Prof. Dr.) lehrt Neuere Deutsche Literatur am Institut für germanische Studien der Karls-Universität Prag und ist Leiter der Kurt Krolop Forschungsstelle für deutsch-böhmische Literatur. Forschungsschwerpunkte: Prager deutsche und deutsch-böhmische Literatur; Inter- / Transkulturalität; Gedächtnis / Erinnerung; Literaturtheorie. Jüngste Publikationen: „,Fäden, viele Fäden.' Ungewisse Vermischungen in dem Roman *Eine Glückliche Liebe* von Hubert Fichte", in: *Zeitschrift für interkulturelle Germanistik* 12.1 (2021), S. 133–147; (Hg. mit D. Heimböckel u. S. Höhne) *Interkulturalität, Übersetzung, Literatur. Das Beispiel der Prager Moderne.* Wien / Köln 2022; „Hundert Jahre Übergang. Endpunkte und Neuanfänge in Mitteleuropa 1918–2019", in: S. Jerše / K. Lahl (Hg.): *Endpunkte. Und Neuanfänge.* Köln / Wien / Weimar 2022, S. 187–198.

MARTEN WEISE (Dr.) lehrt und forscht als Wissenschaftlicher Mitarbeiter in Allgemeiner und Vergleichender Literaturwissenschaft und Theaterwissenschaft an der Goethe-Universität Frankfurt am Main. Ab 2024 ist er Postdoc-Fellow der Martin Buber Society an der Hebrew University of Jerusalem. Forschungsschwerpunkte: Grenzphänomene zwischen Literatur, Theater und Theorie; Literaturtheorie und Philosophien der Sprache; Spielformen und Theorien des Unvermögens; Dialogphilosophie und Fragen der Alterität; kritische Männlichkeitsforschung. Publikationen: „Vermögendes Unvermögen. Eine Poetik der Passivität in Henri Michaux' *Un certain Plume*", in: D. Borghardt / F. Lehmann (Hg.): *Kann das Weg? Literarisierungen des Defekten und Defizitären.* Hannover 2022; (Hg. mit S. König und N. Willumsen) *Baustelle Brecht / Müller: Wohnen in der leeren Mitte.* Special Section in the Brecht Yearbook 48. Suffolk 2023; *Dialog als Denkfigur. Studien in Literatur, Theater und Theorie.* Bielefeld 2024.

FSC
www.fsc.org
MIX
Papier | Fördert
gute Waldnutzung
FSC® C083411

Zeitfracht Medien GmbH
Ferdinand-Jühlke-Straße 7
99095 Erfurt, Deutschland
produktsicherheit@kolibri360.de